神様は返事を書かない

スポーツノンフィクション傑作選

阿部珠樹
Tamaki Abe

JN037805

文藝春秋

神様は返事を書かない

目次

第二章 肉声

第三章 旅路

第四章　頂上の記憶

第五章 ゲームの分け前

第六章 野茂英雄

はじめに

阿部珠樹さんは、出版社勤務を経て、1987年にフリーライターとして独立すると、主に「Sports Graphic Number」、「優駿」を舞台にスポーツに関する記事を書き続けました。「Number」だけでも短いコラムなどを含めると、2015年に57歳で亡くなるまでの30年弱で900編ほどの原稿を発表しています。この傑作選では、「Number」「優駿」に掲載されたスポーツノンフィクションから42編を選びました。

阿部さんは、あらゆるスポーツを題材にして作品を発表しました。多くのスポーツライターは野球、サッカー、プロレス、陸上競技など、自分の専門種目を決め、その分野をより深く取材していきます。阿部さんはそうした道を選びませんでした。阿部さんにとってスポーツとは、ジャンルでも選手でもチームでもなく、肉体を通じてのみ表現される「何か」だったのでしょう。その「何か」を求めて、種目、有名無名、レベルを問わずあらゆるスポーツを観戦し、そこで見たもの、見えなかったものを言葉にして紡ぎ続けました。

第一章の「伝説」は、いわゆる「レジェンド」と呼ばれる人、チームについて書かれたものです。マスコミ嫌いで知られた最後の4割打者、テッド・ウィリアムスへのまとまった取材は、日本人としては最後に近いものだと思います。

第二章の「肉声」では日本野球の未来を語る長嶋茂雄、ＮＢＡ入り前の姚明など、貴重なインタビューを集めました。

第三章の「旅路」はアスリートたちの人生、ある場面を辿ったものです。栄光に彩られたものばかりではありませんが、そこにある陰影こそが人生の価値だと思います。

第四章の「頂上の記憶」はある時、頂点に駆けのぼり、特別な時間を味わった人（と馬）の物語です。「頂上の記憶」は「Number」での阿部さんの初連載のタイトルです。処女作にはその作家のすべてが詰まっていると言いますが、「一瞬の栄光とその儚い記憶」は、繰り返し書き続けたテーマでした。

第五章の「ゲームの分け前」も「Number」の連載タイトルからとりました。ある1試合に焦点を当て、登場人物がその試合で何を得たのかをさまざまな手法で描きます。

第六章は「野茂英雄」について書いたものです。特定の選手やチームを集中的に書くことが少ない中、阿部さんにとってほぼ唯一の例外が野茂英雄でした。酔うと「あんなに野球が好きということがプレーから伝わってくる選手はいないよ」と目を細めていました。

スポーツには奇跡の勝利もあれば、理不尽な敗北もあり、思わぬ成功をおさめる選手もいれば才能がありながら無名のまま終わる選手もいます。しかしそれが「なぜ」なのか、答えはありません。それでもわたしたちは、阿部さんがそうしたように、ゲームに足を運び、選手のプレーの中にその答えを探し続けるのでしょう。

（編集部）

※本文中には不適切と思われる表現がありますが、作品が書かれた時代背景、
　また、著者が故人であることを考慮し、当時のまま収録しています。
※登場する人物の肩書き、所属などは当時のものです。

第一章

伝説

テッド・ウィリアムス

神様は返事を書かない

なだらかな丘の頂きに、彼の家はあった。彼の名前のついた道を通り、上っていく。家が見えはじめてからも、しばらく車を走らせなければたどり着かない。車寄せに着く。樹齢100年はあろうかという大木に囲まれた、広いサンルームのあるコロニアル風の家。先に降りた主人の足下に、よく飼いならされたポインターがまとわりついてくる。

「スラッガー！」

現役時代、自分が呼ばれた名を叫ぶと、ポインターはおとなしくなった。威厳のある声に、ポインターの背筋がいくぶん伸びたように見える。

フロリダ中部、ワールドカップの会場にもなったオーランドから北西に70マイル。サウスオキャラという田舎町の、テッド・ウィリアムスの家である。周囲にはリタイアした裕福な人々が、のんびり余生を送る広い邸宅が点在している。シトラスヒルズと名づけられた丘陵地の、一番高い場所。隣の家までは500mは離れている。その家のたたずまいは、野球の世界におけるテッド・ウィリアムスのありようを象徴しているようにも思える。

車から降り立つと、想像したとおりの長身だ。少し足を引きずりながら、それでも元気に家の中に案内してくれる。紺色のスポーツシャツの胸をはだけ、ショートパンツをはき、足にはかわいいラインの入ったソックスとスニーカーをつけている。書斎に入る。壁の一面には、現役時代の写真、もう一方には釣りの時に撮った写真が飾られている。あいさつを終え、ソファに腰をおろすと、こちらの質問をさえぎるように快活に話しはじめた。

「どこに泊まってるんだい。オーランドか」

「どうだい、あの写真のマーリンはすごいだろう。14フィート（約4・3m）はあったな。そうだ、あいつの鼻があったっけ。おーい、マーリンの鼻を持ってきてくれ」

写真でしか知るよしもない若い頃の父親の面影をとどめる末の息子のジョン・ヘンリーが、茶色の棒のようなものを持って来た。40cmはある。

「トローリングでしとめたんだ。もちろん、トローリングだけじゃなく、ボーンフィッシング、フライ、釣りならなんでもやる。ニュージーランド、南アメリカ、アフリカ、世界中に行ったよ。今はリハビリ中で一休みだけど。よくなったらまたはじめるさ。おっと、今日は野球の話だったたな」

いったん話しはじめると、強引に腰を折らない限り止まらない。

テッド・ウィリアムスは1918年8月、カリフォルニア州の港町、サンディエゴに生まれた。18歳で地元のマイナー・チームに入団し、21歳の時、ボストン・レッドソックスと契約を結んだ。以来1960年、42歳で引退するまで、レッドソックスに3番レフトとして君臨し続けた。なし遂げた記録を並べれば、とてもページが足りない。首位打者は7度、ホームラン王は4度、打点王にも4度輝いている。三冠王になり、MVPに選ばれ、'50年代最高のプレイヤーの称号を得、2292試合に出場し、2654本のヒットを放ったウィリアムスだが、なんといっても、その栄光を不滅にしているのは、1941年に記録した打率・406の記録である。これ以後、4割を越えたバッターはいない。彼以前に4割以上を記録したバッターもすべて鬼籍に入っている。現存する唯一の4割打者、生きている恐竜。

今年、メジャー・リーグでは、トニー・グウィンが、ストライキ突入の直前まで4割に近い打率を記録し、話題を集めた（奇しくもグウィンはウィリアムスの故郷、サンディエゴ・パドレスの所属である）。日本でも鈴木一朗が、初の4割打者めざして挑戦を続けている。半世紀ぶりに4割の峰が踏破されるかもしれないという時、メディア嫌いでなる恐竜からインタビューに応じてもよいという返事がもたらされた。心が躍らないわけはない。

ただ、心配なことがあった。ウィリアムスは今年のはじめ、心臓病で倒れ、重体が伝えられたのだ。その後回復したというが、76歳という年齢を考えれば、ほんの一瞬の面会しかできないのではないか。「最後の」4割打者の生々しい言葉は聞くことができないのではないか。

しかし、実際に会ってみると、左半身がやや不自由なことを除けば、ウィリアムスは元気だった。こちらに質問の糸口を与えないほどよくしゃべり、よく笑う。その足下に、主人の威厳にひれ伏すように、おとなしく愛犬のスラッガーが控えている。

「病気をしてからは、以前のようにスプリングキャンプをのぞいたり、ファームの試合を見に行くことはできなくなった。それでも、テレビでは試合を見るよ。もちろんレッドソックスの試合が気になるさ。どうしてボストンはワールド・チャンピオンになれないかって？　おいおい、こっちが聞きたいぐらいだよ」

ようやく野球の話題になったので、さっそく4割を打った年のことに水を向けてみる。メジャーでは、去年、ジョン・オールルッドとアンドレス・ガララーガがシーズン途中まで4割をキープし、今年もグウィンがそれに近い成績を残している。もしかすると、長く待望された4割打者の復活は近いのかもしれない。しかし、今のところ、唯一その未到の領域について実感を持って語ることができるのはテッド・ウィリアムスを除いてはいないのだ。

「あの年はシーズンインと同時に足首を骨折してね。スイングのほうに支障はなかったが、走ることができなかった。それで4月、5月の間は代打専門だった。でも、それがよかったんだろう。だって、ボストンの4月、5月というのは、寒い日が多く、野球をするには最悪のコンディションだからね。代打では22打数15安打の成績だった」

「6月に入るとスターティングメンバーに入るようになった。調子はよかったよ。夏場を通して4割6分ぐらいのアベレージを残していた。秋になって、少し率が落ちたが、これには理由があるんだ。当時は全部デーゲームだろ。秋になって太陽の位置が低くなると、スタンドの影が伸びて、バッターにはボールが見づらくなるんだよ。それでも最後の週まで は4割をキープしていた。その後、3割台に落ちたり、また上がったりして最後はダブルヘッダーだった。休んでしまえば4割はキープできたんだけど、そんな記録じゃ意味がないからね。結局全部出場して8打数6安打さ」

ウィリアムスが、この大記録を打ち立てたのは、メジャーに上がって3年目、わずか23歳の時だった。どんなにはめをはずして喜んでも不思議はないが、なぜかそれほど大きな感激はなかったという。

「当時はそれほど大それた記録だとは思わなかったんだよ。自分の10年ほど前には、ロジャース・ホーンスビーが4割台を打っていたし、ほかにも4割を打った人が生きていた。4割近い打率を残したプレイヤーもいたし、自分だけが特別だとは思えなかった。まさか50年以上も出ないとはね」

そんな調子だから、特別なトレーニングをするようなこともなかった。

「とにかくスイング、スイング、スイング、ヒット、ヒット、ヒットさ。重いバットを心がけて振り込んだ。その頃は175ポンド（約79kg）ぐらいしかないやせっぽちだったけど、強いスイングをすることだけは自信があったんだ」

スイング、スイング、スイングと歌うようにくりかえした。いつの間にか手ぶりが混じる。話す間に、当時の感触が体の中に戻ってきたのかもしれない。

「ほかには腕立て伏せをやったぐらいだね。今なら、あらゆるウェイトトレーニングに手を出しただろうけど」

「ところで、日本の野球選手の体格は平均すると、どれくらいなんだい」

話がどんどん弾んで行く。まるでフェンウェイパークのライトスタンドに打ち込まれたボールみたいだ。

「6フィート、170ポンドだって？　驚いたな。日本人はいつから米を食べるのをやめたんだ。それぐらいあれば、野球をするには十分だ。もっとも野球は大きければいいというもんじゃない。フィル・リズートなんか5フィート7インチ（約171cm）しかなかったけど、すばらしいショートストップで、殿堂入りもしているんだから」

スイング、スイング、スイング。ヒット、ヒット、ヒット……。
・406を打った1941年は、ウィリアムスにとって、特別思い出深い年だった。特にオールスターでは、当時のスタープレイヤーに混じり、サヨナラホームランを放って、一躍トッププレイヤーの仲間入りをした。
「忘れられない試合だよ。前から憧れていたジミー・フォックスやジョー・ディマジオと同じダグアウトに並び、しかも最後にはサヨナラホームランまで打てたんだから。とても言葉じゃ言い表せない感激を味わった」

ウィリアムスの活躍した'40年代から'50年代にかけて、メジャー・リーグは黄金時代を迎えていた。'20年代、'30年代の野球がベーブ・ルースという傑出した個性の両肩にだけ担われていたのに対し、大戦をはさんだ'40年代から'50年代にかけては、現代の野球に通じるスピードとパワーにあふれたプレイヤーたちが覇を競い、ファンを熱狂させたのだ。

ウィリアムスが少年時代から憧れたホームラン王のジミー・フォックス、終生のライバル、ヤンキースの主砲ジョー・ディマジオ、そしてウィリアムスの前に立ちはだかった多くの名投手たち。

「ピッチャーでは、なんといっても、インディアンスのボブ・フェラーが一番だった。とにかく彼の投げるストレートの速さときたら」

話に熱がこもると、擬音が混じるのが癖らしい。「火の玉投手」ボブ・フェラーの速球に話が及ぶと、まるで目の前を本当に火の玉が通り過ぎるように、口をすぼめ、身を縮めて、「ビューッ。このとおりさ」

そういう相手だけに、打席に立つと、いつも以上に闘志が湧いた。

「だって、フェラーがマウンドに立つと、お客の熱狂がいつもと全然違うんだから、こっちもやる気になるよ」

「フェラーよりは落ちるけど、ハル・ニューハウザー、レッド・ラーフィン、レフティ・ゴーメッツなんかもいいピッチャーだった。本当にすごい連中だったよ」

選手だけでなく、監督にも鬼才、逸材がめじろ押しだった。ウィリアムスが最高の監督として尊敬するジョー・マッカーシー。そのマッカーシーのレッドソックス、ディマジオのいたヤンキースと競いあったインディアンスのプレーイングマネージャー、ルー・ブードロー。中でもブードローは、ウィリアムスに対抗するため、サードをショートの位置に、ショートを二遊間におく変形シフトを編み出し、世間をあっといわせた。のちに広島カープが王貞治に敷いた「王シフト」の原型である。

「最初にあのシフトを見た時は笑ったね。でも、正直言って、ちょっと困った時もあった。レフトに流し打ちしようと思ったこともあるし、実際に試したこともある。でも、私の持ち味はプル・ヒッティングなんだ。それを確信していたから、おもいっきり引っ張って、ラインドライブで間を抜くようにチャレンジした。とにかく抜くことはできたし、そのうちに相手もやらなくなったね」

ライバルの話が出た以上、ジョー・ディマジオに触れないわけにはいかない。右と左の違いはあるが、ともに強打の外野手。ヤンキースとレッドソックスという東海岸の名門の中心打者であるばかりでなく、あまりに対照的な個性が、ジャーナリズムやファンの比較論を白熱させた。

かたやディマジオは端正な都会的雰囲気を漂わせ、つねにファンからも、ジャーナリズムからも愛され、華麗な栄光の花輪で選手生活を飾り続けた。引退してマリリン・モンローと結婚したことも、ディマジオの華やかさを一段と引き立たせた。

それに対してウィリアムスは、ネクタイやカクテルパーティーが大嫌いで、酒を飲むよりミルクシェイクを好み、釣りやハンティングを愛するカントリーボーイだった。感情を抑制するディマジオに対し、ウィリアムスは、ファンやジャーナリズムが不当な攻撃を加えれば、容赦なく反撃に出た。ホームランを打ったあとに、記者席に向かってつばを吐きかけ、破格の罰金を取られたこともある。

「ディマジオでひとつだけうらやましいと思ったのは、ニューヨークのメディアのことだ。ニューヨークのメディアは、スター選手に対しては、どんなに不調だろうと、決して悪口を書かなかったからね。それに比べると、ボストンのメディアはきびしかった。土地柄なのかもしれないな。ちょっとでもまずいプレーがあると、容赦なく批判する。調子がよくても難癖をつける。ファンもそうした批判的な記事を好んだし、メディアの記事を信じてもいたから、ずいぶん対立したよ」

「ディマジオ本人に関しては、そうだな、一言で言えば、いいライバルだった。それに、憎たらしいほどすばらしい選手だったよ」


ウィリアムスにまつわるいくつかの伝説がある。たとえば、とてつもない視力の持ち主で、78回転のレコードが回っている時、そのラベルの文字を読むことができたとか、メジャー通算7706打席に投じられたすべての投球を記憶しているとかいった伝説である。前者については、自伝の中で否定しているが、後者については、引退後、その投球の記録をすべて書き出し、それに対する自分の成績も正確に割り出してみせ、偽りでないことを証明した。その記憶を元に作られたチャートは、バッティングの古典的な教科書として、今も広く読まれている。

「いや、ありがとう。たしかに以前は自分でもいい記憶をしていると思っていた。でも、今はどうかな。ドクターによれば、かなりイカレてきているっていうし、ハッ、ハッ」

豪快に笑い飛ばした。

脳の中でいくぶんセピア色がかっているその記憶のうち、もっとも鮮明な打席がある。生涯最後の打席である。

1960年9月28日の水曜日、テッド・ウィリアムスは最後の試合に出場するため、地元ボストンのフェンウェイパークのグラウンドに立っていた。対戦チームはボルティモア・オリオールズ。記録によれば、肌寒い曇り空の日だったという。この年、ウィリアムスは42歳。だが打率は3割1分台をキープし、ホームランも28本を数えていた。年齢を考えれば驚異的な成績である。

第1打席は四球。続く第2打席、第3打席では外野フライを打ちあげる。

「2本とも、悪い当たりじゃなかった。特に第3打席のは風がアゲインストでなければホームランになる当たりだった。フェンスの手前まで飛んだんだ」

8回、最後の打席が回ってきた。ゲームが延長にでもならない限り、生涯最後の打席である。初球はボール。2球目は、真ん中のストレートを空振り。3球目だった。

「いい手ごたえだった。生涯最高の当たりだった。風もまったく関係なく、飛んでいったよ。忘れられないねぇ」

観客は熱狂した。ウィリアムスがベースを回る間も、拍手と歓声は鳴りやまず、この巨人が、なんらかの形で、その歓呼にこたえることを求めた。ウィリアムス自身も、一瞬、チラッと帽子を振って、ファンの声援にこたえようかと思ったという。しかし、それまで一度もそうした「人並みの」ふるまいをしたことのなかったウィリアムスは、最後の打席も、そのやり方を貫いた。処置に困った監督は、本来その打席でダグアウトに戻す予定だったウィリアムスを、9回表の守備位置につけ、ファンが納得したところで選手交代を命じた。

この試合を最初から最後まで観戦していたレッドソックス・ファン（というよりはウィリアムス・ファン）のジョン・アップダイクは、こんなフレーズを書いている。

「Ｇｏｄｓ ｄｏ ｎｏｔ ｗｒｉｔｅ ｌｅｔｔｅｒｓ（神様は返事を書かない）」

この打席のホームランによって、ウィリアムスは、間違いなく野球の神殿に居並ぶ神様の一人になったのだった。

「アップダイクの文章は読んだよ。いやぁ、ほんとにいいフレーズだ。彼は実にすばらしい作家だよ」

しかし、神様が、たとえば、アップダイクの『走れ、ウサギ』のような作品を読んだかといえば、かなり疑わしい。おそらく、自分に関する文章だけは目を通したのだろう。それだけで、いい作家と評価を下すのには十分なのだ。それが神様のスタイルだ。

「実際、あんな評価をされるまでは、自分がそれほどいいプレイヤーだなんて思ったことはなかった。ずっとあとになってからだね。記録を見て、自分も優れたプレイヤーの一人だったと思えるようになったのは」

「でも、自分の価値は、一人で生まれたものじゃない。フォックス、ディマジオ、ウィリー・メイズ、アル・シモンズ、ミッキー・マントル。そんなすばらしいプレイヤーたちと、競い合う中で生まれたものなんだ」

「野球の魅力は、何かをなし遂げたという達成感だ。これはほかのスポーツでも同じだが。ただ、野球には、それに加えてスマートさ、デリケートな感覚、集中力なんかが求められる。それらが兼ね備わって、はじめて、一つ一つのプレーにも、大きな達成感が生まれてくるんだよ」

「4割打者は私のあとに、もう出ないだろうなんていう人がいる。しかし、それは間違いだね。昔に比べれば、ボールは格段に飛ぶようになっているし、選手の体格だってよくなっている。日本の選手だってそうだろ。誰がとはいえないが、きっと現れるさ。ただひとつだけ心配なことをあげれば、昔に比べて、野球に熱中する少年が少なくなったことだね。私がすぐれたバッターになれたのも、結局は、少年時代にいつでも、どこでも野球をする機会をたくさん与えられていたことにつきるんだ」

　日本の野球は見たことがないというウィリアムスだが、サダハル・オーの名前だけは知っていて、どんな選手だったのか、今はなにをしているのか、などをくりかえし尋ねた。それは単なる日本人向けの社交辞令ではなく、見たことのないすぐれた同類への本能的な嗅覚のようなものなのだろう。

「サダハル・オーに一度会ってみたいな。キミたちみたいなうるさい連中抜きでさ」

片目をつぶって立ち上がった。1時間半にも及ぶインタビューで、さすがに疲労したようだ。別れのあいさつをし、ガレージを抜けて車に乗り込もうとすると引き止められた。どうやら自慢の毛バリが出てきたらしい。釣りは、この孤高の大打者の生涯の趣味である。こちらに釣りの知識があるかどうかなどお構いなしに、「すばらしい毛バリ」に熱弁を振るう。約束の時間がオーバーしようとお構いなしだ。神様は、返事も書かないが、人間からの返事にも、気を配ることはないようだ。その足下に、やはり、来た時と同じように、愛犬のスラッガーがおとなしく控えている。

〈参考文献〉テッド・ウィリアムズ『大打者の栄光と生活』(ベースボール・マガジン社)
伊東一雄・馬立勝『野球は言葉のスポーツ』(中公新書)

金田正一／張本勲／王貞治
超人たちの瞬間

金田正一の400勝、張本勲の3085安打、王貞治の868本塁打。日本プロ野球のあまたある通算記録の中でも、この三つは、まず破られることのない金字塔といってよいのではないだろうか。もちろん記録である以上、更新される可能性がゼロとはいえない。だが、その可能性は限りなく低い。

金田の400勝。20勝を20年つづけてようやくたどり着く数字である。投手として20年間、第一線で投げつづけることだけでもむずかしいのに、なおかつ毎年20勝をクリアする。先発投手の登板数が25から30試合が普通となった現在の野球では、この記録に追いつくのはほぼはっきり不可能と断定してよいだろう。もしこの記録を破る可能性があるとすれば、投手起用に革命的な変化が起こるとか、投手の体力が飛躍的に向上するといったことしか考えられない。

王貞治の本塁打記録にしても同様だ。40ホーマーを20年つづけてようやく迫れる数字。本塁打王が40本に満たない数で決まることも珍しくない現在、球場の大きさやボールの飛距離に極端な変化が生じない限りは、王の記録は不滅だろう。

最も破られる可能性が高いのは、張本の3085安打だが、これも、イチローという天才打者の存在があってはじめて生じる可能性である。そのイチローでさえ、張本に届くには年間150安打をあと13年つづけなければならない。いかにイチローといえど、これは相当な難事業ではないだろうか。

不滅の三大記録。その不滅たるゆえんについては、さらにあとでも触れる機会があるだろう。しかし、そうした野球学的考察よりも、まずこの記録の当事者たちの肉声に耳を傾けなければなるまい。


金田正一がプロ野球にデビューしたのは1950年8月。朝鮮戦争が勃発した年である。名古屋の享栄商業（現・享栄高校）を中退して国鉄スワローズに入団した金田はこの時、17歳になったばかりだった。それから営々と投げつづけ、400勝を挙げて引退するのは1969年。ヴェトナムの戦火が最も激しく燃え盛っているときだった。

金田が選手生活の中で達成した記録を挙げれば、この稿はそれだけで一杯になってしまうだろう。だからここではそうした記録には触れない。ただ勝ち星についてだけ書く。4

００もの勝利。引退してから30年経った現在、金田はそれらをどれだけ覚えているのだろうか。

「そりゃあ、ほとんど覚えているよ。たとえば、'58年の後楽園でのジャイアンツ戦。飛び出したジャイアンツの走者のアウト、セーフでもめて長い時間中断しおった。スタンドでは怒ったファンが火をたいてな。後楽園で火の手が上がったのは、あれが最初じゃなかったろうか。あんまり中断が長かったんで、ワシは腕の感覚がなくなってしまった。もちろん試合は勝ったよ」

いきなり甲高い声で話がはじまった。カネやん節をコントロールしようなど、一介のライターには荷が重すぎる。


初勝利。デビューした長嶋茂雄から4打席4三振を奪った試合。選手生活の最後にたどり着いた400勝目。印象に残る勝ち星を挙げてもらえば、これまた金田の記録のようにきりがないが、あえて一つを挙げてもらうことにした。

「一つといえば、完全試合やろうな。まるで作られたお話のように進んでいってできた完全試合やった」

'57年8月21日。中日球場でのスワローズ対ドラゴンズの一戦である。

当時、スワローズの金田とドラゴンズの杉下茂の投げ合いは、セ・リーグの看板の一つだった。快速球で三振をとりまくる金田と魔球フォークボールを自在に操る杉下の対決は、1点勝負の白熱した試合になるのが常だった。この日も、いつものように、二人は相手の打線を難なく抑え、スコアボードにはゼロが連なっていく。

だが、いつもと違うことがあった。いつもなら、闘志をむき出しにするのは若い金田のほうで、年上の杉下はその容貌同様にポーカーフェイスでそれを受け流すことが多かったのだが、この試合では、杉下のほうがファイトむき出しでスワローズを抑え込みにかかり、金田のほうは緩いカーブを中心にした「へらへらした投球」でドラゴンズ打線をかわしていた。

「それには伏線があったんだ」

伏線とは2年前の5月。杉下はスワローズを相手にノーヒットノーランを達成していた。出した走者は四球の一人のみ。その四球はスワローズの投手、金田が、9回2死2－3からのボールをきわどく選んで奪ったものだった。つまり杉下は金田によって完全試合をはばまれたのだ。

「で、杉さん、怒ってね。今度は絶対におまえを相手に完全試合をやってやるといっていた。だからこの日もすごい闘志で投げてきたんだ」

ただでさえ打ちにくい上に、闘志が加わり、この日の杉下は貧打のスワローズが太刀打ちできる相手には見えなかった。

「どうせウチじゃ打てっこない。そう思ってワシのほうはへらへら投げていたんだ」

ところがいつもと違う金田のペースに戸惑ったのか、ドラゴンズもヒットが出ない。5

回を終わってパーフェクト。そのうち、杉下は安打を許し、主客が転倒する。

「ワシは前半楽をしたおかげで、いざパーフェクトだと力を入れ出したらすごかった。ぜんぜん打たれる気がしない。ウチも点は取れなかったが、延長になってもパーフェクトをやってやるつもりで投げた」

9回表、スワローズはようやく1点をとる。これで9回裏を抑えれば完全試合達成である。

「ワシは絶対やれると思った。完全試合の9回裏というのは、下位打者か、代打が相手だから、意外に楽なものなんだよ」

その通り簡単に1死をとる。

2－1と追い込み、最後は打者のハーフスイングを審判がストライクと判定、三振。しかし、この判定に、ドラゴンズは猛烈に抗議する。しまいにはファンまでグラウンドに乱入し、金田はベンチに待避せざるを得なくなった。中断45分。

「あんまり長いんで、ワシは、また三振にとるから、判定を覆せって審判にいってやったんだ」

もちろんそんな言い分が通るはずもなく、長い中断の末ようやく再開。

「ただ、守りにつく野手に石が飛んでくるんで深い守備位置をとることができない。こりゃ三振をとるしかないと思って、全部まっすぐで、残り二人も三振をとったよ」

45分もの中断を乗り越え、完全試合を達成したのは、後にも先にも金田一人だろう。その集中力と、圧倒的な自信こそ、金田の真骨頂だった。

天皇と呼ばれ、選手、監督、敵、味方、先輩、長老どんな相手にも言いたい放題、傍若無人の代表のように思われていた金田だが、実は先輩投手を目標にし、その優れたところに謙虚に学ぶ姿勢も併せ持っていた。

たとえば、金田のひと世代前の大投手、別所毅彦は、いち早く300勝に到達し、投手のホームラン記録を持つなど、有数のレコードホルダーだった。

「別所さんは、おれの記録は破れないだろうといつもいっていたが、ワシは、なにぬかす、ワシが全部やぶってやるわいって言い返していた」

そして別所の記録を破るために金田が学んだのは、他ならぬ別所の投球術だった。

「あの、なんともいえない間《ま》。別所さんの間というのはそれはすばらしいもんだった」

それをしっかり盗み、自分の投球に生かした金田は、別所がふらふらになりながらたどり着いた通算勝利記録1位の地位からわずか3年で蹴落としてしまった。

金田の猛練習は伝説的になっている。'65年、金田はジャイアンツに移籍したが、当時、質、量ともに日本一の練習を自負していた長嶋、王をはじめとするジャイアンツのメンバーも、金田の練習量にはとてもついていけないと呆れたという。投手として悪いと思われることは一切遠ざけた。

「ワシは子供を抱いたことがない。肩に負担がかかると思っていたからね。夏もクーラーは一切つけず、毛糸の肩当てをして眠った。選手生活の間に感激なんてものはなかったよ。それだけの自己コントロールが、今の人にあるかどうか」

去年、不調に陥ったヤンキースの伊良部秀輝が、ランニングの量を増やして調子を取りもどしたことがあった。それはオリオンズ（現・マリーンズ）時代、金田監督からいわれた「走れ、走れ」の教えを思い出した成果だった。「カネやん節はすごいですよ」と伊良部は感激した表情で話していた。そのことを金田に伝えると、「ようやく、あいつもわかってきたわい」と満足したように相好を崩した。

「400勝をしたことはたしかにワシの誇り。才能にも恵まれ、練習もやったし、いい成績を残して大きなお金をもらおうという生活意欲も人一倍旺盛だったと思う。でも、ワシは、400勝してみんなに忘れられない人間になったこと以上に、298回も負け投手になったことは誇りなんだ」

298敗。その数だけ、金田は信頼を裏切ったことになるのだが、それだけ信頼を裏切りながらも、なお400も勝つ機会を与えてくれた人々への感謝、その寄せられた信頼の大きさこそが、投手、金田正一のなによりの誇りなのだろう。

処女作にはその作者のすべてが内包されているという芸術家のセオリーは、張本勲にもそっくり当てはまる。ヒットの芸術家としての張本の処女作は、左中間を深々と破る二塁打だった。本塁打でも単打でもないところに、中距離打者としての張本の特徴がみごとに表れていた。

「ルーキーのときの開幕戦に起用してもらったが、最初の打席は、三球三振。その上レフトフライをバンザイしてエラーしてしまった。これ以上プレーしたら自信をなくすと、監督さんが気をつかってくれたんだろう。その試合はそれでベンチに引っ込められた。翌日はもう使ってもらえないと思っていたら、スタメン。その第1打席だった。打ったのは外角のシュートだったかな」

浪商時代は高校有数の長距離打者として、早実の王貞治と並び称されていた張本である。本人もその自信と気概を持ってプロ入りしていた。その張本の意識を変えたのが、当時、東映フライヤーズの打撃コーチをしていた松木謙治郎のアドバイスだった。

「キャンプで私を見るなり、松木さんは、すぐ試合に使えるようにするには中距離打者の道を歩ませるのがいいと思ったそうだ。大きいのを打ちたいという考えを捨て、一つのポイントで右にも左にも強い打球、ライナーを打つことを心がけるように指導された。差し込む打球ということを、ずいぶんいわれたねえ」

差し込む打球とは、途中で加速してもう一段伸びて行くような強くて速い打球のことである。これが張本の生涯の指針になった。処女作となった左中間を破る二塁打は、まさにその差し込む打球だった。

「左打者は、外角の球を左に打てばそこそこ打率は稼げる。でもそこからさらに飛躍しようとするなら、外角の球を、右中間に引っ張って強い当たりも打てるようにならなければだめだ、ということをいわれたねえ」

単なる小器用な打者に甘んじるな。どのコースの投球でも、どの方向にも強く速い打球にするほんとうの強打者になれ。張本がその教えに忠実だったことは、３０８５本の安打に、５０４本のホームランが含まれていることでもわかる。張本はただの巧打者ではなかったのだ。

「長く選手生活をつづけて、大きな記録を作るためにはいろんな条件がある。努力、自己管理はもちろんだが、私はもう一つ、よい指導者と出会うことを挙げたいね。これは自分だけではどうにもならないこと。その点、私は恵まれていた」

張本の場合の松木、王貞治の場合の荒川博を考えれば、張本の指摘には深くうなずかざるを得ない。

さらに加えるなら、強烈な探求心も挙げられはしまいか。それは、張本からバントヒットの極意体得の話を聞いたからである。

'60年代前半、バファローズに3A出身のジャック・ブルームという好打者がいた。大物こそ打たなかったが、巧みな技術で、'62年、'63年と連続して首位打者を取り、張本の強力なライバルだった。

「彼はバントヒットがすばらしく上手でね。不調になると、その得意技で打率を稼ぐ。それでどうしてもかなわない。なんとかあの技を自分のものにできないかと思い、食事に誘ったんだ」

赤坂のレストランでたっぷりごちそうした張本は、おもむろにバントヒットの技術伝授を願い出た。ライバルに秘技を教えるというのは、本来なら考えられないことだが、ごちそうが効いたのか、それとも張本のお願いがよほど真摯だったのか、ともかくブルームはその秘訣を教えてくれた。

「話を聞いてバックスイングしたあと、左足を一歩踏み出すのがポイントだということがわかった」

この個人教授のおかげで、張本はバントヒットの技術を自分のものにし、のちには本家を上回る冴えを見せるようになった。

その技がみごとに決まった代表的なケースとしては、'70年、当時大下弘が持っていた日本最高打率を破った打席が挙げられる。あと1安打すれば大下のシーズン最高打率を破ることができるというとき、張本はブルームから伝授された秘技を繰り出したのだ。相手投手はブレーブスの山田久志。

「山田君は守備がよかったから大きな賭けだった。でも私は打ち気を見せておいてやれば絶対成功すると思っていた。山田君は一度たしかにグラブに入れたんだが、ぽろりとこぼした。おかげでセーフになった。今でも冷や汗が出るよ」

ライバルから強引にその秘密を聞き出そうとする探求心が3085本の集積につながったのである。

日本人未到の3000本安打を記録したとき、張本にはそれなりの感慨があったが、記録としては、むしろ川上哲治の通算安打記録2351本を抜いたときのほうが特別な印象を持ったという。

「川上さんはすべての面での目標だったからね。私はとにかく川上さんを抜きたいという気持ちで選手生活を続けた。記録の上では抜いたけど、今でも選手として川上さんを越えたとはぜんぜん思っていないよ」

打撃の神様と称された川上は張本にとっては変ることのない偶像だったのだ。

張本は、通算の大記録を打ち立てる条件として、35歳からのもうひと踏ん張りを挙げていた。実際、このあたりを境にして、急激な衰えを見せ、記録に届かずに終わる選手は少なくない。

その話を王貞治にすると、王は大きくうなずいてから付け加えた。

「それはシーズンも同じ。優勝しようとか、シーズンでタイトルを取ろうとするときも、後半の8月、9月の踏ん張りが大事なんだ。疲れたシーズンの終盤、若いころより体力の落ちた35歳以降、どれだけがんばれるかは、若いときの蓄積、チームでいえばキャンプのころの蓄積にかかっている。その点、ぼくは、シーズンの後半でも35歳過ぎてからでも、体力だけには自信があったね」

ホームラン王の強烈な自信は、呆れるほどの練習量に支えられたものだったのだ。

「それは今から考えれば、意味がないと思えるような練習もずいぶんやった。でも、その遠回りが自分はやれるというプラス思考につながったんだと思う。だから、今さかんに言われるプラス思考とは少し違うんだ。今のは、裏づけなしにプラスに考えようとするもんじゃないのかな」

868本。その膨大な数の詳細を、現役時代の王はほとんど記憶していたという。そういえば、金田正一も、400勝のほとんどは覚えているといい切った。さらにいうなら、最後の4割打者テッド・ウィリアムスも、自分の全打席の内容を記憶しているのが自慢だった。この巨人たちの記憶力は異常なのだろうか。

「なぜ覚えているかというとね。一打席一打席をちゃんと分析して整理しておかないと、次の対戦に役立たないからなんだよ。ぼくが特別、記憶力があるとか、頭がいいとかいうことじゃない。ただ、野球に関する頭はそれなりにあった。なにか記録を作る選手というのは、そういう野球頭が少し優れているものなんじゃないのかな。だから、現役を止めると、必要がなくなって、どんどん忘れてしまう。今はもうだいぶ記憶も薄れてきたよ」

王らしい謙虚な口調で、記憶魔の誕生する背景を分析してくれた。

現役時代に比べれば、だいぶ薄れてきたという記憶だが、もちろん忘れられないホームランは何本もある。「公人・王貞治」としてはベーブ・ルースの記録を破った715号、ハンク・アーロンを破り「世界新」となった756号が大きなものには違いない。

「特に756号のときは周りが異常な騒ぎだったからね。朝から晩まで報道カメラマンが追いかけるし、球場は満員でお客さんの期待はすごいしで、打ったときはうれしいというよりほっとした感じだった」

そうした勲章以上に、打撃人王にとって忘れがたい一本がある。1962年7月1日。川崎球場での対ホエールズ（現・ベイスターズ）戦。投手は右の稲川誠だった。

「実は前の日、2三振で途中交代させられてね。どうにもタイミングの取り方がうまくいかず、この日、前から練習していた一本足打法をはじめて試合でやってみたんだ。第1打席がライト前ヒットで、第2打席がホームラン。あの一本がなかったら、打者、王貞治は生まれていなかっただろう」

高校球界から期待されてジャイアンツに入団し、その長距離砲としての資質を見込まれ、すぐに投手から打者に転向したものの、王の素質はなかなか開花しなかった。入団4年目までの渾名は「王、王、三振王」だった。

一本足打法は、その王が師匠の荒川博とがけっぷちですがった最後の手段だった。一本足打法に開眼した王は、この年から13シーズン連続ホームラン王を獲得する。これほど劇的な変身は日本の野球史上でも例を見ないだろう。

一本足に変えてホームランを量産しはじめた王だったが、二本足に戻してはという意見はずっとついてまわった。特に、自ら打撃人として頂点を極めた監督の川上哲治は強硬で、何度も二本足回帰を奨めた。

「'69年か'70年頃だったかな。川上さんが、わざわざぼくの家まで見えて二本足にするように奨められたこともあった。でも、ぼくは二本足にするつもりは全然なかった。打者というのは技術屋。技術屋というのは頑固じゃなきゃね」

川上も王に劣らぬ技術屋だった。その意地にかけて、異端の一本足を正統の二本足に戻すように奨めた川上の姿勢も興味深い。

一本足にしたあと、王は一度だけ二本足を試したことがある。

「55本のシーズン記録を作った'64年の春のキャンプ。ずっと二本足で打って、オープン戦の初戦にホームランも打てた。ところがそれからぜんぜん打てなくなってね。あまりひどいんで一本足に戻したら10試合で10本。開幕も4試合で4本ホームランが出た。それでもう二本足に戻す気はぜんぜんなくなった。だから、川上さんから奨められたときも、気持ちは動かなかったんだ」

この頑固さが、「世界の王」のバックボーンだった。

先に名前を挙げたテッド・ウィリアムスにインタビューしたことがある。この典型的なアメリカのカントリーボーイは、「日本人はいつ頃から肉を食うようになったんだ」などととぼけた日本認識を連発していたが、ただ一人、「サダハル・オー」の名前だけは知っていて、その体格、性格、現在の仕事などを微に入り細にわたって聞きたがった。それほど王貞治の名前は海外にも鳴り響いているのだ。ルールの上からホームランがなくなりでもしない限り、王のホームラン記録は輝きを失うことはないだろう。

三人の大記録保持者に会ったあと、共通点を考えてみた。持って生まれた素質はいうまでもない。練習熱心、記憶力（王の言葉を借りれば野球頭）の優秀さ、技術への探求心、いろいろ挙げることは可能だろう。だがあえて一つ挙げるとすれば、それは「飢餓感」ではないだろうか。この三人は途方もない飢餓感の持ち主だった。そしてそれが、それぞれの並ぶもののない大記録の原動力になったのではないだろうか。

金田は自分の選手生活を支えたものとして「飽く事無き生活意欲」という言い方をした。張本は家族とともにいい家に住み、いいものを食べることが最大の喜びだったと話してくれた。王は、国産車から外車に、キャデラックを買ったら、次はベンツというように、給料が上がるに連れて車を買い換えることが無上の喜びで、目標でもあったと話していた。三人とも中流よりやや貧しい家庭に育ち、戦後の食糧難を経験したことを考えれば、こうした文字どおりの飢餓感が、記録への原動力になったことは容易に想像がつく。しかし、ここでいう飢餓感にはもう少し広い意味も含ませたい。それは、相手を打ち倒し、つぎつぎに記録を塗り替える「戦うことへの飢餓感」のことだ。

先輩の別所に「あんたの記録は全部ワシが抜いてやる」といってはばからなかった金田、ヒットの極意を聞くためならライバルの前にひれ伏すことさえいとわなかった張本、打撃の神様の助言さえはねつけて自分の打撃のスタイルを貫いて記録を作った王。三人に共通するのはこの異様なほどの戦うことへの飢えである。

「打ったときの快感を追い求める気持ちでずっとやってきた。その快感というのは本当にトップの味を知ったものでないと分からないものなんだよ」

王はそんな話をした。現在の選手は、この三人に比べて、素質、体力で決して劣っているわけではないだろう。だが、入団の契約金でベンツが楽に買えてしまう時代、三人のような飢餓感を持ちつづけるのはむずかしい。相手を打ち倒す快感を求める素質のある選手は、おそらく海を渡り、メジャーに戦いの場を求めるだろう。

そう考えると、日本の野球の現状が続く限り、三人の記録に迫る者が現れるとは考えにくい。その点からいっても、三人の記録は不滅といえる。

三人の記録に迫る者が現れるためには、日本の野球が、途方もない飢餓感を満たす器たらねばならない。それを考えると、少しペシミスティックな気分にならざるを得ないのだ。

イチロー
210安打の戦慄

1992年のジュニアオールスター（現在のフレッシュオールスター）は、同点で迎えた8回、代打で登場した全ウエスタンの鈴木一朗が決勝の本塁打を放ち、MVPを獲得した。全イースタンの捕手だった千葉ロッテの定詰雅彦はこのときはじめて鈴木一朗という選手を頭に刻みつけた。

「それまではほとんど知らなかったんですが、細い体でポコッと代打に出てきて、簡単に決勝のホームランを打つ。一発でMVPですからね。いいところを持っていくなあと思いましたよ。今の言葉でいえば『持ってる』という感じ」

MVPをさらっていく男の名前と打撃センスを焼き付けたので、2年後、レギュラーでヒットを量産しはじめてもさほど驚きはなかった。

「はじめはそんなに脅威じゃなかった。ぼくらは打球を質でA、B、Cの3段階にランク付けする。結果とは関係なく、質を見るんです。開幕から6月ぐらいまではイチローの打球はCランクが多かった。だからボテボテのゴロに注意するくらいで特に対策を立てることもなかったですね」

そうするうちに、史上最速のペースで100安打をクリアし、無人の野を進みはじめる。さすがに対策を立てなければならない。かといって簡単には見つからない。レギュラーに定着しはじめた若い定詰は、西武の伊東勤や日本ハムの田村藤夫といったベテランともひそかに情報交換し封じ込めを図ったが、決定打は見つからなかった。

「右投手のインハイのスライダーでフライアウト。思い浮かぶのはそれぐらいでしたね」

すでにシーズンなかばには手のつけられない存在になっていたのだ。

「彼の場合はストライクゾーンが普通の人のボールゾーンにまで広がっている。だからボールを使いながら組み立てるということができない。結局、当時のロッテの投手でいえば、伊良部さんならストレート、小宮山さんならストライクからボールになる精密な変化球という具合に、それぞれのベストで組み立てていくしかない」

左打者には左ということで左投手が対戦する機会も多かったが、効果はなかった。園川一美はイチローがレギュラーになった1994年、18打数13安打と呆れるぐらい打たれた。

「彼がレギュラーになる前の年、神戸でアップしながらオリックスの打撃練習を見ていた。そのとき彼が出てきてね。実に気持ちよさそうに打っている。音もすごいし、飛距離だってほかの長距離打者に負けていない。なんで先発で使わないんだろうって思った」

　その評価通り、次の年には痛い目に遭う。

「最初はこっちが左なので、そんなに打たれないだろうって思っていた。外角にスライダーを甘くならずに投げていれば、大きいのを打たれることはないだろうってね。でも、ほかの左打者ならきっちり打ち取れるスライダーを何度もヒットにされた。それで手がなくなった感じでね」

　園川は先発として、翌日に対戦する打者を1回の1番からイメージして投球を組み立ててみる。

「ところがオリックスの場合はイチローが1番にいるので、打ち取るイメージが浮かばない。だから1回から全然イメージトレーニングが進んでいかないんだ」

　もちろん手を焼いていたのは千葉ロッテばかりではない。古久保健二は'94年当時、近鉄でマスクを被る機会が多かったが、やはり攻め手のなさに苦労させられた。

「彼のことは'93年に長岡で野茂からホームランを打ったので覚えてはいた。あれが最初のホームランだったんだね。でも、打撃の記録を作るような選手になるとは、その時だって思わなかったね」

　古久保がまず困らされたのは一塁ゴロを投手がベースカバーしてアウトにするいわゆる3－1のプレーがセーフになってしまうことだった。

「ゴロを打たれるとセーフになる確率がものすごく高くなる。だからできれば飛球で打ち取りたい。でも、それがむずかしいんだよね」

　普通、飛球をねらうなら、高めの速い球を使う。

「でも、彼はミートがうまいんで、速い球はきっちりとらえられてしまう。いろいろ試して、真ん中あたりに緩いカーブを投げてみることにした。ほかの選手ならホームランボールみたいな球だけど、甘すぎて彼の場合はいい当たりのフライになる」

　その手で何度か打ち取ったことがあった。

「でも、その手もせいぜい1カ月ぐらいしか持たなかった。だんだん対応されるようになったので、しかたがないから力勝負に出る。するとカチンと打ち返される」

　イチローといえども万能ではなく、全てのコースを同じように打ち返すわけではない。

「出てきたころの彼は、走りながら打つような感じだったので外の変化球を拾われてヒットされるよりも、近めに投げて強振させ凡打をねらうこともやってみた」

　それはしかし大きな傷を負いかねない攻めだった。

「ぼくは彼が藤井寺球場の場外に練習で何本も飛ばしているのを見ていたから、近めは怖かったよ」

　ほかの打者なら打ち取るための一定のパターンがある。スライダーが苦手の打者ならそれを決め球にする。何度かその攻めをやって、相手が的を絞ってきたら逆をつく。そうした駆け引きを行なうのが普通だ。ところがイチローには駆け引きは通用しない。基本的に苦手はないし、ねらいを絞って待って打つような打者でもない。

「本能のままに打っているような感じだからね。打たれたからつぎは裏の配球なんてことをやっても意味がない。打たれても同じ攻めをつづけるしかなかった」

１００安打を最速で通過し、どんどんヒットを積み重ね、９月にはシーズン２００本という数字が現実味を帯びてきた。

残り3本となって迎えたのが神戸でのロッテ戦だった。

チームメイトだった田口壮によると、大記録を前にしてもイチローもチームも特別な雰囲気にはなっていなかったという。

「記録の重圧で足踏みなんて、彼の場合はありえない。普通に、あっさり通過してしまうだろうって思っていましたよ。もちろん、記録達成に立ち会えるかもしれない観客のかたは試合前から盛り上がっていたようですが」

ロッテのバッテリーは園川－定詰だった。マスクを被る定詰は、第1打席、第2打席と違う攻め方をした。しかし、ことごとくヒットにされる。あと1安打されると２００安打。一里塚に名前を刻まれるのは決して名誉ではない。だが、攻め方を変えても打たれては方策は見つからない。

「あのころ、イチローが空振りしたいけどバットに当たってしまうんですというコメントをしていたのを覚えています。ぼくなんか、バットに当てるのに苦労したのに。若いカウントでバットに当たってしまうと凡打の確率も高くなる。それなら空振りして、次のボールを打ったほうがいい。それなのに体が反応してバットに当たってしまうということなんでしょう」

なかなか共感しにくい境地ではある。

残り1本となると、球場は騒がしくなった。

「お客さんが増えたなあ」

園川は3打席目のイチローを迎えるとき、そんなことを感じたという。

「最初のうちはそんなに入りはよくなかった。でも、1本打たれ、2本打たれて、テレビか何かで知ったんでしょう。3打席目はすごく増えて、異様な雰囲気でしたね」

もう1本も打たれるかもしれない。ただ、園川はイチローの記録自体はさほど気にならなかった。

「リードしていたからね。イチローにヒットを打たれてもリードは守らなくちゃという気持ちのほうが強かった」

バッテリーが勝負に選んだ球種はフォークボールだった。園川は「思ったとおりのボールだった」というが、定詰の記憶は違う。

「ぼくはボールになってもいいというところにフォークを投げてもらうつもりだった。でも、ぼくの構えたところが少し甘かった」

イチローはそのフォークボールをきれいにすくい上げ、ライト線へ運んだ。日本の球場ではじめて記された200安打は二塁打だった。200の数字が刻まれたボードを手に、レイをかけられ軽くはにかむイチローの写真は、長嶋茂雄の空振りや王貞治の756号と同じように国民的記憶の中にある。定詰はふり返る。

「園川さんは左投手なので左打者のほうが打ちにくいように思えます。でも、あのころはまだ左打者の内角を攻める球種がなかったので、左打者にはストライクゾーンの左半分で勝負しなくちゃならなかった。イチローに分が悪かったのはそういう理由もあるんです」

打たれた園川は「時の人」になり、ワイドショーの取材が押しかけたりした。

「オレひとりが200本打たれたわけじゃない」というコメントは、熊本出身のもっこすらしい痛快さでファンを喜ばせた。

もちろんフォークボールを要求して打たれた定詰が、構えの位置の半端さを忘れられずにいるように、園川にだってくやしさがなかったわけではない。

「198本目はスライダー、199本目はストレート。どっちも自信のある球だった。200本目のフォークだって、自分じゃ納得できる球。打たれるのは仕方ないけど、さすがに今までどおりじゃダメだとは思ったね」

翌年、園川はシュートを身につけた。左打者の内角に食い込んで行くシュートは、「完全にイチロー用」だったが、園川の投球の幅を広げ、投手寿命を延ばすのにも役立った。

園川の名誉のためにつけ加えれば、翌年のイチローとの対戦は12打数3安打で打率・250。7割以上打たれた前の年に比べて大きく改善している。

「ああいう打者がいると、対戦する投手のレベルも上がる気がするんですよ」

定詰はそんな見方を披露してくれた。

「打たれたくないから逃げるという手だってある。そういう怖さの中で勝負して、痛い目に遭いながら投げなければ、投手は成長しないんじゃないですかね」

園川はいま、千葉ロッテのアカデミーで子どもたちの技術指導をしている。イチローの話題になると、「200本目を打たれた園川さん」として感想を聞かれることもある。

「そのときはいつも、オレは打たれたけど勝負したんだっていうようにしているよ」

そういって笑った。おそらく子どもたちも、偉業の一端にかかわった人物を間近で見て、野球の奥深さと面白さに触れた気になることだろう。

イチローはさらに安打を積み重ね、最終的には210安打で1994年のシーズンを終えた。210本目の安打は近鉄の高村祐から放ったものである。

「えっ、そうなんですか」

古久保にそのことを告げると驚いた顔になった。

「全然記憶にないなあ。まあ、新記録とか区切りの数字じゃないということもあるけど、あのころのイチローはヒットを打つのが当たり前だったからね。イチローはヒットは打つもんや。こっちは打点がつかず、長打にならずなら御の字や。いつもそんなことをいっていたなあ」

KK、戦慄の記憶
'83高知商／'84享栄／'85宇部商

　1983年夏。PL学園は青くて酸っぱかった。4番の清原和博は、体格こそ大きかったが、八重歯の光る笑顔は少年だった。桑田真澄は早生まれで、夏の甲子園がはじまってもまだ15歳だった。チームは清原、桑田というふたりの1年生を4番とエースに据えて大阪予選を勝ち抜いてきたが、この青くて硬そうな果実が大会の間に日を浴びて熟するなどと考えた人はほとんどいなかった。

　だが、ふたりは故障者が出てやむなく起用された1年生ではなかった。よほどのことがない限り1年生は先発させないという部の不文律を破り、予選からチームの主軸を任せてきた。特別なふたりだった。

　PL学園は1回戦、2回戦を勝ちあがる。3回戦の東海大一高との試合は、1、2回で

5点を奪い、主導権を握って押し切った。

「将来が楽しみな好チーム」

それでもそれがこの時点での評価だった。というのも、つぎの準々決勝の相手が高知商業だったからだ。断然の優勝候補、夏、春、夏の甲子園3連覇をねらう池田高校をあわてさせるチームがあるとすれば、高知商はその候補のひとつとみなされていた。

春の四国大会で、高知商は強打の池田を1点に抑える試合を見せていた。池田の水野雄仁に完封され、勝利はならなかったが、エースの津野浩はプロも注目する好素材で、1年生が柱のPLでは荷が重いというのが戦前の見方だった。

だが、高知商の監督、谷脇一夫は周到な準備を怠らなかった。

「ウチは伝統的にデータ重視。必ず事前に相手を自分の目で見るようにしていました。わたしも甲子園では対戦校の練習はかならず見る。PLのときはたしか、変装して人に気づかれないように練習を見に行ったと思います」

練習を見た谷脇の評価は高いものではなかった。

「怖いという印象はありませんでしたね」

当時の四国のレベルは高かった。池田を見慣れた目からすれば、15歳の桑田は迫力に欠け、清原は穴の多い4番に見えたのだろう。

ところが試合がはじまると、高知商はいきなり頰を張られたような先制攻撃を受ける。1回に清原の二塁打で先制されたのを皮切りに、2回には連続二塁打で3点、3回にも二塁打を4本並べて3点を奪われ、7対0とリードされた。

「それ以前に、この試合みたいに打ち込まれたことがありました」

先発した津野がふり返る。

「新チームになってすぐ、池田との練習試合のときです。確かふたケタ失点でした。でも、このときのPLに池田みたいに打ち込まれるとは思いませんでした。どこに投げても打たれる感じでしたね。特に、二塁打をたくさん打たれたのを覚えています。外野の間を抜かれました。池田はガッチリした迫力のある体型の選手が多かったですが、PLは清原以外は見かけはふつう。でも力はすごかったです」

4回は無失点だったが、5回表、さらに1点を追加される。8点取られて高知商は目が覚めた。5回裏から、猛然と追撃を開始する。6安打を集中させて5点を奪い、桑田をマウンドから引きずりおろす。6回表、2点を追加されたが、その裏には津野の2試合連続本塁打などで1点差に追い上げた。8点差を1点差まで追い上げたのだから、勢いは間違いなく追いかけるほうにある。相手エースの桑田は降板している。

「これは勝てる。そう思って欲が出ました」

監督の谷脇がいうように、高知商の選手たちは気負いこんで攻め立てるが、ここからのPLは青くて酸っぱい若いチームではなかった。しぶとく辛抱強く高知商の攻撃をしのぎ、逆転どころか同点さえも許さない。

9回裏、津野に打席が回った。3回戦の箕島戦では、のちのメジャーリーガー、吉井理人から満塁本塁打を打っている。この試合2本目の本塁打が出れば同点に追いつく。

「前の本塁打がストレートを打ったものだったので、〝今度は変化球で勝負するだろう。変化球を意識しろ〟といわれました。ところが、2球目に打てばスタンドまで行きそうな甘いストレートが来て、それを見逃してしまった。あんまりいい球だったので、あとで何度か夢に見ました」

津野の裏をかいて甘いストレートで追い込む。この打席を見てもPLは、大会前のけなげにがんばる若いチームではなくなっていた。甲子園での試合経験が果実の糖度を見る見るうちに高めていたのだ。結局、高知商の追撃は及ばず、PLが準決勝に進出する。

準決勝には池田が待ち受けていた。健闘もここまでと思われたPLは、大本命を桑田の本塁打などで圧倒し、決勝に勝ち進む。横浜商業との決勝に並んだときの顔は、すでに王者の顔だった。伝説的な3年間が幕を開けた。


翌'84年の大会は、前年の池田のポジションにPLが腰を下ろしていた。春の選抜大会は決勝で岩倉高校に敗れてはいた。勝者の岩倉はみごとだったが、大会5試合で清原は3本、桑田は2本の本塁打を打ち、投げても桑田は決勝で14個の三振を奪っていた。実力は群を抜き、負けさえも野球のむずかしさを示す教材になるような、特別なチームになっていた。

だが、2度目の夏は油断ならない相手との顔合わせがスタートだった。愛知代表の享栄高校は東邦、愛工大名電、中京などと覇を競うレベルの高い愛知県の名門で、特にこの年は強打が注目を集めていた。

「藤王二世」

それが安田秀之につけられた呼び名だった。藤王康晴は前の年の選抜で3本の本塁打を放ち、享栄のベスト8進出の原動力になっていた。超高校級の打力と評価され、ドラフトでは地元ドラゴンズに1位で指名されて入団し、大きな注目を集めていた。その藤王に並ぶような素質の持ち主というのが、2年生の安田に対する評価だった。PLに清原がいるなら、享栄には安田がいる。安田なら桑田を打ち砕くかもしれない。

「高校では通算で47本、本塁打を打ちました。藤王さんが49本だったから、数だけなら近かったですね」

安田は現在、ドラゴンズでスコアラーを務めている。

「藤王さんたちの代が終わって新チームになった1年の秋からぼくは4番を任されました。しっかり当たれば、かなり飛んでいくという自信はありましたね。夏の大会は県予選の決勝で東邦と当たり、接戦になりました。4対3で勝ったんですが、その試合で得点に絡む活躍ができて」

甲子園に乗り込んだときの安田は、口には出さなかったが相当な自信を秘めていた。抽選で1回戦がPLと決まり、喜ぶ者はいなかったが、うつむく者もいなかったという。

「勝てば勢いがついてぐんと上がっていける。そう思っていました」

桑田、清原との対戦経験はなかったが、テレビでは何度も見ていた。テレビで見る限り、桑田は高校生としては、球も速いし、コントロールもいいが、まとまっている分、打てない相手ではないように思われた。

「ぼくは清原君より少しだけ背が高いんです」

高校生らしからぬパワーといわれる清原よりも体格では上回っている。それも安田の支えになっていた。

だが、安田と享栄のひそかな自信は、甲子園の現場に来るとたちまち場外に弾き飛ばされてしまった。まず最初に衝撃を受けたのはエースの村田忍だった。清原や安田よりも1歳上の3年生で、ストレートの球速はさほどでもないが、大きな落差のあるカーブとスライダー、シュートの揺さぶりは定評があった。その村田は試合前の練習で、見てはいけないものを見てしまう。

「なんなんだ、こいつら。そう思いました。清原もすごかったけど、桑田の打撃が特にすごかった。よく打つぞ、気をつけろっていい合った」

1回表、いきなり清原のタイムリーを浴びて先制を許す。2回には2点。そして3回には4点。前年の高知商とよく似た失点パターンでたちまち苦境に陥る。とりわけ3回に清原に打たれた2点本塁打の衝撃が大きかった。

「第1打席でタイムリーを打たれて、うまい打者だなとは思っていました。だからここは外角中心でフライを打たせる組み立てを選びました。でも全部外角というわけには行かないので1球内角に投げた。それを引っ張られてアルプススタンドの照明の近くまで運ばれた。大ファウルでした」

恐怖がコントロールを狂わせた。勝負球の変化球がやや高めに。清原は見逃さなかった。ライトに飛んだ打球を村田が目で追う。

「ライトは安田が守っていたんですが、彼がバックしてラッキーゾーンに付いた。取れるかと思ったら、打球はいつまでも落ちてこないで、そのままラッキーゾーンの中まで行った。落ちてこない飛球というのはあとにも先にもあのときだけですね」

ラッキーゾーンにしがみつくように頭上の清原の打球を見送った安田は、打席では桑田の投球に呆然となった。

「ここまで速いか。そう思いましたね。ぼくには全部ストレート。なめてんのかと思いましたが、打てませんでした。あっという間に終わりましたね」

享栄は桑田に3安打に抑えられた。喫した三振は11個。清原は3回の2ランを皮切りに、レフト、センターと本塁打を3本叩き込んだ。プロでもできない芸当である。

安田から都市伝説めいた逸話を聞いた。

「桑田に二塁ゴロに打ち取られた先輩が戻ってくると、金属バットがへこんでて、縫い目の跡がはっきりついていました」

桑田の切れのあるストレートは金属バットをへこませ、刻印をつけていた。強豪の享栄に14対1と圧勝したPLの連覇を疑うものはこの時点でほとんどいなかったろう。

だが、'84年夏は決勝まで進んだものの、延長で取手二高に敗れ、連覇を逃す。翌'85年春は準決勝で、伊野商・渡辺智男の速球に屈する。'83年夏の優勝以来、つねに他を圧倒したように見えた清原、桑田たち3年生には、優勝の機会は'85年夏しか残っていなかった。

その夏、期間中に、日航機の墜落事故が起こり、騒然とした空気の中で大会が進んでいく。PL学園は最初の東海大山形戦で29対7と大勝する。32安打を放ち、毎回得点という勝利は、優勝への備えが万全であることを見せつけた。つづく3回戦は桑田が津久見高校を完封した。

そして準々決勝。相手は2年前と同じ高知商業である。高知商にとってもPLは因縁の相手だった。全国制覇まであと1イニングと迫った'78年夏の大会では土壇場で追いつかれ、サヨナラ負けを喫している。2年前は8点差を1点差まで詰めながら、最後の一線が越えられなかった。

監督の谷脇一夫は2年前の対戦よりも自信を持っていた。あの時は1年生中心のチームということで軽く見た嫌いがあった。今度は違う。自分たちの戦力も整っている。特にエースの中山裕章は桑田に引けを取らない力があると信じていた。

「私は中学の有望選手だといわれても、自分で見たりはしないんですが、彼だけは見に行って、ぜひウチにということで入学してもらった。それだけの素材でした。打つほうも、選抜で優勝した伊野商の渡辺君を打ち崩して予選を勝ってきたので勝負になると思っていましたね」

2年前には8点リードされて追い上げたが及ばなかった。なんとしても先制を。期待通りにチームは2回表、桑田から2点を奪う。早いカウントからストレートをねらう作戦が功を奏した。

しかし、この2点がかえってPLを目覚めさせてしまった。3回裏、連続四球とバスター、二塁打などがからむPLの硬軟取り混ぜた攻めは、中山から4点を奪った。だが、それ以上に決定的なダメージになったのは5回裏の2本の本塁打だった。

「あの本塁打は試合の上でも大きかったし、当たりとしても大きかった。特に清原。レフトスタンドの中段まで飛んだんじゃなかったか」

150㎞を超えるストレートで押す中山の投球がそこまで運ばれたのははじめてだった。一方、桑田の方はライナーで一直線に飛び込む一打だった。かつて8点差を追いかけたことを考えれば、4点差でひるんではいられない。だが清原、桑田の強烈な2本は、高知商の意欲を消すには十分なものだった。

高知商を6対3で下し、準決勝で甲西に15対2と大勝したPLは、3年つづけて夏の決勝に進んだ。相手は山口の宇部商業である。'83年夏にはベスト8まで進んだことがあったが、決勝進出ははじめてだった。宇部商は春の選抜と6月の練習試合で、2度PLと対戦していた。選抜は2対6とまずまずだったが、練習試合では3回降雨コールドゲームにもかかわらず、ダブルスコアで打ち込まれた。

監督の玉国光男は力の差以上に選手たちの格の違いを痛感していた。

「選抜の開会式で、入場を待っている間に、ほかの学校の生徒がＰＬの選手にサインをもらっている。ウチも似たようなもので、対戦相手というよりもファンみたいなものでした」

だが、玉国は決勝で当たるのは幸運だと考えていた。

「万が一、ウチがＰＬに勝つチャンスがあるとすれば、1回戦か決勝しかないと思っていました」

1回戦はＰＬでも試合慣れしておらず、手探りの戦いになる。決勝なら、そこまでの疲労の蓄積で、乱打戦になる可能性がある。そうなったらチャンスはある。

「それにＰＬは準決勝で大勝していましたからね。大勝したつぎの試合はどうしても打者が大振りになる。そこにつけ込む余地もあるかなと」

宇部商はエースの田上昌徳ではなく2番手投手の古谷友宏が先発した。大会に入って田上が調子を崩し、準々決勝、準決勝と古谷のロングリリーフで勝ちあがってきた。そのリリーフを、監督の玉国は決勝の先発に起用した。

「夏は投手がふたりいないと勝てない。そう考えて古谷も育ててきました。それがうまく行きましたね」

初の先発が決勝という特異な起用だったが、マウンドにあがる古谷に緊張はなかった。

「甲子園で投げることが目標で、勝とうとか抑えてやろうという気はなかった。自分の力がどれくらい通用するんだろうなって」

球種はストレートとスライダーのふたつだけ。どんどん攻める。単純な方針が功を奏した。ＰＬは最後の夏を取り逃がせないという緊張と、疲労の蓄積で本調子にはなかった。特にエースの桑田はいつもの球威には程遠かった。その桑田を攻めて、宇部商が先制する。四球で出た走者を盗塁、犠飛で還した。そつのない運びはＰＬのお株を奪うものだった。4回に清原の本塁打で追いつかれ、5回には勝ち越されたが、6回表には内野安打と三塁打、犠飛で2点をあげて逆転した。

先制のホームを踏み、6回には同点の三塁打を放った藤井進は、甲子園に来て4番に抜擢された選手だった。

「もともとぼくの定位置は8番。甲子園に来て調子がよくなったので、5番に起用されるようになりましたが、4番は決勝がはじめてでした」

本塁打といえば、県予選の決勝で打った1本しかなかった藤井だが、甲子園に来ると絶好調で、3回戦から3試合連続4本の本塁打を打ち、清原と肩を並べていた。決勝は「大会の4番」を決める場でもあったが、藤井に対抗意識はなかった。

「清原をはじめて間近で見たとき、これがプロかって思いました。大会のあと、手の大きさを比べたことがある。ぼくは普通の人よりかなり大きいんですが、清原はぼくより関節ひとつ分大きかった」

逆転されたＰＬだが、6回、再び清原の一打で追いつく。打たれた古谷は打球を振り返ることもしなかった。センターの頭上を越えてスタンドに飛び込む大本塁打だった。

「最初の打席でぼくの右を抜けるヒットを打たれたんですが、その速さが尋常じゃなかった。バットに当たったときの音も、ゴキッという聞いたことのない音で。だから6回には外角一辺倒で大きいのだけは打たれないようにと警戒していたんですが」

そして9回裏には2死からサヨナラ安打を喫して宇部商は敗れた。

「負けたけど、清原以外にはほとんど打たれた気がしない。ベストは出せたと思います」

決勝は清原の打棒ばかりがクローズアップされるが、藤井をはじめとする宇部商の勢いのある打線を3点で食い止めた桑田の投球もやはり最後を飾るにふさわしいものだった。

大会のあと、親善試合のために全日本チームが結成された。清原、桑田も、藤井や古谷もメンバーになった。藤井はメンバーの合宿でひそかに誓いを立てた。

「どうせ野球じゃかなわない。それならせめて風呂に入る順番だけでも一番になろう。一番風呂は譲らないぞって考えたんです」

練習が終わり、宿舎に戻る。走りながら服を脱ぐようにして風呂場に駆け込む。だがいつも先に入っている男がいた。桑田だった。

「遅いぞって声をかけられて。一番風呂の競争でもかなわなかったなあ」

1992アジア杯優勝戦記
夜明けの咆哮

試合がはじまると、日本は7割がたボールを支配した。選手たちの動きは、みな機敏で、活気があり、調整の順調さを物語っていた。しかし、ボールは支配していても、得点機はなかなか訪れなかった。深く引いて守備を固め、ボールを奪うと、すばやくカウンターを仕掛ける。それが対戦相手のUAEの戦術である。だから、ボールを支配しているからといって、日本チームが優勢とはかならずしもいい切れなかった。

前半は、決定的なシュートを放てずに終える。何度も、何年も見てきた日本代表の戦いが、ここでもくり返されるように思われた。しかし、後半は違った。中盤を完全に支配し、前線の3人が決定的なチャンスを作った。終了間際の43分には、バー直撃のフリーキックと、そのこぼれ球のシュートがあり、どちらがネットを揺らしても不思議ではなかった。

試合はスコアなしの引き分けで終わった。

予選リーグとトーナメントを組み合わせた大会で、初戦に勝ち点を落とさないことは上位進出の絶対条件である。勝つに越したことはないが、それよりも負けないことがより重要だ。今なら、小学生のサッカー部員でも、これぐらいの蘊蓄は傾けるだろう。

だが、主将の柱谷哲二は引き分けでは納得できなかった。

「当時のぼくたちには、予選リーグから決勝トーナメントと、勝ち上がってゆくための計算だとか、プランなんていうのはなかった。一戦必勝、引き分けは頭に置かず、ただ目の前の試合を勝ってゆくという気持ちでやっていたので、引き分けたから今後はどうだといった冷静な受け止め方はできなかったですね」

勝利への執念が特別に強かったというのとは少し違う。ひとつの大会をトータルに考えて、ひとつひとつの試合に向かうといった計画性は、一定以上の力があってこそ生まれてくる。当時の日本代表に、大会をトータルでデザインするような経験や実績はなかった。「目の前の試合にとにかく勝つ」というナイーブな姿勢は、そのころの代表チームの力を反映していた。１９９２年の秋である。

アジアカップは、いうまでもなくアジアナンバーワンを決める大会だが、日本のサッカー界にとっては縁の薄い大会だった。というよりも、日本のほうがあまり関心を示さない大会だった。日本開催の前に、すでに9回開かれていたが、日本が参加したのはわずかに

2回だけで、その他は、予選にすら参加しなかった。前回の’88年に、はじめて予選を突破して本大会に出場したが、フル代表より1ランク下のB代表はグループ5位の惨敗を喫していた。

「何年かごとに、中東のあたりで開かれる大会」

選手たちの間にすら、その程度の認識しかもたれていなかった。しかし、アジアでチャンピオンになるか、もしくは強豪国と五分にわたりあえなくては、ワールドカップに出場することなどおぼつかない。アジアを抜け出すためにアジアを知る。そのために招致されたのが、’92年のアジアカップだった。

日本のサッカー界は、翌年に二つの大事業を控えていた。初のプロリーグ、Jリーグのスタートと、’94年ワールドカップアジア予選である。プロリーグを成功させ、その勢いでワールドカップ予選を勝ち抜く。そのためには、まず、前哨戦となる秋のアジアカップで、好成績をあげることが絶対に必要だった。

アジアカップの半年前、代表チームの監督に、ハンス・オフトが就任した。はじめての外国人監督だった。オフトは「トライアングル（パス交換のときの第三者の動き）」「コーチング（声による指示）」「アイコンタクト（黙視でのコミュニケーション）」といったユース世代でも聞き飽きたような基本中の基本をもう一度徹底させ、一人ひとりの役割を明確にし、コンパクトでシンプルなサッカーを展開しようとした。あまりにも基本的なやり方には、選手の中から反発もあり、招集されたメンバーが離脱しそうになる場面もあったが、ヨーロッパ遠征で好成績をあげ、ユベントスとの親善試合で引き分け、8月、東アジアの4カ国の間で争われたダイナスティカップで優勝するというように、着実に実績をあげたことで、不協和音は次第に静まり、チームとしての熟成度は急速に増していた。アジアカップは、上げ潮に乗って臨む大会だった。

だが、大会のステータスの高さ、日本のサッカー界に与える影響の大きさに比べて、周囲の反応は静かなものだった。日本の初戦、対UAE戦はメイン会場の広島ビッグアーチではなく、尾道市のびんご広域運動公園で行われた。当日の観客は9000人だった。かつてのアジアカップが、日本のサッカー界にとって遠い大会だったように、多くの平均的な日本人にとって、このときのアジアカップは、まだ「何かやっている」程度の遠い試合だったのだ。

「今日は軽いなあ」

予選リーグ2戦目の北朝鮮との試合を前に、アップをはじめた都並敏史は、これまでに感じたことのないような感覚を味わっていた。体が軽くて、「どこまで走っても疲れない」ような感じなのだ。

「オレの選手生活のピークかもしれないな」

そんなことを考えながら、試合に向かった。8月のダイナスティカップは調子が悪く、そのことで批判を受けていた。見てろよ。もっとやれるんだ。警告の累積で第1戦のUAE戦を欠場したこともあり、試合への意欲が圧縮空気のように体に充満してくるのがわかった。

試合は、北朝鮮が激しいプレスをかけて攻勢に出て、日本が守勢に回る形だったが、都並は、自分のコンディションのよさもあって、苦しさはあまり感じなかった。

しかし、主将の柱谷は都並と違った感触を持っていた。

「北朝鮮にはダイナスティカップで4対1と圧勝していました。だから少し軽く見たようなところがあったかもしれない。試合の入りで守勢に回り、前半はそれが修正できなかった」

前半29分、DFのマークのずれを突かれ、北朝鮮に先制を許す。だが、先制されたことでDFラインは引き締まり、マークも安定した。相手がたたみかけようとしても、しっかり跳ね返し、ラインを上げて、都並などがカウンターを仕掛ける。DFの選手たちにとっては、「やっていて面白い試合」（柱谷）だった。後半に入ると、日本は徐々に攻勢に転じた。だが、三浦知良のPK失敗などでゴールは遠い。後半33分、オフトは北澤豪に代えて中山雅史を投入した。ダイナスティカップの決勝、韓国との試合で途中交代で投入されるや、5分で同点ゴールを決めた中山は、徐々に「切り札」視されはじめていた。

その中山が、交代から2分後、カズのCKに頭で合わせた。ファーストタッチのゴールだった。試合は、その後、両チームとも得点なく、引き分けで終わった。

同じ引き分けでも、追いついたのと追いつかれたのとでは、選手の受け止め方は違う。前半の守勢を盛り返し、きわどいところで追いついた試合内容は、日本チームの士気を高めた。

しかし、2試合で得た勝ち点は2。決勝トーナメントに進むには、つぎの試合をなんとしても勝たなければならない。相手は、サウジアラビアと並んで優勝候補と目されていたイランである。しかも、イランはすでに勝ち点3をあげ、日本との試合では引き分けさえすれば決勝トーナメントに進める。立場は断然イランが有利だった。

大会の前、日本代表に対する期待は決して高いとはいえなかった。何年も国際大会でめぼしい実績をあげていないのだから当然である。

主将の柱谷は予選リーグ突破が最低の義務だと思っていたが、だからといって、簡単に負けるとも思っていなかった。

「負けたらどうしようという感じはなかった。日本代表の評価はかなり下だったから、負けてもそれより下がることはない。逆に勝てば勝つほど評価が上がる。やりがいがありましたね」

都並の言葉を借りれば「失うものは何もない」立場の気楽さが、これまで歯が立たなかった相手との善戦につながっていたともいえる。しかし、3戦目は、上に進むために勝たねばならない試合、引き分けでは意味のない試合である。

「決勝トーナメントにさえ行けば、あとはなんとかなる。来年始まるJリーグを成功させるためにも、絶対勝ちたい」

イラン戦を前に、ラモス瑠偉はそうやって奥歯を嚙みしめたが、それはすべてのメンバーの共通の気持ちだった。もちろん、気持ちだけでは勝負は勝ち抜けない。

「引いて、守って、ミスを突いてカウンター。こっちをいらいらさせるようなボールのまわし方をしてくるだろう」

試合前、ラモスはそんな予想を立てた。

「日本はスピードが持ち味だから、攻めてもらったほうがいい。だから楽な試合にはならないだろう。ただ、前半に得点できれば、相手は攻めてくるはずだからチャンスは大きくなる。前半に決められれば」

その前半、ラモスの姿はピッチになかった。腹痛で体調を崩し、先発を外れていたのだ。ラモスの目の前で展開する前半は、予想通りのものだった。イランは守備を固め、得点よりも、「負けない試合」を狙っているのがありありとわかった。

そうした試合ぶりを見て、柱谷は複雑な気持ちだった。

「何年か前の日本相手なら、イランはどんな立場でも攻めてきたでしょう。圧倒しようとしたはずです。ところが、このときはそうじゃなかった。だから、日本の力が認められたともいえた。でも、試合に勝つには攻めてきてもらったほうがありがたいですから」

前半、都並のサイド攻撃などを軸に攻めたが、ゴールにはいたらない。後半に入っても、イランが守りを固める試合のトーンは変らなかった。痺《しび》れを切らしたように、オフトは23分、中盤の北澤と吉田光範をベンチに下げ、ラモスと中山を投入した。ＦＷは先発のカズと高木琢也に中山が加わり3枚。あとのない攻めの形である。

ラモスが入ると、中盤でそれまでになかったような微妙なリズムが生まれた。ラモスの刻むオフビートにカズをはじめ攻撃陣が活気づく。うしろから見ていたDF陣にも得点の雰囲気が出てきたのが感じられた。残り5分、右サイドにいたラモスは、前のカズではなく、左の井原に横パスを出した。受けた井原は、DFの裏に飛び出したカズにワンバウンドで、絶妙なスルーパスを出した。ゴール前、GKと1対1になったカズは右足で狭いニアサイドにシュートを叩き込んだ。中央に折り返してもいいような角度のないところからの、鮮やかなゴールだった。カズは錯覚していた。

「自分では、あのシュートは広いファーサイドを狙って打ったとばかり思っていた。だから、あとで、ニアサイドを抜いて入れたとわかって、ちょっとびっくりした。ただ、入れた瞬間はそんなのはどうでもよかった。得点して、ものすごく興奮したのを覚えている」

興味深い錯覚である。広いファーサイドを狙ったのが偶然ニアに行ったというようなことではないだろう。おそらく、カズには、そのとき、狭いニアサイドが、十分決められるほど広く思えたのではないか。好調なときには、ゴールマウスが巨大に見えた。優れたストライカーの回想にはしばしばそんな話が登場する。イラン戦のカズもその境地に足を踏み入れつつあったのだろう。

「あの年は、Jリーグのはじまる前で、クラブの遠征や試合も多かったし、代表での試合もダイナスティカップや親善試合なんかで、かなり詰まっていた。ぼくはそういう試合、全部にフル出場していたと思う。だから個人的なコンディションだけからいうと、アジアカップのときは満足できるものじゃなかった」

加えて、ダイナスティカップの優勝で、日本のエース、カズへのマークは厳しさを増していた。この試合でも、イランの研究は十分だった。その包囲網をかいくぐっての得点。その後、「苦しいとき、困ったときにはカズが決めてくれる」という神話が形作られるが、はじまりはこのアジアカップのゴールだったのではないか。

カズの得点のあと、5分あまりのイランの猛攻を耐え、日本は大会初勝利をものにした。決勝トーナメントに進む大きな星だった。

日本チームの宿舎は、広島グランドホテルである。それまで選手たちは、宿舎に戻っても、普通に近くのコンビニエンスストアなどに足を運んでいた。さすがに門限を破るようなものはいなかったが、かといって、メディアやファンに囲まれて身動きできず、ストレスを感じるようなこともなかった。

ところが予選リーグを突破したあたりから、風向きが変ってきた。

ラモスによると、「サポーターがどんどん増えてきた。移動するとき、みんなが手を振ってくれる。ぼくらはそんな経験なかったから、びっくりした」という。

準決勝を前にしたころには、外出もままならなくなった。自分たちは、これまで代表チームが足を踏み入れたことのない領域に来ている。ホテルへの缶詰は、その事実をはっきり教えるものだった。

不自由は感じたが、サポーターの数が目に見えて増えたことは、選手たちの大きな支えだった。勝ち進めば、こんなに反響があるのだ。だったら、勝ちつづけてやろうじゃないか。

準決勝の中国戦がはじまった。ダイナスティカップで2対0と快勝している相手である。選手たちの士気は高い。開始早々、試合が動いた。ホイッスルが鳴ってから1分も経たないうちに、スローインのボールを日本のDFが譲り合うように処理を誤り、中国に先制を許す。

当事者のひとり、柱谷はいう。

「中国が最初の30分、ガンガン押し込んでくるのは予想していた。だから、ミスだけには気をつけようといっていたのに、やってしまった」

失点が痛くないはずはないが、ダメージはさほどでもなかった。GKの松永成立は、これで試合に動きが出るだろうと考えた。

「試合に動きが出れば、日本にも得点のチャンスは多くなる。DFもミスはしたが、ラインを完全に破られたわけじゃない。だいたい早い時間にミスをした選手は、それを取り返そうと、よく働くもんなんです。あの時もそうだった」

たしかに、柱谷と堀池巧の当事者二人は、絶対に追加点は許さないと、目を吊り上げてボールを追い、相手を追った。

得点したあとも、中国の攻勢はつづいた。

それでも、前半の終了間際から、徐々に、日本がいい形を作る場面が多くなる。中国の攻勢は引き潮になっていた。

ＭＦの福田正博は、中国との試合が好きだった。代表初ゴールをあげたのも、ダイナスティカップの中国戦だった。直線的なスピードを身上とする自分のプレイスタイルと中国のスタイルがよくかみ合うように感じられたのだ。前半の失点と守勢のときも、福田は平静でいられた。

「オフトから立ち上がりは気をつけろといわれていて、その中での失点だったので、ダメージよりも、試合の読みが的確だったことがわかり、かえって自信が深まった感じでした。失点も、事故みたいな感じでしたしね」

後半3分、カズのコーナーキックに福田が頭で合わせて、同点ゴールを決める。相性のよさは、単なる自己暗示などではなかった。福田の得点で、主導権は、完全に日本に移った。その9分後、高木からのパスを北澤がドリブルで持ち込んで右隅に叩き込む。勢いからいっても、決勝進出は8割がた大丈夫と思われた。

アクシデントは勝ち越しゴールの3分後に起こった。日本ゴール前の混戦の中、ＧＫの松永が中国選手の頭を蹴って、一発退場になってしまったのだ。

「試合の中で、伏線があったわけじゃない。突発的な出来事です。あっ、やっちゃったって感じでした。理由がないわけじゃないが、判定が下って何年も経っているプレーですからね。いまさら言い訳はしたくない。ただ、大会が終わって家に帰ったとき、かみさんに怒られたのはこたえましたね。サッカーでかみさんに怒られたのは、あの時だけです」

小競り合いが起こっているのに気がついて振り返ったとき、松永の足が中国選手の頭を捕らえるのを柱谷は目の当たりにした。こちらも「あっ、やっちゃった」という感想だった。しかし立ちすくんでいるわけにはいかない。

「すぐに審判のところに行って話をしました。時間稼ぎですね。交代の準備のために時間を稼ぐ必要があったし、ひとり減ってからのフォーメーションを確認する必要もあった」

ベンチはGKに前川和也を入れ、MFの北澤を下げるフォーメーションを取った。リードしているのはたしかだから、とにかくしっかり守ることが重要だった。

突然の交代にもかかわらず、GKの前川は落ち着いているように見えた。最初に触ったボールを無難に処理するのを見て、引っ込んだ松永は胸をなでおろした。

「GKが途中で交代することはまずないから、試合のリズムをつかむのがすごくむずかしい。一度ボールに触るまでは、流れに乗るのが大変なんです」

その難関のファーストタッチを切り抜けた。もう大丈夫だ。ところが、ファーストタッチを無難に切り抜けて、気が緩んだわけでもないだろうが、交代から10分後、前川が信じられないようなミスを犯す。相手がゴール前に蹴りこんだボールを、キャッチし損ねて、ゴールを許してしまったのだ。

「前川が、うしろからスルーと声をかけたので、ぼくたちは触らずに前川に任せた。そしたら、前川までスルーしちゃった」（柱谷）

しらけた雰囲気が流れても不思議ではなかった。福田がいうように、多くの選手たちが、「おいおい、しっかりしてくれよ」という言葉を飲み込んで押し黙っていた。だが、そのとき、ラモスがすぐに前川に駆け寄って声をかけた。柱谷もほかのDFのメンバーも前川を力づけた。福田は前線でその様子を見ていて、自信を取り戻した。

「ああいうサポートがすぐにできるのは、チームの状態がいいからなんです。だから、やれるという自信を持ちましたね」

普通なら「負けパターンの典型だった」と都並はいう。失点は全部ミスから。勝ち越したところを追いつかれる悪い流れ。

「でも、あのチームはそこで前を向いて行けた」

簡単にうなだれないのは、このチームに攻撃的な気持ちの持ち主が多かったからだろう。

「北澤のゴールで逆転したときは、うまく行けばあと1、2点は入るだろうと思った。中国も前に出てくるので、スペースができますからね。それに、ぼくらも1点取ったらそれを守りきろうなんて気持ちはぜんぜんなかった。とにかく、行け、行けという連中が多かった」

本来なら歯止めをかける立場の主将の柱谷にしてからが、そんな考え方だったのだ。前川のミスで追いつかれ雰囲気がよいとはいえなかったが、頭を抱え込むような選手もひとりもいなかった。30分、中山が投入される。そして、残り6分、福田の絶妙のクロスを、中山が頭で叩き込んで勝ち越し。

ベンチから下がって、ひとりで試合を見ていた松永は、勝ち越し点が入ると、会場の大時計から目が離せなくなった。

「針の進み具合が、すごく遅く感じられてね。自分で針を進めようかと思った」

その長い、長い残り時間がようやくすぎて、日本の決勝進出が決まった。松永は、ひとりで涙を流した。

試合のあと、ミスをして同点に追いつかれた前川が、チームメイトのところに自らやってきて謝った。それを見て、ラモスは、決勝での前川の活躍を確信した。

「普通、ああいうときは、小さくなっちゃって自分のほうから謝りになんかこられないよ。でも前川はそれができた。こいつはいいハートしてる。つぎは絶対期待できるって思った」

激しい乱打戦を制して、チームの士気は最高潮に達しようとしていた。

足が痛かった。サッカー選手特有のくるぶしのあたりの骨の変形が、高木琢也に慢性的な痛みをもたらしていた。ダイナスティカップのころは痛みは出ておらず、納得の行くプレーができた。しかし、地元でのアジアカップになると、痛みは日を追って激しくなり、思うようなプレーができなくなっていた。

「飲み薬と塗り薬、2種類の痛み止めを使いましたが、薬のせいで、足の裏が地面に着く感覚がなくなりました。薬を使っていても、当たり所が悪ければ痛みが出る。あのころは、衝撃を和らげるスパイクも十分じゃありませんでしたからね」

痛みのことは誰にも告げていなかった。思うようなプレーができない。当然ミスも出る。大会が進むにつれて、高木への風当たりは強くなった。

「動きが悪い」、「オフトの期待に応えていない」、「あいつが決めていれば、もっと楽な試合になった」、果てはなぜ中山を最初から使わないのかといった批判がメディアの間から漏れてくるようになった。その内容については、12年たった今でも覚えているという。にもかかわらず、痛みについてひと言もいわなかったのは「口に出すと、自分で逃げ道を作るみたいでいやだったから」だ。

チームメイトも高木の苦しさは理解していたが、自分自身でしかその苦境を抜け出すことができないことも知っていた。

4試合終わって得点なし。中には得点はなくても、パスのターゲットになったり、ヘアィングで競り合ったりと、FWとしての役割は果たしているといってくれる人もあったが、もちろんそれでは高木は納得できなかった。

「攻撃の起点になるような仕事ができたとしても点が取れなきゃFWじゃない。それにそう考えなかったらFWでいる資格がない」

FWであることを示す機会は、あと1試合。

「足が痛かろうが、自分の選手生活がどうなろうが、気にせずやる」

そう決めると、少し心が晴れた。

宿舎では高木と同室だった福田は、決勝進出が決まるまで、優勝などまったく考えなかった。

「でも、中国に勝ったあとはさすがに意識しましたね。決勝まで来たら、勝たないと意味がない。来年からプロリーグがはじまる。そういう変わり目の時代に身を置いているひとりとして、歴史を作りたい。だから絶対に勝つって……」

福田に限らず、決勝進出だけで満腹になっているものはひとりもいなかった。

試合がはじまった。2大会連続アジアカップを制し、オワイランなど世界的な評価を受ける選手もいるサウジは、日本から見れば、仰ぎ見る相手である。ところが、ピッチに立つとムードは違った。いち早く察知したのはベテランの都並だった。

「あれ、サウジが引いている。おれらのサッカーにビビっている」

ある程度守備を固めてくるのは予想できたが、その警戒の仕方が想像を超えていた。サイド攻撃で攻めあがればかわされて逆襲されると思っていたのに、どんどん攻めあがって行けた。

「こりゃあ、楽しい試合になるぞ」

その予想通り、試合は終始、日本が主導権を取って展開した。0対0の守りあいも、1対0の僅少差も、3対2の乱戦も大会の中で経験してきている日本にとって、この決勝はその経験の蓄積を検算するような場だった。落ち着いて試合が進められるのは当然だった。

前半36分、カズが左サイドを駆け上がる。そこに都並からパスが来た。受けたカズは右足で、中央の高木にクロスを送った。

「いい感じで出した感触はあった。あとは落ち着いて決めてくれって感じだった」

カズの願いどおり、高木は、落ち着いてこのボールを処理した。

「前に持っていって抜けようとするとDFに寄せられる。ボールを落としても詰められる心配があった。胸で止めることはできるが、ボールをあまり高く上げたり、遠くに落としてはダメだ。足元に落ちる前にダイレクトで打つ」

瞬時にそれだけのことを判断した。きれいに胸で受け止められたボールは、地面に着く前に高木の左足でゴールに叩き込まれた。

大会の間中、ずっと苦しんできた高木のゴールが幸福な結末の画竜点睛になった。松永の代わりに先発した前川が、後半も安定した守りを見せ、地元クラブの二人の活躍で、日本ははじめてのアジアタイトルを獲得した。歴史が作られたのだ。

「今の代表チームにはテクニックのすごい選手、フィジカルの強い選手はたくさんいる。でも、ほんとうにサッカーをよく知っていたということでは、'92年のアジアカップのチームが上じゃないかな。走ったり、蹴ったりするだけじゃなく、試合の中でいろんな駆け引きができる。そして勝ち方をよく知っている。リーダーもいれば、カズのようなエースもいる。目立たない汚れ役もいる。バランスもよかった。韓国やイランのOBと話をすると、あのときの日本代表が一番怖かったっていうよ」

ラモスの言葉は、当事者の言として幾分割り引かねばならないが、なぜアジアカップ初優勝という歴史を作ることができたかを考える上で、大事なヒントが含まれているような気がする。中国戦で見せた絶対うつむかない姿勢は、決して卓越した技術を持っていたわけではないあのチームの真骨頂だったろう。

カズが興味深い比較をしてくれた。

「1982年のブラジル代表は、ワールドカップでは勝てなかったけど、いまだに語り草、愛されているよね。'92年のアジアカップのときのチームはあのブラジル代表と似ているような気がするんだ。今の日本代表は意識も能力も高い。でも、プロ根性という点じゃ、あのときのチームが上だった気がする。それはきっとJリーグのスタートという変わり目にいたチームだったからじゃないかな。あのチームの印象がいまだに強烈だとしたら、それは、あのチームがそういう時代の役割を背負っていたからじゃないだろうか」

読売ジャイアンツ
Ｖ９最先端野球の勝利

ジャイアンツの９連覇は二度と達成できない途方もない大記録である。しかし、あまりに途方もない記録のために、その中身の検証がおろそかになってはいないだろうか。

「長嶋、王の二大スーパースターがいたんだから当たり前さ」

「川上監督のような冷徹な勝負師が率いていたからで、勝利への執念が違っていたのだ」

「９連覇といってもドラフトのはじまる前に整えた戦力で勝っただけで、たいして値打ちはない」

そんな評価が現在の一般的な見方ではないだろうか。だが、はたしてそうか。ジャイアンツのＶ９は、長嶋、王が打ちまくり、川上監督がガチガチに締め上げて達成しただけのものだったのか。そうではあるまい。少なくとも、少年時代にＶ９を見た立場からいうと、当時のジャイアンツにはそうした「現代の視点」からはこぼれおちるような要素があった。それはなにか。

この記事を依頼されてからずっと考えていたのだが、ようやく考えがまとまった。今では忘れられたV9時代のジャイアンツの魅力。それはひとことで言うと「カッコよさ」だった。強いものが子供の目にカッコよく映るのは当然だという見方もあるだろう。だが、ここでいうカッコよさとは「勝ちつづけたカッコよさ」とは意味が違う。

当時のジャイアンツには、ほかのチームが絶対にやらない野球をやる新しさがあった。奇手、奇策のたぐいではない。のちに当たり前のものとして日本の野球の中に定着するものを、いち早く取り入れ、見せてくれる面白さがあった。ただ勝つだけではない。見たこともない新しさで勝つ。これがV9のジャイアンツだった。それが見ているものにはとてつもなくカッコよく映ったのだ。V9ほどではないにしろ、その後も何連覇かを成し遂げ、王国を築いたチームは存在した。しかし、それらのチームは強くても、決してカッコいいとは映らなかった。新しさが欠けていたからだ。

では、その新しさとはなにか。ここでは代表的な例をいくつか挙げながら検証してみたい。

1962年の開幕シリーズ、対タイガースの第2戦で、ジャイアンツはルーキーの柴田勲を先発させた。

柴田は法政二高出身。'60年夏、'61年春の甲子園を連覇し、高校生としては戦後最強といわれたチームのエースで中心打者。ドラフトがあったら間違いなく目玉になっていた選手で、その都会的な雰囲気もあって、ちょうど'99年の松坂大輔のような注目を集め、シーズンに臨んでいた。

開幕2戦目に先発させたことでもわかるように、ジャイアンツが寄せた期待も相当なものがあった。

しかし、結果は無残だった。さして強力とも思えないタイガースの打線に捕まり、5回も持たずにあっさりＫＯされてしまう。

「ぼくは、今の松坂君みたいに、投手としてすごい球があったわけではなかった。だから、キャンプに入って、ブルペンに立ったときは、横で投げる人の球を見て、これはたいへんだなと思いました。ただ、オープン戦ではまずまずの成績だったので、ある程度の自信を持って開幕に臨んでいました」

現在、解説者を務める柴田は当時を振り返った。

ＫＯされた後、次の登板機会はなかなかまわってこなかった。1カ月半ほど間を開けてまた先発するがＫＯ。それからしばらくファームで調整し、8月にはまた一軍で先発の機会が与えられたが、打ち込まれる。それを見て首脳陣が下した決断は「打者転向」だった。

柴田にとっては不本意だったが、決して予想できない指示ではなかった。

「川上監督が入団の勧誘に来たとき、投手で5、6年やって駄目だったら打者転向という道もあるんだからっていわれていたんです。その時はこれから投手としてプロでやろうっていうものに、ずいぶん変なことをいうもんだなって思ったんですが」

もう一つ思い当たる節があった。高校時代の柴田の力を見るため、当時ジャイアンツの投手コーチだった別所毅彦が、法政二高の練習を見に来たことがあった。その時別所は、柴田の打撃練習を見ただけで、投球は見ずに引き揚げ、「プロでも使えます」という報告をしていた。そのことは柴田の耳にも入っていた。つまり、首脳陣は早くから柴田の打者としての才能に注目していたのだ。

だから、打者転向は柴田にもある程度予想がついた。だが、それに付随した命令はまったく予想しないものだった。

「スイッチヒッターになれ、というんです」

当時、日本にはスイッチヒッターは一人もいなかった。それどころか、プロ野球が始まって以来、フルタイムのスイッチヒッターだった選手は一人もいなかった。その前代未聞のことをやれ、というのである。スイッチヒッターといわれて、柴田は中学時代のことを思い出した。そのころ、ヤンキースのスイッチの大打者、ミッキー・マントルに憧れ、遊びで左打席にも立ってみたことがあった。柴田は本来右利きである。

「その話を、川上監督はぼくの中学の先生を通じて知っていたんじゃないかと思うんです」

川上にいわれるままに左打席で打ってみる。

「いけるじゃないか」

柴田をくすぐるように、川上がいい、スイッチヒッター転向が決まった。スイッチになるからには、マントルのような打者になりたい。長打力にも自信があった柴田は期待を膨らませたが、川上とヘッドコーチの牧野茂が持ち出したのはまったく聞いたことのない選手の名前だった。

「おまえはモーリー・ウィルスをめざせっていうんです。そんな選手、聞いたこともないし、困りました」

ウィルスはこのころドジャースで頭角を現してきたスイッチヒッターで、長打こそないが抜群の出塁率と盗塁で、ドジャースの斬り込み隊長を務めていた。ちょうど柴田がスイッチに転向する'62年、104盗塁というメジャー記録を作り、大いに売り出していた選手である。川上と牧野は'61年春のベロビーチ・キャンプでウィルスを見て、俊足のスイッチヒッターという構想を持ったと思われる。そして柴田はその構想にぴったりの選手だった。柴田はルーキーのキャンプで、スパイクを履かずにチーム一の俊足、長嶋と競走し、勝っていた。それだけ脚が速かったのだ。その脚を生かすには、ただ打者に転向させるだけでは惜しい、左でも打てるスイッチヒッターにしてみよう、というのが、川上たちの考えだったのだ。

「ウィルスをめざせ。短く持って当てろ」

いわれるままに練習した柴田だったが、違和感は残った。柴田の打撃はパンチ力が特徴だった。だから打者に転向しても、右打席では大きな打球がポンポン飛ぶ。だが左打席では徹底して短打を求められた。首脳陣は欲深く、右では長打、左では短打を望んだ。二080

を追ったのだ。

柴田は生来の器用さでこの難題によく応えた。1年目の9月から本格的に取り組んだスイッチをものにし、2年目からは外野のレギュラーをとり、リードオフマンとして活躍をはじめる。V9の2年目に当たる打者転向4年目には盗塁王。以後、通算6度の盗塁王を獲得する。スイッチヒッターで2000本以上の安打を記録したのも柴田ひとりしかいない。柴田抜きでV9を考えることはできない。

しかし、もし、モーリー・ウィルスのような俊足のリードオフマンだけを求めるのであれば、左専門でもよかったはずである。それをスイッチにしたところに当時のジャイアンツの抜け目ないところがあった。最初は1番が多かった柴田だが、高田繁が入団してくると、いろいろな打順を打つようになった。1番もいける。しかし、右打席なら長打もあるから5番、6番も任せられる。その欲張りな目論見がみごとに適中した試合がある。

'69年の7月3日。対タイガース戦。タイガースの先発は江夏豊。当時江夏を大の苦手にしていたジャイアンツは、ONの間に右打席で江夏を打ちこんでいた柴田を4番に挟むという意表を突く作戦に出た。柴田が4番に座ったのはこの試合だけだった。作戦はみごとに適中し、柴田は江夏から右打席で2ランを放ち、試合を決めた。二兎を追った成果だった。

「ぼくがほかの人がやらないことをやったというと、スイッチヒッターになったこと。あとは赤い手袋かな」

出塁すると、おもむろに赤い手袋をつけ、盗塁を決める柴田はジャイアンツの先端野球

球はカッコよかったのだ。

ずしみなか点わしろぶ、ふと歩もたしん誰よに

てる俊足のスイッチヒッターという新しい個性によくマッチしていた。ジャイアンツの野

ず買った女性用の赤い手袋がきっかけだったのだが、その鮮やかな赤は、ホームランも打

の象徴だった。もともとはアメリカキャンプで、サイズの合う手袋がないため、やむを得

新しさとは追随する者が生まれてこそ、真に新しくなる。後を追う者がいなければそれはただのものめずらしさに終わってしまう。スイッチヒッター柴田の成功は、その後、高橋慶彦、松永浩美、そして現在の松井稼頭央という後継者を生んだ点で、間違いなく新しいものだった。しかし、最近は、子供のときから右投左打ちにする選手が多くなり、スイッチヒッターの数は減少しつつある。イチロー、松井秀喜、高橋由伸、今球界を代表する打者はほとんどが右投左打ちだ。もしかするとスイッチヒッターは一つの役割を終えたのかもしれない。ただ、代打を起用するさいに異様なほど右対左、左対右にこだわるのであれば、スイッチヒッターを作るほうがずっといいと思うのだが。

さて、V9のジャイアンツ野球の新しさを示すもう一つの例を挙げてみよう。こちらはスイッチヒッターのように歴史的存在にはなっていない。それどころか、ますます重要な役割を占めるようになっている要素である。

話は1965年、つまりV9のはじまる年の春にさかのぼる。ジャイアンツはオープン戦

で、南海ホークスとダブルヘッダーを戦うことになっていた。第1試合が終わり、投手コーチの藤田元司が、次の試合の先発投手を確認するため、監督の川上のもとにやってきた。

「監督、次の先発は宮田でどうですか」

宮田征典は日大から入団して4年目。前の年の5月末、肩を脱臼して戦列を離れたが、それまでの2カ月間に7勝をあげており、故障の癒えたこの年は、先発の一角として期待されていた。ジャイアンツの投手陣は、エースの城之内邦雄に、移籍してきた金田正一が加わったが、それ以外はあまり頼りになるコマがおらず、宮田への期待も高かったのだ。

しかし、藤田の言葉に、川上は意外な返事をした。

「ガンちゃん。ミヤを先発にしたら、今年のウチの抑えはだれがやるんだい」

このひとことが、日本ではじめての、抑えの切り札誕生の瞬間だった。

それまでの日本の野球は、先発、完投が投手起用の基本だった。リリーフがいなかったわけではない。勝ち試合になれば、7回頃から切り札が登場した。しかしその切り札は、先発の柱でもあるエース投手だった。金田、稲尾、杉浦、エースといわれる投手はみな、その二足のわらじを当然のように履きこなした。

わかりやすい例を挙げてみよう。'61年。つまりV9のはじまる4年前のシーズン、西鉄ライオンズの稲尾和久は78試合に登板し、42勝という成績を挙げた。このうち先発は30試合、残りの48試合はリリーフだった。現在ではシーズン30試合に先発するだけでも珍しいのに、その上さらに48試合もリリーフに立ったのだ。78試合で42勝というとてつもない数字は、エース投手がいかに酷使されたかを物語るものといえる。稲尾に限らず、ほかのエースも同じだった。先発、完投した翌日、勝ちゲームとなれば、7回ぐらいからエースが投入されるのは珍しくなかった。エース以外のリリーフは、二流投手の仕事だった。

そういう時代に、川上は、抑えの専門役を置くことを思いついたのである。メジャーリーグではすでに抑えの専門役がおり、セーブポイントの制度もできていた。ドジャースに学んだ川上は、当然そのことを知っていただろう。だが抑え専門を考えついたのはそれだけではなかった。当時のジャイアンツには先発、リリーフの二刀流を任せられる大エースがいなかったのだ。城之内はリリーフに難があったし、金田は全盛期を過ぎてスタミナがなくなっていた。真の大エースが不在だったのだ。抑え専門を置こうとしたのは、いわば苦肉の策だった。

そうした中で、宮田に白羽の矢が立ったのにはいくつかの理由があった。

宮田は心臓に持病があった。先発で長いイニングを投げさせるのは向かない。ただし、短いイニングとなれば話は違う。集中力がすばらしかった。投手としては小柄だったが、荒っぽい上州育ちで、負けん気も十分だった。球種はストレートとカーブだけだったが、そのカーブが微妙な変化をする。ピンチで三振にとるにはもってこいの球だった。その上このシーズンは、オフのトレーニングが利いて、ストレートにも力が増してきている。さらに決定的だったのは肩の仕上がりが早いことだった。15球もウォームアップすれば出来上がる。これはリリーフ投手には決定的なプラス要因だ。

川上と藤田から抑え役を命じられたとき、宮田は素直に従った。

「その当時は、リリーフ専門というと、ポンコツの仕事だというイメージが強かった。ぼくもそう思っていたんですが、監督がそんなにいうんならやってやろうって」

宮田の反骨心をくすぐる作戦が功を奏したのだ。もちろん宮田も、まだだれもやったことのない仕事に挑む意欲は強かった。万全を期すため、宮田は精密な日課表を作った。毎日ブルペンに入り、2日に1回は出番が来るといったスケジュールが予想される中で、規則正しい生活は欠かせないと考えたからだ。

その日課表は現在も残っている。ジャイアンツの投手総合コーチを務めている宮田が若手を指導する教材として活用しているのだ。見せてもらうと、朝7時の起床にはじまり、食事、散歩、昼寝、球場入りしてからの練習、ミーティング、ブルペン入りから帰宅して眠りに就くまでのスケジュールが細かく記されている。それだけではない。練習内容についても、体操は何分間、ダッシュは何メートルのものを何本という具合に実にくわしくなすべき事が書かれている。今の時代なら珍しくないが、投手は走ってスタミナをつけ、あとは投げ込むだけ、という調整法が一般的だった34年前に、こうしたものを自ら作っていたというのは、やはりただ者ではない。

宮田の抑え役はみごとに成功した。この年のジャイアンツの先発陣は、後半崩れるケースが少なくなかったが、それを宮田は一人で支えた。69試合に登板し（そのうち67試合がリリーフ）、20勝5敗。20勝のうち19までが抑えで挙げた勝ち星だった。もし現在のようにセーブポイントの制度があったとしたら、この成績にさらに22セーブが加わる。抑え投手としてこんな成績は空前絶後だろう。

今の読者は、なぜ抑えで19勝も挙げられたかといぶかしく思うかもしれない。それは宮田のリリーフが平均2・8イニング、時には4回、5回にも及ぶ長いものだったからだ。「イニングの限定なんて考えもしなかったね。普通は7回から一回りを抑えるのが仕事。でも試合によっては3回から投げたこともあった」

宮田のリリーフが成功を続けると、いつのころからかニックネームがついた。

「八時半の男」

球場の時計が午後8時半を指すと、決まってマウンドに上がり、快刀乱麻の救援を見せることからついたニックネームである。余談だが、このニックネーム、スポーツ選手のニックネームとしては出色のものではないだろうか。もつれた試合の緊迫感、それをみごとに解決する宮田の投球、クールでサスペンスフルなムードが鮮やかに伝わってくるではないか。

先に、追従者を生むことが新しさの条件だと書いた。その点では宮田はまさに先駆者だった。宮田の成功を見て、ほかの球団は、さっそく抑え専門の投手を作った。ドラゴンズは板東英二、カープは竜憲一がその役に就いた。'70年にはホークスの佐藤道郎が抑え専門としてはじめて新人王をとった。'76年にはセーブポイントの制度が設けられ、江夏豊が先発から転向して大成功を収めた。以後、現在の佐々木主浩に至るまで、抑え投手が野球に占める比重は年々大きくなってきている。しかし、それもこれも、宮田の成功があったればこそである。

宮田はこの年の酷使が響いて、以後はめぼしい成績を挙げられなかった。20勝を挙げた次の年から4年間で10勝13敗。一年で燃え尽きたともいえる。しかし、その一年は、野球界に革命をもたらした一年だった。「八時半の男」は、たまらなく新鮮で、カッコよかった。


「毎年勝ちつづけていて、つまらなくなったなんてことはありませんか」

そんな質問をすると、瀧安治は一笑に付した。

「選手は面白くて面白くて、仕方がなかったよ」

V9時代の内野手として活躍した瀧によると、ジャイアンツの連覇がつづくと「勝ちにこだわりすぎる」だとか「面白味がない」などとマスコミからはさんざん叩かれたが、選手の間にはそうした批判など気にするところはまったくなかったという。

「というのは、自分たちはほかがやらないこと、新しいことをやってるんだというプライドがあったからね。だから負けられないし、負けないのは当然だという気持ちが強かったんだ」

V9の基礎になったのは、川上が監督に就任した年のベロビーチキャンプといわれている。ここで仕込んだドジャース戦法が、チームプレーという形で定着し、常勝の基礎を作った。それに間違いはないが、ジャイアンツがみごとだったのは、ドジャース戦法の上に毎年新しいサムシングを付け加え、その戦法を磨き上げていったことだった。

それが爛熟の域にまで達したのはV7の年。この年の日本シリーズの相手は、当時のシーズン盗塁世界新記録を作った福本豊を擁する阪急ブレーブスだった。ジャイアンツの捕手はベテランの森昌彦。肩の衰えた森では福本の脚は封じられないというのが戦前の見方だった。ところがいざシリーズがはじまると、福本の脚はほぼ完璧に封じられた。瀧はいう。

「福本の脚を封じるにはどうするか。投手はできるだけ球を長く持つ。クイックモーションで投げる。セットポジションの入り方のスピードに変化を持たせる。野手は細かい牽制をするといったプレーを夏頃から徹底的にやった」

それだけではない。ホームゲームでは、一塁ベースの周辺に分からない程度に砂を入れ、盗塁のスタートダッシュが利きにくいようにした。どれもほかのチームが試みなかった、あるいは試みようとしてもできなかった作戦である。こうした新しく周到な作戦は選手に自信を与える。

「俺たちはだれもやっていないことをやっているんだ」

「自分たちほど周到に勝つための準備をしているものはいない」

この新しさと、そこから生まれる自信とプライドこそが、V9の力の源泉だったといえる。

V9の指揮官、川上哲治は座禅を組んだり、庭石に凝ったりと、一見するとコチコチの保守派に思われていた。しかし、その実は平気で人のやっていないことに手を出す大胆な革新派だった。

柴田のスイッチヒッター転向、宮田の抑え専門などはその典型的な例だが、さらにつけ加えるなら、ヘッドコーチに牧野茂を起用したことが挙げられるだろう。川上は就任1年目の途中に、ドラゴンズOBの牧野茂をコーチに招く。そして2年目の途中からは別所毅彦に代えて、牧野をヘッドコーチに据えた。生え抜き意識が強いジャイアンツにあって、大功労者の別所に代えて、外様で選手としての実績に乏しい牧野をヘッドコーチに据えることには大きな抵抗があった。しかし川上は平然とそれをやった。

そして牧野を中心に、望みどおりのコーチングスタッフがそろうと、ミーティングや練習では担当分野別にコーチに責任を持たせ、自分はほとんど口を挟まなくなった。こうしたコーチの役割分担制は、現在の野球にあっては当たり前のものだが、'60年代半ばという時代にあっては画期的なことだった。ほかのチームは依然として、トレードからバント練習まで、監督が全権を握り、また責任も負う、良くも悪くも監督しだいの野球が行なわれていたのだ。

報道陣との間に一線を画したのも川上が最初だった。瀧によると、それまでのキャンプではフリーバッティングが行なわれているというのに、新聞記者が親しい選手と外野で談笑するといった光景が珍しくなかったという。川上は'62年のキャンプから、そうした慣習を止め、練習中はグラウンドに立ち入り禁止、さらには撮影制限を設けるといった手段に出た。そうしたやり方は「哲のカーテン」などと呼ばれて報道陣から猛反発を食らったが、今となってはなぜ反発されたのかわからないほど当たり前のことになっている。指揮官の新し物好きは選手にも伝染し、勝つための新しさが常に追求され、それがV9の偉業へとつながった。

今、野球の中にそうした新しさを感じさせてくれるチームがいくつあるだろう。長嶋巨人といい、野村阪神という。監督の名前を上につけてチームが呼ばれるようになってから久しいが、その名前の違いほど、繰り広げられる野球の質が違っているとはとても思えない。投手は出たら交代させることばかり考える、代打も左が出たら右、右が出たら左。いまだに1回表から送りバントをして恥じないチームさえある。違いがあるとすれば各チームの台所事情だけで、示される野球のスタイルは、どこも似たようなものなのではないか。

よく、最近の選手は個性がないといわれる。しかし、昔だってそう傑出した選手がそろっていたわけではない。V9のジャイアンツにしても、長嶋、王をのぞけば殿堂入りするような選手はいなかった。それでも勝ちつづけたのは、新しさへの貪欲な追求があったからだ。誰かがV9のジャイアンツのような新しさを求めないうちは、V9は不滅の記録として君臨しつづけるだろう。それが日本の野球にとって幸福かどうかは別の話だが。

前田智徳

その一撃は鬼神の如く

前田智徳が引退した。代打ならまだ活躍できるという声もあるが、年齢やケガとの長い戦いを考えればやむを得ないタイミングなのかもしれない。

引退する選手には花輪のような賞賛の言葉が贈られるもので、前田も例外ではなかった。中でも目立ったのは「天才」という表現だ。「孤高の天才打者」といった見出しが申し合わせたように新聞を飾った。

「オレは天才じゃない。ほんとうの天才は前田」（落合博満）

「天才とは前田さんのような人のこと」（イチロー）

ふたりの特別な才能が過去に語った言葉もさかんに引用された。こうした評に異論があるわけではない。しかし、天才などという大きな花輪で覆ってしまうと、打者前田のほんとうの姿はかえって見えづらくなりはしないだろうか。

打者のほんとうの姿を知るには、やはり対戦した投手に聞くのが最善の方法だ。仮に前田が天才だったとしても、その真価を知るには一流投手に聞くのが確かだろう。4人の投手たちに、違った角度から光を当ててもらい、前田智徳という打者の実像に少しでも近づいてみることにしよう。


槙原寛己はジャイアンツのエースとして前田と120回以上対戦した。特に前田の選手生活の節目となった1995年のアキレス腱断裂以前の4シーズンは、年平均20打席あまりも顔を合わせた。

「1年目は変化球に対応できず、こっちはそんなに苦労しなかった。追い込んでフォークボールを投げればクルクル回るという印象。ところがシーズンの途中あたりからフォークにも簡単に対応できるようになった。ぼくは左打者に対しては内角のストレートやスライダーで追い込んでフォークで打ち取るというのがだいたいのパターンだったんだけど、ほかの打者ならファウルになるスライダーをフェアゾーンに入れてくる技術がある。フォークにも簡単に空振りしない」

槙原が不思議に思ったのは前田のバットがあまり折れないことだった。

「バットが折れた印象がほとんどない。内角で折れるかどん詰まりになるスライダーやストレートでも、なぜか前田のバットは折れないんだ。バットとボールの距離感が独特だったんじゃないか。折られそうな球だと察知した瞬間、少しうしろに体を引いて、折れない距離でバットを出すといったことができた。そうとでも考えないと理解できない」

飛び回るハエを箸で捕らえたり、振り下ろされる真剣を一瞬ではさみつけたりといった剣豪の技を連想させる。

前田と１７４打数もの対戦を数えるドラゴンズの山本昌も槙原と似たような指摘をしてくれた。

「内角をうまく打たれて、こういうスイングをする打者もいるんだと驚いたことがよくあった。普通なら差し込んだと思った球もうまくさばいてヒットにする」

それを可能にする技術とはなにか。

「結局、振り始めてから打つまでが速いんだね。始動からミートまでの時間が短いからギリギリまでボールを見ていられる。インコースを苦にしないからベース寄りに立って打つことができる。そうなると投手は当然攻めるコースが限定されるから、ますます前田への投球が甘くなる」

チームによっては、前田に対して「内角禁止令」を出すところもあった。強打者を打ち取るには内角のボール気味の球で起こしておいて外角というのが基本的な配球だ。その武器になるはずの内角攻めを禁ずるというのはよほどのことである。

「内角に投げるなというのは四球ならＯＫ、もっといえば、走者のいないときのシングルヒットならしかたないということですよね。そんな指示が出た打者は前田さんだけです」

そう振り返るのはベイスターズの三浦大輔である。

「先乗りスコアラーのデータなんかで内角は危険というのが出たんでそういう話になったんでしょうが、正直どうやって抑えるんだよっていう気持ちでしたね。考えるのがイヤになって、気持ちだけで勝負だとぶつかっていってやられたこともあります」

三浦はカットボールを身につけ、インコースを突けるようになって、勝負になるようになったが、それでもほかの打者との違いを感じることが多かった。

「いいコースに投げても詰まらない。ファウルにならない。ファウルにならないからカウントが苦しくなってこっちが追い込まれる」

始動からミートまでの時間の短さ、スイングの鋭さ、ファウルになりそうな当たりをフェアにするバットコントロール、そしてバットが折られそうな投球に瞬時に距離を取る身のこなし。これらがすべて天賦の才かどうかはわからない。むしろ過酷な練習で手に入れた要素も多いだろうが、いずれにしても前田の特別な財産だったことは間違いない。

その技術は、アキレス腱断裂以後も変わらなかった。山本昌は断言する。

「打つことに関しては変わりなかった。むしろ集中力などは上がったように思う。ただ、手術のあと、足の状態はいいとはいえなかったので、こちらは打席で足元をねらうようなボールを使った。打席で足が動くと、打たないときでもいやな感じがするからね」

そうやって苛立ちを誘わなければ簡単に打ち取れない打者でありつづけた。前田本人は足のケガのあと「ほんとうの前田智徳はあそこで死んだ。今出ているのは弟」「自分はポンコツ」などと自虐的な言葉を口にしたが、培った技術は最後まで揺るがなかったのだ。

「前田さんが出てくると球場の雰囲気が一変する。だからこっちはそれに呑み込まれないようにしないといけない。でも、それを意識しすぎると力みが出てしまう」

やはりドラゴンズの浅尾拓也は、今回話を聞いた4人の中でもっとも若い。対戦するようになったのは2007年からで、前田は翌年から代打での出場が中心になる。全盛期を知らない浅尾には怖さはないのではと思ったが、そうではなかった。

「ストレートに強い。インコースがうまい。攻めるパターンが見えづらい。そういう感じでした。でもそれ以上に、球場の雰囲気に負けないようにするのが大変でした」

浅尾の世代は前田をテレビで見て育った。天才、サムライの評価を聞いて畏敬の念を叩き込まれた。

「だから1本打たれると、子どもの頃のイメージがいっそう膨らんで、ますますすごい人に思えてくるんです」

高い技術とともに、前田がまとう独特の空気も多くの人が指摘するところだ。

「若いころから、若さを感じさせない選手だったね」

槙原は面白い表現をしてくれた。

「真ん中の甘い球を見逃して平然としている。なにを考え、なにを待っているのかすごく読みづらい。若いころからできあがっていたというか」

前田とほぼ同じ時期に、カープでは長距離打者の江藤智が頭角を現してきた。

「江藤は投げミスをすると打たれるが、ミスしなければまず大丈夫。ところが前田は、ミスして打たれないこともあるけど、こっちが投げミスをしていないのに打たれることもある。投手のベストピッチまで打ってしまう」

相手の会心の投球をうまく打ったからといって、ガッツポーズはもとより、うれしそうな顔をするでもない。

「そうかと思うとほんとうにこれがあの前田かと思うくらい内容が悪いときもあった。不思議な雰囲気を持っていたね」

三浦大輔は雰囲気というよりも、もう少し具体的な「間」を指摘してくれた。

「吸い込まれるような間があるんです」

間というのはタイミング、さらにいえば、時間をコントロールする力ともいうことができる。打席に入る前、バットを持ってベンチを出てくると投手はマウンドからあの鋭い前田の目を自分の視界の端に感じる。感じたときにはもう「前田の時間」「前田の間」がはじまっている。

「投手も自分の間で投げたいのはもちろんです。でも、前田さんの場合は間をずらすのがむずかしい。結局いつも前田さんの間で投げてしまう」

うまく打ち取ったと思い、一塁にベースカバーに入るとき、打球が一、二塁間を抜けていくのを見てがっかりしたこともあるという。自分の間で打ち取ったように見えて、最後まで前田の間で動かされていたのだ。

前田の時間支配力はコワモテだから生まれるというものでもないだろう。おそらく集中の時間が異様に長いことが支配力の源泉ではないか。9回の代打で登場しても、初回からずっとその打席のために意識を集中させ、バットを振っていたのでないかと思わせる雰囲気。「気持ちを切り替えて」などとは絶対にいわない。切り替えてリラックスなどしたら負けだ。そうした信念が、あの空気、雰囲気をかもし出し、相手を威圧したのだ。


1994年の5月、槙原はカープを相手に完全試合を達成した。以来19年間、日本人投手で完全試合を達成したものはいない。その試合のラインアップに前田の名前はなかった。

「彼がアキレス腱を切ったのは'95年かな。でも、その前の'94年ごろも、足の状態はよくなかったと聞いている。そのせいでときどきラインアップから外れることがあった。福岡ドームでのあの試合も外れていたね。それを見て、おっ、これはラッキーと感じたことははっきり覚えている」

もちろん槙原が完全試合を予感したなどということではないが、幸運と感じさせるほど高卒5年目の前田は脅威になっていたわけだ。

「当時のカープの練習といえばものすごかった。対戦する側からいうと、出てきた選手の体つきが短期間に変ってしまうのが驚きだった。あっという間にパワーがつく。だからこっちも攻めを変えていかなきゃならない。ただ、前田の体型はあまり変わらなかったね」

槙原はそこにケガの影響を見る。

「足をやると、上半身をむやみに重くすることができない。重くすればまた故障につながってしまうからね。もし彼が足を故障しなければ、ウエートトレーニングなどでパワーをつけてホームランも量産するような打者になったかもしれない」

完全試合の「陰の立役者」の可能性を、槙原は惜しんだ。

不在の試合が印象に残ることもあれば、痛打の記憶が鮮明に残ることもある。山本昌には忘れられない本塁打がある。

「正確な日時は忘れたけど、浜松での試合だった。外角のストレートをライトに運ばれたんだ。これは衝撃だった」

調べてみると１９９８年の5月に行なわれた試合である。この衝撃で山本昌は打ち込まれノックアウトされた。

左のスリークォーターである山本昌にとって、左打者への外角低めのストレートは勝負球、生命線ともいえる投球である。

「左打者の外角低めのストレートは１００％打たれない自信があった。打たれたとしてもバットを合わされてレフト方向に打たれた場合だけ。そのあと、ジャイアンツの松井秀喜と小笠原道大に同じようなコースをホームランされたことがあったけど、ふたりのはレフトスタンドへのあたりで、しかも東京ドームでの一発だった。だからふたりのホームランは理解できた。でも、前田に打たれたのはいまだにどうやって打ったのか、どこが悪かったのか理解できない」

左打者が左投手の外角ぎりぎりの球を引っ張ってライトスタンドに運ぶ。よほど超人的なパワーがあり、なおかつ長いリーチを持っていないと不可能に思える。それを決して長距離打者とはいえない、しかもアキレス腱の故障から復帰して3年目の、まだ足を引きずる場面も珍しくなかった前田がライトにホームランする。打たれたほうの衝撃は想像できる。ちなみにこの年の前田は100試合に出場するのがやっとで、本塁打は15本だった。

「ぼくは左のいい打者が出てきたときは、だいたい外角のストレートで勝負した。松井や鳥谷敬なんかがそうで、彼らは最初は打てなくて2年ぐらいは楽な打者だった。でも、前田には通じなかった」

山本昌の代名詞ともいえるスクリューボールは、身につけた当初は右打者専用だった。左打者に使うにはコントロールがむずかしいからだ。だが、決め球の外のストレートを引っ張ってホームランにするような打者が現れては、使わないわけには行かない。

「だからぼくが左にもスクリューを使うようになったのは前田の存在が大きかったね」

痛打の記憶もあるが、会心の投球もある。ものにした「左へのスクリュー」を、山本昌は前田に2球つづけたことがある。

「2球とも自打球が足に当たって試合が中断した。3分くらい中断になったんじゃなかったかな。さすがに前田も嫌気が差したみたいで、3球目はバットを振らずに見逃しの三振になったよ」

　先発投手の山本昌と代打に回るようになった前田は対戦の機会がなくなった。ふたりの最後の対戦は２００７年である。

「すれ違いになっちゃったからね。引退する前に一度は対戦したかったよ。彼の若い頃、市民球場で打撃練習の様子を観察したのを思い出すなあ。準備運動しながらしっかり見たことがあったけど、鬼の形相だった。その怖ろしい顔も忘れられないが、芯でとらえたい感じの打球音も忘れられない」

　山本昌の後輩の浅尾も鮮烈な対戦経験を持っている。２０１０年4月の試合で打たれたサヨナラ安打だ。

「フォークをセンター前に運ばれたんですが、甘くならないようにと力んだ分だけかえって甘くなっちゃいましたね。失投といえば失投ですが……」

　前田の雰囲気にやられたといいたげにも見えたが、そう考えること自体が「前田の間」で勝負させられた証でもあるだろう。

　だが、投手もいつもやられっぱなしというわけではない。

「'94年の試合。ぼくのプロ入り初完封のときです」

　振り返るのは三浦大輔である。

「２死満塁で前田さんが出てきた。カウントは3ボール2ストライク。ストレート、カーブ、スライダーでカウントを整えて、最後はフォークボールを投げました。ストライクゾーンからボールになるフォーク。空振りに打ち取ることができた。ベンチに帰ると、当時の投手コーチ、小谷正勝さんがほめてくれました。あれがほんとのフォークボールだ。すごくよかったぞって。前田さんのような打者をきびしい場面で抑えて完封することができた。すごく自信になったし、自分にとっては大きな意味のある試合、打席になりましたね」

いい打者はいい投手を育てる。その逆もまたしかり。山本昌は、前田との対戦がなかったら、左打者にスクリューを使うようにはならなかったかもしれない。三浦も勝負どころでボール球を振らせるような緻密な制球を磨き上げるには、もっと時間がかかったろう。若い浅尾が、雰囲気に呑まれないことを学んだのも前田との対戦があったからこそだ。

「天才」というありがちな賛辞よりも、対戦相手の鮮烈な記憶の中に、前田の真価がより表れている気がしてならない。

ロッテ×近鉄 ダブルヘッダー
メディアが見た伝説の10・19

ダブルヘッダーに連勝すれば、リーグ優勝が手に入る。だが、負けはもちろん、ひとつ引き分けになっても優勝は手をすり抜ける。残り試合はもうない。それが1988年10月19日の試合前、近鉄バファローズの置かれていた立場である。シーズン終盤まで優勝争いがもつれることは過去にもあった。しかし、この年の近鉄はわずかひと月前まで、首位と6ゲーム差の位置にいた。それが一気に差を詰め、自力優勝の圏内までこぎつけたのだ。

その肉薄ぶりのすさまじさに加え、舞台装置が特別な雰囲気を作り出していた。対戦相手、ロッテオリオンズのホーム、川崎球場は客の入らない球場として知られていた。ロッテ自身も長く低迷し、この年も最下位で、近鉄にも大きく負け越していた。関東になじみのない近鉄が閑古鳥鳴く川崎で優勝をかけて戦っても、観客は来ないだろう。そんな予想に反して、午後3時開始の試合前、チケットは売り切れになった。大観衆に慣れていない

球場側の不手際で、選手が守備位置についてもまだ空席はあったが、あとからあとから入
ってくる客で満員になるのは容易に想像できた。チケットのない観客が、ライトスタンド
のうしろのマンションに入り込み、その屋上からタダ見をねらう様子が、ただならぬ雰囲
気を高めていた。そんな雰囲気のなか、試合がはじまった。
「なんでこんな時に」
第1試合の途中、ネット裏の記者席は騒然となった。
「阪急、オリエント・リースに身売り」
関西の名門、'70年代には日本シリーズ3連覇も果たした阪急ブレーブスがオリエント・
リース（現オリックス）という耳慣れない名前の会社に経営権を譲渡するという発表が記
者席に飛び込んできたのだ。
ざわつく記者席の中で、井坂善行は取材の応援に来ていた阪急担当の記者を、大阪に帰
す指示を出した。井坂は日刊スポーツ大阪本社のパ・リーグ担当キャップだった。近鉄の
優勝となれば、手は欲しいが、球団身売りとなれば、そちらも大ニュースだ。
試合に目を配りながら、身売り情報にも対応する。混乱しそうな状況だったが、それで
も井坂はひとりの白髪から目を離さなかった。
「阪急が身売りだ！」
声が響いたとき、その白髪がわずかにうなずいたように見えた。白髪の主は元阪急の監

督、西本幸雄だった。

「西本さんも感づいていたんやな」

白髪の動きを見て、井坂は思った。「西本さんも」と思ったのには理由がある。数日前、キャップとして阪急の取材にいったとき、試合前、監督の上田利治、球団幹部と雑談した。

「話題は近鉄一色ですね」

井坂がいった。

「そうしたら、その幹部が、そのうち、こっちもドカンと行ったるわいといったんです。そのときは具体的な話は出なかったんですが、川崎で知らせを聞いて、このことだったのかと思い当たりました」

それにしても、よりによって、この大一番の日に身売りなんて。井坂は起こりうるいくつかのケースを思い浮かべた。近鉄の優勝に阪急の身売りという要素が加わった。どれを一面に持ってくるか。優勝した場合、完敗してあっさり逃した場合、惜敗もしくは引き分けた場合、いろんなパターンが考えられる。しかも決着が第2試合までもつれれば、時計は10時は回っているだろう。朝刊の締め切りもある。パソコンも携帯もないときのデッドラインは今よりずっと厳しかった。考える目の前で試合はどんどん進んでゆく。

大阪の朝日放送に勤める古川知行は、10月18日にソウルオリンピックの取材を終えて伊丹空港に着くと、そのまま東京行きを命ぜられた。川崎で近鉄の試合を生中継するというのだ。38歳の働き盛りで、いやも応もない。中継の腕には定評があった。

「ウチは年間10試合ほど近鉄戦を中継していました。視聴率は阪神の試合に比べるとささやかなモンでしたが、近鉄との付き合いは在阪の局では一番深い。中継は1カ月ほど前に高田五三郎スポーツ局長の判断で決めていました。まだ優勝など考えられないときなので、英断やったと思います」

朝日放送は川崎球場での試合を中継したことがそれまで一度もなかった。

「中継はプロデューサーとディレクター、アナウンサーだけが出かけて、技術は関東の会社にお願いしました。最小単位の布陣です」

川崎球場に着いた古川が最初に考えたのはトイレのことだった。

「ダブルヘッダーだから長丁場になる。中継車に乗りこむと第1と第2の間しかトイレに行けない。気をつけないとって」

最小単位だけに代わりがきかないのだ。優勝がかかっているといっても、昼間の試合で、相手は関西でなじみのないロッテである。どれくらいの反響があるか心もとなかった。

2時40分、中継車に乗り込む。球場周辺の様子を見てきたスタッフのひとりが、血相変えて飛び込んできた。

「えらいことになっていますよ」

入れない客が球場を取り囲み、近くのマンションにまで入り込んでいるというのだ。モニターには寒さに備えて重そうな服を着込んだ男たちで膨らんだ（女性客は少なかった）

スタンドが映し出されていた。

スタンドと同様、試合も重苦しい雰囲気だった。近鉄には明らかに硬さが見られた。ロッテに2点を先行され、1点を返したものの、7回にはだめ押しとも思える追加点を与えて2点差をつけられた。

8回に何とか追いついたが、9回表には二塁走者が安打でホーム突入を試みて挟殺され、チャンスは潰えたかに見えた。ダブルヘッダーの第1試合に延長は認められていないのだ。

しかし、そのあと、代打梨田昌孝の勝ち越し打が出て、ついに試合をひっくり返した近鉄は第1試合をものにした。

試合は近鉄に点が入るにつれて、活気を帯び、近鉄ばかりかロッテの選手も普段の試合で見られないような、感情をむき出しにした表情を見せるようになった。ベンチの一挙手一投足にも「表情」があった。

朝日放送の古川は、その表情、動きに惹かれ、そうした映像を送るように心がけた。

「9回、近鉄の佐藤純一が安打で本塁突入を試みました。結局無理とわかり、三塁に戻ったところで刺されたんですが、ホームと三塁の間を行きつ戻りつする佐藤の動きに合わせて、近鉄のベンチの選手たちの体が、左右に大きく動くのがはっきりカメラで捉えられた。忘れられない絵でした」

冷静に表情を追っても、当然頭は次の試合に行く。近鉄が勝てば胴上げシーンを自分の手で送り出せる。

古川は当然、近鉄の優勝を願っていた。ファン心理というよりは、めったに出会えないものを自分の手で送り出せるという職業意識である。いい絵は、第2試合にもたっぷりありそうだ。そう思うと、空腹もトイレも気にならなかった。

第1試合が終わったあと、日刊スポーツの井坂がベンチ裏をのぞくと、リリーフで試合を締めくくったエースの阿波野秀幸がいた。

「見ると、阿波野は上手く息ができへんのです。過呼吸症候群いうんでしょうか。ハーハーいいながら、青白い顔をしている。こんなに緊張しているんだと驚きました」

監督就任1年目の仰木彬は赤い顔をしていた。ずっと西日の差すベンチで仁王立ちしていたせいもあったが、試合の興奮が明らかに顔に残っていたのだ。

「あのときの仰木さんはかっこええ思いましたなあ」

井坂は前年秋の仰木の監督就任をスクープしていた。だが手腕を最初から買っていたわけではない。就任発表後の囲み会見で、緊張のあまりよろけたのを見て、「頼りないな」と感じていた。しかし、この日の仰木は、就任会見の日とは別人だった。

第1試合の終了からわずか23分のインターバルを挟んだだけで、第2試合がはじまった。時計は午後6時44分である。

「試合が3時間あまり。優勝すれば、セレモニーなどで11時近くになる。朝刊の最終版は11時が締め切り。じっくり取材はできない」

井坂はそんな計算をした。スポーツ紙は徐々にカラー化が進んでいたが、パソコンの普及していない時代で、締め切りはモノクロ時代よりも早まっていたのだ。

それに、一面をどうするかの結論もまだ出ていなかった。試合に来ている井坂にすれば、勝っても負けても近鉄一面は譲れない。しかし、大阪本社では阪急身売りを重く受け止めている感じがあった。空気はかなり違うのだ。何度かやり取りがあったが、第2試合がはじまってもまだ結論は出なかった。

試合はロッテのビル・マドロックに本塁打が出たものの、5回を終わって1対0と第1試合と同様、重苦しい感じで進んでいった。

関西では朝日放送が3時から「ぶち抜き」で中継を続けていたが、ほかの地域ではテレビ放映はない。ニュースなどで進行中の試合が短く映し出されるくらいだった。

ANN系列のキー局であるテレビ朝日は通常通りのプログラムで、8時からは「ビートたけしのスポーツ大将」を流した。しかし、編成局の判断で、それ以降は野球を放送しはじめる。8時45分のニュースの中で一部見せたのを皮切りに、レギュラー番組を後ろにずらして9時から15分だけ野球中継を行なった。その間にさらに方針を変え、ついに人気番組「さすらい刑事旅情編」を止めて、野球を放映しつづけることにした。それによって、関西以外の視聴者も、近鉄の奮闘を見ることができるようになった。

テレビ朝日系列は10時から「ニュースステーション」がはじまる。試合がもつれてニュースステーションの枠に食い込んだら、そのままニュースとして野球を放送すればいい。

それが編成の目論見だった。

10時。テーマ音楽が流れ、久米宏がいつものように画面に登場してきた。

「たくさんニュースはありますが、このまま野球中継を放送します」

久米は異例の編成にもいいわけめいた話はせず、簡潔にコメントして、あとは画面に任せた。画面の中では、余計な修飾の不要な事態が進行していた。8回表、ブライアントの本塁打で勝ち越した近鉄は、8回裏からエースの阿波野をマウンドに送る。しかし、阿波野は8回裏、高沢秀昭に同点ソロを浴びてしまう。引き分けでは優勝はない。

その上、近鉄には時間の壁も立ちはだかっていた。当時のパ・リーグの規定では試合時間が4時間を過ぎたら、新しいイニングには入らないことになっていた。4時間経過して同点なら引き分けである。

久米宏が画面に登場したのは試合開始から3時間16分が過ぎた9回表近鉄の攻撃の途中である。近鉄は勝ち越しのチャンスを迎えていた。二塁に走者を置いて痛烈なゴロが三塁に飛ぶ。一塁はきわどいタイミングになったがアウト。勝ち越しはならない。

冒頭で久米宏が「たくさんニュースはありますが」といったのは誇張ではなかった。

「あの日はリクルート事件でリクルート本社や関係会社に強制捜査が入った日でした。それだけでも大きいんですが、あの年は1カ月前から、天皇陛下のご病状の報道がつづいていました。阪急の身売りもあったし、近鉄の結果次第では西武の優勝もやらなくてはならない。ほんとにいっぱいあったんです」

それでも久米は野球を放送するという編成の判断を「面白い」と思い、支持した。

「ニュースステーションという番組は、はじまった当初から、政治で日本は変えられないが、スポーツでなら変えられるかもしれないというスタンスでやっていました。あの試合を放送したのもそういう考えがあったから。トップに野球の生中継が入ってきても、面白いじゃないかという気持ちでした」

政治や経済よりもスポーツのほうが楽しいじゃないか。無論、そういう気持ちもあった。だがそれだけではない。

「今起きていることを重視しよう。そういう考えがあの番組にかかわっている人間みんなにありました。天皇陛下のご病気も突発事が起きればもちろん放送しますが、あの試合のころは小康状態というか、新しい情報が入ってこないことはだいたいわかっていた。リクルートにしても、捜査はだいぶ進んでいて、突発的な事件とはいえない。ならば、今起こっている野球でいいじゃないかと」

放送中、久米が気にしていたのは試合がいつ、どういう形で終わるかということだった。

「ほとんどの人が近鉄を応援している。でもニュースステーションがはじまった時点では同点で、場合によってはロッテのサヨナラ勝ちだってある。どう終わったら、どう受けて、番組をどう締めくくるか。経過を気にしながらそれを考えていました」

試合は延長10回、時間切れで引き分けとなった。ニュースステーションは「近鉄の悲劇」

に最後まで付き合い、通常の時間を延長してほかのニュースも伝えた。

朝日放送の古川は優勝のなくなった近鉄ナインが守備に立つ場面を顔のアップで伝えた。

「落胆しながらも、守らなければならないという気持ちの表れている悲痛な表情でした」

古川は、試合経過よりも個々の場面、表情が今も鮮烈に頭に残っている。

日刊スポーツの井坂は、一面をどうするかで本社と少しやりあった。

「負けても（正しくは引き分けで優勝無し）近鉄でしょう、負け方がドラマチックやないですか。ぼくはそう主張したんですが、デスクは相当迷った末に、阪急身売りを一面にしました」

しかし、今から思えば、その判断もうなずけるところがあるという。

「身売りは電鉄会社が沿線に球場を作って客を運ぶために球団を持つというビジネスモデルが終わったことを示していました。あの年は南海もダイエーに身売りしましたからね」

翌日の関西のスポーツ紙のほとんどが阪急を一面にした。それに、試合の受け止め方が今と当時は違っていたという。

「そのときは歴史的名勝負ではなかった。翌年の近鉄の優勝とセットで、時間がたつにつれて評価されるようになった気がします」

翌年の優勝と「セット」になっていたとしても、10・19は語り草になり、巨人（関西では阪神）一辺倒だった野球報道で、内容次第ではパ・リーグがトップを取れることを示し、新しい傾向のさきがけとなったのはたしかだ。

テレビに与えた影響はもっと大きかった。スポーツをトップニュースにしてもかまわない。いや、スポーツだって政治や経済と同じくらい重要な暮らしの要素なのだ。ニュースステーションが異例の形で川崎球場を映し出したとき、今につながる報道の形がはじまったといえる。公共放送がどのニュースよりもオリンピック情報を先に伝える２０１０年現在のスタイルは、10・19が出発点だったといってよい。もし、あの日の試合に特別な訴える力がなければ、そんな重要な出発点にはならなかったに違いない。

「あの試合でスポーツ報道は単なる息抜きから、人そのものの根源を見せるものだとみんなが気づきはじめたんじゃないかな」

久米宏の「根源」という言葉の選択に、あの試合にかかわった重さが感じられた。

ブルース・リー

李小龍よ永遠に――

正月映画は各映画会社が大スターを前面に押し立てた娯楽大作をぶつけてくるのが普通である。ところが、１９７４年の正月興行にワーナー映画が送り込んできたのは異色の作品だった。

ハリウッド製のアクション大作と銘打たれてはいるものの、主演は日本では全く知られていない香港生まれの中国人ブルース・リー（中国名・李小龍）、その頃流行りのカー・アクションや派手な銃撃戦があるわけでもなく、ひたすら肉体をぶつけ合う空手アクションが売り物のこの作品『燃えよドラゴン』は、映画関係者の間では一種のキワモノと受け止められていた。ところが、公開されるやいなや、関係者の予想をはるかに上回る大ヒットを記録し、大作揃いの正月映画のトップを独走し始めた。

ワーナー映画のライバル、東宝東和の広報担当、篠正幸は『燃えよドラゴン』が公開された当時の熱気をよく記憶している。

「それまでも香港製の空手映画の売り込みはかなりあったんですが、日本での知名度や作品の泥くささから各社とも輸入していませんでした。ところが『燃えよドラゴン』はハリウッド製ということもあって作品全体が洗練されていたし、何よりブルース・リーの役者としての魅力が充分に発揮されていました。満員の観客の中で見ていると、なぜ大ヒットしたのか納得がいきましたよ」

映画のストーリーは単純きわまりないものだった。麻薬密売を行う悪の格闘家ハンが開催する武道大会に、妹の復讐のために参加した主人公が、さまざまの戦いの末、ハンを倒して復讐を果し、悪の組織を壊滅させるというものである。見せ場はただひたすら格闘シーン。中でもリーのアクションは圧倒的だった。ナイフで削り上げたような無駄のない見事な肉体。想像を超える速さ、高さで繰り出される手技、足技。躍動の合間に発せられる「アチョー」「チョワー」といった怪鳥のような叫び。何やら神秘的な力を備えているように思えてならないヌンチャク。それまで空手や武道という言葉に付きまとっていた重苦しい精神主義をきれいさっぱり取り去り、映画的なトリックにもあまり頼らず、格闘家としてのリーの「ほんもの」の迫力だけで押し切る明快さに、多くの観客は虚をつかれた。まさに映画の原題『Ｅｎｔｅｒ　Ｔｈｅ　Ｄｒａｇｏｎ（ドラゴン登場）』そのままの衝撃的な登場だった。

キックボクシングの元全日本バンタム級チャンピオン亀山二郎は、この映画が公開されたとき小学校4年生だった。プロレス好きの亀山少年は、親にせがんで連れていってもらった劇場でたちまちブルース・リーに魅せられてしまう。

「一番強烈だったのはあの体ですね。プロレスともボクシングとも違う、独特の鍛えられた体。それと相手を倒す前に決めるなんともいえないポーズもよかった」

わずか2時間弱でブルース・リー教に改宗した亀山少年は、さっそくヌンチャクを自分の手で作ってみた。だが、手製のヌンチャクは映画のようにはきれいに回転してはくれず、すぐに壊れてしまった。

少年たちが強い人間にあこがれるのは万国共通だ。その頃、ソウルの中学2年生だった李在憲も学校にヌンチャクを持って行き、ブルース・リーの技をさかんにマネしたひとりである。のちに跆拳道の韓国重量級チャンピオンになる李は、何よりもリーのスピード感あふれる動きにひかれた。

「その頃跆拳道をやるのは韓国でも限られた人でした。でもリーの映画は跆拳道と似ているところが多いというので、始める子供が急に増えた。僕は跆拳道部のキャプテンをしていたんですが、リーの映画を見て入部してきた部員を連れて、何回も同じ映画を見に行った記憶があります」

リーの魅力にとりつかれたのは少年たちだけではない。作家の夢枕獏はこの映画が封切られたとき23歳。この頃から格闘技には人一倍関心を持ち、中国拳法についても知識があった。

「たしかに知識としては中国拳法を知ってはいたんですが、リーの筋肉があんまりリアルなのにはびっくりしました。それと、格闘のときの間の取り方が実にうまい。実際に武道をやった人でなければ絶対にできない間の取り方だった。それ以前にもアクション映画、格闘映画はずいぶん見ましたが、リーの映画は新鮮だったですね」

かくしてブルース・リーはわずか一本の映画であらゆる階層の人間に強烈な印象を与える。特に格闘技を志す少年たちに与えた影響は大きかった。リーが映画で使う技は空手なのか、中国拳法なのか、それとも全く独自のものなのかといった専門的な議論は関係なかった。ただリーのようになりたい、そう願った少年たちはヌンチャクを作り、奇声を発し、教室の壁に跳び蹴りを試みてはバランスを失って倒れ込んだ。

だが、ブームが始まったとき、ブルース・リー本人はすでにこの世にはいなかった。『燃えよドラゴン』を完成させ、次作の撮影に入った1973年の7月20日、リーは香港で急死している。死因は脳腫瘍による出血とされたが、薬物の濫用などといった奇怪な噂も流布されていた。

死因はさておき、新作がないとすれば、あとは旧作に期待するしかない。配給会社はこぞって香港で製作されたリーの旧作を追い求めた。東宝東和の篠正幸によれば、売り手市場に強気になった香港の映画会社は、それまで付けていた売り値をあざといくらいに釣り上げて日本の配給会社をてこずらせたという。

それでも、『ドラゴン危機一発』と『ドラゴン怒りの鉄拳』をいちはやく買取り、その年に立て続けに公開した東和は出費を補ってあまりある興行収入を得た。中でも1974年のゴールデンウイークに封切られた前者は、公開初日、入り切れない観客がかつての日劇を取り巻くように長い行列を作ったという。香港で製作されたブルース・リーの作品は、セットもお手軽でストーリーもご都合主義が目立つ。はっきり言えばB級作品である。しかし、それだけにリーの体技のすごさが一段と光る。映画的なテクニックよりも卓越した技で観客をねじ伏せてしまうような素朴な力強さにあふれていた。

西本正は、生前のブルース・リーを知る数少ない日本人のひとりである。1958年、香港映画の技術指導のために日本から派遣された西本は、その後香港に在住して、カメラマンとして活躍するかたわら、若い映画人の育成に携わってきた。特に、新人監督がデビューするときは、お目付役として撮影監督を務めてきた。西本がリーと出会うのはリーの死の前年。リーが初めて主演だけでなく監督もすることになった『ドラゴンへの道』の撮影を担当したのがきっかけである。

「私は何人もの新人監督を見てきましたが、新人というのは手際が悪くてどうしても撮影時間がかかってしまう。ところがブルース・リーは初めて監督するというのに、自分でしっかりコンテを作ってきて実にスムーズに撮影を進める。『ドラゴンへの道』はローマでロケをしたんですが、ほかの新人なら2日かかる初日の撮影をらくらく1日で片付けてしまったんで驚きました。この男はほんとうに才能があると思いました」

スターぶらず、スタッフやエキストラにまで気を配るリーの人柄は西本を感動させた。

また、撮影中も合間を見てはトレーニングを欠かさず、格闘家としても一流であることを感じさせたという。

「トレーニングでよく覚えているのは、キックの練習です。撮影の空き時間になると、3人ほどの弟子にマットのようなものを支えさせ、それに向かって跳び蹴りする。すると弟子たちは3人とも支え切れずにふっとばされていました。ほんとうに格闘技をやっている人はすごいもんだとあらためて思いましたよ」

日本びいきのリーは九龍の大きな邸宅に日本庭園を作り、そこで英訳の新渡戸稲造の『武士道』などを読んでいた。大学で東洋哲学を専攻しただけあって、武道のバックボーンになる東洋の思想に深い関心があったようだ。

酒もタバコもやらず、映画以外はひたすら格闘家としての修練に時間を費やすリーの実像は、後にジャーナリズムが書き立てた、麻薬とスキャンダルにまみれたアクション・スターのイメージとは大きく食い違うものである。しかし、われわれが目にすることができるのは、スクリーンの中のリーの姿だけである。

映画が公開された当時から、ブルース・リーがほんとうに格闘家として強いのかどうかが多くの関心を集めてきた。それは現在に至るまで変わっていない。

格闘技の専門家の間では、スクリーンのリーの格闘シーンを見て、あまりに非実戦的で実力はさほどでもないという評価が多い。少年時代にリーにあこがれたキックボクシングの亀山も、リーの実力についてはよくわからないという。

「格闘技というのは、ルールが違うと単純にどちらが強いとは決めにくいんです。だから、リーがどのルールで戦うかわからない限り実力も判定のしようがない。正直なところ、今の僕はリーをエンターテイナーとしてなら見ることはできるけど、格闘家として見ることはできませんね」

そうした声のある反面、格闘家としてのリーを高く評価する人もいる。跆拳道の李在憲はリーがスクリーンで見せたキックに注目する。

「ブルース・リーのキックは跆拳道と共通点が多い。後ろ回し蹴り、二段跳び蹴り、横蹴りなど跆拳道からヒントを得たものでしょう。映画だからもちろんトリックもあるでしょうが、あれだけの速さと高さでキックが出せるということは、跆拳道の実力も相当なものだったと思います。リーはアメリカ留学時代におそらく跆拳道を学んでいるはずです」

空手雑誌「フルコンタクトKARATE」の編集長、山田英司もリーの実力を高く評価するひとりだ。

「僕は『燃えよドラゴン』が公開される以前に、ブルース・リーがアメリカの十大武術家のひとりとして紹介されたフィルムを見たことがあるんですが、その中ではほかの9人より抜群に優れていました。何かの世界選手権に出て優勝できるかどうかは別にして、アマチュアとしては相当のレベルにあったと思います」

山田によれば、ブルース・リーの拳法は伝統的な中国拳法に跆拳道などの要素を取り入れ、独自に編み出した截拳道というものだという。

「中国拳法に南拳北截、つまり南部の手技、北部の蹴り技という言葉があります。リーの截拳道はこの両方のよさを取り入れ、さらに空手や跆拳道の要素も取り入れて、より映画で映えるように工夫したものといえるでしょう」

スクリーンでの効果を考えると、どうしても実戦からは遠ざからざるを得ない。このあたりがプロの格闘家のきびしい評価につながっているのだろう。

しかし、そうした虚構の要素も、ブルース・リーの優れた実力の下地があってはじめて可能になったものではないだろうか。リーの格闘家としての実力は、彼が死んだ今となっては、ただ推測するしかない。だが、彼が残した影響は検証することができる。アクションスターの残した影響などといえば、虚構のスクリーンの中か、さもなければ消えやすい風俗の中に探るのが妥当なところである。しかし、リーの影響はそれだけにはとどまらない。格闘技の実践の中にもその影は明らかに及んでいるのだ。

佐藤塾の長谷川一之は、１９８６年の第1回ポイント&ノックアウト全日本空手道選手権で優勝した空手界屈指の実力者である。長谷川がブルース・リーに接したのは、『燃えよドラゴン』が公開されてから5〜6年後だった。すでに空手を始めていた長谷川は、中国拳法をやっている友人から空手より中国拳法のほうが強い、その証拠がブルース・リーだといわれ、なかばアラ捜しをするつもりでテレビを見た。ところがブラウン管のリーは長谷川の想像以上に格闘家としての魅力を備えていた。

「腰の構えが決まっているんで驚きましたね。中国拳法は腰を練るのが基本なんですが、それがピタリと決まっている。これは相当に修行をした人だと思いました。それに筋肉がファイティングポーズをとるといっそう魅力的に見える。普通の人が見ると、ブルース・リーの筋肉はボディビルで鍛えたように見えますが、ボディビルの筋肉というのは、ファイティングポーズをとった時にきれいに見えないものなんです」

その長谷川に言わせると、リーが空手に与えた影響は少なくないという。

「いわゆる寸止めではない実戦空手の歴史は、せいぜい20年くらいのものです。だけど技術はその短い間に急激に進歩した。その進歩にブルース・リーは相当貢献していますよ」

具体的には、リーの登場以後、それまではほとんど空手に取り入れられることのなかった後ろ回し蹴りが、さかんに取り入れられるようになったという。

「それまで空手では、正対して正面から打ったり蹴ったりするのがほとんどで、横を向いたり、後ろを見せて蹴るのは一種の捨て身技として低く見られていました。それが、リー以後はひとつのスタイルとして正統的に認められるようになったんです。それにフットワークをさかんに使うようになったのもリーの影響でしょうね」

こうした傾向は、アメリカあたりではさらに顕著だと長谷川は指摘する。

「リーはジャッキー・チェンと比較されることが多いようですが、実際の格闘技への影響という点ではジャッキーとは比べ物にならない。もしジャッキーがリーより先に登場していたとしても、それに格闘家が影響されることはなかったと思います」

虚構のヒーローが実戦のスタイルを一変させる。おそらく空前のことをブルース・リーは成し遂げたのである。もちろん、リーを武道家として見れば、今度はその影響が映画という虚構の世界に及んだという見方も成り立つ。夢枕獏はフィクションの世界へのリーの影響を指摘する。

「たとえば、黒沢明の『姿三四郎』のような映画でも、格闘シーンは普通に体を鍛えていればできるものでした。でも、ブルース・リー以後の俳優は、観客を満足させる格闘シーンを生み出すためにはほんとうに武道の鍛練をすることが必要になった。実際、中国ではリー以降、俳優になるために武道を学ぼうとする若者が増えたと聞いています」

格闘シーンを売り物にする映画は、リアルな武道の動きを取り入れなければ成立しなくなった。

「ブルース・リー以降はリアルな肉体でなければスクリーンの中で説得力を持たなくなってしまった。シルベスター・スタローンやアーノルド・シュワルツェネッガーもリアルな肉体という点ではブルース・リーの延長線上にあるのです」

フィクションへの影響は、何も映画だけにとどまらない。夢枕獏自身は、直接的なヒントを得た記憶はないというが、彼を筆頭とする激しい格闘シーンが売り物のバイオレンス小説の中に、ブルース・リーの残像を捜すのはさしてむずかしいことではない。

そしてマンガ。発行部数400万部を超える「少年ジャンプ」に長年連載され、いまだに人気を博し続ける拳法マンガ『北斗の拳』。奇怪な叫び声とあやしげな技が次々に繰り出されて展開するこのマンガも、あきらかにブルース・リーの影響下にあるものだ。もちろん、この作品以外にも格闘シーンを前面に押し出したマンガの多くは、ブルース・リーを抜きには語れない。リーの登場がきっかけとなってさかんに作られるようになった映画、小説、マンガは、今度は膨大な数の少年たち（中には少女たちもいる）が格闘技を志す起爆剤となった。そうして格闘技を始めた子供たちは、ちょうど脂の乗り切った20代後半から30代の指導者たちの教えを受けることになる。

この指導者たちは、リーの作品を映画館で直接見て、心をときめかせた世代である。つまり、ブルース・リーから数えて3代目に当る世代が、2代目に導かれて格闘技の入口に立っているのだ。

こうして見ると、ブルース・リーの影は、われわれの想像以上に大きな広がりを持っている。小龍（リーの中国名）の遺産は名前に似合わず巨大なのである。

『燃えよドラゴン』が公開されて15年の歳月が流れた。あの時、リーに魅せられ、ヌンチャクを作り、跳び蹴りを練習した少年たちの中で、ある者は格闘技の実戦の中でその面影を追い求め、ある者は虚構の世界でリアルな肉体の復権を夢見ている。

15年の歳月は、格闘技を巡る環境を大きく変えた。格闘技人口は膨張し、それを取り巻くジャーナリズムも、当時とは比べ物にならないほど隆盛に見える。

しかし、そうした隆盛とは裏腹に、言葉にばかり飾られて、格闘技のほんとうの魅力が少し失われてはいないだろうか。そうした時代の中で、リーの作品はいっそう輝きを強くする。ブルース・リーの作品は、まだまだその使命を終えてはいない。

ナックルボール、最後の魔球

「ナックルボールを打つだって？　そいつは飛んでるハエをハシで捕まえようとするようなもんさ」

――アトランタ・ブレーヴスの外野手、オーティス・ニクソンの台詞

1回の裏、地元パイレーツの攻撃になると、ピッツバーグのスリーリヴァース・スタジアムは大きな歓声に包まれた。その歓声もどこ吹く風といった風情で、一人の男がマウンドに向かう。よく見ると、コーチかと思えるほど、年輪を刻んだ顔をしている。やや猫背で、足取りはお世辞にも軽やかとはいえない。ボールを受け取ると、セットポジションから投球練習を始めた。ほとんど顔の高さでセットしたボールを、大儀そうにキャッチャー

に投じる。それにしても遅い球だ。キャッチャーの返球のほうが速く見える。これでほんとに大丈夫なのだろうか。

バッターが打席に入り、パイレーツの攻撃が始まった。マウンドに立つフロリダ・マーリンズの先発投手、今年45歳のチャーリー・ハフは20年以上そうしてきたように、まず自分の最も得意とする球を投じた。風のない8月の夕暮れ、まるでボールは強い向かい風を受けたようにバッテリーの間をふらふらと揺れながらさまよい、大きく落ち込んでミットに納まった。紛れもないナックルボールだった。

数ある変化球のうち、ナックルボールほど謎めいたものはないだろう。変化球というのは、カーブが1860年代、W・A・カミングスによって発明されたように、だれがいつ投げ始めたかが比較的はっきりしている。

最も新しい変化球といわれるSFF（スプリット・フィンガード・ファスト・ボール）にしても、SFジャイアンツの監督、ロジャー・クレイグが1980年代の初期に考案したことは、周知の事実だ。ところが、ナックルは、20世紀の初頭に投げ始められたといわれるものの、その素性はいまひとつはっきりしないのである。

その変化も謎めいている。ナックルは、ボールに爪を立てて握り、押し出すようにして投げる変化球で、そうした動作から投じられたボールは極端に回転数が少なくなり、空気の抵抗を受けて、バッターの手前で思いもかけない変化をおこす。その原理は、野球を少しでもかじったものなら、誰でも知っているだろう。

しかし、いったん投じられたボールが、どの方向にどのように変化するのかは、投げた投手ですらわからないのだ。蝶のように揺れながら落ちる、大きく曲がりながら落ちる、フォークボールのように垂直に落ちるなど、変化のバリエーションもさまざまで一貫した性格がない。あるとすれば、巧みに投じられたナックルはボールの回転数が少ないので、バットに当たっても、遠くに飛ばないということぐらいだ。いってみれば、投げてみなければわからない、成り行きまかせ、風まかせの気まぐれな変化球なのだ。こうした風来坊的な性格が、管理と計算を信条とするわが日本野球で広く受け入れられるはずはない。たまにナックルを投げる投手はいても、それで投球のほとんどをまかなうような投手は、日本球界には見当たらない。

ところがメジャー・リーグには、このナックルだけでメシを食っている投手が、少数ではあるが、ずっと存在し続けている。49歳まで投げたホイト・ウィルヘルム、ナックルの代名詞になったフィルとジョーのニークロ兄弟。そして現役でも、冒頭に紹介したチャーリー・ハフをはじめ、3人のナックル投手が活躍を続けている。数年前の「スポーツ・イラストレイテッド」の記事などを見ると、ナックル投手はまるで消え行く遺物のように書かれているが、実際は、なかなかどうして、しぶとく生きのびて、バッターを悩ませ続けているのである。

トム・キャンディオッティは、LAドジャースの先発5本柱の一人である。その彼の投げるボールはカウントを取るのも決め球もナックル。現存する3人のナックル怪人のうちの一人なのだ。

試合開始にはまだ間のある午後3時半、ドジャー・スタジアムでキャンディオッティに会った。前日、勝ち星こそ逃したものの、相手打線を2点に抑え込んだキャンディオッティは、上機嫌でインタビューに答えてくれた。今年は8月下旬まで防御率首位をキープしている。好調なのだ。カリフォルニア出身には思えないいかつい顔をほころばせながら、ナックルの秘密について話してくれた。

キャンディオッティは、子供のころから遊び半分でナックルを投げてはいた。だが、本格的に投げ始めるようになったのは1986年のことである。どうしてもナックルを投げなければならない。せっぱ詰まった事情がキャンディオッティにはあったのだ。

メジャー入りして2年間、芽の出ないまま過ごしたキャンディオッティは、3年目の'85年をブリュワーズのマイナーで過ごした。そこで練習中にナックルボールを投げていたのが監督の目に留まり、フルタイムで投げることを勧められた。メジャー・リーガーとしての生き残りに必死だったキャンディオッティは、素直にその助言を受け入れた。苦労しながら、ようやく試合で使えるまでに仕上がった時、インディアンズに移籍。'86年のことである。そこからはトントン拍子で、一流投手の階段を駆け上ってきた。通算勝ち星は今シーズンで100勝を越え、7年連続200イニング登板も記録している。防御率のよさにも定評がある。

「今まで普通の投球をしていたのを、全部ナックルにするのは、そりゃあ簡単じゃなかった。最初のうちはコントロールがつかなくて四球ばかりさ。1シーズンに100個は出していた。でも、みんなが考えるほど抵抗はなかったね。ナックルを投げるようになって、よかったと思っている。もちろん、ノーラン・ライアンやロジャー・クレメンスみたいに、快速球でバッタバッタと三振をとるピッチャーに比べたら、知名度は落ちる。でも、記録だけを見れば、僕だって年間200イニング以上投げているわけだし、防御率だって悪くない」

「それにナックル投手は、打者にとって一つの謎なんだよ。打者にすれば、90マイルくらいのスピードで投げてくれたほうがありがたい。それに比べて、ナックルは打ちにくいし、打てなかった時は恥ずかしいものだからね」

　フルタイムのナックル投手としてメジャーのマウンドに立った最初の試合、キャンディオッティはいきなり試練に立たされた。オリオールズとの試合、2点のリードをもらったところでピンチが来たのである。2死満塁でフルカウント、バッターは、強打のカル・リプケンJr.。投げ始めたばかりのナックルではコントロールに不安がある。だが、自分がナックル投手として生きていくためには、ナックルを投げて打ちとっておきたい。

「正念場だったよ。ずいぶん躊躇した。でも最後はナックルで勝負して見逃しの三振にとれた。リプケンも、まさかあんな場面でナックルを投げてくるとは思わなかったらしい。あきれた顔でこっちを見ていた。その瞬間、自分はナックルボーラーなんだって理解できたんだ」

ナックルで現在の地位を築いたキャンディオッティだが、今でもときどき、速い球で勝負したい誘惑に駆られることがある。

「投げ始めた当時に比べれば少ないけど、今でもその誘惑はあるよ。ここでストレートなりスライダーを投げれば、三振をとれるんだがなぁってね。僕がナックル投手だっていうイメージを、相手のバッターも持っているから、違う球を投げれば、より効果的かもしれない。でも、そこでストレートやスライダーを投げて打たれたら、悔やんでも悔やみ切れないだろう。ナックルを投げれば決して後悔はしない。自分のベストピッチなんだから」

なにが必要といって、こうした誘惑に勝つ我慢強さこそ、ナックル投手に最も必要な条件だと、キャンディオッティは言う。

「それと信用だね。自分を信用しなくちゃいけないし、信用してくれる監督やチームメイトもいなくちゃいけない。ナックル投手は、いったん調子を崩すと目も当てられない。四球に暴投にパスボール。打ち込まれ方も半端じゃない。そういう危険を承知で投げさせてもらうには、自分に自信を持たなきゃならないし、周囲からも信頼されなくちゃならないんだ」

キャンディオッティは3種類のナックルを投げる。といっても、それはどれもスピードの変化で、変化の方向やコースへの投げ分けではない。握りはいつも同じ。力の入れ具合を変えるだけだという。

「スピードの変化と、ボールを回転させないように注意するだけ。変化の方向だって、上下左右、どこにどう動くのかは、投げている僕にだってわからない。だから打つ方だって予測できるわけはないのさ。そこがナックルボールの神秘なんだよ」

行く先はボールに聞いてくれ。俺はただ投げるだけさ――。

それだけの覚悟をもって、ナックルを投げ続けられる度胸の持ち主は、メジャーにもそう多くはない。事実、チャーリー・ハフより9歳若いキャンディオッティがナックル投手として再びスタートを切ったあと、ナックル投手は久しく登場しなかった。それが昨年、とてつもなく派手な形で姿を現し、ナックルは一躍脚光を浴びることになる。

それはまさにシンデレラボーイと呼ぶにふさわしい登場の仕方だった。ピッツバーグ・パイレーツのティム・ウェイクフィールドである。7月下旬にメジャーに上がったウェイクフィールドは、デビューのカーディナルス戦を完投勝ちで飾ると、あれよあれよというちに勝ち星を積み重ね、2カ月半で8勝をあげ、パイレーツの地区優勝に貢献した。それだけではない。ナ・リーグのプレーオフでもブレーヴスを相手に2勝をあげる離れ業を演じたのである。その投球は100%ナックル。久々に現れたまじりっけなしの純正ナックル投手である(ハフやキャンディオッティは、わずかだがストレートやカーブも投げる)。内野手としてドラフトされ、いったんはプロ失格の烙印を押されながら、ナックルで投手として蘇り、優勝にまで貢献したウェイクフィールドの活躍は、アメリカ人好みのサクセスストーリーとして話題をさらった。

当然、今年も大活躍と思ったが、そううまくは運ばない。開幕投手の栄に浴しながら、今年はさっぱりストライクが入らず、4勝8敗、防御率6・85と惨憺《さんたん》たる成績で、とうとう調整のため、マイナーに落ちてしまった。

ノースカロライナ州の州都、ローリーから車で30分のところに、パイレーツの2A、カロライナ・マッドキャッツの本拠地がある。ウェイクフィールドはそこで汗を流していた。内外野には天然芝が生えそろい、小さいながらスタンドもある球場だが、周囲は松林とナマズの泳ぐ沼地と、ピーナツ畑が広がるだけ。一軒の家も見当たらない、まるで「フィールド・オブ・ドリームス」の世界である。巨大なスリーリヴァース・スタジアムの喧騒からは程遠い。

それでも、あくまでも調整のためのファーム落ち、じきに昇格間違いなしということで、ウェイクフィールドは元気いっぱいだった。日本に来たら、CM登場は間違いなしと思えるほど端整なマスクで、「わがナックルの秘密」について話してくれた。

ウェイクフィールドのナックルの師匠は父親だという。

「子供のころ、キャッチボールをすると、父は早く切り上げようと、わざと僕のとれないナックルを投げてよこした。エラーしてボールを拾いにばかり行っていれば、キャッチボールをやめようと言い出すと思ったんだね。でも、僕は負けず嫌いだから、父をまねて、自己流のナックルを投げて対抗するようになった。それがはじまりさ」

子供のころ身につけたナックルは長いこと、ポケットのなかにしまいこまれていた。パワーヒッターをめざす青年には無用のものだったのである。ファームの監督に勧められ、ナックル投手として生きることを決意した当初はつらかったという。

「でも、ここ（カロライナ・マッドキャッツ）のコーチ、スピン・ウイリアムスが自分のために一生懸命ナックルの技術を教えてくれたので、なんとかものにすることができた。握り、球の離し方、フォームなど、技術的な練習をずいぶん積んだ。ナックルは、少しでも技術が狂うと、球筋が乱れてしまう。だからずいぶん投げ込んだよ」

去年、メジャーに上がった時は、ローテーション投手の代役として1試合だけ登板する予定だったという。

「チームに合流した翌日、僕だけ先にバスに乗って待っていると、チームメイトが乗って来た。そしたら誰かが僕の方を見て、キャッチャーのマイク・ラヴァリエールに、おい、あのナックルボーラーのウェイクフィールドがいるぞって声をかけた。その時のマイクの顔は今でもはっきり覚えている。頭を抱えて座り込んじゃったんだ」

どこにどう変化するかわからないナックルは、相手チームの打者だけでなく、バッテリーを組むキャッチャーにとってもやっかいこの上ないしろものなのだ。

「そうそう、去年はおもしろい経験もしたよ。ドジャース戦でキャンディオッティと投げ合ったんだ。ナ・リーグは投手も打席に立たなきゃならないから、お互いナックルを打つことになる。キャンディオッティと目が合ったら、2人ともニヤニヤしてしまった。成績？ヒットは打てなかったけど、ゴロが3つ、なんとかバットに当てることはできた」

内野手の経験もあるウェイクフィールドから見て、ナックルを打ち崩す秘訣はあるのだろうか。

「バッターだったらどうするかって。ウーン、四球を願うだけだね。まあ、しいて言えば、ホームランはねらわず、ミートを心がけるってことかな」

調子のいい時のナックルは変化が大きい上に、当たっても飛ばない。だが、コントロールが狂い、変化の小さくなったナックルほど打ちやすいボールもない。だから、打者としては、ひたすら投手の自滅を待つしかないのである。ナックルはフィーリングの変化球だとウェイクフィールドは言う。指先のフィーリングももちろんだが、精神状態も微妙に変化の仕方やコントロールに影響する。今年不調なのも、心のフィーリングがいまひとつすっきりしなかったからだという。

「でも、調整も積んだし、もう大丈夫だよ。だから、僕の記事が載った雑誌は、ノースカロライナじゃなく、ピッツバーグの方に送ってほしいね」

ウェイクフィールドが生まれた１９６６年、チャーリー・ハフはドジャースと契約し、プロ生活のスタートを切った。それから27年間、ひたすら投げ続けている。メジャーでも4人しかいない現役の２００勝投手、通算８００登板、リリーフと先発でそれぞれ４００登板など、輝かしい記録も数多く持っている。だが、実際にロッカールームで会ったハフは、大選手にありがちな尊大さなどみじんもなく、相手を翻弄するナックルと同じように飄々《ひょうひょう》とした、枯れたおじさんだった。

「最初は俺も普通のピッチャーだったんだよ。でも、肩を壊しちまった。'69年だから契約して4年目だね。ほんとうなら、キャリアはそれでおしまいさ。なにかをしなくちゃいけなかった。それでナックルを投げ始めたんだ」

「自慢じゃないが、最初から結構うまく投げられた。監督もリリーフで使ってくれたんで上達が早かった。1A、2Aと進んで翌年には3A。'70年の8月にはメジャー昇格さ」

「はじめてメジャーで登板した時のこと？　もちろんよく覚えてるよ。ところも同じピッツバーグさ（この日、ハフの所属するマーリンズはピッツバーグに遠征中だった）。たちまち満塁にされ、次のバッターが、殿堂入りした大選手のウィリー・スタージェル。フルカウントになり、ほんとならナックルで認められたんだから、ナックルを投げなくちゃならないところなんだけど、怖くてね、ストレートを投げた。結果は三振」

　同じピンチにまなじりを決してナックルを投げたキャンディオッティとはだいぶ違う。この、人を食った投球こそ、ハフがここまで生き永らえて来た最大の理由かもしれない。

「俺がメジャーで投げ始めた'70年代には、もっとナックル投手がいた。フィルとジョーのニークロ兄弟、ウィルバー・ウッド、そして最高のナックル投手だったホイト・ウィルヘルム。エディ・フィッシャーはまだ投げていたっけな。いや、もう引退してたかな。とにかく5人はそろっていた」

　歴史的な名前がずらずら出てくる。ナックルの名手という以上に、メジャーの生き証人なのだ。

「いい時のナックルは打てないなんていうけど、いつでもうまく打つバッターもいたよ。レッドソックスのカール・ヤストレムスキー(1966年の三冠王)なんてうまかったね。じっくり待って、ボールを見極めるやつがいいんだ。トニー・ペレスにもよく打たれた。でも、大したことのないバッターでも、ナックルだけは妙にうまいやつもいるんだ。一軍半のキャッチャーだったマーク・サリス、アスレティックスの控えのキャッチャーだった、えーと、なんてったっけな、うん、ロン・ハッシー。この二人は、ことナックルに関してはヤストレムスキー以上のベストヒッターだったね」

このナックルの名人にしても、正確なコントロールがつけられるわけではない。

「どんなに調子のいい日でも、ねらったのと正反対の方向に行くことがある。それがナックルのいいところさ。投げ方は、いろんなやつのを見て研究したけど、基本的には同じだね。キャンディオッティは真ん中の指を3本立ててるっていうけど、実際は、薬指は添えてるようなもんだから、俺が2本の指を立ててるのと同じなんだ。ただ、手のひらに強く押し当てるかどうかの違いはある。フィル・ニークロなんかは手のひらにしっかりボールを押しつけてから、爪を立てていたみたいだ。俺は爪を立ててから、手のひらに軽く押し当てている。でも、誰も完全にコントロールしきれないという点では同じだよ」

それにしても、ナックルをあやつってハフのような活躍を続ける投手がいるのだから、もっと多くの後輩が現れてもよさそうなものではないか。

「ナックルを投げようというのは、平均的な肩や腕力しか持っていない投手なんだ。でも、大学で高い奨学金がもらえるのも、プロのスカウトが追いかけるのも、そんな投手じゃなく、一番いい肩を持ち、速い球を投げる投手だ。高校や大学のコーチも、スピード・ガンを抱えたスカウト連中も、気にするのは、誰が一番速い球を投げるかだけ。ナックル投手は投げる機会が与えられないんだ。行き場がないんだよ。俺が野球を始めた'60年代は、マイナー・リーグのチームがもっとたくさんあって、ナックル投手の生きる場所もあった。今のような形じゃ、もうあんまり出てこないかもしれないな」

ナックル教の教祖にしてはさびしい発言である。だが、ナックル投手は肩に負担がかからないだけに選手寿命は異様に長い。今年45歳のハフだって、うまくすれば50歳まで投げられるかもしれない。

「まあ、今シーズン後半がだめだったら、そろそろ引退を考えるよ。肩がもてば、来年も投げるけど、自分がほんとうにもっと投げたいのかどうか、最近はわからなくなって来てるしね。個人記録なんて、全然考えないね。希望とすれば、リリーフでは登板したことのあるワールド・シリーズに先発で投げてみたいってことぐらいかな。そのためには、マーリンズが急に調子づいてくれなきゃならないんだけど」

最後はいたずらっぽく笑った。

ナックル投手は、メジャー・リーグだからこそ生存できる人種かもしれない。どこに行くかわからないボールだけを武器にするような投手は、「待て」のサインのある日本の野球ではとても棲息できないだろう。投手の球を打者が思いっきりひっぱたくところから野球が始まる、という意識がしみ込んでいるメジャーなればこそ、ナックルボーラーという芸術家にも、生きる場所が与えられているのである。だが、それも、ハフの言うように、しだいに生きづらい時代になって来ている。

ナックル投手は、伝統芸能の伝承者や、ワシントン条約で保護されている貴重な野生生物のようなものなのだ。そう考えると、チャーリー・ハフの、人を食ったいたずらっぽいまなざしが、イリオモテヤマネコの目のように思えて来た。

第二章

肉声

長嶋茂雄、日本野球を語る

松井秀喜、イチローを筆頭に、日本人メジャーリーガーの活躍の様子が、連日、飛び込んでくる。その一方で、国内の野球は人気低迷がささやかれる。秋には五輪の予選も控えている。いま日本球界は大きな節目に差しかかっている。これまでも節目、節目で大きな役割を果たしてきた長嶋茂雄は球界の現在と未来をどのように見据えているのか。メジャー、ジャパン、五輪をミスターに語ってもらった。

先日、ニューヨークで松井とイチローの活躍を目前にし、いまだ興奮冷めやらぬといった様子のミスター。その長嶋茂雄がヤンキー・スタジアムをはじめて訪れたのは、今から42年前のことだという。

「ロジャー・マリスがね、61本ホームランを打って、ベーブ・ルースの記録を破った年、昭和36（1961）年でしたね。伝説の記録を破ったということで、大フィーバーになる一方で、激しいバッシングも受けてね。まだ、改装前のクラシックスタイルの球場でしたよ」

学生時代から、ヤンキースのスター、ジョー・ディマジオにあこがれてお手本にし、歴史的なマリスの本塁打記録の余韻を味わったミスターにとって、メジャーの中でもヤンキース、そしてヤンキー・スタジアムは特別な意味あいを持っている。

「立教の学生時代、メジャーではこう打つんだというお手本がディマジオでしたね。それだけに、身近というか、真剣に研究するうちにファンになったということですね。そのヤンキースのホームで、イチローくんと松井秀喜が対戦したわけですから、目の当たりにして、やはり感慨深いものがありましたね。それに、ペナントレース序盤とはいえ、秋にプレイオフで大きな勝負をするだろう両チームですからね。その中心に二人がいるんですから。

イチローくんは3年目を迎えて、イチロー・スズキのバリューというものを完全に認めさせましたね。一級品というのはアメリカでもだれもが認めています。一方、松井はルーキーイヤーですから、実績という点では差があるのはたしかです。しかし、松井の場合は挑戦という要素がある。ただメジャーに行っただけではない。あのあまりにもドラマチックなヤンキースという名門に加わり、その5番をまかされているわけですから、これは大きな挑戦ですよ。行ってみて、あらためて驚いたんですが、チーム内での松井の評価は驚くほど高いんですよ。キャッシュマンGMと話したときも、ジョー・トーレと監督室で話したときも、ヒデキ・マツイをすごく高く評価してくれた。これは正直いって、夢にも思わなかったことです。なぜかと考えますと、たとえばイチローくんと比べた場合、実力ではイチローくんに軍配を上げなければならないでしょう。でも、松井は期待の度合いが桁外れに大きい。テレビのレーティングやマスコミの扱いにも現れているように、日本の皆さんの期待も大きいし、ヤンキースのチーム内やファンの期待も、これまでに行った日本人選手の誰よりも大きい。そういう中で、ホーム開幕戦で満塁ホームランを打つなど、そうした期待に十分に応えている。だから、チームでの評価も高いし、チームの支援体制も万全なんですよ」

ニューヨークで見た愛弟子の状態は、かならずしも万全ではなかった。

「最悪に近い状態でしたね。フォーム的にもメンタル面でも少しバランスが壊れてきた状態でした。チームがバックアップしてくれていることはたしかですが、ヤンキー・スタジアムのファンというのは、ダメなら容赦なく罵声を浴びせる。メジャーでも一番きびしい環境です。でも、その中で、セルフ・コントロールを保ちながら、使命を果たしていかなければならない。まだ5月ですからね。これからももっと大きな山や谷があるでしょう。それを自分の力で乗り越えていかなければならない。それは仕方のないことなんですよ。もちろんんぼくも機会を見つけてゴジラの尻をたたき、背中を押してやろうと考えてはいますが」

そのあと、しばらく打撃の技術論に話が向いた。最後の4割打者、テッド・ウィリアムズの理論を引用しながらの打撃論。50年以上も前からあこがれ、見つめてきたメジャーのこととなると、ミスターの情熱はとどまるところを知らない。もしかすると、ミスターは、日本でも最もコアなメジャーリーグ・ファンの一人ではないかとさえ感じさせる熱っぽい口調だった。しかし、松井を筆頭に、メジャーへの関心がファンの間で大きくふくらむ一方、国内の野球はレベルの低下、人気低迷がささやかれている。それがほんとうかどうかはさておき、ミスターは、こうした「日本野球衰退論」をどう受け止めているのだろう。

「60年を超えるプロ野球の歴史の中で、そういう声が出たこともありましたし、野茂くんがメジャーに行って成功を収めたとき、イチローくんが行ったときもそうした見方がありました。今年の松井の挑戦で、それが頂点に来たような感じですね。でも、プロ野球はこれまでもそうした声がありながら、なお継続して人気を保っている。だからぼくはそれほど心配することはないと思うんですよ。たとえば、この前の甲子園でのジャイアンツとタイガースの試合など3連戦で16〜17万という観客動員を見せていますからね。

球界全体として、常に考えていかなければならないのはヒーローの育成でしょうね。特に現場は一にも二にもスーパーヒーローを育てて行くという使命感を持っていなければならないでしょう。松井につづくようなスーパースターは誰なのか、それはぼくにもわかりませんけれど、それを見つけ、育てて行く。

ただ、野球のスーパーヒーローというのは、時代が育てる、ファンが育てるという面もあるんです。たとえば、ヤンキースでいうと、八百長疑惑でメジャーの人気が落ちたときに、ベーブ・ルースがすばらしい活躍をし、それを、'20年代のアメリカの国民が熱狂的に支持した。時代と歩調が合っていたわけです」

　自身、高度成長期の国民的ヒーローとして、時代とぴったり歩調を合わせて成長していったミスターらしい指摘である。

「まあ、ぼくの場合だけではなく、われわれの先輩、川上さん、青田さんなども時代が生んだヒーローということがいえます。それが松井までつづいてきている。でも、その間にはかならずヒーローのいない低迷の時期もあるんです。かげりとまではいいませんが、それまでの野球が変わろうとする時のきしみといいますか。今は、まさに、そのきしみの時期だと思うんですよ。だから、現場は、特に心してヒーローの育成をしていかなきゃならないんです」


　ミスターは、今年、12球団すべてのキャンプを視察した。オリンピック代表チームの監督という役割があったからだが、それだけではない。やはり、自分の目で、時代をになうヒーローの原石を見出したいという気持ちも強かったのだ。その中に、目をひくような原石はあったのだろうか。

「ええ、いいのが出てきてますよ。たとえばダイエーホークスの和田とか。新垣、左の杉内なんかもいいですねえ。新垣など１５０km出ますでしょう。ホークスにああいう魅力ある選手が出てきたのは偶然じゃないんです。観客動員はすばらしいですよね。平均３万５０００人は入る。そしてファンの声援も熱い。多くのファンの熱い声援、これこそがスターが育って行く土壌なんです。おそらく王監督も将来につながる大きな手ごたえを感じているると思いますよ。現場の努力はいうまでもありませんが、ファンの方の声援、これが勝負の世界では重要なんですね。そのことは、皆さん、去年のサッカー・ワールドカップでも感じられたんじゃないでしょうか。野球でも選手が大きく飛躍するには、ああいったリポーターの支援というのが欠かせないんですよ」

たまたま名前の出た3人は、いわゆる「松坂世代」である。本家の松坂大輔は、今シーズン、一段と凄みを増した投球を見せているし、ホークスの3人に加え、ジャイアンツの木佐貫、久保といった選手たちも、大成を予感させる活躍を見せはじめた。ミスターの日は、どうやらこのあたりに未来のスーパーヒーローの像を見出しているようだ。

投手には若い原石が目白押しだが、イチローが去り、松井が去った野手陣はなかなかスーパースター候補が上がりにくい。しかし、決して人材が枯渇しているわけではない。

「ぼくは監督時代、メジャーの捕手を獲得しようと動いたことがありました。捕手は第2の監督といわれるぐらい重要なポジションですし、肩やリード、すべてを含めた総合力で、メジャーと日本で一番大きな差があるのが捕手だったんですよ。ただ、最近は、捕手でも国内にすばらしい人材が出てきましたね。具体的にいえば城島、そして阿部慎之助。二人の成長は目を見張りますね。捕手としては、二人の前にまず古田くんがいて、日本の球界のセオリーを変える捕手像を見せてくれたんですが、城島も慎之助も古田くんとはまた違った肌合いの個性を出していますね。力的には現状では城島が上でしょうが、慎之助もフレッシュさでそれを追っている。セ・リーグとパ・リーグに分かれていて、二人が将来どういう形で成長していくかというのは、夢を抱かせてくれますね」

座ったままで盗塁を刺し、ワン・バウンドは絶対そらさず、時にはバットでもチームの柱になる。かつては読みと守りだけの防衛兵器だった捕手像が、二人によって塗り替えられようとしているというわけだ。

「それでも、総合力で見た場合、メジャーとの差が完全になくなったとは、まだいえないと思います。それが捕手というポジションのむずかしさですね。それに比べると、ほかの野手は完全に差がなくなりましたね。イチローくんの評価などは、アメリカの中でもメジャーの上位にランクされているんですから。パワーヒッター、クリーンアップはともかく、ことリードオフマン・タイプの選手でいえば、日本の選手への評価は高い。ぼくが見ても、ライオンズの松井稼頭央なんかは、国際水準に照らして遜色ないといえますね」

松坂世代の投手たち、二人の捕手、松井など、国際水準をクリアするような力を感じさせて輝くヒーローのほかに、違うフィールドで輝く人材もある。清原和博などはその代表格だろう。「走れない野手などメジャーにはいない」などという声もあるが、5月16日からの対タイガース3連戦のように、満員の大舞台では3本塁打とあざやかな活躍を見せる。

「大きな舞台に強いですね。清原のようなタイプの選手に独特の魅力を感じているファンの方もおられるでしょう。なぜ清原のような選手が、あれだけ支持されるかというと、やはり一級品だからです。そして、今のファンの方は、メジャーリーグなどもご覧になっていて、眼力がシャープというか、非常にきっちり見る目をもっておられますからね。ホンモノを見分ける力がある。その目から見れば、清原はやはりホンモノなんでしょうね」

個々の人材を見れば、将来を託すべき原石もそろっている。しかし、それをまとめてファンに提示し、一層野球の魅力をかき立てるためにはまとまった形が必要だ。その点で、ミスターが指揮をとるオリンピック代表チームは大きな役割をになっているといえるだろう。

「シドニー・オリンピックは、選手諸君はよくがんばりましたが、野球界全体としてベストを尽くしたかというと、若干の疑問が残ります。ですから、今回はその宿題をいただいて、抜かりなくチーム編成をしたい。再三お答えしていますが、ドリームですよね。夢のチームを編成したい。最強チームで臨みたい。もちろん、アマチュアでもいい選手がいればどんどん入れて行く。横浜高校時代の松坂くんみたいなハイスクール・ボーイがいればぜひ参加してもらいたい。幸い、オーナー会議、理事会、機構などの声明を見ても、最強チームを作るという意思でまとまっている。そういう点では監督冥利に尽きますし、しっかりした最強チームを作ることが、ぼくに与えられた使命だとも考えています」

最強チームとなれば、ファンの関心は、はたしてメジャーに行っている選手が加わるのかに集まるが、ミスターの視野には、メジャーの選手はどの程度入っているのか。

「もちろん、十分視野に入れていますよ。ただ、ご承知のように、メジャーにはいくつかのハードルがある。球団、機構、そして強力な選手会。それがクリアできれば、イチローくんにせよ、松井にせよ、魔神（佐々木のことをミスターはこう呼ぶ）でも石井くんでも入ってもらいたい。去年のサッカーのワールドカップがあれだけの盛り上がりを見せたのは、選手たちが祖国のために日の丸をつけて戦い、それをファンの皆さんが熱い思いで応援したからです。野球の選手たちも、そうした熱気の中で戦いたいという声が強いんです。それは、メジャー、国内を問わず、われわれ以上に選手たちの強い願いなんですね。だから、チーム編成の上で、可能ならば、当然メジャーの選手たちにも参加してもらいます」

だが、ただスター選手を集めたからといって、国際試合を勝ち抜けるわけではない。実力優先はいうまでもないが、そのほか、戦略、戦術面で、ミスターが基本に据えているのはどんなことなのだろう。

「こういう時代ですから、グラウンドでの戦いだけでなく、情報収集というのが非常に重要になってきますね。シドニーの場合を見ると、グラウンドでの戦い方以前に、情報収集という点でやや甘かったという感じを受けます。ですから、今は徹頭徹尾、情報を集めています。あまり具体的にはいえませんが（笑）」

11月のアジア予選で戦う韓国、台湾はもちろん、中南米、アメリカ、キューバといった国々のチーム編成や監督の個性まですでに調べているという。

「たとえば韓国。今メジャーには6人の選手がいるんですが、それが全部帰ってきてナショナルチームに入った場合はこう、5人入った場合はこうというようにかなり細かくシミユレーションしています。シドニーでは、ぼくの古い友人のトミー・ラソーダが監督になり、アメリカが優勝をさらいましたが、あれは水面下で相当相手を研究し、一方、自分たちのほうは、無名でも近い将来確実にメジャーに上がるという選手をそろえて勝ったんです。情報戦の勝利ですよね。ですから、ぼくも、その面はしっかりやろうと思っています。韓国なども、松井が参加した場合はこう、とかかなり研究しているようですから、負けられませんね」

では、情報戦を制した後の、グラウンドでの戦いはどうなるのか。

「戦術に関しては、どこの国も、そう変わりはないと思うんですよ。やはり勝敗を分けるのはピッチング・スタッフでしょうね。過去の日本のデータを見ると、打てなかったというのもあるんですが、一発勝負が多い国際試合ですから、いかに投手が点をやらず、主導権を握りながら試合を進めるかでしょうね。しかも予選は22名、本大会は24名とベンチ入りの人数も限られていますからね。野手をとっかえひっかえというわけには行かない。野手は厳選して、投手で信頼のおける選手をそろえるという編成になって行くでしょうね。

今の段階で名前を挙げることはできませんが、力の配分でいうと、六分四分でピッチング・スタッフを重視しなければならないでしょう。予選はインドアのドームですからそう問題はないんですが、本大会は8月です。その時期のアテネは気温40度になることもあります。われわれは当然、本大会まで見据えて編成を考えますから、その酷暑の中で厚みをつけるとすれば、どうしても投手陣ということになります」

投手力重視という基本姿勢が見えてきた。その視点に立てば、今シーズンの松坂の好調ぶり、松坂世代の投手の台頭などはミスターにとってうれしい材料なのではないだろうか。

「エヘヘヘ（笑）。当然イメージの中に全部入っていますよ。ぼくらは野球人として、そうしたものをしっかり見ていますし、今年はキャンプの段階から、先にいったような視点で見ていますからね。メンバーについては、公表の段階で、皆さんに納得していただける形になると思いますよ」

自信ありげにほくそえむ。先にあがった名前から推測すれば、松坂をはじめ、若くて生きのいい投手陣を、城島、阿部といった伸び盛りの捕手陣がリードし、リードを確実に守りきって勝つ、といった試合の姿が浮かんでくる。もちろん、そこに、1番イチロー、4番松井の名前が加わって悪いはずはないのだが。

日本の球界がピンチになると、ミスターの出番だった。今回の監督就任も、もしかすると、日本球界の危機感の現われかもしれない。それは、長嶋茂雄にとって、避けられない役割なのだ。本人もそれは十分に意識している。

「サッカーがワールドカップであれだけの風を巻き起こした。その実例をわれわれは目の当たりにしているわけです。ですから、野球もオリンピックをきっかけに、乗りのいい、新しい風を吹かせたい。そういう気持ちは個人的にも持っているんですよ。子どもたちに、オリンピックに出るんだ、松井やイチローになるんだという夢を持たせる。そういう夢を託せる野球界にしたい。微力ですが、そういう気持ちで役目を果たしたいと思っています」

ジャイアンツの監督時代の終わりごろは、きびしい勝負の世界で、いささか精気を失ったかに見えたミスターだが、久しぶりに間近で話を聞くと、新たな精気がみなぎっているように感じられた。メジャーを舞台に大きな挑戦をしている愛弟子、国内でも将来を託すに足る若い世代が芽生えてきている。それらをまとめて、世界の舞台に、という夢が、ミスターに新しい活力を与えているのかもしれない。

松井秀喜

進化して行く自分

ホームランと打点の2冠を獲り、シーズンMVP、加えて日本シリーズでも3本のホームランを放ち、MVPに選出された。松井秀喜は、2000年、プロ入り最高のシーズンを送ったといえる。ただタイトルを獲っただけではない。球場が広くなり、ホームランが出にくくなっている中で、2年連続40本の大台をクリアしてのタイトルである。この類い稀な長距離打者が、明らかに一段高いステップに踏み出したことを物語る成績である。

「でも、2年連続40本をクリアしたからといって、特別変わったとか、何か見えてきたってこともないんですよ。ただ、特別苦手な投手が完全にいなくなったわけじゃないですけど、なるべく作らないようにというのを意識してきた結果でしょうかね」

本人がいうように、「苦手を作らない意識」は数字になってはっきり表れた。これまで天敵といわれてきたスワローズの石井一久、タイガースの遠山奬志からもホームランを打ち、打率3割以上を記録した。タイガース戦をのぞけば、ほかの球団からは10本前後のホームランを満遍なく打っている（甲子園球場のタイガース戦は、風と広さの関係で、左打者にホームランが出にくい）。どんな相手にも、満遍なく強烈な打撃を与える。数字は、松井がそんな隙《すき》のない打者に変ってきていることを示している。

「石井さんや遠山さんにしてもある程度対策を立ててやってきた結果だとは思います。ただ、基本的なことはあんまり変えてないんですよ。ぼくの場合、基本的にストレートを待つんですが、その待ち方に少し工夫を加えるということですね。当然変化球も来ますから、それが来ても対応できるように、どの辺のストレートで待つとかいったことです。そういう中で、対応能力みたいなものが多少は上がったかもしれない。でも、自分の成長を、自分で感じるのはむずかしいですよ」

決して卑下しているわけではない。「自分で成長を感じるのはむずかしい」というのは、正直な自己分析でもあるだろう。それと同時に、40本台をクリアしたくらいで騒ぎなさんな、という自負の表れかもしれない。

ここ数年、春になると、松井は「新打法」をうんぬんされてきた。いわく「ソーサ打法」、いわく「グリップ小指掛け打法」。ところが今年はそうした話題がほとんど取りざたされなかった。新しさへの取り組みは、文句のない数字でしばらく棚上げということなのだろうか。「打法なんていうのは、長い間にも変わるし、シーズンの中でも変化する。極端にいうと、毎日変わりますよ。新打法といわれても話題性で取り上げられるだけで、ぼくがほかの人と特別違っているってことはないですよ。誰でもやっていることです。日々変わるし、その中で一番いいものをめざしていけばいい。その日その日の体調や手の感覚のずれなんかもあるから、そこから割り出される理想の形ですね。それと同時に、究極的な理想みたいなものもありますね」

打者松井秀喜の考える理想形。めったに耳にすることのできない話である。

「すべてのストライクゾーンに対応できるバッティングですね。すべてのゾーンに対して、自分の一番いい形で、バットの芯で捉える身のこなし。そういうものを身につけたい気持ちはありますね」

その理想のためにはどうするか。松井の特徴が頭抜けたパワーであることは誰もが知っている。だが、そのパワーの使い方に関しての考えは、この2年程で微妙に変ってきたようだ。そのパワーの使い方の変化に、理想形へのステップを見ることができるだろう。

「パワーをつけることよりも、プレーの中でパワーを生かすことにウエイトを置くようになりましたね。この1、2年で多少、パワーの使い方を変えました。結局、100あるパワーを100出そうとしたら、コントロールする能力が落ちちゃうんですよ。それで、自分のコントロールできる範囲内でパワーを出すように心がけた。それでも十分なんですね。そのほうがかえってバットのヘッドがよく走ったりする。そのことを、以前より意識するようになりましたね」

力の制御。ガスをむやみに溜め込んで大爆発をめざすよりも、制御可能な範囲で爆発させることを狙う。去年騒がれた「グリップ小指掛け」なども、そうした考え方の一環。「ガス抜き」思考から来たものといえるだろう。今年もオープン戦を見る限り、松井の体からはよけいな力が抜け、打席でスッと立ち、必要なとき（インパクトの瞬間）だけ力を出す形が板についてきたように思われる。

そうなると、当然、期待はホームラン数の増加に向かう。「目標55本」はもう、ジャーナリズム向けのリップサービスでなくなってきているのではないのか。

「いや、いまの野球で50本以上打つというのはかなりむずかしいと思います。カギは、打ち損じをいかに減らすかでしょうね。むずかしい球をホームランにするのは年に数本ですから」

松井はホームラン打者には珍しく、月間15本も打つような固め打ちや、一人の投手を徹底的にカモにするといったことが少ない。にもかかわらず、プロ入り以降、着実にシーズンのホームラン数を伸ばしてきた。このことは、すべての投手、すべての季節を、カモにし、得意にする可能性があるともいえる。

「去年は、スランプも案外短くて済みましたからね」

むずかしいといいながら、50本台を現実的な目標として考えはじめているのは間違いない。

「超強力打線」「4番打者の集まり」などといわれるジャイアンツの打線。普通、優秀な打者がたくさん集まれば、一人一人の比重は小さくなる。だが、去年のシーズンを見ても、松井の比重、存在感はますます高くなっているように思える。ジャイアンツ打線の中における自分の位置を、松井はどう捉えているのだろう。

「'94年、落合さんがいたときの日本一に比べて、去年は多少、自分の比重が違っていたかもしれません。でも、勝ちたいという気持ち、打たなくちゃいけないという責任感は以前も今も、あんまり変わってないんですよ。打順でそれは変わらない。3番でも4番でもおんなじですね」

去年の日本シリーズで、松井のあとをついて回って印象的だったのは、自分にホームランが出た試合よりも、勝った試合のほうがはるかに口が滑らかだったことだ。初戦などは、ホームランを打ちながら逆転負けを喰らったこともあり、試合後も2時間近く室内練習場にこもり、出てきたあとのコメントも実にそっけなかった。

「あの時ですか。あれは、初戦で宿舎がすぐ隣なんで長くなっただけで。それに何人かの選手と対戦した投手のことをいろいろ話したりして、ずっと打っていたわけじゃないんですよ。ただ、自分の成績に関係なく、やっぱりチームが勝つのが一番ですね。打っても負けたんじゃ、口惜しくて、口惜しくて。

チームの勝ちが大切だって気持ちはいつも一番先に立つ。でも、自分が打てなくても、誰かが打って勝ったんだからそれでいいや、というのはまずいですよね。ウチの打線で一番警戒しなくちゃいけないのは、そういう依存心、自分はダメだからほかの人がやってくれという気分だと思うんです。いいメンバーがそろっているだけに、そのあたりが落とし穴になる可能性はある。だから、一人一人が、自分になにができるかをつねに考えていかなきゃならない。それを怠ると、チームとして機能していかなくなるでしょうね」

　今、自分になにができるか。そう考えると、ただ打つだけで満足してはいられない。守備も「なにができるか」の重要な要素になってくる。松井の守備は年々目に見えて進歩している。去年のゴールデングラブ賞にもそれがよく表れている。

「センターの守備がすごく楽しくなってきたんですよ。なにができるかということでいえば、状況を考えて、自分がどう動くか、いつも準備しておかなきゃならない。点を入れさせないようにするにはどうするか、もちろんそれを第一に考えます。それと同時に、守っているときは、もう一人、客観的な自分というものがあって、ここならどういう配球で行くかとか、どういう待ち方をするかとかも考えるようになりました。自分が打席に入っていたら、この球で来られたらいやだなあ、とかね。そう考えて、守備位置を少し動かしたりもする。センターにいると、投手と打者の力関係だとか、タイミングだとか、一番よく察知できますね。そういう見方をしているから、集中力が出たかもしれないし、自信もついてきましたね」

　守備のことに触れると、打撃のとき以上に口が滑らかになった。よほど自信をつけているに違いない。「専門家も評価してくれるのではないか」と水を向けると、「ガハハ」と笑い飛ばした。

「どうですかね、あんまり評価は変わらないみたいですけど。

　周りのことを気にし出したらきりがないですよ。それにいろいろいわれるとなにをいわれても慣れちゃって、なにも思わなくなるんですね。最近は新聞もほとんど読まないし、情報はあんまり関係ないですね」

騒音の中で暮らしていく智恵というわけか。

「そういうことです」

また、「ガハッ」と豪快に笑った。

自分の進む方向に迷いはない。展望もある。だが、日本の野球は決して松井と同じではない。イチローがメジャーに去り、松井にかかる期待は、昨年以上に高まっているようにも見える。プロスポーツの王者としての野球の地位も、決して安泰ではない。

「まあ、将来のことでいえば、いかに子供に興味を持ってもらうかでしょうね。若い世代の人に野球に興味を持ってもらうようにするのが一番ですよ。子供の数は減っているし、選択肢も多い。そういう中で、どうやって野球を選んでもらうか。結局はいいプレーを見せるということに尽きるんでしょうけど」

だが、いいプレーといっても、野球の場合、特に打者の場合は、「いいプレー」が相手投手によって引き出されるということもある。モチベーションをかき立てられるような相手が少なくなれば、進歩も止まってしまうだろう。'95年の野茂英雄以降、日本からメジャーへの優れた投手の流出が続いている。イチローのメジャー行きも、このことと無関係ではないだろう。来年には、松井の最大のライバルといえるスワローズの石井一久のメジャー行きも既定の路線として語られている。今の日本に、松井の闘争心をかき立てる相手はいるのか。それがいないとすれば、メジャーという選択肢は現実になってくるのか。

「うーん」

しばらく言葉を探す様子だった。「相手はいない」などと挑発的なことは、松井の性格からはなかなかいえないだろう。そうした挑発的な言辞で、相手も自分も奮い立たせるという戦術は、松井のものではない。

「そういうライバルみたいな人が、ほんとうはいたほうがいいのかもしれませんが、自分ではあんまり誰がどうってことは考えませんね。ライバルというのは、お互いがそう思っていないと。それよりも、自分のスタイルを完成させることのほうに、今は関心が向いていますね」

では、その自分流のスタイルに、ある程度手ごたえを感じられるようになったとき、メジャーというものが見えてくるのだろうか。松井は決して「メジャーなんて関係ない」という選手ではない。'98、'99年のオフにはアメリカに行って、プレイオフを観戦してきた。日米野球などでは出会うことのできない、血走った目のメジャーリーガーたちを見て刺激を受けなかったはずはない。

「'98年はサンディエゴ、'99年はニューヨーク。ひとことでいうと、いいもん見たなって感じですね。あそこに行くとファンの気分になっちゃいますね。特にニューヨーク。ヤンキー・スタジアムなんて、雰囲気はすごいですね。１００％ヤンキースファンですからね。

ただ、自分が行くかというと、今のところ、その気持ちはないですね。もし、万が一、ぼくが行くことを考えたとき、レギュラーになれるかどうかもわからない、打たせてもらっても7番か8番というんじゃね。やっぱり、行ったら行ったなりに、クリーンアップが打てるとか、そういう判断が自分でできない限り、行かないでしょうね」

ただメジャーでプレーすることだけが目標なら、行って行けないことはない。だが、それでは、自分も満足できないし、日本のファンも納得しないだろうというのが松井の考えなのだ。

たしかに、現在の松井なら、メジャー30球団、90人いる外野のレギュラーの一角を占めるだけなら、そうむずかしくはないだろう。しかし、バリー・ボンズ、サミー・ソーサ、ケン・グリフィーJr.といったスーパースターの域にあるとはいえない。

「日本の力はこんなものかと、ファンをがっかりさせたくないですからね。でも、行ってしまえば、そういうことは考えなくなるかもしれませんけど。まあ、いまのところは、一ファンとして見ております」

冗談めかした口調になった。では、現状では無理だと判断する、具体的な背景は何なのだろう。

「たとえば、去年の日米野球に来たボンズなんか、技術的なことを真似ようとしてもなかなかできないですね。体力があるからめざせる高い技術というのがあるんですよ。表面の形だけ真似たんじゃ、真似したことにもならない。最初からトップに入ったように構えて、体の回転と軸足のパワーだけで持っていくという感じ。いまのぼくじゃ、とても真似できませんね。それと、みんなすごく軽いバットを使うでしょ。軽いバットで速いスイングをしてボールを打ち返す。ぼくも前に比べれば、バットは軽くなってますけど、もっと軽くしてパワーを使い切るというのは、まだむずかしいなあ。悲しいけど、生まれたときから負けてるって事実はあるんじゃないですか」

日本では並ぶもののないパワーヒッターの口から、そういう話が出るのは、やはりさびしいが、よく考えてみれば、現実的な比較の対象として見ているから、差の大きさを実感できることもあるわけだ。松井のメジャー行きはあくまでも「現時点では」ない、と考えるべきだろう。

「それに周りが、まず認めてくれないでしょう」

自分がメジャーに行くなどといい出したら、ジャイアンツはおろか、日本のプロ野球そのものの存亡にもかかわってくる。そのことは本人が一番よく知っている。

「でも、ワールドカップなんかがほんとうに実現したら興味ありますね。時期と場所をしっかりさせてやれば、かなり面白いんじゃないですか。選ばれたらすごい名誉でしょうし。シーズンが始まれば、当然勝つことしか考えませんが、ぼく自身としては『つねに進化して行く自分』というものをイメージしていきたいですね。そういう気持ちでやって、結果的に現状維持かもしれないけど、その気持ちがなくなったら、落ちるだけでしょうから」

つねに進化して行く自分、というイメージの先に、松井はなにを見ているのだろう。

野村克也

絶対に負けたくない敵だった

長嶋茂雄と松井秀喜がそろって国民栄誉賞を受賞した。野球界では王貞治、衣笠祥雄につづく受賞である。ジャイアンツという人気チームでつねにファンとマスコミの大きな注目を集め、それに応えるプレーを見せてきた長嶋。その長嶋に手塩にかけて育てられ、メジャーリーグでも名門ヤンキースの中心として活躍した松井。国民栄誉賞がどんな基準で与えられるのかは、私などにはわからないが、ふたりの受賞は多くの人が納得するものだろう。

人づてに聞いたのだが、ふたりの受賞が決まったとき、「残した数字でいうなら野村にも賞を与えてよいのではないか」という声があったそうだ。私自身はとても賞に値するなどとは思っていないが、こうした声をいただけたのは名誉なことだと思っている。

長嶋が監督として指揮を執り、松井がジャイアンツの中軸に座っていたのは1993年から2001年まで。これは私がスワローズ、タイガースの監督をしていた時期と重なる。当時のジャイアンツは松井だけでなく、落合博満、清原和博など他チームの主軸をつぎつぎに獲得し、巨大戦力を作り上げていた。その巨大戦力に戦いを挑み、リーグ優勝4回、日本一3回という成績を残せたことは、私にとって大きな誇りだ。

スワローズ時代の私は、長嶋率いるジャイアンツにしばしばきびしい言葉を投げつけた。これは「絶対に負けたくない」という闘争心の表明でもあったが、同時にかなり意図した戦略的なものでもあった。

私がスワローズの監督に就任したのは1990年。若くて有望な選手はいたが、低迷が長くつづき、観客動員が落ち込んでいた。その打開策を相談された私は、ジャイアンツを標的にすることを提案した。特に長嶋が監督に復帰した'93年からは、意識して「口撃」の対象にした。

「私がジャイアンツを口撃すれば、マスコミはかならず大きく取り上げるし、ファンも注目する。ここはあえてやってみましょう」

スワローズはオーナーが「ジャイアンツが1位、ウチが2位が理想」などといったこともある球団で、私のやり方には批判も多かったが、当時の相馬和夫球団社長の英断で、私はジャイアンツを標的に、試合でも、メディアの前でも激しくぶつかっていった。

「今日は相手の采配で勝たせてもらった」

「長嶋カンピュータに理詰めのＩＤ野球が負けるわけにはいかない」
そんな言葉が見出しになり、ファンは沸き、球場も盛り上がった。私のねらいは功を奏したわけだが、おかげで、それまでは特に悪くなかった長嶋との間はすっかり冷たいものになってしまった。長嶋ばかりか、テレビのリポーターをしているお嬢さんの三奈さんにまで愛想づかしされたのにはさすがに閉口した。

私と長嶋は、現役時代、リーグが違っていたので、対戦するのは日本シリーズかオールスターぐらいだった。そのあまり多くない対戦でも印象に残ることは多い。

たとえば、私は、打席に立つ選手に、ひとりごとをつぶやいたり、話しかけたりして心理的な動揺を誘う「ささやき戦術」をよく使ったが、長嶋には全く通用しなかった。こちらが「昨日、銀座の女の子が」などといっても、「いやあ、ノムさん、元気?」などと、全く関係のない答えが返ってくる。打席の長嶋は完全に自分の世界に入っているのだ。私はこの男にはささやきは通用しないと、以後、使うのを止めてしまった。

集中の仕方も独特だった。普通、打者はバットのマークを自分のほうに向けて握り、途中で動かすようなことはしない。ところが、長嶋は、あるとき観察すると、手の中でバットをクルクル回しているのだ。そんな落ち着きのないことで打てるのかと思うのだが、それできちんと安打が出る。常識を超えた才能だと驚いた。

打者の理想形は、ストレートを待ちながらどんな変化球にも対応できることである。スイングのスピード、目のよさ、身体的能力などの総合的な才能が高いレベルで必要になる。イチロー、松井など限られた才能の持ち主だけが、この理想形を実現できる。長嶋もそうした特別な才能の持ち主だった。

多くの打者はそれができないから、配球を読んだり、タイミングの取り方を工夫したりする。カーブ打ちが大の苦手だった私が配球に注意するようになったのは当然なのだ。工夫するには理屈が必要だ。しかし、そうした工夫のいらない選手は、理論も必要ではない。私は長嶋と面と向かって打撃論を交わしたことはないが、仮に聞いたとしても、明確な答えは返ってこないだろう。

「来た球を打つ」という長嶋の言葉を、なかば冗談のように捉える向きもあるが、おそらくそれは本音、正直な感覚だろうと思う。もちろん、普通の打者は「来た球を」上手く打てないからいろいろ苦労するのだが。

しかし、長嶋をあまり天才と崇め奉るのは本人に対して失礼だろう。私が南海ホークスの監督をしていたころ、V9の途上にあったジャイアンツから相羽欣厚という外野手が移籍してきた。その相羽に、ジャイアンツの内情を聞くと、つぎのような話をした。

「長嶋さんと王さんがいつも、練習でも一切手を抜かずにやっているので、ほかの選手もやらないわけにはいかないんです」

長嶋のチームメイトで先輩だった広岡達朗さんが面白い話を教えてくれたことがある。あるパーティーに長嶋とともに呼ばれたときのこと。会場に行くと、長嶋の姿が見えない。

そのうちにパーティーははじまり、徐々に盛り上がってゆく。ふと見ると、会場の脇で、長嶋が「出番」を待っている。

「一番いいタイミングを見計らっていたんだね。案の定、出てきたらすごい盛り上がりだった」

広岡さんは苦笑しながら話してくれたが、私は意外には思わなかった。ジャイアンツという人気チームで、いつもファンやマスコミの注目を浴び、自分がどう見られるかを考えながらふるまってきた長嶋らしいと納得した。人気のないパ・リーグで育った私などには真似のできないことである。そういう振る舞いをスタンドプレーと見ることもできるが、そこに長嶋の衰えない人気の秘密もあるのだろう。

私にはひとつの持論がある。監督は、自分が若いときに仕えた監督の影響を強く受けるというものだ。私の場合でいうと、鶴岡一人監督にはずいぶんきびしく指導され、反発もしたが、自分が監督になってみると、そのスタイルの影響を自覚することが多かった。選手をほめるよりもきびしく注文を出し、発奮させて力を出させるスタイルである。

長嶋はプロに入ってから水原茂、川上哲治の両監督に仕えたが、私はそれよりも立教大学時代の砂押邦信監督の影響が強いと推測している。砂押監督は長嶋の守備を鍛えるために、自宅に呼んでマンツーマンの特訓を施したといわれるが、これは長嶋が松井秀喜を自宅に呼んで打撃指導したこととぴったり重なる。自分を一人前にしてくれた指導を、自分でも期待する選手に試してみたかったのだろう。

長嶋は新人の松井を開幕から1カ月ほど二軍に置き、それから一軍にあげてデビューさせた。東京ドームのスワローズ戦がデビューの舞台だった。

私は松井のスイングは高卒新人のレベルではないと見ていた。近いうちに中軸に座り、手ごわい相手になるだろう。松井のほんとうの力はどれくらいなのか。それを見極めるのはスワローズにとっても大事なテーマだ。

私はデビュー2戦目の終盤、松井を迎えた時、マウンドの高津臣吾にすべてストレートを投げろと指示した。3点リードしていて、本塁打を打たれてもまだリードという場面である。

私はこの年から高津を抑えに起用しようと考えていた。プロに入って身につけたシンカーがようやく使いものになるめどがついたのだ。しかし、プロに入るほどの投手は、自分の力にプライドを持っている。本格派への夢がなかなか捨てきれない。高津も力勝負へのこだわりは捨て切れていなかった。そこで松井にぶつけて、ストレート勝負を指示したのだ。おそらく松井のスイングなら高津のストレートを捉え、痛打するだろう。高卒ルーキーに痛打されれば、力勝負への妙なこだわりを捨ててくれるのではないか。

高津は指示通り全てストレートを投げた。松井はそのストレートを、ものの見事に捕らえて、弾丸ライナーでスタンドに叩き込んだ。

私はその打球を見て、自分の18歳のころと引き比べ、思わず寒気がした。並みの高卒ルーキーではないと思っていたが、想像以上だった。

打たれた高津も相当ショックだったろう。この一発をきっかけに、高津は強引な力勝負は避けてシンカーを駆使する技巧派の抑えとして大成する。松井のプロ初ホームランはクローザー高津の誕生につながる一発でもあったのだ。

松井のすごさは痛感したが、対戦相手としては指をくわえているわけには行かない。あらゆる角度から分析して、対抗策を講じた。先にも指摘したように、松井は長嶋と同じく、ストレートを待ちながら変化球にもやすやすと対応できるスイングを持っているが、左打者だけに、左投手にはやや苦労する面があった。そこで、左の変則投手を松井用にぶつけることにした。

松井に凄みが増した'90年代の終わりごろ、私はタイガースを率いていたが、ここでは左の遠山を松井攻略に起用した。これはかなり効果をあげた。松井を抑えたことで、遠山の選手寿命も伸びたことはうれしい余禄だった。

もうひとつ、松井で忘れられないのは1996年のオールスターである。この年の第2戦、9回2死の場面でパ・リーグの仰木彬監督はイチローをマウンドに送った。打者は松井である。

私はこの起用に猛烈に腹が立った。オールスターは真剣勝負の場である。イチローがどんなに速い球を投げるといっても野手である。その選手を、セ・リーグを代表する打者の松井にぶつけるとは。仮に松井がホームランを打ったとしても名誉にはならず、打てなければ打てないで恥になる。松井にとってもプラスになることはひとつもない。私は松井に代打を送ろうと考え、その前に本人の意向を聞いてみた。

「いやだろ?」

するとと松井は「はい」と沈んだ声で答えた。それで私の心も決まった。代打に投手の高津（松井とは因縁がある）を送ることでこの場面を終わらせた。お祭りなのに堅苦しいと批判も受けたが、私は今でもあの決断は間違っていなかったと思う。そして、「面白いから対戦させてください」などと浮わついたことをいわなかった松井にも好感を持っている。

松井は放出されたヤンキースのファンからもいまだに高い人気を保っているようだ。人格は申し分ない。どこかの、というよりジャイアンツの監督になるのは間違いないだろう。

ただ、ひとつ心配なのは、彼が外野手出身だということだ。外野手出身の監督は守備位置のせいか、個人の技術を磨くのは熱心だが、野球の細かいところにまで目が届かず、監督としての成功例が多くない。松井には小事、細事が大事を生むということをしっかり認識して、野球の本質を研究し、立派な監督になってもらいたいと願う。

若花田と貴花田

土俵に煌めく二つの個性

新宿の高層ビル街が間近に望めるというのに、中野新橋は下町風の気さくな雰囲気に染まっている。その住宅街の中に藤島部屋はある。

鉄筋造りのビルの1階が稽古場。中はほとんど見えない。わずかなすき間から、小学生が必死で稽古の様子をのぞき込んでいる。だが、稽古場の中に足を踏み入れると、メガネが曇りそうな熱気が一気に襲ってきた。土俵を見下ろす板の間、最前列の中央に、テレビで見慣れた藤島親方が座っている。ビシュッという筋肉のぶつかる音。低いうめき声。そこに時々親方のバスが重なる。決してどならないその注意は、それだけに力士たちの胸に響くようだ。そして若い筋肉の連なりの中に、白い稽古まわしをつけた若花田、貴花田がいた。

ぶつかり稽古、三番稽古、すり足、腕立て伏せ、予定通りのメニューが終わったのは11時近かった。番付が下の力士たちが土俵に上がるのは5時過ぎというから、すさまじい稽古の量だ。もちろん密度も濃い。稽古の後は見学者たちとの記念撮影。若花田も貴花田も、疲れているだろうに、面倒がるそぶりは見えない。撮影が一段落した後、まわしをつけたままインタビューに応じてくれた。

「さあ、来い」という感じである。

――相撲界に入るきっかけは。

若花田「もう、生まれた時からきっかけみたいなものです。ずっとそういう気持ちでいて、親方が引退した時、本当に気持ちがかたまりました」

貴花田「最終的に決心したのは中学3年の時です」

若花田「自分の場合は高校へ行きましたが、それはまだ体が小さかったのと、気持ちがしゃんとしてないところが少しあったので、準備期間として行ったんです」

学年で2つ違う二人が正式に角界入りしたのは、'88年の1月である。若花田が気持ちをかためたという、父貴ノ花の引退から7年が経過していた。しかし、同時入門の形になったのは、別に話し合いの上ではないという。

若花田「一緒に入ろうなんて決めていたわけではないんです。それはほんとうです。入る前は相撲の話なんかしなかったですよ」

貴花田「でも、結果としては一緒になってよかったです。きついところを一人でやっていくのと、二人でやっていくのでは違いますから」
同時入門で何かと比較される重圧より、きびしい稽古に二人で耐えることの精神的な支えの方が大きかったというわけか。しかし、二人で稽古をする時には、特に気合いが入るという話も聞いている。
貴花田「昔は確かにそうでしたね。最近はもう普通にやってますけど……」
それにしても、実際に間近で見る二人の体は想像以上に大きい。2年間で20kgも体重が増えたという貴花田はもちろん、若花田の方も、入門当時の少年らしいひ弱さは消えて、すっかり力士の体つきになっている。
——短い間に急激に体が立派になりましたが。
若花田「いや、痩せたとか太ったとか、あまり気にはしていないですね。自分の体を鍛えることはいつも気にかけてますけど……。それを一生懸命やった結果でしょう」
特別なトレーニングでもやっているのかと尋ねると、最初の人なつっこさが消えて、二人とも少し厳しい表情になった。
貴花田「まあ、いろいろやっていますけど、あまり公開するようなものじゃないですから」
若花田「言うべきことじゃない。企業秘密ですよ。だいたい稽古の内容とか、自分の取り口とかはあまり話したくないんです。自分の相撲はこうだよって、相手に教えているようなもんでしょ。そんなこと話していたら負けてしまう」

稽古や本場所の相撲について、あれこれ尋ねられるのは、二人とも性に合わないらしい。不用意に話した言葉の中に、相手につけこまれるものが含まれていたら、土俵では致命傷になる。強烈なプロ意識である。素人が聞きかじりの知識で相撲の中身について尋ねても、二人ともこれ以上は話してくれないだろう。

――今度は名古屋場所ですが、好きな場所なんかはありますか。

若花田「強いていえば大阪かな。何となく雰囲気がこの辺に似ているんですよ。だから結局は東京が一番好きということかな」

貴花田「東京が一番。生まれた時からずっとこの辺ですから。食べ物がおいしいのは九州かな」

若花田「地方の場所は、ファンの人が熱狂的ですね。大阪なんかは飛びかかってくるようなところがある。怖い時もありますよ」

名古屋場所が終われば、長い夏の巡業が待っている。ここは実力をつける格好の場といわれている。しかし、二人とも巡業はあまり好きになれないという。

若花田「気候も環境も違うところを1日で移動する。それを1カ月以上も繰り返す。やっぱり体には負担ですよ。合理的じゃない部分もある。近代相撲って考えた時、今のスタイルはどうですかね。でも地方の方々が期待して下さるのは有難いです」

貴花田「できれば部屋で稽古していたいです。ブラジル公演の時も、だいぶ体調が崩れましたから」

近代相撲という言葉が、すんなり口をついて出た。二人とも相撲を近代スポーツとしてとらえているようだ。スポーツである以上、常に最善のコンディションを保つ努力をしなければならないのは当然だ。二人とも、健康管理には細心の注意を払っている。

自分たちの仕事をスポーツととらえている以上、当然ほかのスポーツにも関心があるはずだ。そこに水を向けてみた。

若花田「何でも好きでよく見ますが、特にアメフトとモータースポーツ。F1ではマンセルのファンです。この前のカナダGPでもあと半周ぐらいで負けちゃって、ああいうところが好きですね。走り方はずば抜けているけど、時々変なことをやる。それがいいんです。それからボクシングかな」

貴花田「ボクシングは良く見ます。マイク・タイソン、最高ですよ。それからアメフト、サッカー、バスケット、テニスなんかいいですね」

若花田「全部高収入。こいつは収入の多いのが好きなんですよ」

貴花田「あんまり皮肉を言うもんじゃない」

かけ合いのような呼吸。若花田の突っ込みを悠然と受け流す貴花田。この役割分担は、おそらく小さい時からのものだろう。

――他の格闘技から学ぶことなどは。

若花田「純粋に観戦ですよ。相撲に結びつけたりしたら疲れちゃう」

貴花田に会った以上、先場所の千代の富士戦の話を聞かないわけには行かない。特にあれだけの大仕事をやってのけながら、当人がひどく素っ気ない様子だったのが場所中から気になっていた。それを聞いてみた。

貴花田「横綱に勝った後も、特別な感じはなかったんです。かえって周りがあれだけ騒いで、ちょっとおかしいんじゃないか、という感じでした。たしかに勝ったことはうれしいし、横綱が後からほめてくださったこともすごく光栄に思っていますけど、終わった相撲のことをいちいち考えていたらつぶされちゃいますよ。場所中も毎日稽古場にマスコミの人が来て、昨日はどうだったとか聞くんですが、特に話すことはないんですよね」

なにも考えず、次の相撲にだけ気持ちを集中させて行く。終わった相撲は、たとえ大横綱を破ったものであろうと、あれこれ反芻するようなことはない。それが100%の本心かどうかは別にして、この常に前だけを見据えた集中力が、貴花田の最大の財産なのではないか。周囲が騒ぐ最年少記録についても、気にかけたことはない。特定の力士を目標にするというより、自分流の強さを作り上げることに関心があるという。

貴花田「よく、シコ名も『貴ノ花』『若乃花』にしたら、なんて言われますけど、今のが一番自分に合っていると思う」

自分は自分、という気持ちは、若花田も同様だ。いやそれ以上かもしれない。若花田は番付が下のころ、よく「ちょんがけ」とか「ずぶねり」といった珍しい決まり手で勝ち星を拾った。それについて尋ねると、「あれは弱かったからです」と一言で切り捨てた。

——じゃあ、ああした技で勝った時は、あまりうれしくないものですか。

若花田「いや、それなりにうれしいですが……。ただ自分としてはやっぱり正攻法で勝ちたいですね」

少し口ごもったあたりに、若花田の気持ちの揺れが見えた気がした。相撲のセオリーに従うなら、正攻法で勝つにこしたことはない。それは誰よりも自覚している。しかし、奇策で勝ちを拾うのも立派な個性に違いない。ナイジェル・マンセルの個性的な走りにひかれる若花田は、体力的に勝る貴花田に比べて、より個性というものに敏感にならざるを得ないのだろう。

——千代の富士関とは結局対戦の機会がありませんでしたが……。

若花田「それは運命だからしょうがないです。でも、負けてもいいからやらせてもらいたかったという気は、確かにあります……」

勝負に対して敏感な弟、個性に関して自覚的な兄。対照的な二人ではあるが、土俵の上のストイックな態度は共通するものがある。

——最近、ほかのスポーツでは若い選手が派手なガッツ・ポーズでうれしさを表しますが、やってみたいとは思いませんか。

若花田「いや、相手に対して失礼ですよ。団体競技の場合はたくさん相手がいますが、相撲は1対1ですからね。向こうもこっちも一生懸命やっての結果ですから」

貴花田「相手がやるのは別に気になりません。そういう人ならやればいい。ただこっちはやらないということです」

きっぱりとした口調だった。このあたりはやはり厳しいしつけの賜物といえるだろう。

——相撲は個人競技なんだから、同じ部屋でも対戦した方がいいという声もあるんですが。若花田対貴花田戦を見たいというファンも多いはずです。

貴花田「それはいやですね。たとえ優勝決定戦でもやりたくない気持ちはありますよ」

若花田「相撲というのは、自分一人で強くなるもんじゃない。部屋の稽古相手があってですからね。だから、個人競技でも、同じ部屋にいるもんはひとつなんです。ゴッド・ファーザーのファミリーみたいなもんですよ。藤島コルレオーネ・ファミリーなんて（笑）」

最後はユーモラスに切り返されたが、やはり血縁と部屋の家族意識は、想像以上に強いものがある。ふたりの尊敬する人物は、もちろん父藤島親方だ。

——ビデオ鑑賞が趣味だとか……。

若花田「最近見たのでは、『ヤングガン』がよかったな。あれってチャーリー・シーンとエミリオ・エステベスの兄弟が活躍するでしょ。こっちも兄弟だから、つい引き込まれてしまって」

ビデオのほかに音楽も欠かせない。貴花田は長渕剛などの邦楽派。若花田は洋楽全般。

貴花田「昔の長渕剛さん、よかったなあ。頭に焼きついてますよ」

若花田「最近はロクセット、ハートかな。あっ沖縄民謡もいい。シャンシャンシャンシャンなんてね（笑）。場所入りする時、ゲンを担いで聴く曲を変えたりすることもあります。先場所は、ロス・ロボスで場所入りしてました」
　このあたりは、ごく普通の18歳と20歳である。だが、周囲は決して普通とはみてくれない。
貴花田「知らない人に、意味もなくクスクス笑われるのが一番腹立ちますね。全くなに笑ってんだか。いきなり写真撮られたり、いろいろ大変ですよ。突然声かけられて、『強くなると思ってたのよ』なんて言われて、それが、小さいころには知らん顔されてたどこかのおばさんだったりすると、『いまさら何だ』なんて思います（笑）」
若花田「そういう人、よくいるんです。物珍しそうにニヤニヤされるのって、イヤなもんですよ」
貴花田「なかには『がんばって』とか励ましてくれる人もいるんで、その時はやっぱりこっちも『あっ、ありがとうございます』って」
若花田「近所の人は、若花田、貴花田でつき合ってるわけではないですからありがたいんですけど。でも時々いきなり『若関』なんて声かけられると困っちゃいますよ」
貴花田「最近は昔の友達にもなかなか会えないんです」
　二人を当惑させるファン攻勢はしばらくやみそうにない。だが、それに動じる二人でもなさそうだ。
　二人は、特に貴花田の方は夏場所、千代の富士を破って以来、異常とも言えるマスコミ攻勢にさらされている。それは決して愉快な体験ではなかっただろう。だが、実際に会ってみると、二人は想像以上によく話してくれた。おしゃべりというのではない。しかし、質問には的確に答えてくれる。時にはこちらが噴き出してしまいそうなユーモアのある答えもあった。率直な受け答えの中に、20歳と18歳の素顔が透けて見えた。

――最後に、お互いのことをどう思われているのか教えて下さい。

若花田「ハハハ……。はっきり言ってヘンなヤツ。そんなことといって自分も結構ヘンですけど」

貴花田「お互い、人格が人格だから……」

若花田「でもこの世界、少しくらいヘンじゃないと勝てないですよ（笑）」

貴花田「そうかもしれない。ハハハ……」

長州力

ピュア・ソルジャー

採光のよい天井から、陽がいっぱいに差し込んでいる。暖房の入った道場の中は、それだけでも十分に暖かいのに、春の日差しのせいで黙っていても汗ばむほどだ。そこにときどき低いうなり声が漏れる。ウエートトレーニングのマシンの前は大きな鏡になっている。そこに映し出される長い髪の芯まで水をかぶったように汗が滴っている。

単純なウエートトレーニングのメニューを、山道をたどるように慎重に一つ一つ消化して行く。もう始めてから1時間はゆうに経過している。ウエートトレーニングが一段落すると、リングに上がり、あおむけになって、首にタオルを巻きつけた。そのタオルを若い選手が力任せに引っ張る。レスラーにとってもっとも重要な首の鍛練である。

それが終わると、うつぶせになった腰に、若い選手が飛び乗って、ゆっくりと踏みつけ始めた。踏み込む足に力がこもるたびごとに、トレーニングで緊張した腰や脚の筋肉がほぐれていくのが、はた目からも想像できる。踏みつける選手の額からも汗が滴るようになった時、「よし、話はリングに上がってだ」と、長州力がはじめて口を開いた。インタビューが始まった。

長州はレスラーとしては珍しく、少年時代、ほとんどプロレスに関心を示さない子供だった。

「力道山をテレビで見た記憶があるくらいだね。熱中するようなことはなかった。それよりもプロ野球のほうが興味があった」

小学生の時は、野球少年だった。中学に進むと兄の影響もあって、柔道を始める。

「ほんとは野球がしたかったんだけど、グローブだ、バットだって、いろいろ金がかかるだろ。それなら、兄貴のお古の柔道着が使える柔道のほうがいいやって」

なかば照れながら回想するが、団体競技よりも、一対一でぶつかる個人競技のほうが自分の性に合っていることは、そのころから気づいていたようだ。

高校に進むと、柔道からアマチュアレスリングに転向する。長州の出身地、山口県はアマチュアレスリングのさかんなところである。どうせ格闘技をやるなら、よりレベルの高いものを、という少年時代特有の上昇志向が長州にレスリングを選ばせた。

「最初のころは、もちろん全然おもしろくなかったよ。試合をしても負けてばっかりだしね。でも、身体ができて、技術も身につくようになると、その力を試合や練習でたしかめられるような気になってくる。それで楽しくなってきた」

一日ごとどころか数時間ごとに強くなって行く自分を、マットの上でたしかめる快感。その快感が長州をレスリングにのめり込ませた。レスリング選手にはなっても、依然としてプロレスには関心がなかった。たまに近所にプロレスの地方興行が来ることがあったが、見に行った記憶はない。テレビも見ない。どんなプロレスラーが活躍しているのかすら視界に入ってくることはなかった。

インターハイでの活躍が認められ、アマレスの名門、専修大学に進む。

「大学に行く時は相当迷った。体育会の推薦で大学に入っても、将来の保証はないし、高いレベルでやって行く不安もあったしね」

専修大学の道場をはじめて訪れた時のことを、長州はよく記憶している。

「壁に歴代の部員の名札がかかっている。それを見ると、戦死した先輩もいるんだ。戦前からの伝統の重さみたいなものを実感したよ」

練習以外の時間は、ほとんどアルバイトに費やした。深夜の道路工事で、重いコンクリートの側溝を一人で持ち上げるようなハードなアルバイトばかりを選んだ。きつい練習、体育会特有のきびしい上下関係、そして身体を使うアルバイト。だが、逃げ出したくなるようなことはなかった。汗を流した後に詰め込むめしのうまさ。道場に垂れ籠める独特の温気《うんき》。鍛えた強さを確認させてくれるマットという舞台。そうした男くささが、不思議にしっくり来るような気がした。

アマチュアとしては最高の舞台であるオリンピックに出場を果たした後、長州はちょっとした虚脱状態に陥った。

「だってそうだろ。とにかくオリンピックだけを目標にしてやってきたんだから。進路のことなんて全然頭になかった。どこに就職しようなんて、いくら考えても、具体的に浮かんでこない」

大学の監督の勧めもあったが、ほとんど「アマレスの延長」のような形でプロレスに身を投じた。20歳を過ぎて、社会に出るぎりぎりの段階で、長州はようやくプロレスに出会ったのである。それから20年が過ぎようとしている。


長州の試合を長く見てきたファンの中には、

「最近の長州の試合には、かつての精彩がない」

とか、

「ジャパン・プロレスを率いて、暴れ回っていたころの長州が一番いきいきしていた」

という人も少なくない。年表風に言うと、'82年にメキシコから帰国し、藤波辰爾とやり合い、「維新軍団」を結成し、全日本プロレスに参戦して、'87年、新日本プロレスに復帰したあたりが、長州が一番輝いていた時期ではないかというのだ。たしかに、長州には、そのころの、常に強い大きな相手にぶつかって行く挑戦者というイメージが濃厚だ。

「20代の後半から30代にかけては、力もあふれている時だし、そういうイメージで見られたんだろう。自分の評価にも不満があった。猪木さんより上じゃないか、なんて思った時もあったよ」

だが、年齢を重ねたからといって、そうした闘争意欲が薄れたわけではない。

「ジャパン・プロレスのころが闘争心が前に出てよかったなんていう人もあるけど、リングに上がる時の気持ちは今もあんまり変わらないんだ。ただ、若いころは、前に行くだけで、自分の出し方というものがわからなかった。それがファンにはがむしゃらな感じに見えたんじゃないかな」

プロレスは勝敗だけがすべてではない。勝負を競う中に、どれだけ自分の個性をアピールして行くかも、レスラーの大きさを測る尺度になる。アマチュアの勝負の中で成長してきた長州は、その訴え方がなかなかつかみ切れなかった。

「自分はなんでもむずかしく考える癖がある。自分をどう出して行くかということも、ずいぶん考えた。でも、結局、自分のわからないところをうまく引き出してくれたのが猪木さんだった」

ジャパン・プロレスから新日本復帰を経て、猛々しい挑戦者というイメージが確立できたのも、猪木という対象があったからだという。

「今から思えば、猪木さんというお釈迦様の手のひらの上で、踊っていたわけさ」

はたからはがむしゃらな挑戦者と見えた30代の長州は、派手なパフォーマンスの蔭でレスラーとして成熟するための準備を着々と行っていたのかもしれない。

40代にさしかかった今の自分が、がむしゃらに見えないのは、闘争心が萎えたのでも、パワーが衰えたのでもない。自分のコントロールがうまくなったのだろう、と長州は言う。それは、今の自分が、まだ満員の観衆を十分に熱狂させるだけの能力をもっているという、揺るぎない自信である。その自信の根拠を、もう少し具体的に聞こうと思った時、約束の時間になった。

その自信を証明する場がやって来た。4月6日。両国国技館。天龍源一郎との3カ月ぶりのシングルマッチである。

最初のインタビューの時、長州は、プロレスに対するジャーナリズムの扱いに不満を漏らした。

「たとえば、タイトルマッチの時でも、試合前に平気で控え室に入ってきてコメントを求める。俺はそういう扱いを見ると、悲しくなる。ボクシングのタイトルマッチの時、そんなことをする記者はいないだろう。プロレスだから、という見方がいやなんだ。俺は目の前で死にかけたレスラーを何人も見ている。怖くてリングに上がれなくなるようなことも何度もあった。そういう戦いなのに、プロレスだからとか、約束事だとかいう見方をされるのが一番悲しいんだ」

試合が近づくと、極端に口数の少なくなる長州は、この日もじっと意識を集中させて出を待っていた。

メインイベントのアナウンス。長州の名が呼び上げられ、テーマ曲が流れる。リングまでの50mほどの通路を、急ぎ足で通り抜ける。ウオームアップのせいで、全身にうっすら汗をかいている。リングに上がる。歓声。反対側のコーナーから天龍が姿を現す。盛り上がった中に、柔軟さを感じさせる長州の筋肉と、いくつものコブを埋め込んだような天龍の固い筋肉が、ライトの下でコントラストを描く。ゴングが鳴った。

試合は、1月の対戦で敗れている長州のほうがまず最初に仕掛けた。四つに組んだ離れぎわに一発天龍の顔を張る。天龍がすかさずラリアットで応じる。最初から激しい流れだ。リングの中央で、手四つに組む。天龍をひざまずかせた時、長州が視線を観衆のほうに向けた。声を張り上げる観衆の反応を見て、わずかに表情がゆるんだようになったのが印象的だった。

5分を過ぎると、長州がサソリ固めで攻勢に出る。天龍も延髄斬りから顔面へのキックを浴びせ、簡単には引き下がらない。執拗な天龍のキックに、長州の額から、血が流れ始めた。場外での乱闘、スープレックスでのダブル・ノックダウン。パワー・ボムの応酬。しばしばカウントが入る。もうクライマックスの様相だ。

10分を過ぎ、長州がバックドロップを放った。立ち上がる天龍に、腕を回して、ラリアットの準備をする。観衆のアドレナリンが一気に上昇する。

ラリアットからDDTをはさんで、フィニッシュはもう一度ラリアット。血の滴る額を光らせた長州の手が上げられる。メインディッシュをたてつづけに出されたような、稠密《ちゆうみつ》な15分が終わった。

控え室での長州は、いつもより饒舌だった。勝利で気分が悪いはずはない。流血を抑えるために白いタオルをはちまきにしながら、取り囲んだ記者の質問に答えて行く。聞き取りにくい早口だが、言葉を継いで行くうちに、高揚していた気分が、徐々に鎮まって行くのがはっきりわかる。控え室いっぱいに消炎スプレーの匂いがたちこめている。

「今日の試合は、藤波とガンガンやり合っていたころの気分を思い出したよ」

「ここのところ、朝のめざめも、ずっといいんだ。5月の福岡でも思いきりやりたいね」

一通り質問に答えると、手元の麦茶の缶をわしづかみにした。


試合の翌日、もう一度長州に話を聞くことができた。新日本プロレスの事務所に行くと、Tシャツ姿の長州が迎えてくれた。額には大きな絆創膏。だが表情は穏やかだ。ゆるんだ表情を見て、前夜、リングで手四つに組んで、天龍をひざまずかせた時、かすかに表情がゆるんだ瞬間を思い出した。そのことを話すと、

「そうかね、いい表情してたかね」

と、うれしそうに答えた。年齢が消えて、少年の顔になった。おそらく長州力は、高校生の時、はじめて相手を組み伏せた瞬間も、大学に入って、会心のフォールを奪った瞬間も、前の晩と同じように、かすかに表情をゆるめたにちがいない。自分の鍛練が、相手を上回ったことをたしかめられた瞬間。その素朴な喜びが、長州をずっとリングに上らせて

来たのだろう。

もうひとつ、長州をリングに引き寄せ続けたものがある。それは、プロレスの会場に漂う独特の磁力である。

「昨日の両国は、名勝負のひとつかも知れない」

と、水を向けると、こんな話をしてくれた。

「よく、大きな会場での試合を名勝負なんていうけど、小さい会場での試合の中に、かえって満足できるファイトがあるもんなんだ。最近のプロレスは、昨日の試合のように大観衆の前で、イベントのように行われる試合が増えた。大観衆の前に立てば、選手としては興奮もするし、満足感もある。でも、小さな会場の試合にも、別の満足感があるものなんだよ」

長州は、かつての大阪府立体育会館での試合が好きだった。冷房設備が十分でなく、真夏の試合では、選手も観衆も酸欠状態になるような府立体育会館の雰囲気が忘れられない。

「前の府立体育会館でやっていたころは、観客も大人の男が多くてね。それが、夏は暑いので、一斉に白い団扇を使う。その中で試合をしていると、自然にこっちも熱くなってあおられてくる」

暑い空気をかき混ぜる白い団扇《うちわ》。しわがれ声の声援。なまはんかな試合ぶりには容赦なく罵声が飛ぶ。そんな中で、プロレスラーとしての上昇期を過ごして来た。

会場は大きくなり、冷暖房は行き届き、観客の中には、子供や若い女の子も混じるようになった。それでも、試合の前の、沸き立つような祝祭的な雰囲気は変わらない。そこにひかれるのである。

前夜、試合の前、どんなことを考えていたのかを聞いてみた。作戦とか、1月の対戦で敗れた時の屈辱とか、そんな意味を込めての質問だったが、答えは意外なものだった。

「昨日の試合は、自分がどれだけできるのかを、もう一度測ってみたかった。おそらく天龍にも、そういう気持ちはあっただろう。お互い、苦しい年齢にさしかかっているしね」

年齢の壁。長州は今年の暮れに42歳になる。筋肉には十分張りがあり、観衆を熱狂させる力も、前の晩にしっかりたしかめることができた。それでも、やはり年齢のことは意識しないわけには行かないという。長州のいう、年齢的な苦しさというのは、たとえば、次のようなことだ。

「試合のない日は、六本木にある会社の事務所に顔を出してから、道場に向かう。その道の途中に、俺の家がある。ところが最近、道場に向かう途中、家に帰りたくなってしかたがないんだ。前はこんなこと、全然なかったんだけどなぁ」

道場にたどり着いても、リングに上がるまでには、以前に比べて数倍の時間がかかるようになった。それだけ気分を高揚させるのに苦労するようになったのだ。

「ウエートトレーニングをやっていても、ここでバーベルを降ろしてしまえば、どれだけ楽になるか知れないって、そればっかりが頭に浮かぶ。やっぱり、年齢的な限界っていうのは、あるもんだなぁ」

だから、無事に試合を終えて、リングを下りられた時の安堵感も、以前に比べればずっと大きくなっているという。

「若いころは、上に昇って行くために、時間が欲しくて欲しくてしかたがなかった。でも、今の俺にはもうそんなに時間は必要ない。やるだけのことはやったという気持ちだし。体調がいいうちに、やめることも考えている。元気なうちに、天龍と試合ができたこともありがたいと思っているよ」

50代になってもリングに上がり続けるレスラーもある中で、はっきり引退を口にするのは長州くらいのものだろう。

その一方で、1週間も休むと、試合がしたくてがまんできなくなるという。プロレス以外に、これといって心をひかれる対象もない。

「趣味といっても、映画を見るくらいだね。昔は、地方に行くと、試合の後にオールナイトの映画に行ったりした。最近はビデオをよく借りて観ているよ。一晩に立て続けに5本ぐらい、観てしまうこともある。でもそれくらいだなぁ」

試合の前の緊張感。リングでの苛烈な戦い。そして大試合の後の打ち上げの解放感。そうした楽しみに比べれば、レスリング以外の趣味などは喜びの対象になり得るはずもないのだろう。

「プロレス以外の仕事なんてのも、考えたことがない。成り行きみたいに入った世界だけど、後悔はないよ。リングほど自分を表現できる場所っていうのは、ほかにあんまりないだろう。それを与えてもらった幸せとでも言うのかな」

5月3日、新日本プロレスは、福岡ドームでの大イベントが控えている。長州は天龍と組んで、猪木・藤波のコンビとぶつかるが、その大舞台が、長州自身の新しい喜びの対象になりつつあるのは間違いない。

「しばらく休んで、それからサイパンで合宿なんだ。合宿はいいよ。めしがうまい。食べる量は昔に比べればずいぶん減ったけど、合宿に行くと食が進むね。どうしてなんだろう。きっと、子供のころから、そんな生活を続けて来たからだろうな。男くさい場所だけど、結局そこが自分の一番安心できる場所なんだ」

汗の匂い。バーベルのひんやりした感触。筋肉の量と質を競う楽しみ。合宿で丼飯をかきこむ爽快さ。

長州力が育って来たのは、そうした素朴な世界だ。思惑とか、かけひきとか、気がねとか、息づかいを読むとか、そんなやり取りとは無縁の世界。そんな世界で、長い長い少年期を、長州はずっと過ごして来たとも言える。その幸福な時間が、自分にはあまり残されていないことを、彼は誰よりも自覚している。だからこそ、40歳を過ぎても、数万人の観衆を熱狂させる試合ができるのかも知れない。

「インタビューなんてのも、サイパンあたりで、みんな裸になって、ビールでも飲みながらやれば、もっと景気のいい話ができるかもしれないいな」

そう言って腰を上げた。

ダルビッシュ有

新庄さんのひと言が忘れられない

2位に大差をつけて奪三振王のタイトルを取り、防御率も前年より大幅に下がった。サイ・ヤング賞の候補にもなった。メジャー2年目のダルビッシュ有は、彼がまだまだ成長する余地のある選手であることを証明した。

その彼は古巣ファイターズにどんな気持ちを抱いているのか。もうあまり気にしない過去なのか、それともそこで培ったスピリットをいまだに持ちつづける「ホーム」なのか。メジャーに行ってから眺めたファイターズの印象から話ははじまった。

「メジャーでは日本よりもずっと多くのチームと対戦しましたが、その中で、あっ、ファイターズに似ているなって感じるチームがいくつかありました。一昨年ワールドシリーズを勝ったサンフランシスコ・ジャイアンツや、ぼくのレンジャーズと同じ地区のオークランド・アスレチックスなんかがそうですね。いつの間にか、試合が終わるとやられている。試合運びのうまさで勝つ。投手からすると、三振して欲しいときになかなかしてくれない。チーム全体で戦っているという感じですね。ぼくがいた頃のファイターズも同じような戦い方だったと思います」

「ファイターズは戦い方だけでなく、ほかにもメジャーのチームと似ているところが多いですよ。メジャーのチームは地域との結びつきが強いんですが、ファイターズも日本の中では地元との結びつきがすごく強い。札幌だけでなく、帯広や旭川、函館など道内のほかの都市でも試合をやりますし、シーズンが終っても、選手が道内各地のイベントに行くことも多い。フロント、経営陣がメジャーのやり方を取り入れながら、地元密着の形を作ってきた。だから、ぼくはアメリカに行っても戸惑うようなことはなかったですね」

ダルビッシュがファイターズに入団したのは札幌移転の2年目。北海道のファイターズとダルビッシュ有はほぼ歩調を合わせて成長してきた。

「入団していろんな人に影響を受けたり、よくしてもらいましたが、特に1年目にすばらしい先輩と出会えたのが大きかったですね。新庄（剛志）さん、坪井（智哉）さん、森本（稀哲）さんの3人です。ぼくは1年目、けっこう生意気だったし、キャンプで写真誌の騒動を起こしたりして、きびしい目で見られた部分もあったんですが、新庄さんたちはそんなことを気にせず気軽に声をかけてくれました。ロッカーにひとりでいると、『元気か』なんて感じで。新庄さんなんかは大人だったんで、子どもを見るような目で接してくれたのかもしれません。ぼく自身は孤立しててもしかたない、やることをやればいいという考えだったんですが、新庄さんたちが温かく接してくれたことですごく楽になりましたね」

「1年目のキャンプのとき、謹慎の意味もあって鎌ケ谷に強制的に送られたんですが、そのとき寮長だった菅野光夫さんにはきびしく接してもらいました。昔風の考え方の人だったんで、最初のうちはすごく反発してたんですが、だんだん人柄がわかって好きになりました。ぼくが苦しいとき身近にいてくれてほんとに感謝しています。投手コーチだった佐藤義則さんは技術的な師匠みたいにいう人もいるんですが、実際はそうでもないんです。あまり細かいことは言われなかった。ちょっとサボリ気味にやっているとき、叱るくらいですね。水のボトルをポケットに入れながら練習していたら、すごく怒られたことがあった。走る練習だったので、いちいち取りに行くより持ってやったほうが合理的なんですが、なぜか怒られて。佐藤さんは大のお酒好き。前の日ちょっと呑んでのどが渇いていたんで、水を飲むぼくが気に障ったのかな。それは冗談だけど、佐藤さんははじめのころは、これをやれ、この通りにやれっていう『やらせるコーチ』でした。でも、ぼくは自分で考えながらやりたいほうだった。それにファイターズ全体もちょうどトレーニングコーチが主導して、選手それぞれに合わせた新しいトレーニングの形を取りはじめる時期だったので佐藤さんとはぶつかることもあったようです。でも、佐藤さんもだんだんぼくたちの考えを理解し、任せてくれるようになりました」

やらされるのではなく、自分でやる練習。チームはそれで好結果を残すようになった。

当時監督を務めていたのがアメリカ人のトレイ・ヒルマンだったことも、この練習風土が定着することに役立った。

「ヒルマンはすごく選手を大事にしてくれて、それがチームのカラーになったような気がしますね。そういう中で育ったので、ぼくはアメリカでもそれが普通だと思っていました。でも、メジャーでも全部がそうっていうわけでもないですね。日本で実績を残してきた選手に対してはコーチが最初から細かくいうことはないですが、アメリカでやっている選手には、けっこう実績のある人でもコーチが細かく注文することがある。ぼくは自分のスタイルでやりたいし、課題もその解決も自分である程度やれると思っているので、そういう様子を横から見ていると、ちょっと不思議に思うこともありますね」


入団2年目にリーグ優勝と日本一を経験し、翌年もリーグを連覇した。1年置いて2009年にもリーグ優勝。ファイターズにいた7シーズンの間に3度も日本シリーズに進出したのは、なんといってもダルビッシュ自身の奮闘が大きい。印象的な投球もいくつもあった。その中で、彼が考えるベストゲームはなにか。

「自分の投げた試合であげるとすれば、2007年のソフトバンクとの試合かな。8月のヤフードームでの試合です。6回まで完全試合ペースで行っていたんですが、松田（宣浩）さんのゴロを内野がお手玉してそれが内野安打になってしまった。それで8回1安打でマウンドを降りたんですが、完全試合どうこうよりも、自分が投げた試合の中でコントロールが一番よかったし、切れもあった。最高の投球という感覚が残っています。自分が投げていない試合では2006年のプレーオフ第2ステージの第2戦ですね」

近年有数の名勝負といわれるあの試合は、やはりダルビッシュにも強烈な印象を残したようだ。

「相手の斉藤和巳さんがすごい投球をしていたのを、最後にウチの打者が崩して勝った。北海道に行って最初の優勝だったし、サヨナラ勝ちという劇的な終わり方だったんで特に印象に残っています。試合も忘れられませんが、そのあとのビールかけもよく覚えていますね。ビールかけは、あのときがはじめてでしたから。経験があるのは稲葉（篤紀）さんぐらいじゃなかったかな。変な言い方ですが、みんな、心からビールかけをやっていて面白かったです。次の年は千葉でマリーンズに勝って優勝を決め、ビールかけをやったんですが、そのときはみんな慣れてしまったというか、はいはい、優勝だからビールかけですねって感じでした。何回かやるとああいう風になるんですね。だから、ジャイアンツみたいに毎年のように優勝しているところは、ビールかけをしてもぜんぜん面白くないんじゃないかな。ありがたみがないですよね（笑）」

ファイターズでのベストゲームとしてパーフェクト一歩手前の試合をあげたダルビッシュ。メジャー2年目の2013年は、シーズン初登板で完全試合まであとアウトひとつというところまで肉薄した。9回2死から9番打者に打たれた安打は彼にとって痛恨の1球だったのだろうか。

「普通、ああいう状況で9番打者が打席に立ったら、日本じゃ初球はまず振らないですよね。でも、彼らは基本的に振ることを考えているから、ぼくはあそこでも振ってくると思っていました。そういう打者の積極性は、日本とはだいぶ違いますね。でも、積極的にどんどん振ってくるからいやだとか怖いということはないです。それでかえって勝負しやすいという面もありますし」

日本はこうだが、メジャーはこうだ。その比較論は、これまでもさんざん語られてきたし、ダルビッシュ自身も聞かれることが多い。もちろんダルビッシュも気づく点は少なくない。

「打者の積極性だけじゃなくて、トレーニングのやり方もいろんな違いがあるし、ひとりひとりのパワーも違う。でも、ぼくは野球に対する意識が一番の違いだと思うんです」

ダルビッシュのいう意識とは単なる「心構え」といったことではない。

「メジャーの選手たちは野球に対してどんなアプローチをしていけば、どんなトレーニングをすれば自分たちの実力が上がるかということをよく知っている。自分のレベルを引き上げるやり方を知っているというのかな。その点は、日本はだいぶ遅れている気がします。

例をひとつあげましょう。たとえば調子の悪い選手が毎日1時間走り込みをやったら、たまたまいい結果が出た。すると、メディアは走り込みが功を奏したみたいな伝え方をする。でも、状態の悪いときに毎日1時間走ってもよくなるわけはないんです。それが、いい結果をもたらしたように伝えられるので選手が誤解してしまう。昔の選手は調子が落ちると1時間は走ったとか言う人がいる。でも、今の時代にそれが正しいとは思えない。自分たちの時代はこうだったと言われ、やらされてきたことが固定観念みたいになって若い選手も影響されてしまっている。どんなアプローチをすれば、今の野球の中で自分がうまくなるのかということを、選手も指導するほうもあまり考えていないように感じるんです」

ファイターズにいたころから、ダルビッシュは球界の「固定観念」に疑問を抱いていた。投手はともかく走れだとか、球速が何km出るからいい投手だとかいった決め付けには以前から懐疑的だったが、その考えはメジャーでプレーするようになってさらに強まったようだ。

「何km投げたから本格派だとか、サイドスローだから技巧派だとか。ああいう区別ってよくわからないですよね。ぼくは自分がどんなタイプだとかは考えないし、何km投げるとか、何勝して三振何個というのも気にしない。自分の感覚で、このあたりまで行けたらいいなっていうのはありますけど、それを言葉で説明するのは難しいな」

投手としての理想の形はあくまでも自分の感覚の中にあるというのだ。

感覚を大切にし、ストイックに投手としての理想形を求めるダルビッシュには、もうひとつの顔がある。社会貢献だ。東日本大震災の被災地への寄付は有名になったが、それ以前から「子ども福祉基金」などの社会貢献にも力を入れていた。

「アメリカに来て感じたんですが、メジャーリーグだけじゃなく、ほかのスポーツの選手もそれなりのお金をもらうようになるとみんななにかしらやるようになりますよね。それが普通の感覚なんだと思います」

社会貢献に熱心というと義務感のようにも聞こえるが、彼にとってはごく自然なことなのだろう。それも、視線の先にはいつもファンがいるからだ。

「北海道のファンにはほんとに感謝しています。自分を育ててくれたのは北海道のファンの方だと思うし、今でも熱心に応援してもらっていますしね。だから、またいつか一緒に野球ができればと思っています」

そう締めくくった言葉に、ホームとしての北海道とファイターズに対する愛着が垣間見えた。

栗山英樹

ファイターズの原点をもう一度

栗山英樹はファイターズの監督として3年目のシーズンに臨む。東京で生まれ、東京のチームで現役を過ごし、中央のメディアで活躍した栗山と、北海道にホームを置くファイターズは一見縁遠い関係だったように思える。しかし、栗山がファイターズに来るのは、いわば必然だった。

ファイターズから監督の依頼を受けたときは、あまり長く考えず決心しました。もし北海道以外の球団だったら、もっと時間がかかったと思います。ぼくは監督の話をいただく前から栗山町に球場を作って地元のかたと交流し、北海道の人や土地の魅力に触れていましたから。もちろん、北海道が好きだからというだけで引き受けたわけではありません。

以前から取材をしている中で、いま、日本の野球を変えるならファイターズのような方向だろうと感じることが多かった。そういうチームでやらせてもらえるというのはすごく魅力があったんです。ただ怖かったのは、監督経験のない自分が責任をまっとうできるのかということ。それはやはり考えました。でも、監督に就任するに当たっての第一条件が、北海道を愛せるか、チームを愛せるかだと聞かされ気持ちが固まった。それならばできますと。

2シーズンやってみて感じるのはファンと選手、球団が家族みたいに一体だということ。親戚の子どもが高校野球に出るから応援に行こうって感覚。親が子どもを見るようなといったらいいのかな。これだけの年配の女性が多いスタンドって、ほかにないですよね。球団もそういう特別な距離感を作るために努力してきた。ファイターズの選手の誰かがかならず市町村の大使になっていて、年に1度はその町に出かける。行った先のファンも喜んでくれますが、選手たちも、こんなに喜んでもらえるのかと感じるところが多い。それが現場のプレーにも跳ね返ってくる。現場にいると、ときどき自分たちが野球をやっている理由を忘れてしまうことがあるんです。ぼくは選手にいうんですが、優勝してもお客さんがゼロだったらプロ野球としての意味はないんだって。勝つことは大事ですが、それがお金を出して見に来てくれる人たちの喜びにつながらなきゃいけない。なぜそこで全力疾走をするのか。ファンにじかに接することでその意味がわかってくる。

ファンとの結びつきも特徴がありますが、グラウンドの中のファイターズにもはっきりしたスタイルがあります。チームで勝つ。ひとことでいうと、それがファイターズの野球ですね。個の力だけに頼らず、チームがひとつの力になって勝つ。そのためにはいま、なにをしなければならないかを逆算してやっていく。たとえば、全員に全力疾走を徹底させる。するとなにが起こるか。相手があわてることがあるかもしれない。見ているほうの気持ちを動かして、声援につながるかもしれない。ただセオリーだからやるというんじゃなく、そういうことを逆算しながらチーム全員で戦っていく。

北海道移転後の3年目に優勝し、その後も優勝争いの常連になっているファイターズだが、その間の変化は小さくない。2006年に優勝したときから見ると、だいぶ顔ぶれも変わった。変化をしながら好結果を出しつづけるのは容易なことではない。

ぼくが就任してからも、ダルビッシュ有、糸井嘉男、田中賢介がいなくなりました。監督とすれば、手足をもがれるように痛い。でも、それがファイターズの誇りでもあると思うんです。それだけの選手を出しながらなお、優勝を争うチームを作る。代わりになる選手をかならず育てる。それこそが、むやみにお金をかけられないチームが常勝チームであるためのスタイルでもあり、プライドでもある。ひとりの選手に頼って、その選手が抜けたら弱くなったというのでは意味がない。いつも取って代わる選手を育てなきゃいけないし、選手もその意識を持って戦ってもらいたい。これはチーム全体に浸透している意識ですね。

一昨年ジャイアンツと戦った日本シリーズで、飯山裕志がサヨナラ安打を打って勝った試合がありました。あの試合の陰のヒーローは先発して7回を無失点で終えた中村勝です。ああいう大舞台できっちり抑えた経験はかならずつぎのステップへの財産になる。あんなふうに、きっかけを与えればガーッと伸びる選手をつねに置きながら戦うのがウチのスタイル。一方、表のヒーローだったベテランの飯山は守りの選手みたいにいわれているけど、いつかレギュラーをと必死にバットを振っていた。そういう選手も見逃さないで場所を与える。それがチームで戦うというファイターズの形なんです。

日本は監督が全権を持つという形もありますが、ウチは現場とフロントは一線を画しています。対立というんじゃなくてお互いを理解しながらということですね。現場は選手もコーチも短期的な見方が強くなる。いま、結果が欲しい。でもその中でせめて監督くらいは少し先を見なければならないと思っています。だからドラフトでの選手の取り方なんかも、フロントの考えがだいぶわかるようになってきましたね。内野だったら高校生を取って育てる。投手は大学、社会人の軸になっているエース級というような方針。ウチのフロントはそれをデータで示してくれるので、オレのいうことを聞いて欲しいといったフラストレーションは溜まらないですね。

就任1年目でリーグ優勝という好スタートを切った栗山とファイターズだが、昨年は北海道移転後初の最下位という屈辱を味わった。「天国から地獄」の経験は栗山がはじめて味わう試練だったろう。だが、問題は、その試練からなにを学ぶかだ。

去年の順位についてはなにをいっても言い訳になってしまう。ただ、収穫がなかったわけではないんです。8月の終わりにライオンズに1・5ゲーム差まで迫り、CS圏内に近づいた。ぼくはあそこから必ず上がって行けると前の年よりも手ごたえを感じていました。選手ひとりひとりのことがわかってきていたからです。でも歯車がかみ合わなかった。投手陣、特に先発の連中の力をうまく引き出してやれなかった。ぼくがうまく戦力を使い切れませんでした。

たとえば2012年にMVPになった吉川光夫は、去年、大きく成績を下げました。もちろん本人の責任がないとはいいません。でも、彼の状態をしっかり把握して、調子が上がるのを待ったり、いいタイミングで起用して上昇のきっかけをつかませたりと、ぼくができることはたくさんあったはずなんです。よい結果が出なかったのは、ぼくにそれができなかったということ。故障者が多くて戦えなかった。たしかにそういう面もあります。ではなぜ中田翔がデッドボールで1カ月いなくなってしまったのか。いなくなったのは事実だけど、それを悪い材料にしてしまうこちらにも問題があった。いなくなっても影響が出ないような準備をしておかなければならなかった。その責任があるということですね。力があることは8月にゲーム差を詰めたことで証明できたと思う。それをうまく活かせなかったということに尽きますね。

でも、最下位という順位をネガティブにとらえてはいません。前にもいったようにチームは変わるべき時に差し掛かっている。そこそこの順位で終わっていたら、思い切って変えるのはむずかしいでしょう。でも最下位だったので、思い切った変化に挑むことができる。そういう機会をぼくも選手も与えてもらったと思っています。だから選手には、キャンプでは競争してくれといってあります。実績や名前は関係ないと。コーチ陣も変わるチャンスです。北海道に来てからはじめての最下位。ここで変わらなかったらどうかしてる。

去年までは選手が失敗してもあまり口で注意はしませんでした。大観衆の前で失敗したらすごく恥ずかしい。恥ずかしいからそれこそ命がけで練習する。だから監督が口に出して注意する必要はないと考えていました。でも、選手たちの性格もだいぶわかり、時には追い込んだり、叱ったりすることがプラスになる場合もあるって思えてきた。だから今年は少し口に出してみようかと思っています。選手を信用していないということじゃない。選手を活かし、チームが勝つためにはいろんなアプローチがある。いままでとはちがったアプローチもやってみようと。

試合の進め方で反省があるとすれば、少し大事に行き過ぎたかなということです。調子が上がらないときはどうしても守備的というか慎重な采配になってしまう。でもぼくは本来攻撃的な性格で、攻めまくるスタイルが合っている。去年は苦しい試合が多かったですが、1試合、自分でも納得できた試合がありました。バファローズ戦で金子千尋を相手に4安打で勝った試合です。安打が出なかったので、少ないチャンスを活かすためにどんどん動いて攻撃的にやらなければならなかった。それが好結果を生んだ。

試合のあと、前の年までヘッドコーチとしてぼくを支えてくれたバファローズの福良(淳一)コーチからメールをいただきました。久しぶりに監督らしい戦い方だったですねって。福良さんが久しぶりといったのはぼくの1年目の攻撃的な部分をおぼえていてくれたからだと思います。1年目はダルビッシュが抜けたこともあって、ともかく攻めるしかなかった。でも、その結果優勝したことで、去年は知らず知らずのうちに戦い方が守りに回っていたのかもしれない。今年はまたぼく本来の形を取り戻したいですね。

監督の役目は勝つこと。しかし選手を育てることも求められる。ファイターズには大谷翔平という好素材がいる。将来の球界を背負って立つといわれる逸材を、勝利を求めながらなおひとり立ちさせねばならない。

グラウンドの戦術もそうですが、勝つためのアプローチ、成長させるためのアプローチは固定的に考えちゃいけない。たとえば翔平をどう使うか。1年目、二刀流ということでやってみて、2年目はどうするんだと皆さんも興味を持たれているでしょう。おそらく去年とは使い方のパターンが全然変わってくると思います。よく、翔平はどう育てるつもりだ、どうやったら彼のために一番いいんだと聞かれます。でも、ぼくは「翔平のために」なんてひとつも考えていない。それは本人にもはっきりいってあります。ぼくはファイターズが安定して勝てるチームになるために軸になる選手が欲しい。でも、軸になる投手、打者なんて簡単にできるはずはない。ところが、翔平は投手でも打者でも軸になれるだけのものを持っている。彼の能力なら高卒2年目で、投手なら二桁は勝てる。打者ならフル出場は無理ですが、3割は打てる。だからそれをやれと。

去年は中6日、週に1度のペースで先発登板させたことはなかった。まだむずかしいと思っていました。でも今年は中6日でやらせてみようと思っています。そうなると最初は打者としては週に1度ぐらいのスタメン起用になるでしょう。体が慣れていけば週2回、3回となるだろうし、DHならもっと出番を増やせるかもしれない。翔平のためだからそうやるというんじゃなく、それだけの能力のある選手だから使いたいというシンプルな理由から割り出した起用法なんです。

ぼくは漫画のような選手を作らないとプロ野球じゃないと思っています。たとえば、去年の田中将大なんて漫画ですよね。1年間負けないで24連勝。いや、漫画であああいう話を描いたら、かえってふざけるなってことになるかもしれない。でも、実際にそうやって日本一にまでなった。自分が子どもの頃に読んだ『ドカベン』に出てくるような選手が実際にプレーしている。それがプロ野球。翔平だけじゃなく中田翔にしても陽岱鋼にしてもそれだけの可能性がある選手。だからそういうつもりで起用しようと。中田翔が30本打ったからってほめるつもりはありません。よく、彼には「30本なんて全然だぞ」っていっている。そんなところで満足されたんじゃ、あいつを4番に置いたこっちが困る。

情熱的な口調はつづいたが、話の最後はやはり北海道と球団のことに戻ってきた。

ぼくが今住んでいる栗山町では、居酒屋のほとんどの部屋にテレビが置かれるようになったって聞きました。テレビのない店ははやらないそうです。テレビでなにを見るかというとファイターズの試合。一杯やりながら、ほかの話をしながらも、野球のことを気にかけてくれる人が増えた。球団とファンがいっしょに生活する、苦楽をともにするあり方ってよくありませんか。

最下位で終わった去年の最終戦。札幌ドームには3万9000人のファンが来てくれて、最後まで残って声援を送ってくれました。ぼくはそれを見て、感激のあまりあいさつができなくなってしまいました。これだけの人たちがぼくらを応援してくれたんだって。だからこそ、こんな順位じゃダメだ、今年の野球じゃダメなんだと思いました。きっと選手もみんなそう思ったはずです。最下位の意味を感じ取って、つぎに生かさなきゃと。

ぼくは松井秀喜が引退したときの言葉が忘れられません。彼は「自分はジャイアンツでもヤンキースでも、チームの勝利のためにだけプレーをした」と言い切りました。ぼくが選手に求めるのもそれですね。

引退するときに「自分は誰よりも一所懸命野球をやりました」と言い切れる選手をひとりでも多く作る。それがファイターズを常勝チームにするための一番大事な要素です。よい成績を求めるのはもちろんですが、そういうスピリットを持った選手を育て、それをチームの伝統にして行きたい。

幸い、選手がそういう自覚を持ってくれそうな背景がある。北海道というホームです。独立国というか、ひとつの旗の下にまとまりやすい気風がある。ぼくは北海道の星のマークが大好きで、いろんな所につけているんですが、ファンのかたも星をつけている人がたくさんいる。そういう人たちに背中を押してもらえば、誰よりもチームのために一所懸命やりましたという言葉も、わざとらしくなく出てくるはずです。

原辰徳

僕は、あの骨折から
もう自分のバッティングができなくなっていた

日本シリーズの狭間の10月23日、原辰徳の家を訪ねた。部屋の中には15年間の選手生活の労をねぎらって贈られた蘭の花がいっぱいに並べられている。10月8日の引退試合から2週間以上たつというのに、原は忙しそうだった。限られたインタビューの合間にも電話が入り、何度か席を立つ。ここ2年ほどは、進退の話題のほかは、あまりジャーナリズムの標的になることのなかった原である。引退すると、手のひらを返したように追いかけ回す「世間」に不満のひとつも出て不思議ではない。しかし、原はいつものように笑顔を絶やさず、質問に答えていく。ユニフォームを着ている時も、そうでない時も、古い友人だろうが、初対面の人間だろうが、これほど態度の変わらないプロ野球選手も珍しい。

10月8日の引退試合は、いかにも長距離打者らしい幕切れだった。この試合で放ったものも含め、生涯382本のホームランは、選手寿命の短い大学卒のプレイヤーとしては史上4位の成績である。

「でも、あの試合は、実際には、終わったあとの挨拶のことばかり考えていて、ゲームの結果というのはほとんど考えていなかったんですよ。ただ、ホームランが打てたということには満足している。ファンの人に、一番喜んでもらえる形でお礼ができたってね」

「球場に来るファン、テレビを観てくれるファンというのは、選手のほうがいいプレーで喜ンを起こしたいという気持ちを持っていると思うんですよ。選手のほうがいいプレーで喜びを表現したいと思っているように、ファンの人たちも、それを見て、自分たちの喜びを表現したいと思っている。選手というのは、ファンのアクションを起こしたい、喜びを表現したいっていう気持ちのきっかけを作ってやるものだと思うんです。その点では、最後の試合でも、ファンの人たちが喜びを表現するきっかけを、ホームランという形で作ることができて満足しているんです」

球場を、一人の人間、ひとつのチームの単なる自己表現の場ではなく、プレイヤーとファンの交歓の場としてとらえる視点は、原が、ジャイアンツという人気チームで、つねに膨大な数の視線にさらされてきた経験から生み出されたものだろう。こうした視点は、原が本当の意味での「プロの」プレイヤーだったことを示している。

それにしても、近年これほど話題を集めた引退もない。引退が意外だったわけではない。ここ数年の成績、チームの中での使われ方をみれば、引退がそう遠いものでないことは、誰にも予測ができた。しかし、意外だったのは、まるで禁制を解かれた隠れキリシタンのように、驚くほど多くの人が、原の選手としての功績をたたえ、長くファンだったと言いはじめたことだった。そうした声の中には、いかにも日本的な儀礼の要素がなかったとはいえない。

その中で、原の父・貢氏のねぎらいの言葉は、身近で原を見つづけてきた人にしか語れない重みがあった。

「やっぱり、自分のことを一番よく知っていたのはおやじですよ。実はこの夏、新聞が先行する形で引退の話題が出た時、おやじから電話がかかってきたんです。どうなんだって。どうなんだっていっても、自分では引退を口にしたわけでもないし、おれは来年もやるつもりでいるよって答えると、そうか、でも辰徳、もうそろそろいいんじゃないかっていうんです。これ以上やると、肉体的にも精神的にもだめになるぞ、多少余力があるうちに身を引くというのも、男の引き際としてはいいんじゃないかって。おやじは僕がプロに入った時点で、6年か7年もできればいいほうだろうと思っていたらしいんです。僕の足のことを知っていましたからね」

原の言う「足のこと」とは、選手生活の後半、苦しみつづけたアキレス腱の故障ではない。原は中学2年の体育の時間、サッカーをしている時に、右の足首を複雑骨折した。2カ月も入院し、医者がもう野球はできないだろうと宣告するほどの重傷だった。

貢氏は、原の守備で、三遊間にくらべて、三塁線にやや難があったのは、このけがのせいだろうと見ていた。そうしたやっかいな後遺症を抱えながら、よく15年も選手生活をつづけることができた、というのが貢氏の正直な感想だったのだ。

「おまえは、俺の予想以上にがんばったじゃないかっていうんです。そういわれればいわれたで、こっちは、なにを、まだまだやってやるという気持ちになって、結局おやじのいうことは聞かなかったんだけど」

「そんな話をしたあと、他のチームから誘いを受けて、よし、ひとつ他のチームに移って見返してやろう、意地を見せてやろうという気持ちになったこともありました。でも、いろいろ考えた末、誘いは全部断りました。僕の中で、サブ・プレイヤーでやる、という考えはまったくないんです。やっぱり130ゲーム出てこその現役という気持ちが消えなかった。その気持ちに忠実でいるかぎり、今年でユニフォームを脱ぐしかないという結論になる。その時、おやじは自分のことをよくわかっていたんだな、って改めて感じましたよ」

最大の理解者は、同時に怖いおやじでもあった。

「子供のころ、おやじの高校のチームを見に行ったんですが、いま思い返すと、選手がやたら殴られている姿しか思い浮かばないんですね。それで、おふくろに、野球って、殴られなきゃうまくなれないの、なんて聞いたことがあるらしいんです。そのころやりたかったのはキャッチャー。だって、マスクとプロテクターがあれば、少しぐらい殴られても平気でしょ」

原が物心ついた時、父の貢氏は福岡・三池工業の監督だった。三池工業は1965年、夏の甲子園初出場で全国制覇を果たす。原が小学校1年生の時だった。

「自分が高校生になった時でも、ずいぶんやられましたよ。もう、叩きのめされた。僕自身はそれでもよかったと思う。ただ、いま、もう一度、その頃に戻って、叩きのめされても野球をやるかっていうと、ちょっと考えるかもしれないな」

およそスパルタ式とか、泥まみれといった言葉は似つかわしくない原である。その原でも、やはり高校生の頃は、さんざん殴られながら、ボールにくらいつき、グラウンドをはいずり回った。

考えてみれば、原は、殴られて覚える「つらい野球」と、いまあたりまえになっている「楽しい野球」の境目の世代の選手だったのかもしれない。原より若い世代には、足腰立たなくなるまで殴られた記憶などないだろうし、原自身も教える立場になった時、そうした指導法をとることはあるまい。しかし、よきにつけ、悪しきにつけ、そんな時代の中で、原は成長してきたのだ。

時代といえば、プロに入ってから、原が過ごしてきたのも、大きな境目の時代だった。ONが引退し、ジャイアンツの絶対王朝が終わりを告げ、ファンも、完全無欠のヒーローより、やんちゃで、自己主張が強く、腕と同じくらい口の立つ選手たちに喝采を送るようになっていく変化の時代だったのだ。その中で、原の個性は透明過ぎ、そのぶん物足りなく思えることもあった。

しかし、原は、あくまでもクラシックな「ジャイアンツの4番」というイメージを大切にし、それを裏切るまいと奮闘した。引退の挨拶で、「ジャイアンツには聖域がある。自分はそれを守るために、努力しつづけてきた」と語った原の言葉には、今のプロ野球からはほとんど消えかけている愚直なまでの使命感が感じられた。

「聖域というのは、単にジャイアンツの4番が特別なものだっていうようなことだけじゃないんですよ。ジャイアンツというのは、いろんな先輩や、何代も前からのファンが、時間をかけて作り上げてきた何か、イメージといってもいいし、あるべき姿っていってもいいのかもしれないけど、とにかくそういう何かがあるんです。だから、それに対して、すごい権力を持った人がやって来たり、ひどく変わった考え方を持った人がやって来て、チームを私物化したり、百パーセント変えてしまおうとしても絶対に不可能なんです。たとえば、ほかのチームなら、一人の監督で、ポンと変わってしまうことってあるじゃないですか。でも、ジャイアンツではそれはできない。ジャイアンツは私物化できないし、してもいけないんですよ。僕が聖域といったのは、そういう意味なんです」

ここで、原の言う「聖域」が、実際にあるのかどうかは、さほど問題ではないだろう。それよりも、原が、そうした「聖域」を信じ、それを守るために努力しつづけてきたという事実のほうが、より重要なのだ。

だが、そうした使命感は、他からは想像もできないような重圧をプレイヤーに与える。原自身も「ほかの球団で野球をやっていたら、こんなに苦しい思いをしなくてもいいのに」

と思ったことが何度もあったという。

どうしても忘れられない打席がある。'86年9月24日、対カープ戦の最終打席である。この試合までに、原は、自己最多の35本のホームランを放っていた。チームも好調に首位を走り、優勝は確実と思われた。ところが、9月に入り、カープが猛然と追い上げる。ゲーム差はあっという間に0・5まで詰まった。9月に入ってバットが湿りがちになった原は、危機の元凶のようにみなされ、ついに、この日の試合では、打順を4番から6番に下げられていた。120試合でホームラン35本、打点も79という数字は、他のチームの中心打者なら、文句のない数字である。だが、「聖域」はこの数字には満足しなかったのだ。

しかし7回、原は、その屈辱にバットで応える。36本目のホームラン。そして9回の打席が来た。マウンドにはカープのストッパー、津田恒実がいた。走者を一人置いて、勝負がはじまった。津田は憑《つ》かれたように、ストレートだけを放り込んでくる。原も力まかせにバットを振る。寒けのするような勝負が6球つづき、7球目。打球がファウルになるのも確かめず、原がうずくまった。左手有鈎《ゆうこう》骨骨折。

「自分の野球を変えたのは、あの骨折でしたね」

ファウルを打って骨折とはなんとひ弱な……。そんな非難の声があがった。結局ジャイアンツはこの年優勝を逃す。

「優勝できなくて、僕はまるで戦犯扱いだった。あの時は、ほかのチームでやっていたら、こんなこと言われなくても、と思ったこともある。でも、それ以上に、あの骨折が、僕のバッティングを変えてしまったんです」

「それまで、僕のグリップは、両手のひらでバットを深く握る形だった。でも、骨折が治ってから、元のグリップで打ってみたら、がまんできないほど痛い。バットをかえたり、いろんなグリップにしてみたりするけど、痛みは消えない。これではとても長丁場のペナントレースは戦えない。それで、左手は、手のひらじゃなく、指のほうだけで軽く握る形に変えてみた。そうしたら痛みがなくなった。よし、自分はもうこのバッティングしかないって」

翌'87年、復帰した原は、もう以前の原ではなかった。ホームランの数は、骨折の年に記録した36本を超えることはついになかった。

「骨折したあとの自分のバッティングは、ファンの方には申し訳ないけど、はっきりいってごまかしでした。選手生活の中で悔いが残るとすれば、やはり、あの骨折でしょうね」

骨折のあと、原は、本来のグリップを封印しつづけた。ホームランの誘惑に負けて、元のグリップに戻せば、チームの中心打者としての役割も、自分の選手生命も吹き飛んでしまう危機があったからだ。その封印は、今年の9月19日に解かれた。

「もう、その時は、自分でも、今年限りでやめるとだいたい決めていた。それで、元のグリップで練習してみたんです。長くやるのは無理だけど、どうせ出番は代打だけだろうから、なんとかいい形でもう一度打ってみたかった。その結果が、あの9月20日のホームランだったんです」

日本では珍しいスタンディング・オベーションで迎えられた9月20日のホームランは、9年ぶりに封印を解いた長距離打者のグリップから生み出されたものだったのだ。

「あのホームランから引退試合までは、本当に自分でやりたかったバッティングができましたね」

「でも、骨折したことは悔いが残るけど、あの打席の津田君との勝負には悔いはないんです。実はあの試合の1カ月ぐらい前に、人工芝で、手を突いて、手首をおかしくしていた。前兆はあったんです。でも、優勝に影響する試合のいい場面だったし、もう、がまんできないって感じでバットを振ったんですよ。津田君も速かったなあ。骨折もしたし、打球もファウルになっちゃったけど、あのスイングは、今でも自分の一番いいスイングだったと思う。あれほど自分の心理状態とか、その時の状況とかを鮮明に覚えている打席は、ほかにはないですね」

打者としての最高の感触と引き替えに、選手生命を左右するような故障を背負う。最後の1年を除けば、つねに日の光を浴びていたような原の選手生活に、こうした皮肉なめぐり合わせがあったことは、記憶されてよいだろう。


ユニフォームを脱いだ原は、読売新聞のスポーツアドバイザー、NHKのスポーツキャスターとして新しい道を歩み出す。

「いろんな話もいただいたし、自分でも考えたんですが、やはり、広く野球なり、スポーツを見てみたいという気持ちがあったんで、NHKにお世話になることにしたんです。特にパ・リーグやメジャーのことはしっかり勉強してみたいですね。メジャーを見に行く機会が多くなりそうなんで、楽しみなんですよ。長く野球をつづけてきて、僕の中に、野球に対する固定観念のようなものができていると思うんです。それを完全に白紙にすることはできないとは思いますが、なるべく固定観念を棚上げにした状態で、野球を見てみたいですね」

高校時代から、「見られる」側の立場で野球にかかわってきた原に、「見る」立場に回ることへの不安はないのだろうか。

「いや、僕はこれでも、意外に人を観察するのが好きなんですよ。まあ、これからは、評論家の形で人を見ていくんですが、その時の最低限のルールとして、選手一人一人に尊敬を持って見ていこうと考えているんです。ある程度名をなした選手、プロの選手に接する場合、まず、尊敬から入るっていうのが必要だと思うんです。その上でいろんな批評が出てくるんじゃないかな」

最後は人柄どおりの言葉になった。

来年は、スーツ姿の原が、毎週のようにブラウン管に現れるのだろう。それが、現役選手のゲスト出演ではないと改めて気づかされた時、ジャイアンツのサードベース横の空白を物足りなく思う人は、決して少なくないだろう。

姚明《ヤオミン》
我的籃球、美国的籃球

上海に高層ビルはいくつあるだろう。数えたわけではないが、少し車を走らせただけでも、40階建て、50階建てのビルには簡単に出くわす。隣接する経済特区の浦東には、88階建ての国際貿易センターなどという大物もある。数で東京をしのぐのは間違いない。だが、それらの高層ビル群が束になってもかなわないほど有名な摩天楼は、バスケットコートに立って、人民の海を見下ろしている。スポーツ刈り、太い眉、鋭い目つき、巨大な手と足。天駆ける龍は太平洋をひとまたぎして、夏にはＮＢＡに参加することが確実になっている。姚明《ヤオミン》。今、中国で、もっとも有名でもっとも人気のあるスポーツ選手である。

姚明は１９８０年9月、上海に生まれた。まだ20歳、上海交通大学の1年生である。しかし、大学1年であると同時に、中国のプロリーグＣＢＡの大スター、上海シャークスのセンタープレイヤーでもある。アジア最強の中国ナショナルチームの大黒柱だ。身長223cm。中国はもちろん、巨人ぞろいのNBAでも、この身長をしのぐ選手は1人しかいない。代表的なセンターであるシャキール・オニールが216cm、ティム・ダンカンが213cmであるのを思えば、姚明の巨人ぶりがよくわかる。

しかし、人口12億の国である。ただ大きいだけなら、銅鑼《どら》と太鼓で探せば、内モンゴルの草原や四川の山の奥から見つけ出せないこともないだろう。大きいだけではない、並々ならぬバスケットの才能に、人民大衆もNBAの敏腕スカウトも熱狂するのだ。

姚明が注目されるようになったのは、3年前、マイケル・ジョーダンが主催するキャンプに参加したのがきっかけだ。世界中から若い才能を集めて開かれたこのキャンプで、その身長とプレーぶりが、ジョーダンはじめNBAの関係者の目に留まり、にわかに「中国に隠れた龍あり」の声が沸き起こったのだ。去年のシドニー・オリンピックでは、予選リーグの初戦でアメリカのドリームチームと対戦し、試合には敗れたが、ビンス・カーターやゲーリー・ペイトンといったトッププレイヤーを、シュートブロックやリバウンドでさんざん苦しめ、さらに名を高めた。

姚明を抱える上海シャークスは、彼の入団以前は弱小チームだったが、入団してからは毎年優勝を争う強豪にのし上がり、今年もプレイオフのファイナルまで駒を進めている。

去年のレギュラーシーズンはリバウンド、ダンク、シュートブロックの三冠王になった。1試合平均の得点は30・0。7月のドラフトで指名されれば、来シーズンはNBAにML

Bのイチロー並みのセンセーションを巻き起こすことになるはずだ。

握手しようと向き合うと、目の前に「上海」の文字があった。ジャージの胸の文字である。雲海の上にある顔を見るには視線を80度は上げなければならない。プレイオフ・セミファイナル当日。中国の記者たちでもインタビューはお断りという日に、なんとか頼み込んで姚明に時間を作ってもらった。場所は所属チームの寮。強引なアプローチに機嫌を損ねているかと思ったら、そうでもない。

「僕の部屋はものすごく散らかしているんで、ほかの選手の部屋を借りましょう」

ドラゴン自ら部屋に招き入れてくれる。ベッドと机の簡素な2人部屋。本人の部屋も同じようなものだろう。

向き合うと、足に目が行く。靴はアメリカのサイズで18。だいたい45㎝ぐらいだという。大人2人分だ。姚明にはすでにナイキがスポンサーとしてついているが、ナイキの開発担当者も、さぞ人間工学の神秘に関する貴重なデータが収集できていることだろう。

「まず、最初に、身長のことを確認しておきたいんだけど、今の僕の身長は223㎝です。それなのに2年前は225㎝、去年からは227㎝って書かれるようになった。違っているのと文句をいうんですが、中国の記者たちは、キミは若いし、まだ伸びるはずだからこの数字でいいんだっていうんです。困りますよ」

白髪三千丈のお国柄だ。2、3㎝の誤差は問題ではないのだろう。

本人が気にする身長は、13歳のとき、すでに190㎝に達していた。17歳、高校2年で上海シャークスに入団したときが196㎝。今が223㎝だから、4年弱で27㎝も伸びたことになる。「まだまだ伸びる」という中国人記者たちの言葉も、決して根拠のないことではない。

「僕の家は、祖父の代から背が高かったんですよね。父は208㎝あったし、母も188㎝ありましたから」

ただ背が高かっただけではない。父は'70年代、上海のバスケットチームの代表選手だったし、母は同じく'70年代、中国ナショナルチームのキャプテンだった。折り紙つきの血統なのである。

「歩きはじめたころからバスケットボールを渡されたみたいです。遊びといえば、バスケットでした。8歳のとき、アメリカからハーレムグローブ・トロッターズがきて、上海で試合をしたんです。それを見て、強烈な印象を受けましたね。自分もあんなふうになりたいって思いました」

プロへの意識が芽生えたわけだ。9歳で上海の区立少年体育学校に入学。スポーツエリート養成学校である。バスケット漬けの生活がはじまる。

「学校時代は身長が伸びるのが早すぎて、体力が追いつかず、苦労しましたね」

文字通り頭抜けた長身と、両親から受け継いだバスケットセンス。にもかかわらず身長の伸びに体力が追いつかない。それを聞いた国家体育委員会の局長が、特別に予算を組み、姚明の栄養補給費を国から直接支給するように取り計らったという。姚明そのものが国家プロジェクトだったのだ。

13歳で上海のジュニア選抜に選ばれ、17歳のときには高校生の身で上海シャークスに入団、ナショナルチームにも加わる。いずれも最年少だ。そして、18歳のとき、NBAへの足がかりとなるジョーダンのキャンプに参加する。

「NBAのことは両親から聞いて、ある程度知っていました。でも、自分がそこに参加するなんて考えはなかったですね。ジョーダンのキャンプに参加してからですよ。自分もやってみたいとか、やれるかもしれないって思うようになったのは」

「ただ、みんなはジョーダンにキャンプに呼ばれてすごいとか、ほめられてうれしかったろうとかいうけど、僕自身はジョーダンにはそれほど強い印象はないんです。現役時代のプレーもあんまり見たことがなかったし、彼に憧れたこともなかったですね。はじめて間近で見たときは、まず、あの頭に目が行っちゃいました。なんてツルツルしてるんだって思いましたね」

「キャンプでは、いろんな話を聞いたり、実際にプレーをしたりしましたが、練習試合でジョーダンのダンクをブロックしたときは、さすがに少し興奮しましたね。そのプレーで、自分もNBAでやれるかもしれない、いや、やれるんだって、自信がつきました」

「キャンプから帰った後も、プレイスタイルはそんなに変わりませんでしたけど、気持ちの変化は大きかったですね。人ができることは自分もできるんだって考えられるようになった。その前までは、自分は大きいから人のできないこともやれるけど、できないこともあるって考えてたんです。でも今は、大きくてもクイックネスでも負けないようにできるって考えています」

ジョーダンのキャンプはあくまでも練習だったが、去年のシドニーは、NBAの現役選手とはじめてぶつかる真剣勝負の場だった。

「最初の試合がアメリカと決まったときはかなりドキドキしましたよ。どうしようとか、ひどい試合になってしまうんじゃないかとか。でも、いざ試合がはじまると、絶対勝てないとか、強いなあとか感じることはなかったですね。結果は119対72で負けましたけど、自分の特徴であるシュートブロックも出せたしね。印象に残る選手も特別いないなあ」

中華思想的傲慢《ごうまん》というわけではない。ドリームチーム自体にもかなり問題はあったし、NBAの本質を知らないゆえの自信という面もあるだろう。だが、実際にNBAのユニフォームを着ても、この天を衝く龍なら、その自信が揺らぐことはないのではないかと思わせる何かがある。

「NBAの選手では、バークレーとサボニスが好きですね。バークレーは引退したけど、キャラクターが魅力的、サボニスは同じセンターとして、僕にない力強さを持っている。ぼくの周りはジョーダンマニアばかりだけど、僕はそうでもないんですよ」

「NBAからは'97年ごろから誘いがあり、いろんなチームのいろんな人に会いました。プレイヤーとしては一番高いレベルでプレーするのが最大の望みですからね。多分、来シーズンからはＮＢＡのユニフォームを着ているでしょう。でも、憧れという感じじゃないなあ。ＮＢＡのレベルに恐れを感じるとか不安を覚えることもありませんね。なんとかなるでしょう。僕は幼いころから、『キミは絶対、世界的な選手になれる』っていわれつづけてきました。前はそのことをすごく重荷に感じたこともあります。でも、最近は慣れたせいもあるけど、あんまり重荷には感じなくなりましたね」

虚勢ではない。自分の席は当然用意されている。だからそこに座るだけなのだ。そんな自然な言い方である。

「中国のプレイヤーはみんな、アメリカに行ってがんばれって励ましてくれる。自分たちもチャンスがあればＮＢＡでやってみたいでしょうからね。家族ももちろん喜んでいる。アメリカのメジャースポーツでプレーする最初の中国人になるわけだから、期待があるのは当然だし、有り難い。でも、ＮＢＡでプレーするのを、国家的な任務みたいには考えていません。あくまでも僕自身のことなんです」

インタビューした日の夜、試合を見に行った。プレイオフのセミファイナル。相手は北京ダックス！　姚明を近くで見て一番驚かされたのは、その軽さだ。長身センターというと、ゴール下で根が生えたようにパスを待ち受け、ゴールに運ぶといった姿が連想されるが、姚明は外に開いて速いパスを出したり、相手のファストブレークに一番速く戻ったりと、すばやい動きを見せる。巨人系の重たさがまったくないのだ。身長の割に体重１０７

kgと身軽なこともあるのだろうが、やはりそのクイックネスは驚きだ。アウトサイドからのシュートもうまい。さらに、チーム最年少なのに、興奮してファウルを犯したチームメイトをなだめたり、フォーメーションの指示を出したりというリーダーシップにも目を見張らされた。そして試合の流れを決める決定的なプレー。この日は、4点差まで迫られた後半開始5分、決定的なシュートブロックで相手の攻勢を断ち切ってみせた。結局試合は102対80で快勝。北京ダックを苦もなく胃袋に納めた。

試合会場には、NBAの重役やアジア担当責任者も顔を見せていた。いわば御前試合である。20歳の若さなら、当然力が入り、冷静さを失って不思議はないのに、あきれるほどの落ち着いたプレーぶり。インタビューでのぞいた自信の裏づけは、間違いなく見てとれた。

「NBAでプレーすることに不安はありませんが、僕はものすごいさびしがりなんです。ジョーダンのキャンプでアメリカに行ったときも、さびしくて、さびしくて。アメリカに行ったら、電話代がいくらかかるかわからないな」

しかし、高い電話代も、まったく気にならないような高額の契約が結ばれるだろう。すでに中国のマスコミは、3シーズンで1000万ドル、ほかにボーナスが1シーズンごとに80万から120万ドルといった契約内容を報道している(もちろん、ドラフト前だから、正式な数字ではない)。中国の経済水準を考えれば、天文学的数字といえるだろう。

「お金ですか。あんまりピンと来ないなあ。僕はお金がかからない人間なんですよ。せいぜいゲームと本やCDを買うぐらいかな。ほかに使い道もないし、両親に任せますよ」

「それよりも、最近はテレビや雑誌で自分のことが取り上げられると、どんなふうに映っているか気になって。この髪型、僕に合ってると思いますか」

こちらに聞いてくる。

「人民解放軍にたくさんいそうな髪型だね」などと龍のひげを刺激すると、団扇《うちわ》のような手で長江に投げ込まれそうなので、「よく似合っている。現代的だ」と答えておいた。巨額の契約金よりもテレビ映りが気になる。このあたりはどこにでもいる20歳である。

「NBAでプレーしても、ずっとアメリカにいるつもりはないですね。かならず中国に戻ってくるし、その前に大学も絶対卒業したい。国際経済貿易管理というのを勉強しているんですが、インターネットを使ってでも単位は絶対取りますよ」

将来は中米貿易で財を成そうとでもいうのだろうか。

「憧れ」とか「夢」とかいった言葉はついに聞かれなかった。天賦の才を純粋培養して、世界一のレベルの場所にも当然のように席を占めようとする上海の天駆ける龍。「憧れ」や「夢」を強調して海外に向かう、日本の選手たちとは違う中華的雄飛の形を見たような気がした。

第三章

旅路

北の湖

憎まれた横綱

壮瞥と書いて「そうべつ」と読む。北海道南部、洞爺湖に臨む人口3000人ほどの小さな町である。

自慢が二つある。

1944年、畑の土が突然盛り上がり、山の形になって、噴煙を上げはじめた。昭和新山は世界火山学史上でも珍しい貴重なサンプルとして、いまも研究者や観光客をひきつけている。畑が突然火山に変わったのだから、そこに住んでいた人々は移転を余儀なくされた。火山による疎開である。土地を捨て、農業をあきらめなければならなかった家族の中に小畑家もあった。二つ目の自慢は、小畑家の4男、8人の子どもたちの7番目の息子である。名前は敏満。というより、北の湖という四股名のほうがずっと通りがよいだろう。

昭和を代表する大横綱、相撲史に大きな名を刻む怪童。

　畑からあっという間に世界的な火山に姿を変えた昭和新山と、出世のスピード記録をつぎつぎと塗り替え、21歳と2カ月で横綱に昇りつめた北の湖は、その異様な成熟の速度に共通するものがある。だが共通点はそれだけではない。昭和新山がいまだに火山学者の好奇心をひきつけて止まないなぞに満ちているのと同様、北の湖の強さもどこかなぞめいている。優勝回数も、連勝記録も、通算勝利も、北の湖をしのぐ力士はいる。しかし、勝ったときの破壊力、まぎれもなく相撲の強者でありながら、時に相撲の枠をはみ出すような爆発力を誇示した力士は後にも先にもいなかったのではないだろうか。その強さはどのような質のものだったのか。特定の時代の現象だったのか、時代を超えて受け継がれるものだったのか。そもそも現代の大相撲に北の湖が現れたら、どんな事態になっていたのか。引退からほぼ15年が経過したいまも、北の湖はなぞめいた吸引力でわれわれの好奇心をそそりつづける。


　江戸相撲に大童山文五郎という力士がいた。7歳でデビューして間もないときの体重が45貫（約169kg）。碁盤を片手で持ってあおぎ、ろうそくの炎を消す、文字通りの怪童だった。子供だったので勝負には加わらなかったが、人気は抜群だった。その怪童の姿は写楽が筆にとどめている。

　怪童を望むファンの心情はいつの時代も変わらない。大童山ほどではないが、13歳でデビューし、わずか7年余りで横綱にまで昇進した北の湖にも怪童伝説は付きまとってきた。この記事を書くため、古い雑誌の記事をひっくり返していると、「小学校のとき、すでに体重１００kgを超えていた怪童」などという記事が二つも三つも見つかった。だが、実際の小畑少年は、そうした怪物じみた巨漢ではなかった。

「中学1年で入門しないかという話が来たとき、体重は69・８kgだったかな。それから入門するまでの半年くらいの間に80kgぐらいにはなったけど」

69・８という正確な数字がすらすら出てくるところに、この人の個性がある。一点一画までゆるがせにしない几帳面さと、記憶の正確さ。デビューからすべての取り組みを記憶しているといわれた頭脳は、一代年寄北の湖として15年を過ごした今も変わらないようだ。

話を体重に戻す。70kgあるかないかというのは、中学1年としては大柄ではあるが、そう突出したものではない。いまから30年ほど前という時代を考慮しても、北の湖は体格からいえば、決して怪童ではなかった。

だが、この少年の怪童性はほかのところにあった。

「夏は野球、水泳。冬はスキー。それに柔道。スポーツは何でもやったね。相撲の誘いがあったときも、スポーツのひとつという感覚だったから、全然抵抗がなかった」

走らせても、泳がせても、球を打っても、畳の上で組み合っても、同年代はもとより、年上の少年でも小畑少年をしのぐものはいなかった。この百科全書的な運動能力こそ、小畑少年の怪童性の所以《ゆえん》だった。先代の三保ケ関親方が着目したのも、そこだったのだろう。

もう一つ、この少年には同年代にはない意志の強さがあった。

「中学を卒業してからという人もいたけど、当時は、学校に通いながら土俵にも上がることができたんで、それなら早いほうがと思い、中学1年の12月20日に入門した。入ったからには、出世するまで家には戻らないつもりだったよ」

送り出す父も、「強くなるまで帰ってくるな」と厳命した。

入ったのは自分の意志。だから逃げ出そうなどと思ったことは一度もなかった。

親方は、この意志の強い、運動能力に秀でた大器を、意外なことに放任で育てた。

「学校が休みの日以外は稽古しなくていいといわれた。だから、学校に行って早弁して、帰りに焼きそば食べてぶらぶらして。厳しいなんて思わなかったね。ホームシックなんか一度もなかった」

それでも強かった。'67年三月場所、序の口でデビューして5勝2敗。1年後には三段目、2年後にはもう幕下だった。中学生の幕下力士。しかも稽古なしでそこまで上ったのだから、いかに素質に秀でていたかがわかる。

「学校を卒業して、幕下の上位になったころから、少し欲みたいなものが出てきたね。出羽の海一門の幕下同士が連合稽古をする。申し合いという形で、負けると土俵を降りなきゃならない。稽古の数をこなすためには勝たなきゃいけないんだ。それで自然と実戦的な稽古ができるようになった。それがよかったんじゃないかな」

体は着実に大きくなっていたが、体を作るという意識などはまったくなかったという。

「稽古すれば体はできる。土俵の外で、どこの筋肉をどう鍛えてとか、どこを大きくしてなんて考えは全然なかった」

よく食べ、よく呑んだが、体作りという意識からではなかった。体が自然に欲するのだ。

「メシはだいたい一回のちゃんこで7合ぐらい食べていた。酒は日本酒が多かったね。相撲の社会じゃ薬缶で燗をして、どんぶりで呑むのが普通なんだが、だいたい1升以上は呑んでいたろうね」

中学を卒業したばかりのころである。メシ7合といえば、茶碗15杯見当だ。それが一日2回。酒は1升以上。運動能力に加えて、体も徐々に怪童性というよりは怪物性を帯びてきた。それでも、十両に昇進したときの体重は120kgほどに過ぎなかった。

10代の育ち盛りに、よく食べ、よく稽古するのは、幕に入るような力士なら誰でもやることである。北の湖で驚くのは、その「よく食べ、よく稽古する」ことを横綱になってからもずっと続けた点だ。兄弟子だった大竜川（現・年寄清見潟）はいう。

「相撲では、食い力のあるものは強くなるというが、横綱はまさにそれだったね。酒もすごかった。部屋でワシらとレミーマルタンを5、6本あけ、クラブに行く。そこでまた、3、4本。呑むときはアイスペールにびんごと注いで、それで呑んでいた。稽古も、横綱になってからも、毎日1時間は胸を出していただろう。ちぎっては投げという感じだったよ」

一番一番は秒単位でかたがつく。それを1時間というのだから、その番数はどれくらいになることか。今の役力士で、毎日30分稽古土俵に上がるものはほとんどいない。稽古相手も、下位の者がほとんどだ。稽古すれば強くなるのは誰でもわかっている。しかし、体力、気力が続かない。体格や筋肉の質よりも、稽古のできる能力こそが相撲に求められる一番の資質と考えるなら、北の湖ほどその資質に恵まれたものはいなかった。

そこに、競争心を燃やすことのできる強敵に恵まれれば、強さはおのずと高いレベルで完成するだろう。そして北の湖にはうってつけの相手がいた。輪島である。

日大から角界入りし、幕下付け出しからわずか3年5カ月で横綱になった輪島は、北の湖の最大のライヴァルだった。優勝回数は輪島が14回。北の湖が24回。対戦成績は輪島の23勝21敗。3年にわたりふたりだけで横綱を張り、相撲界を分割統治した。だが、そうした成績以上に、ふたりにとってお互いは、自分の相撲を完成させるために欠かせない存在、言葉を換えればお互いが師でもあった。

北の湖にとって輪島は自分の相撲の型を完成させるきっかけを作った相手だった。関脇に上がるころまで、北の湖は、馬力に任せた突き押しを主な武器にしていた。ところが転機が来る。

「'73年の九州場所。足をけがして思うように稽古ができなかった。稽古不足なので、長い相撲は取れない。それなら左を差して、右のまわしを取り、一気に前に出る速い相撲を取ろうと考え、10番勝つことができた」

勝ったものの、けがの功名のように生まれた型だけに、自信はない。その翌場所、初日、取り組み相手はすでに横綱になっていた輪島だった。

「左差し、右上手で一気に前に出る前の場所の型をやって勝つことができた。これが型の自信になったね。もしあの一番で負けていたら、何か別の型を考えていたかもしれないし、ずっと型が見つからなかったかもしれない」

のちにその体勢になればまず負けることはないといわれた北の湖の「左差し、右上手」の型は、輪島によって完成させられたようなものだった。

一方、輪島にとって北の湖は土俵への意欲を持続させてくれた相手だった。

輪島には忘れられない取り組みがある。いや、輪島だけでなく、北の湖にとっても、相撲ファンにとっても、忘れがたい、強烈な印象を残した取り組みだった。'74年名古屋場所。優勝争いは13勝1敗の北の湖と2敗でそれを追う輪島に絞られていた。前場所優勝した北の湖は大関で13勝を挙げ、準優勝以上を決めていたので、場所後の横綱昇進は確定的だった。あとは昇進に花を添える優勝あるのみである。そこに輪島が立ちはだかった。本割り、左四つ半身で前に出る北の湖を、土俵際、「黄金の左」といわれた得意の左下手投げで仕留める。優勝決定戦も、まるでVTRを見ているように、同じ決まり手で制し、輪島は逆転優勝を果たす。

「あの相撲で連勝したことで、自分の力士寿命は延びた。もし負けていたら、半年か1年で相撲を辞めていただろう。本当のライヴァルが現れたという気持ちだったね」

天才肌の輪島にとって、無人の野を行くひとり横綱など情熱の対象にはならなかったのだろう。そこに闘志を燃やせる5歳年下のホンモノが現れたのだ。勝った喜びよりも、闘志を燃やせる真の競争相手が出現したことが、何よりうれしかったのだろう。

北の湖と輪島の戦いは、左の相四つということもあり、大相撲になることが多かった。北の湖が自分のベストパフォーマンスとしてあげている6番のうち、4番までが輪島戦、そのうちの2番は水入りである。プロセスはほとんど同じ。ただ結末だけが場所ごとに変わる。それでも、いやそれだからこそ、両雄の死力を尽くした勝負にファンは熱狂した。

「輪島関は左、左というが、ほんとうは右のほうが強いんだ。左を差して、右で強烈に絞って相手の体を浮かせるから、左の投げがきれいに決まる。だからこちらとすれば、半身を避けて胸を合わせたい。'74年の名古屋で連敗したのは半身のまま強引に前に出たからだった。あの連敗は応えたけど、ヒントもつかんだ。それからは、できるだけじっくりとって、相手のあごが上がるのを待つという形に持っていくようにした」

長くなれば体力に勝る北の湖に分がある。輪島としては早く勝負を決めたい。だが、四つに組むと、なかなかすきは見出せない。もちろん輪島も簡単にすきを見せるような力士ではなかった。

「まるで剣道の試合みたいだったね。水入りで腕がカチンカチンに硬くなってしまうこともあった。ただ組んでるだけに見えるけど、ちょっとでも力を抜くと北の湖はすぐ攻めてくるから一瞬も力を抜けない。それで腕が硬くなるんだ」

毎場所似たような経過をたどりながら、それでもファンがその一番にひきつけられたのは、お互いの型が相手のよさも十分に引き出す構造になっていたからだろう。その点でも、二人はよいライヴァルだった。

現在、アメフットの社会人チーム学生援護会の監督を務める輪島大士は、北の湖との対戦を振り返った後、少し胸をそらすようにしていった。

「いずれにしても輪湖時代は、オレの誇り、いい思い出だよ」

輪湖時代は'74年秋の北の湖横綱昇進から'77年いっぱいつづく。だが、'78年になると、輪島に衰えが見え始め、北の湖の独壇場となる。この年、北の湖は5場所連続優勝を遂げ、年間勝ち星は82を数えた。勝率9割1分。全盛期である。しかし、競争相手がいたころに比べ、土俵が楽になったわけでは決してなかった。

「横綱に上がった当初は、2場所続けて優勝を逃すと、引退がちらついた。3場所続けて優勝できなかったら引退すると自分で決めていたからね。'78年に5場所連続して優勝したが、前の場所に勝っているときは、案外楽に行けるものなんだ。とにかく、優勝できず、忘れ去られるというのが怖かった。よく、強すぎて憎たらしいとか、相手が土俵下に転がっているのに手も貸さないなんて批判もされたけど、ぜんぜん気にならなかった。負けろ、なんて声がかかったほうが燃えたね。

がんばれって声援が苦手だった。最後の優勝のとき、がんばれっていわれて、あの時はほんとうにガクッときた。情けない。終わりだと思ったよ」

サポーターの声援の力が賞賛されるような今の時代にあって、北の湖のような心理はちょっと理解しにくいかもしれない。だが、「同情されたらおしまい」という境地は、格闘家としての本来あるべき姿であり、北の湖が格別へそ曲がりというわけではない。「がんばれ」の声援で勝てたとしても、それは一時的な勝利に過ぎず、真の強者は観客の憎悪混じりの視線の中にしか生まれない。それは北の湖だけでなく、たとえば、モハメッド・アリの軌跡を見ても、容易に理解できるだろう。「負けろ！」という罵声は、その裏に「憎らしいほど強い」という賞賛を含んだ声援であることを、この感受性の鋭い横綱はしっかり理解していた。

ビデオで取り口の研究をしたことは一度もない。なぜなら「対戦はすべて記憶しているから」。験《げん》なおしと称して呑みに出かけることは一度もしたことがない。なぜなら「場所中は毎日呑みに出かけていたから」。毎晩出かけていても、翌朝は稽古土俵を独占している。行動は横紙破りに見えても首尾一貫している。すべては横綱にふさわしい成績を挙げるため強さを練るという点に集約されており、その点ではこれほど迷いのない力士もいなかっただろう。

根こそぎにする相撲。

インタビューの途中で、北の湖の口からそんな言葉が漏れてきた。

「自分が心がけたのは、相手を根こそぎにするような相撲だった。同じように、いっぺんに相手を土俵の外に出す相撲でも、走り抜けるのと根こそぎにするのとでは違う。自分が取っていたころは、徐々に力士の体も大きくなる変わり目の時代だった。そういう時、ただ土俵を走るような相撲では完全に相手を運ぶことができない。それで体ごと土俵から根こそぎにするような相撲を考え、実践してきたんだ」

話を聞いていて、北の湖の強さの質が、少し理解できた気がした。北の湖の強さは、160kgを超える体重に似合わぬスピードにあるといわれていた。出足が速い。いなされても、ついて行く足がある。不利な四つになっても瞬時に巻きかえる。当時、有数の体格を持ちながら、速い出足と俊敏な対応力を備えていたことが、圧倒的な成績につながったというのだ。その指摘は半分は当たっているだろう。しかし、「大きい割りに速い」だけでは、圧倒的な強さの印象は生まれない。瞬時に有利な体勢を作った後、下から根こそぎにする意識で相手を浮かせ、土俵の外に運び出す。そのパワーと速さが圧倒的な印象を生み出したのだ。

もし北の湖が柏戸のように「電車道を突っ走る」取り口だったら、安定した成績は残せなかったろう。現在に比べれば、力士の体格は小さかったとはいえ、すでに高見山をはじめ大型力士は増える兆しがはっきり見えていた。そのとき、ただ走るだけでは、横綱として安定した好成績は残せない。「根こそぎの思想」は、北の湖の格闘家としての鋭敏な時代感覚が生み出したものだったといえる。

「相撲で大事なのは、ひざと股関節。ひざが強靭で、股関節がきっちり開く柔軟性がないと、いくら上半身を鍛えてもダメ。それを作るには四股に限る。四股は100本も踏めば相当疲れるもんだよ」

四股で鍛え上げた北の湖の太ももは、全盛期には94㎝もあった。強いひざと柔らかい股関節で、下から、下からとパワーを加える。相手はおのずと「根こそぎ」にされる。

現役の力士で、北の湖をしのぐ体格のものは珍しくない。大型力士のぶつかり合いになれば、「根こそぎの思想」はより効果を発揮するはずだ。それを体得すれば、間違いなく勝ち星は増えるのだから。しかし、現役の多くの力士は、スピードはあっても、強化の重点が上半身に傾きがちで、根こそぎどころかパワーが上滑りする傾向が見られる。突き押しを武器とする力士が増えたこと、引き、はたきの決まり手が増えたことはその証拠だろう。武蔵丸が太い差し手の返しでかろうじて根こそぎの思想を体現しているのが目立つ程度だ。武蔵丸が現役最強とみなされるのは、根こそぎの思想の片鱗が覗けるせいである。そう考えると、北の湖の強さの質は、時代を超え、いまも有効性を保っているといえる。現役の力士たちにとって、北の湖は、成績だけでなく、取り口の先進性、時代を見抜く力においても、なお超えられない峰なのだ。

「がんばれ」と声をかけられて、がっくりした'84年名古屋場所の最後の優勝は全勝だった。

「あの場所は、調子もよかったけど、ここで優勝しなかったら、それまでの23回の優勝は何になるんだという気持ちも強かった」

全勝で優勝を果たしたことで、それまでの積み重ねが無駄ではなかったと、自分を納得させることができた。さしもの怪童も、千代の富士が番付を駆け上がり、後継者の位置を固める'81年ごろからしばしばけがに悩まされるようになっていた。ひざ、足首。積年の戦いの跡は、根こそぎを支えた下半身に如実に現れた。

「辞めるときというのは鏡を見ていてわかるものなんだよ。自分の場合は、鏡で胸を見て、張りがなくなっているのをみて、ああ、辞めるときだなって思った。酒も決め手だね。同じペースで呑んでいても、翌日酒が残るようになる。そういう日が続いて、辞めるときだとわかるんだ」

'84年夏場所を全勝で制したあと、翌場所が11勝どまり。再起を期した続く2場所がいずれも途中休場。

「でも、両国の新しい国技館で取りたいという気持ちは、やっぱり持っていたからね」

その新国技館落成の'85年初場所、2日目に多賀竜に敗れ、土俵を割った瞬間、引退を決めた。

「悔いはなかった。よくここまで持ったと思ったよ」

13の年から土俵に上がり、ほかの道を考えることはまったくなかった。

「相撲に入ってきたというより、相撲に育てられたといったほうがいいんじゃないかな」

相撲一筋に歩み、大横綱の名をほしいままにして土俵を去った怪童は、しかし、その強さが相撲の枠を超え、格闘技の王道を歩む質のものだったことには、そのとき気づいていなかった。

小林繁と江川卓
〝悲劇のヒーロー〟流転の31年間

1979年の流行である高いカラーのシャツに水玉のネクタイを締め、すきなくスーツを着こなした様子はとてもプロ野球選手には見えなかった。きれいに櫛目の入った髪は1本の乱れもない。細面の中の大きな目が印象的だが、その日、その目は明らかに充血していた。長い話し合いにようやく決着がついたのだ。もうじき日付けが変わる。夜が明ければ2月1日。野球選手にとっては元日である。「大晦日」の深夜、小林繁は強烈なライトに照らされながら、記者たちの前で口を開いた。

「ぼくはイヤで阪神に行くのではない。期待されて行くんです。誰からも同情の目で見てもらいたくない」

嗚咽で言葉が途切れても不思議ではないのに、決然とした語り口にはまったくよどみがなかった。それを聞いた者は、この人物の「強さ」を鮮明に記憶に刻み込んだ。「空白の一日」といっても、その経緯を明快に説明できる人は、おそらく40代後半以上だろう。31年前の話である。ドラフトで二度の指名を拒否してジャイアンツへの入団を望んだ「怪物」江川卓は、野球協約の「空白の一日」という盲点を突いて、ジャイアンツと契約を結んだ。どう見てもジャイアンツのゴリ押しで、メディアや世論は騒然となった。ドラフト会議を欠席したジャイアンツに、他球団は、江川をドラフトで指名する形で対抗した。交渉権を得たのはタイガースだった。

しかし、江川は一度も縦じまのユニフォームを着ることなくジャイアンツに移籍する。ジャイアンツとタイガースの間でトレードが成立したのだ。タイガースは江川をジャイアンツに出す見返りに、当時のエース、小林繁を獲得する。人気球団同士の談合決着ともいえ、騒ぎはさらに大きくなった。

騒動には十分な舞台装置がそろっていた。江川と小林のトレードが発表されたのは1月31日の夜である。キャンプがはじまる前日の決着だった。小林のトレード会見は羽田空港で行なわれた。

「同情の目で見てもらいたくない」といい切った小林は、名門球団のエゴに翻弄されながらけなげに運命を受け入れるヒーローであり、ジャイアンツへの入団会見の席で、「自分さえよければ、人はどうなってもいいのか」と詰め寄る記者に、「そう興奮しないでください」と「うそぶいた」江川はダーティーなアンチヒーローだった。

その後ふたりは、もつれたり、離れたりしながら、複雑な軌跡をたどってゆくことになる。

小林繁はジャイアンツの「V9に間に合った男」である。入団したのは日本シリーズ9連覇の最後の年、1973年である。夏場に一軍に上がったルーキーの小林は、落としたらリーグ優勝は絶望という試合で、最後のマウンドを任され、勝ち越しを許さず引き分けに持ち込む働きをした。V9メンバーだったことは小林の誇りだった。

ジャイアンツでバッテリーを組んだ捕手の吉田孝司は新人の小林をはじめて見たとき、「大丈夫か」と心配になったという。

「60キロあるかないかの細い体だったからね。でも動いてみると、バネがすごい。片足でケンケンなんかさせると、一番速かった。バッテリーを組むのは楽しかったよ。球種が豊富な上に、微妙なタイミングのずらし方が上手かったから、甘く来たと思えるときでも打ち取れる。なかなかああいう投手はいない」

細身のサイドスローだったが、決してかわすだけの投手ではなく、ストレートで真っ向から勝負しても負けない力を持っていた。

外見からは優男、投手という仕事からも繊細な神経の持ち主に見えた。もちろん、そうした面もあったが、一方で、大胆というか、細かいことは気にかけない図太い面も併せ持っていた。

「当時は相手のサイン盗みに対抗して、サインの乱数表を使ったり、細かくサインを変えたりしていたが、小林はそういうのは嫌いだった。できればノーサインがいいというのでやってみたら、さすがに打たれる。でも長い間合いはいやだというので、ぼくが一方的にサインを出して、彼は黙って投げるというスタイルだった」

組み立てを考えるくらいなら、速いテンポでどんどん投げ込んだほうがいいという考えだったのだ。見かけとは裏腹の「男気」がうかがえる。

2年目からは一軍に定着し、長嶋茂雄が監督になって2シーズン目、リーグ優勝を果たした年には18勝をあげてエースになる。

当時のジャイアンツは小林と新浦壽夫が左右の先発の柱だった。新浦の第一印象も吉田と共通している。

「細い上に、色白で、ちょっとジャイアンツにいないタイプだった」

スポーツ刈りの男くさい連中の中で、優男ぶりは目を引いた。

「でも投げさせてみると速球派。頑固なところがあった」

誰にでも打ち解けて野球や日常の話をすることはない。

「なんというか、自分の野球観をわかってくれる相手じゃないと、あんまり野球の話はしなかったね」

小林がトレードされたときは、もちろん新浦も驚いた。

「でもその一方で、ジャイアンツなら、読売なら、なにかをやっているだろうなという気持ちもあった。だから、ああ、こういう選択だったかと」

江川を入団させるために、野球協約を調べ上げて「空白の一日」を見つけ出した球団が、タイガースに江川を渡したままで引き下がるはずはない。なんらかの手は打っているだろうと新浦は考えていたのだ。

二枚看板だから、小林ではなく新浦がトレードされる可能性もあった。

「きっと50％はあったろうね」

対戦成績や右と左の違い、将来へのポテンシャル、タイガースの要求。そうしたものが合わさって、小林という選択になった。一歩間違えば自分がという気持ちを持たないではいられなかった。

「もし自分がトレードということになったら、きっとはっきり不平不満をいっていたと思う。同情はいらないといって黙ってタイガースに行った小林は立派だった。自分にはできなかったよ」

残った新浦は江川の入団でリリーフに回る機会も増えた。チームは江川をエースにしてスターとして育てなければならず、そのサポート役を任されたのだ。

江川の入団はふたりのエースに影響を与えた。もちろん江川本人がそうした負の影響を望んでいたわけではなく、気兼ねもあったろう。江川と同い年で、'80年代のジャイアンツのマスクをかぶる山倉和博は江川の入団当初、ファームの試合で捕手を務めた。

「ぼくは一軍にいたんだけど、チームは将来バッテリーを組ませるつもりでいたようで、受けてこいといわれた。そのときはのびのびと投げていたね」

山倉は高校時代から江川をよく知っていた。本来は明るくひょうきんな男である。しかし、複雑な経緯で入団したジャイアンツでの江川には、そうした明るさはなかなか見えてこなかった。

「一軍じゃファームと違って相当緊張しているように見えたね」

新浦によれば、はっきり冷淡な態度を取る選手はいなかったが、かといって「全部ＯＫ、ウエルカムというのもいただろうか」。

江川が本領を発揮し始めるのは入団2年目以降である。

「同情はいらない」といい切った小林は、言葉どおり、投球の結果でファンや仲間をうならせる。

移籍した'79年にはジャイアンツ戦に8連勝負けなしという抜群の成績を残す。本人はジャイアンツへの「特別な感情」は口にしないが、帽子を飛ばして力投する姿は意地そのものだった。この年、小林は22勝をあげて、最多勝、最優秀投手のタイトルを獲り、2度目の沢村賞を与えられる。

世間は小林の復讐譚に喝采したが、本人の関心はそこだけにあったのではない。タイガースとジャイアンツの違い、はっきりいってしまえば、勝利に向かうチームの姿勢の落差に戸惑い、悩んでいたのだ。

小林の甲子園でのロッカーは川藤幸三の隣にあった。小林は「スマートな都会的ムード」

（書き出すと苦笑するような表現だが、当時は珍しくなかった）が売り物の今でいうイケメンスター、一方の川藤は「春団治」などとも呼ばれ、泥臭さと意地が売り物のタイガースにしかいない個性。絶対に折り合わないようなふたりだが、妙にウマが合った。

「移ってきて最初の年、夏ぐらいやったかな。たしか横浜での試合のあとやった。小林が声をかけてきて、話があるという。じゃあ、じっくりやろうというので部屋にボトルを買ってきて飲みながら話しはじめた」

小林は川藤を親しみを込めて「おっさん」と呼んでいた。

「おっさん、おれはタイガースで優勝したい。でもこんなにいい選手がそろっているのに勝てないのは、気持ちがバラバラやからやないんか」

タイガースは15年も優勝から遠ざかっていた。

「ジャイアンツの話をすると、おっさんはいやかも知れんが聞いてくれ。おれはジャイアンツで勝つことを叩き込まれた。勝つための執念を持て、そのためには時には自分を捨ててまとまれということを教わった。タイガースにはそれがない。みんな、自分の仕事をしたらおしまいや」

川藤もそうしたチームの「家風」はよく知っていた。耳の痛い話である。小林は話をつづけた。

「だからおれはおっさんに先頭に立ってもらいたいんや、チームをまとめる役を引き受けて欲しい、という。もちろん、ワシはそんな柄やない、ほかに立派な選手がいっぱいおる。

そういってもあいつは聞かない。おっさん、やってくれって」

役職に就くといった話ではないので、結論は出なかったが、小林の熱のこもった言葉は川藤の耳に残った。役割は代打。しかし、ベンチを盛り上げ、怠慢プレーにはダメを出し、時には道化も引き受け、川藤は独特のリーダーシップを発揮するようになる。'85年、チーム初の日本一の年には、誰もが川藤の個性的なリーダーぶりを認めるようになっていた。

「ワシだけやない。誰もが小林の執念、勝つことへの真剣さに影響を受けた。優勝のときにはいなかったが、間違いなくあいつは'85年の優勝に貢献したんや」


日本一になった夜、解説者になっていた小林から祝福の電話が入った。

「なにいうとるんや。今から出てこんかい。そういって、祝勝会の席に呼び出した。もちろん、異論のあるやつなんかいなかった」

小林は現役として優勝に立ち会うことなく、'83年に引退する。その年13勝をした投手が大きなけがもないのに引退するなど前代未聞である。

「余力を残してかっこよく辞めたかったのだ。スタイリストらしい終わり方さ」

不可解な引退には、疑問の声や冷笑的な見方も聞こえてきた。しかし、川藤だけは引退の理由を知っていた。

「シーズンの甲子園での最終戦のあと、いつものように二人で飲みはじめた。すると突然、おっさん、オレ、今シーズンで辞めるわ、言いおった。当然びっくりですわ」

川藤も後の世論と同じように気取った決断だと考えた。

「おまえひとりだけがエエカッコして辞めるんか。あとは誰がエースになるんや。おまえはあとのエースを育てたんか」

川藤の剣幕に小林は理由を明かした。

「誰にもいわんでくれよ。実はもう、指に血が通わないんや」

右手の血行障害だった。

「もし現役をつづけて、優勝のかかった試合で投手にゴロが来て、それをこの指のせいで悪送球したらどうなる。みんなに申し訳が立たん。それがあいつの言い分やった」

川藤はその事実を胸にしまいこんだ。小林はこの話を川藤以外の人間に打ち明けることはなかった。

引退後、小林はテレビに活動の場を変えた。最初は解説者だったが、そのうちキャスターとして、ニュース番組の中でスポーツコーナーをまかされるようになる。'80年代後半のバブル時代である。肩パッドの入ったグレーのスーツを着て、流暢な語り口でスポーツを伝える小林の姿が、毎日流れるようになる。女性ファンをひきつけるルックスと的確な言葉の選択。前歴が野球選手で、ふたつを併せ持つ人物はそうはいない。

スポーツキャスターの出光ケイはTBSで小林のアシスタントとしていっしょに番組に出演した。

「月曜日から金曜日の週5日、時間は15分ぐらい。小林さんがメインキャスターで私がサブという役割でした」

局のアナウンサーのサポートを受けず、自分の仕切りで番組を進められる人材は、そうはいない。特別な訓練を受けたわけではないのに、小林はすんなりその難事をこなした。

「いわれたままにやるのではなく、ご自分でどんどん意見を出されるかたでしたね。原稿はすべてチェックし、カメラアングルにも意見をいって、編集にも立ち会う。野球だけではなく、ほかのスポーツにも関心があり、知識も豊富だった」

小林がキャスターをしていた'87年、江川卓が引退した。

「自分としては来年で10年目ですし、ドームでも投げたいという気持ちは十分あります。けれど、肩のほうがもう上がりませんので、ホッとしているというか、そんな気持ちです」

会見での江川の言葉である。肩の故障で十分な投球ができない。理由は明快だった。ボロボロになっても投げるとはいわないのが江川らしいといえばいえた。

因縁のふたりである。周囲は、小林が江川に対してどんなコメントを発するか注目した。

「ご自分とのかかわりにはまったく触れませんでした。細かい言葉は忘れましたが、駆け抜けたとか、完全燃焼といった話をあまり感情をまじえずにされたように覚えています」

だが、その発言は、隣の出光には多分に儀礼的なように感じられた。川藤だけに理由を打ち明けてユニフォームを脱いだ自分と、会見の席で引退の理由をよどみなく語る江川との違いを、意識せざるを得なかったのだろう。

「JNNスポーツチャンネル」という番組を経て、のちの局の看板番組「筑紫哲也ニュース23」内のスポーツキャスターになる。ただ短くても独立した番組を任されていたときに比べると、ニュース番組の「部品」になってからの小林は、やや意欲が失せたように感じられるところもあったという。

'95年には勧める人があって、「さわやか新党党首」として参議院比例区に出馬するが大敗し、少なからぬ借財を負う。出馬は断れぬ人からの勧めがあってのことで、恨み言のひとつもいってもおかしくはなかったが、しかしここでも小林はなにも語らなかった。

'97年からは近鉄バファローズの投手コーチに就任する。14年ぶりのユニフォームだった。'90年代後半のバファローズは投手力が弱体で、やりくりにはずいぶん苦労した。それでも、'01年には苦しいやりくりの末にチームのリーグ優勝に貢献する。だが「チーム防御率4・98は投手コーチの責任」という声が上がり、優勝チームのコーチにもかかわらずその年限りでユニフォームを脱いだ。

'01年当時の監督だった梨田昌孝は、「防御率4・98」は数字だけにとらわれた批判だったとふり返る。

「あの年のチームは投手力が弱かったんで、負けるときはあまり投手をつぎ込みたくなかった。負け試合は100点取られてもいい。そういう考えでぼくも彼も一致していた。だから防御率が悪くなるのも当然。その数字で優勝したことを、どうして評価してくれなかったのか」

梨田は島根県、小林は鳥取県。ともに野球選手の少ない山陰の公立高校出身で、現役のころから言葉を交わす間柄だった。

「育った風土が似ているので、共感するところがあったのかな。黙っていても気持ちが通じるところがあった」

優勝したシーズンの9月、大事な試合で左投手に右の代打が出てきたことがあった。セオリーなら交代だが、梨田はなぜか続投させたかった。左対右でも抑えられる予感があったのだ。ただ、もし投手コーチの小林が「セオリーどおり替えましょう」といってきたら、気持ちは揺らいだかもしれないという。

「でも、そのとき彼は替えようとはいってこなかった。それどころか、続投は当然みたいな顔で動じなかった」

梨田はその姿に背中を押された気がした。そうした場面がシーズン中に何度かあったという。

「外見とは裏腹に、腹の据わった人だった」

防御率批判を浴びても、小林はひとことも反論せず、黙ってユニフォームを脱いだ。ここでも、「同情はいらない」という姿勢は変わらなかった。

バファローズを辞めたあとの小林は金銭的なトラブルに見舞われた。キャスター時代から高級クラブ、飲食店、不動産業などに手を染め、一時はかなりの成功を収めていたのだが、このころになると資金繰りに苦労するようになり、経営が行き詰まってついには自己破産に追い込まれる。負債は数億に上るといわれた。

見かねた川藤が手を差し伸べ、'05年ごろからは福井県にある川藤の後援者が経営するゴルフ場で働くようになる。熱心な働きぶりが買われ、半年後には支配人を任されるようになった。

もうひとつ、この職場で「収穫」があった。3度目の結婚相手との出会いである。娘ほども年の違う相手だったが、転変の末に得たささやかな幸福だった。

しかし、ゴルフ場の仕事は長くはつづかず、ほどなく辞めて、選手年金と、ときどき口がかかる講演、スポーツ紙の手記などで生計を立てる日がつづく。3人目の妻と福井市で暮らす小林を知る人は少なかった。

「あの小林さんが、まさか福井に住んでいるなんて想像もしないので、町で見かけても声をかけるような人はほとんどいなかったようですね。家も、大きなマンションなどではなく、中心部からだいぶ外れたところにある、ごく庶民的なアパートでした」

小林の福井での暮らしぶりを知る人の話である。クルマは使わず自転車に乗り、買い物は郊外の量販店。それは、彼の過去を知る人から見れば転落だったかもしれないが、打算や意地の張り合いやメンツや人気の心配などとは無縁の静かな生活ともいえた。

福井で小林が熱を入れたのは少年野球の指導だった。'07年にV9時代のチームメイトの紹介でヤングリーグ「オールスター福井」の指導を頼まれ、手を貸すことになった。代表の横山耕治は、小林があまりにあっさり引き受けてくれたので不安を覚えた。

「あの小林さんでしょ。ホントやろか、お金がかかるんやないかと心配しました」

横山は今年48歳になる。小林の輝かしかった現役時代を知っているだけに当然の心配だったが、小林は指導はしても、謝礼めいたものは一切受け取らなかった。

「あるとき、いくらなんでも申し訳ないと思い、10万円包んだことがあったんですが、受け取ったらずっと教えなきゃならなくなるといって笑い、受け取ってくれませんでした」

さらっとしゃれたセリフで断る。小林らしい断り方だった。名前だけ貸して、謝礼をもらい、ときどきのぞいて景気のいいことを吹く。そんな付き合い方がむしろスタンダードだろうに、小林はまったく違った。

「週5日が練習なんですが、小林さんが来られないことはまずなかったですね」

監督を務める山本晃久によると、家から離れた練習場に歩いてやってきて、自らノックバットを握ったという。

「なぜか投手よりも野手の指導に熱心でしたね」

指導だけでなく試合にも同行した。チームのバスに一緒に乗って、片道8時間の遠征に出かけたこともある。

「資金が潤沢なわけではないので、遠征すると泊るのはいわゆる少年の家みたいな施設。

三段ベッドに寝たり、広い部屋に雑魚寝なんてこともあった。でも、小林さんは平気でいっしょに寝ていました」

ただ、青少年の施設なので、禁酒、禁煙を強いられるのが「しんどそう」に見えたそうだ。

横山によると、小林は、チームの少年たちを、かならず苗字ではなく名前で呼び、礼儀にやかましく、技術指導でも手をぬくことはなかったという。

「おはよう、ありがとうをいわない子はウチに来るなというのが口癖でした」

少年たちは小林の現役時代を知らない。いってみれば見知らぬおじさんである。しかし情熱的な指導は間違いなく浸透し、チームのレベルは上がった。県内の強豪校に進む子どもも増え、今春の選抜大会に出場した敦賀気比高校の部員のうち6人は、オールスター福井で小林の指導を受けた子どもたちだった。'09年ファイターズの二軍コーチに就任してからも、つねにチームのことを気にかけ、オールスター休みには福井に来て練習を見て、前と同じように熱心に指導した。使用済みの硬球をファイターズから貰い受けてチームに送ることも再三だった。

ほぼ文句のつけようのない指導者だったが、ただひとつ横山や山本が苦労することがあった。酒である。

「飲むとだいたい朝まででしたね。小林さんが飲んでいるのに、ぼくらが帰るわけには行かない。飲んでもつぎの日の練習にはきちんと出てくる。だから付き合うのは相当きつかったです」

監督の山本は小林の1・5倍はありそうな立派な体格の持ち主である。それが閉口するくらいだから相当の酒量だったのだろう。

代表の横山によると、女性のいるような店には行かず、人の多いにぎやかな店も嫌いで、小ぢんまりした居酒屋で飲むのが好きだったという。

「だいたい焼酎ですね。ごく庶民的な値段のやつ。思い出話もたくさんしてくれましたが、トレードのことや江川さんのことは聞いたことがありません」

多いのはジャイアンツ時代のことで、タイガースやバファローズ、さかのぼれば社会人時代も過ごした関西での話はあまり出なかったという。

'07年、CMで江川と「共演」した小林は、そのギャラを頭金にしてマンションを購入した。福井に骨をうずめるつもりだったのでCMの臨時収入はありがたかったはずだ。特に敵視したわけではないが、因縁のある相手から塩を送られたような形で複雑な心境ではあったろうが。

2010年のシーズンを前に、ファイターズは小林の一軍投手コーチ就任を発表した。9年ぶりに一軍という日の当たる舞台への復帰である。

年が明けて1月17日。前日、東京でのチームイベントを終えて福井に戻った小林は自宅で体調不良を訴え、病院に運ばれるがそのまま心不全で世を去った。57歳の若さだった。

多くの人が惜しむコメントを出したが、中でも、やはり江川卓の言葉が目を引いた。

「小林さんが亡くなってても申し訳ないという気持ちは一生持ちつづけると思います」

小林のトレードの「責任」を江川ひとりに負わせるのは正しくないだろう。球団のエゴに翻弄された点では同じだともいえる。だが、「申し訳ない」と感じつづける江川を見れば、小林はきっと黙って肩を叩いただろう。

投手としても、生き方も、まったく対照的で、本来ならなんの接点もないはずだった。しかしトレードからはじまって小林の死の3年前のCM共演まで、節目で交錯するように定められたふたりだった。

悲劇のヒーローになった理不尽なトレード、早すぎる引退、陰には秘密にした病があった。投手コーチとしての潔い責任のとり方。金銭面での苦境。そして表舞台への復帰を目前にした突然の死。小林繁の歩みは悲劇的な色合いが濃い。惜しい。もったいない。あの時、あのことがなければ。同情を寄せる対象としてこれほどふさわしい人もそうはいなかっただろう。

だが、本人は人々の前から姿を消す際も、おそらくあの31年前の言葉を繰り返したのではないか。

「同情はいらない」

墓碑銘は、31年前からすでに刻まれていたのだ。

高津臣吾
野球の果てまで連れてって

食事を終えて店の外に出ると、もう日付けが変わりそうな時間だった。あいさつをしようと高津臣吾を探す。高津は自転車に乗っていた。主婦が乗るような買い物用の自転車。

「慣れると結構いいもんだよ」

近いところには自転車を使うらしい。

「へーイ」

曲乗りめいた乗り方を見せて、周りを笑わせる。9月末の台中。亜熱帯の夜はじっとりと汗がにじんでくる。しかし、自転車でクルクル回りながら、ひとり上機嫌で帰っていった日本最多セーブ記録の持ち主を見送ると、なんだか気持ちのいい風が吹いてきたような気がした。

高津が台湾で投げていることは2010年の春の時点で知っていた。しかし、興味を持ったのは、前後期制で行なわれる台湾リーグの前期優勝を決める試合で、高津がセーブをあげたという記事を見てからだ。スワローズ時代、高津は「胴上げ男」として有名だった。スワローズ在籍中の4度の日本シリーズ制覇で、すべて最後のマウンドに立っていた。ミスター胴上げは台湾に行っても変わらないのか。

高津は日本でリリーフ投手として考えられる最上の成功を手に入れた。日本一4回に通算286のセーブ日本記録。大魔神佐々木主浩、鉄腕岩瀬仁紀など歴代の名クローザーでも成し遂げていない記録を打ち立てた。それだけではない。メジャーリーグでも2シーズンプレーして、ホワイトソックスの1年目は19セーブをあげる活躍を見せた。あのむさくるしいオジー・ギーエン監督のひときわ熱い抱擁を19回も受けたのだ。

その後、日本に戻り2シーズン、メジャー再チャレンジを経て韓国でも1シーズン。もう、十分すぎるほど投げた。やりつくした。その高津が台湾で投げている。

かつては日本、韓国とアジアの覇権を争った台湾だが、近年は凋落が著しい。度重なる八百長疑惑や分裂騒動の末、現在は1リーグ4チーム制のリーグ戦が行なわれている。リーダー格の兄弟エレファンツをのぞけば、球場も貧弱で、ファンも少ない。日本のセーブ王がマウンドに上がるにふさわしい場所とは思えない。

年齢もある。1968年生まれの高津は40代に入った。レベルの低いリーグだろうと、

40代の選手が試合に出て活躍するとなれば、それなりの準備が必要になる。日本を離れ、きびしい環境の中で、衰えの来た体に鞭打ちながら投げつづける理由はどこにあるのか。どんどん増えた疑問符をスーツケースに押し込んで、台湾を訪ねることにした。

高津が所属する興農ブルズは、台北から高速鉄道で1時間ほど南に行った台中が本拠地である。本拠地といっても、球場は体育大学のグラウンド。満員になっても1万人に届くかどうかという球場だ。クラブハウスもなければサブグラウンドもない。切符はどこで売るのだろうと見ていると、木造の仮小屋みたいなところにわずかに窓が開いている。チケット売り場だった。球場にブルズのホームを思わせる装飾や看板は一切ない。

土曜日の夕方、試合がはじまった。相手は統一セブンイレブンライオンズ。クローザーの高津の出番は、あるとしてもまだ先である。久しぶりに見る台湾の国内リーグだが、正直戸惑った。'90年代はじめに見たときよりも明らかにレベルが落ちているのだ。

個々の選手はそこそこの力を持っている。日本の二軍の控え、中にはレギュラーをねらえそうな選手もいる。しかし、プレーはよくいえばおおらか、悪くいえば雑で、リードされているときでもやみくもに盗塁したり、打球の判断が悪く、外野の間を抜ける打球で一塁にゆったり止まったりといった場面が見られる。投手のけん制、クイックもうまいとはいえない。

たとえ、レベルが多少低くても、観客が沸けば選手のモチベーションは上がる。ところが台湾野球にはチームへの声援というものがない。いや全くないわけではないが、多くはスポンサー企業の社員がおざなりに発するぬるい声援なのだ。観客は２０００人も入っているだろうか。

子ども連れの観客は、夜市に行くよりは安上がりの夕涼みといった雰囲気で、観戦は二の次である。子どもは駆け回り、数少ないビール売りの女の子たちは売り上げよりもボーイフレンドの話に夢中だ。日本やアメリカのようにホームタウン制が確立していない台湾では、エレファンツだけが'70年代のジャイアンツのように飛びぬけた人気を誇り、あとは暗黒時代のパ・リーグのチームよりも顧みられることが少ない。緻密なプレーは望むべくもない。

それでも試合は進んでいく。高津のブルズが4対2とリードして8回表、ライオンズの攻撃である。1点入ってなお走者一、二塁。ここで高津がリリーフに立った。メジャーのように1回限定などといった「ぜいたく」は通用しない。

最初の打者にはフルカウントからシンカーをきわどいコースに落として見逃し三振を奪う。つぎの打者にはセンター前に運ばれて満塁。日本のセーブ王に「ガンバレ、タカツ」の声援が飛ぶ。まばらな観衆で声がよく通る。

ボールから入り、ストライクをつづけて有利なカウントにすると、もうストライクは投げなかった。2球くさいところに投げて、相手が踏みとどまっても、高津に追い込まれた様子はない。ボールゾーンに落ちるシンカーを投げると、打者はがまんしきれないように手を出して一塁フライに打ち取られた。この日、一番大きな拍手を浴びて高津はベンチに戻る。

9回はショートのエラーで先頭打者を出したが、後続を危なげなく片づけて試合を締めくくった。


話を聞いたのはこの試合のあとである。

「フーッ。この一杯を飲むために、試合のあと、なんにも飲まないでがまんするんですよ」

そういってビールを飲み干した。年齢相応のオヤジぶりである。

「アリゾナも暑かったし、カリフォルニアのフレズノも暑かった。でも、ここのは湿気が多いから特別ですね」

暑さの物差しが国際的だ。日本、アメリカ、韓国、台湾。4カ国のリーグで一軍選手としてプレーしたのは日本で高津が最初だろう。それだけではない。メジャーのキャンプで招待選手としてテストを受け、サンフランシスコジャイアンツのマイナーでもプレーした。野球の世界はサッカーなどに比べると広いとはいえないが、これだけ渡り歩いた選手はあまり例がない。しかもそれでいてレコードブックの一番上に名前の載るような選手なのだ。日本記録を作り、メジャーに渡り、古巣のスワローズに戻って2年プレーした。功成り名遂げて引退というのが普通の歩みだろう。しかし、高津は歩みを止めなかった。

つづけた理由はいくつか想像できる。まずフィニッシュの形。2007年、二度目のスワローズ時代、入浴中に転倒して足の指を骨折した。復帰したが納得の行く投球ができずに終わった。その終わり方に引っ掛かりがあったのではないか。つぎに野心。誰もやったことのない4つの国でのプレー。これは野心をくすぐられることだろう。実利。4カ国でプレーしたセーブ王という勲章は今後の生活の糧にもなる。そしてプロスポーツの選手らしいナルシシズム。自分なら、まだ相手を牛耳ることができる。オレは違う、特別だ。

どれも全くなかったとはいわない。だからといって話を聞くと決定的な理由でもなさそうだった。

「辞めるのがこわい。どうなっちゃうんだろうって思うんです。きびしい場面で打者に向き合ったときと似ている。想像もしたくない」

野球を辞めてしまうことがこわい。そのとき、自分の身に何が起こるのか、想像もできないし、したくない。どうやらそれが一番の理由らしい。

「逆にいえば、真剣勝負が好きなんですよ。やるかやられるか、ピリピリする感じ。そういう場面に立って投げること。それができなくなってしまうことがこわいし、がまんできない」

真剣勝負の場所に立てる満足感、ピリピリした感触に比べれば、環境などは問題ではない。

「台湾に来たとき、最初に時計を買ったんですよ。家にあるような掛け時計。ロッカールームに行ったら、時計がなかった。チームに余裕があればとっくに買ってるでしょう。でも置いていなかった。だからぼくが買っておいたんです」

美談を紹介しているわけではない。ロッカールームに時計もないような環境だということを強調しておきたいのだ。ちなみに高津が2シーズン投げたホワイトソックスのクラブハウスには、腰掛けると体の半分が沈んでしまいそうな総革張りの豪華なソファが置かれている。普通なら気にならないはずはないこの落差を、「ピリピリする感じ」が欲しいために あっさり乗り越えてしまう。風貌や語り口とは違い、投げたいという欲望に忠実な高津は過激なエゴイストなのかもしれない。

「マイナーリーグ、韓国、台湾、いろんなところでプレーした。たしかに差は感じますよ。台湾に来てしばらくすると、食事が合わなかったのか体重が6kg減っていた。体は正直です。でも、実際に来て、野球をはじめてしまえば、どれもおんなじだなあって」

プレーのレベルを同じといっているのではないだろう。投手と打者の勝負で生まれる緊張感は台湾だろうがメジャーだろうが、少年野球だろうが同じ。それが高津のいいたかったことではないか。

よく飲み、よく食べ、たっぷり語って、なおかつ乱れず、楽しげに高津が自転車で去っていった翌日、早く球場に行って、若い投手を捕まえた。前の日の練習で、高津となにか話し込んでいた投手だ。

「シンゴさんにはいろいろ教えてもらいます。アドバイスで一番勉強になったのは持ち球の使い方。ぼくはどうしても自分の得意な球ばかり使って早くアウトが取りたい。でも、シンゴさんはそれじゃダメだっていうんです。まず自分で有利なカウントを作り、見せ球を使ったりして誘いながら、ゆっくり相手を打ち取る。あせるなっていわれました。一球一球よく考えているなってびっくりしましたね」

力いっぱい得意な球を投げ込むのが投手と信じ込んでいる若い脳には、沁み込む言葉だったろう。

ブルズにはファイターズやタイガースでプレーした正田樹もいた。高津より1年先に台湾に渡り、先発として活躍していた。

「高津さんを見ると、長くやっている人はやっぱり技術があるなあって思いますよ。ひとつの変化球を投げるにしても、しっかり意図がある。意図を持ってねらったところに投げる技術を持っている。最初は自分とどこが違うのか、正直よくわからなかったけど、同じチームで1シーズンプレーさせてもらって野球に対する姿勢の違いを教わりました」

正田は「高津さんみたいにいろんなところでやってみたい」と話してくれた。2011年、その言葉を実践すべく、マイナー契約でアメリカにわたり、メジャー昇格をめざしている。

若い選手への影響。よき師匠。そうした面があることは否定しない。だが、高津自身も若い選手たちとの交流の中で、養分をもらうことを忘れてはいなかった。

「若い選手が一生懸命やっているのを近くで見ると、いい刺激になりますよ」

高津のアドバイスが耳に届きやすいのは、妙な使命感を持っていないせいだろう。若い選手のためにやるのではない。アドバイスも裏返せば自分のためだ。いや、もともとなにかのためという考えはないのかもしれない。

誰かを見返すため、賞賛されたいため、将来の生活のため、野心のため。どれも高津には縁遠い。

寒い3月、高津は千葉にいた。養老渓谷に近い大多喜町でキャンプに参加していた。2011年、高津はBCリーグの新潟アルビレックス・ベースボール・クラブに入団した。そのキャンプが千葉の山間の町で行なわれていた。アリゾナや沖縄のキャンプが当たり前だった高津の居場所としては台湾以上に場違いに思える。NPBで主力としてプレーした選手がBCのチームでプレーするのは、高津がはじめてである。全国にできた独立リーグは、最近、毎年のようにドラフトにかかる選手が出ているが、それでも1位で入るような選手はいない。強いといわれるチームでも、レベルはNPBの二軍よりもかなり下だろう。

ボール回しでエラーが出る。投内連携の練習でベースががら空きになる。シート打撃で両翼92mのフェンスを越えた当たりは1本もなかった。

練習の合間のグラウンド整備も、選手たちがやる。トンボを持つ選手の中に高津がいた。ごく自然な感じで、息子ほども年の離れた選手たちとグラウンドをならしている。

この日ははじめてブルペンに立つことになっていた。ゆったりアップをして、キャッチボールのあと、捕手を坐らせる。最初のブルペンだから、ストレートだけかと思って見ていたら、カーブ、シンカーと変化球も投げはじめた。それを知って、外野でストレッチをしていた若い投手が数人集まってきて、投球を注視する。

「落ちた」

「曲がるなあ」

素朴な感想が漏れる。別に若手に見せつけるために変化球を投げたのではないだろう。仕上がりを確かめて、自分なりに気持ちを高めたかったのかもしれない。

「あっ、ダメだ」

納得の行かないボールを投げると、心底悔しそうに舌打ちした。

「台湾を辞める気はなかったんですよ。まだ投げられると思っていたし」

戦力としてダメ出しをされたわけではなかった。年俸や外国人選手枠などいくつかのチーム事情が重なり、ブルズとの契約はならなかった。

「でも、欲しいというところがなければ辞めていたでしょうね」

メジャーのトライアウトを除けば、オファーのないチームでのプレーを考えたことはない。

「国内の複数のチームからオファーをいただきました。ただ独立リーグは、アルビレックスも含めてどこも見たことがなかった。でも熱心に声をかけてもらったし、橋上さんからも何度も電話をいただいて」

一昨年までイーグルスのコーチだった橋上秀樹は今シーズンからアルビレックスの監督に就任した。高津のスワローズ時代の先輩で、日本一をともに味わった仲間である。

レベルは高くない。環境もいいとはいえない。だが、台湾でもそうだったように、高津がそれを気にかけることはない。

「アルビレックスの選手はプロですけど、アマのような一生懸命さがある。いっしょにやっていると自分のアマ時代を思い出しますね」

いつまで野球をやるのか。いつ辞めるのか。二度目にスワローズを去ったあと、高津は何度もそれについて聞かれてきただろう。答えはいつも同じなのだが。

「ぼくにとって、野球はやりたいのが当たり前。ただ、無理してなにかのためにやっているんじゃない。自然に任せているんです」

自分が決めるのではない。野球が決めるのだ。そういいたいのだろう。

「ただ、気にすることはありますよ。ぼくが来ることで、上を目指す若い選手の席がひとつ減ることになる。このリーグでしかやれない人の席を奪ってしまうことにもなる。ぼくが来ていい場所なのかってね」

高津を強く誘った橋上は、監督らしく、高津のもたらす刺激を期待する。

「実は今日ブルペンで彼が投げるとき、ほかの選手の反応を見ていたんです。食事の時間だったのに、みんな手を休めて見ていたね」

元メジャーリーガーのセーブ記録保持者は、BCリーグでプレーする選手にとっては、目もくらむような存在だろう。

「あの年でやってるっていうけど、特に驚かない。しっかり準備もしているし。メジャーから戻ってまた日本でプレーするって聞いたときのほうがよっぽど驚いたよ」

おそらく橋上はオーソドックスな「メジャー花道論」を頭に描いていたので、高津の選択に虚をつかれたのだろう。高津が人を楽しませ、驚かせるのが好きな男であることは間違いない。

「ここでやっていると、日本のキャンプだなあって思いますよ」

楽しませる男はお茶を飲みながらうれしそうにいう。

「黒土、朝の散歩、一斉の食事、練習メニュー。キャンプが一番日本の野球らしいんじゃないかな」

そういいながら、「突然シーズン中に辞めたってなるかもしれないですよ」などといったりする。もう自分では決められない。はるか空の上のほうで誰かが決めるのだろう。野球の果てまで高津が行くのか、誰かが高津を連れて行くのか。いずれにしても、そこまでは軽やかにママチャリを漕ぎつづけていくのだろう。

水の重さ
長崎宏子の透明な舞台

泳ぐたびに、水は違った味がした。

試合の前日や当日の朝、練習のためにプールに飛び込む。水泳の試合が行われるプールの水にそう違いがあるわけではない。わずかに消毒薬の匂いのするぬるい水。だが、長崎宏子には、それがいつも違ったものに感じられた。

しっくりと手になじみ、重さのまったく感じられない透明な水。特別な薬品でも混ぜたのではないかと思えるほど、重苦しく、体の自由を奪ってしまうような水。時にはきれいなラベルをつけた、ミネラルウォーターのようなどこか甘い味がすることもあった。コーチとのやりとりや、記者会見でのどんな公式コメントよりも、水の感触は、彼女の心の状態を忠実に反映していた。だが、水の微妙な感触を味わう機会は、もう長崎には訪れない。

いや、水の感触に一喜一憂するような呪縛から、ようやく解放されたといったほうが正確かもしれない。

指定された秋田のホテルのラウンジで待っていると、長崎がやって来た。すんなりした長身に長い髪。もちろん、うっすらメークもしている。こちらにはいつまでも「小学生でオリンピック代表の宏子ちゃん」のイメージがあるせいか、その姿に多少戸惑いを感じてしまった。一瞬言葉に詰まっていると、歯切れのいい挨拶が返ってきた。

'68年生まれの長崎は、今年アメリカの大学を卒業して、日本に帰ってきた。7年間の長い留学だった。彼女が水泳の表舞台に登場してから、もう12年が経過している。その間に3度オリンピックがあり、長崎はいずれも代表に選ばれた。もし、今年バルセロナの代表に選ばれていたなら、女子で史上はじめての4回連続代表になる。だが、長崎は、選考レースとなる日本選手権に、出場すらしなかった。

「オリンピックですか。アルベールビルの冬季大会も、テレビで見てましたよ」

オリンピックに話を向けると、そんな答えが返ってきた。やはり、自分と同じように注目を集めた橋本聖子や伊藤みどりの試合ぶりが気になったのかと身を乗り出すと、意外な言葉が聞こえてきた。

「一番熱心に見たのは、ウーン、アイスホッケーかな」

長崎にとって、オリンピックはすでに目標や重圧や焦燥の対象ではなく、ある程度の距離を置いて眺められるものになったようだった。それが時間の重さというものだろう。「宏子ちゃん」がメークをして現れるのは当然なのだ。

安易に「天才」という言葉は使いたくないが、仮に競技者として成熟するまでの時間が図抜けて早い選手をそう呼ぶなら、長崎宏子はまぎれもなく「天才」だった。たいていの選手には、第一級になるまでに、雌伏や下積みの時間があるものだが、長崎は違っていた。

小学校に入ると同時に水泳をはじめ、5年生でジュニア・オリンピックに出場、翌年のモスクワ・オリンピック代表選考会を兼ねた全日本室内選手権では、100、200の平泳ぎで当時の日本記録保持者渡辺智恵子に次ぐ2位に入り、オリンピック代表の座を勝ちとった。同じ年、早くも全日本選手権の100、200平泳ぎで優勝、小学6年生で日本の頂上に立った。ほかの選手がベースキャンプを築き、雪崩や落石に苦労しながら頂点をめざすのを横目に、ヘリコプターで一気に頂上に立ってしまうような、あざやかな登場ぶりだった。

その後も長崎は順調に記録を伸ばし、大きな試合で実績を積み重ねていった。中学1年の国際招待大会では100、200で優勝、'82年、エクアドルで開かれた世界選手権では日本の女子選手として久々に入賞を果たした。

「あの頃は、どんな試合でも勝ちたい、ベストタイムを出したいという気持ちが強かったし、外国の選手を一人でも負かすと素朴にうれしかった。でも、それ以上に、遠征が楽しくて」

　国内の第一人者ともなれば、スケジュールはどうしても試合優先になる。国際大会や合宿のために、学校を休まなければならない場面が多くなった。学校の友達と離れ、緊張を強いられるレースやトレーニングを続ける中で、水泳の仲間たちとの交流は唯一の楽しみだった。国内や世界のトップスイマーたちと顔見知りになり、言葉を交わし、時にはいっしょに騒いだりする。中学生にとっては考えられないような新鮮な体験だった。どんどん広がる自分の世界に比べれば、プールでの100や200の距離などは、なにほどのこともなかったのかもしれない。

　'83年7月、ロサンゼルスで開かれたプレ・オリンピックで、長崎はめざましい活躍を見せる。会場は翌年オリンピックの水泳会場となる南カリフォルニア大学のプールだった。

「あの時は、試合の前に練習でプールに入ると、水の感じがいつもと違っていました。うまく言えないけど、すごく軽いような気がしたんです。それでいて、手でかくと、水がしっくりなじんでくる。いつもより透き通っているような気もしました」

　軽くて、透明で、肌になじんで、やさしくて、いい匂いがして、口に含むと、なんの抵抗もなく体の中を通り抜けていくような水。その水に飛び込んで、長崎はのびのびと自分の力を発揮した。

　100m、1分11秒16で優勝。日本新記録。この年の世界2位の記録。200m、2分

29秒91で優勝。それまでの自分の記録を3秒あまりも縮める日本新記録。世界歴代4位。文句のない結果だった。

続く8月、東京で開かれた国際招待水泳でも、長崎は2種目に優勝し、プレ・オリンピックの成績がフロックでなかったことを証明した。翌年にはオリンピックが迫っている。入賞どころか、十分にメダルもねらえる成績を出したことで、周囲の期待は一気に高まった。

だが、長崎自身はオリンピックをさほど意識することはなかった。

「プレ・オリンピックが終わった後、周りからは、惜しかったね、これが来年の本番だったら、なんて言われましたが、自分ではそんな感じは全然しませんでした。人が言うほどオリンピックを重大なものだと思っていなかったんです。オリンピックでも、プレ・オリンピックでも、極端に言えば秋田県の大会でも、勝ちたいという気持ちにそれほどかわりはなかったし、どちらが大事で、どちらが大事じゃないなんて考えることはありませんでした」

まだ中学生だった長崎に、「調整」などという言葉は無縁だった。どんな試合でも、スタート台に立てば、一番早く戻ってくることだけを考える。それまで自分が出したことのないタイムを出すことだけに意識を傾ける。観客の数や、賞賛の多さや、カメラマンの数に合わせて力を調整し、目標の舞台にだけ全力を出すような芸当はできなかった。

聴衆のいないオペラ歌手は悲劇だが、どんなにすばらしいのどを持っていても、純粋な楽しみのためだけに歌うアマチュアのオペラ愛好家なら、「ブラボー」の声はさして問題ではない。長崎にしても周囲の期待や賞賛のために泳いでいるわけではなかった。「オリンピックの期待の星」などといった決まり文句も、遠い世界の騒ぎにしか思えなかった。どんなに世界レベルの記録を出しても、長崎はあくまでもアマチュア選手だった。

しかし、遠い空騒ぎに思えた長崎への期待は、オリンピックの年になると、より具体的な形で彼女を襲うようになった。

オリンピックの年、日本の水泳チームは、前年に引き続いてメキシコで合宿を張った。有酸素運動である水泳には、空気の薄い高地でのトレーニングが最適、という理論に基づいての合宿だった。すでに前の年、高地合宿を行い、プレ・オリンピックや国際招待ではよい結果が出ている。今度もきっと成果が上がるはずだ。

「高地トレーニングは私に限っては精神的なものだったような気がします。上でつらい練習をこなせるようになれば、下に行ったときらくに泳げる。そんな気持ちを支えに練習をしていました。でも、どれだけ成果があったかは、私にはわかりません」

高地でトレーニングを積めば、酸素を運ぶ血液の中のヘモグロビンが増えるというのがトレーニング理論のベースだった。だから、採血してみて、ヘモグロビンの量にあまり変化がない時は、かえって不安が多くなった。

それだけではない。水泳のあまりさかんでない秋田のクラブで練習してきた長崎は、多くの練習量をみんなで消化していくスタイルに慣れていなかった。

「プレ・オリンピックの後なんかでも、全日本の練習についていくのには苦労しました。もともと試合でいい結果は出せても、私の練習量はそれほど多くなかったんです。全日本で優勝しているのに、どうして練習についていけないんだろうって、悔しくて泣きそうになったこともあります」

長崎を知りつくした秋田のクラブのコーチから離れてしまうのも、不安のひとつだった。代表チームは選手だけでなくコーチも選抜されるので、長崎しかめぼしい選手のいない秋田のクラブのコーチは、長崎の練習をずっと見ているわけにはいかなくなった。国際的な舞台に慣れているとはいえ、やはり高校1年生にとってはつらいことだった。

トレーニングの不安に加え、体調も万全ではなくなっていた。プレ・オリンピックの後に痛めたひざは、オリンピックの年になってもなかなか回復しなかった。

「一種の職業病みたいなものだったんです。代表に選ばれるような選手なら、誰でもどこかしら故障の経験は持っているので、それほど重大には考えませんでした。それに練習の時は痛みを感じても、試合になると忘れてしまうものなんですよ」

しかし、ひざの故障で、練習のスケジュールに支障を来したことは否定できない。

数え上げればうんざりするほどある不安材料にもかかわらず、周囲の長崎に対する期待はどんどんふくらんでいった。この年、水泳でメダルをねらえる選手は長崎だけといってよかった。日本の水泳陣は、'72年ミュンヘン大会で2個の金メダルを取って以来、メダルから見放されている。長崎は久々に現れた「メダルをねらえる素材」だった。

しかも、ロサンゼルス大会は、ソ連、東ドイツなどの東欧諸国がボイコットを決定していた。プレ・オリンピックの２００ｍで長崎の出した記録より上の記録を持っているのは、いずれもソ連、東ドイツの選手たちだった。その選手たちが出場せず、相手はすでに破った経験のあるアメリカ、カナダの選手たちとなれば、長崎への期待が大きくなるのは当然だった。

長崎の周囲に集まる報道関係者の数は、オリンピックが近づくにつれて増えて行き、やがては収拾がつかなくなった。

秋田のクラブで練習をしていたある日、取材陣の多さにへきえきした関係者は、撮影時間を決めて短時間で取材を切り上げさせようとした。だが、長崎に群がるカメラマンたちは、限られた時間の中で最高のカットをものにしようとさまざまな注文を連発した。ゴーグルを取れ、もっと水面に顔を出せ、もう一回プールを往復してくれ、もう一回、もう一回。しつこい注文にコーチが文句を言うと、険悪な空気が流れた。取っ組み合いでも始まりかねない雰囲気を見ているうちに、長崎は涙が流れてきた。

「私は泣き虫で、うれしくても、悲しくてもすぐ泣いてしまうほうでした。でも、あの時は、悲しいというより怖くて」

大人たちが、プールから上がれば普通の高校1年生に過ぎない自分のことで、取っ組み合いでも始めかねないほど気色ばんでいる。長崎の恐怖は、そのまま自分にのしかかってきている「オリンピックでの期待」への恐怖でもあった。

'84年7月。ロサンゼルス・オリンピックが開幕した。だが、試合の始まる前から、長崎には自分の敗北が予感できた。

水の感触。前の年、自分を世界に近づけてくれた、同じプールの水が、まったく違ったものに感じられたのだ。軽く、透明で、透き通って、手になじみ、やさしい水は、誰かがすり替えでもしたようにまったく違った感触がした。

「なにか特別な薬でも入っている気がしました。前の年はすごく軽かったのに、オリンピックの時はどんなプールよりも重たい感じでした。一生懸命手でかいても、水がからみついて離れないんです」

からみついてくるのは水だけではなかった。開幕前から高まっていた長崎への期待は、実際にオリンピックが幕を開けるとあきらかに過熱状態になった。長崎の体調や不安材料を無視したような、

「メダル圏内確実」

「金メダルも」

の報道は、彼女の肩や腕にまとわりつき、失われつつある本来のしなやかな体の動きをいっそう硬くした。

「試合に負けたらどうしよう、どんな顔をして帰ればいいんだろうって、そればっかり考えていました。ロスの前も、その後も、そんなふうに考えたことは一度もありません。でも、ロスの時だけは、なぜかそればかり頭に浮かんで」

いくら考えても、「負けた時」用の顔など見つかるはずもない。

からみつく水と重圧を振りほどくように、長崎は泳いだ。結果は200m4位、100m6位。どちらも自分のベストタイムには遠く及ばない、不本意な成績だった。

「もちろん、メダルが取れなくて、くやしい思いはありました。でも、オリンピックでなくても、負ければ同じようにくやしい気持ちがしたはずです。オリンピックもひとつの試合、たまたまそれでいい成績が出せなかっただけだとかんがえていました」

周囲の過剰な反応は長崎の想像を超えるものだった。「オリンピック」は唯一無二のもの、という考え方は、競技に関係のないものほど強かった。敗れたといっても久々の入賞、体調やトレーニングの過程を考えれば、健闘したとも言える。しかし、そうした評価はまったく聞こえてこなかった。

「長崎失速」

「どうした、高地トレーニング」

「周囲の重圧重く」

レースの前あれほど熱狂した報道陣は、手のひらを返したように冷淡になった。彼らにとって、選手の価値を決めるただひとつのものさしがオリンピックだったのだ。こうした風当たりの強さは、16になったばかりの少女の口を重くするには十分過ぎるものだった。

ロス・オリンピックの翌年、長崎はアメリカ留学に旅立った。長崎をよく知らない人たちは、水泳留学と決めこんだが、実際はそうではなかった。

「留学は水泳と関係なく、早くから決めていたんです。小学校6年ではじめて海外遠征にいった時、アメリカ育ちの沼野さんという選手のかたが一緒だったんですが、英語が話せてすごくすてきで、ずっと憧れていたんです。それから自分もいつかアメリカに留学して、英語を勉強しようって」

オリンピック前後の周囲の変化に、嫌気がさしていたことも事実だった。水泳に対する情熱はほとんど冷めかかっていた。

水泳が目的ではなかったが、トレーニングだけは続けた。アメリカでのトレーニングは、長崎がはじめて経験するシステムだった。

「ともかく、向こうのコーチは絶対に選手を叱らないんです。水泳を好きにさせよう、させようとしむけてくれる。長所があればほめてくれ、ここはだめだとは言わない。すごくリラックスして練習ができました」

スイミングクラブで練習していると、アメリカの選手たちが気軽に声をかけてきた。長崎がオリンピックの代表になり、4位になったことを知ると、彼らはストレートに賞賛してくれた。渡米直後の長崎は、スイミングクラブに行っても、「水泳なんて好きじゃない」と、いつも漏らしていた。それを聞いたクラブの仲間はけげんな顔で聞き返した。

「じゃあ、なぜ水泳なんてやるの」

「どうしてオリンピックに出たことを誇りに思わないの」

「世界の4位なんてすばらしいじゃない。どうしてもっと胸を張らないの」

アメリカ人特有の素朴な質問に、あいまいにうなずき続けるうちに、長崎の中に積み重なっていた水泳に対するわだかまりは、しだいに消えて行った。高校からカリフォルニア大学バークレー校に進み、本格的にトレーニングを再開する。

'88年初夏、ソウル・オリンピックの代表選考会を兼ねた全日本選手権に参加するために、長崎は帰国した。それまでも、全日本だけは参加していたが、この年は意欲が違っていた。だが、意欲とは裏腹に、8年続けて獲得してきた200mの優勝を西岡由恵にさらわれてしまう。

「負けたことはそれほどショックではありませんでした。いつか来ると思っていましたから。それより、優勝した西岡さんより負けた自分の方をたくさんの取材の人が取り囲んだので、ああ、やっぱり変わっていないんだなって、がっかりしましたね」

水泳留学していたのに、オリンピックの選考会で2位とは、なんの成果もないじゃないか。そんな声が聞こえてきた。そうした無理解に「自分は水泳留学をしてたんじゃない」などと反論する気にはなれなかった。選手の気持ちとは無関係なオリンピック至上主義は4年たってもあいかわらずだった。

しかし、長崎自身は2位でも代表に選ばれたことが素朴にうれしかった。出場するだけでも大変な価値がある。胸を張って参加すればいい。ロスの前のひきつったような表情は消えていた。

「練習はロスの時以上につらく感じました。でも、自分ではソウルの前の練習が一番がんばれた気がします」

ソウルでは100も200も予選落ちに終わったが、落胆はロスの時より小さかった。鈴木大地が男子100mの背泳ぎで金メダルを獲った時も、自分もあの時ベストの状態だったら、などとは考えなかった。素直に喜びを分かち合えるほど、気持ちにゆとりがあったとも言える。

ソウル・オリンピックの後、長崎は水泳を離れて学業に専念した。引退などという大げさな決意ではなかった。また泳ぎたくなったら泳げばいい。自分でもそう思っていたし、アメリカのコーチもそれに賛成してくれた。水泳は長崎にとっては職業ではなかった。泳いでいるうちに、いい記録が出て、その先にオリンピックがある。オリンピックは目標ではなく、長い水泳とのつき合いの中の途中ラップに過ぎなかった。

2年間、水泳と無縁の生活を続けるうちに、ユタ州にあるブリガムヤング大学から声がかかった。少しでも泳いでくれたら、奨学金を出そうというのである。

「もっと勉強したい気持ちが強かったんで、その話を受けることにしたんです」

'91年春、カリフォルニアからユタに移り、スポーツ経営学という分野を学ぶかたわら、長崎は再び泳ぎ始めた。2年間、競技会から遠ざかっていたというのに、非凡な資質は錆び付いてはいなかった。わずか2カ月のトレーニングの後、全米学生選手権に出場し、2位に入る。

「自分が泳ごうと思えば、まだやれるんだなって、自信がつきました」

そのつき始めた自信を確かめるために、長崎は6月の全日本選手権に出場した。はじめて参加した全日本の時は小学生だった。その当時、一緒に泳いでいた選手は、一人も出場していない。年齢を考えれば、とっくに峠は越えている。

全日本選手権は、午前中が予選、午後に決勝というスケジュールになっている。予選と決勝の間の休憩時間、仮眠をとったりする選手もいるが、長崎は一度も昼寝をしたことがなかった。わざわざ眠らなくても、体力には十分余裕があったのだ。だが、去年の大会ではじめて仮眠を取った。わずかな時間でも眠らなければならないほど、回復が遅くなっていたのだ。

「苦しい試合でした。でも、去年の大会が、今まで出たどの大会よりも気持ちよく泳げた気がします。はじめて、自分は水泳が好きなんだって思うことができました」

そして、水の感触。久しぶりに出場した全日本のプールの水は、プレ・オリンピックの水の感触に似ていた。

「軽くて、透明で、少し甘い味がして。まるでエビアンみたいな」

「エビアン」は、瀟洒《しょうしゃ》なデザインで特に若い女性に人気のあるフランス産のミネラルウォーターである。プレ・オリンピックの時は、同じような水の感触を味わっても、それを「エビアンみたい」と形容することはできなかった。15の少女にそんな知識はなかったし、それだけの余裕もなかった。予選と決勝の間に、仮眠を取らなければならないほど衰えてしまった体力と引き替えに、長崎宏子は、水の味を「エビアンみたいだ」と形容する知識と経験を得た。もし彼女が、オリンピックだけを目標に、張りつめた糸のような競技生活を今まで続けていたなら、水の味をリアルに形容できるような成熟は訪れていなかったかもしれない。

'91年の全日本選手権は、長崎宏子の最後の試合になった。

荒木大輔
ロングバケーション

練習場は河川敷にあった。

選手たちは、二つのグラウンドに分かれてノックを受けたり、ダッシュを繰り返したりしている。午前10時。ナイトゲームに出た一軍の選手なら、まだ眠っている時間かもしれない。しかし、ここの選手たちは、将来ナイトゲーム明けの心地よい眠りを得るために、今この時間から汗を流さなくてはならないのだ。

埼玉県戸田市にあるヤクルトスワローズのファーム練習場。都心から1時間ほどのところにあるこの練習場に出かけてきたのは、荒木大輔を見るためだった。

「ケガでファームに落ちていた荒木の調整のピッチが上がっている。もうすぐ試合に登板するかもしれない」

そんな話を聞かされたのは5月の末だった。すぐに好奇心が動かされたわけではない。それより「荒木」という苗字を聞かされて、ひどく懐かしい気がした。調べてみると、荒木大輔が最後に一軍の試合に登板してから4年が経過していた。まだやっていたのか。それが正直な感想だった。いくらカムバックばやりのプロ野球とはいえ、故障のために丸4年も試合から遠ざかっていた選手が、再び一軍の試合に登場するなど、おそらく例がないだろう。その先例を「あの」荒木が作ろうとしている。

「汗みどろ」とか、「血のにじむような」とか「涙の」とか、そうした日本人好みの形容詞からは一番遠いように見えたあの荒木大輔が。そう考えているうちに、どうしても荒木の姿が見たくなった。

グラウンドに来て選手たちを見渡すと、荒木はすぐに見つかった。かつて少女たちを熱狂させたあのマスクを見忘れるはずはない。無精でもしているのか、髪がいくぶん伸びて、ひげもまばらにのぞいている。しかし、4年も試合から遠ざかっているわりには、体に無駄な肉はついていない。

練習場のかたわらに、見学者用のベンチがあった。平日のことで、見学者はほとんどいない。ベンチに腰かけると、一面に書かれた落書きが目に入った。若い女の子のファンたちが書いたものだろう。

「川崎さん、ファイト」

「岡君、また甲子園の時みたいに投げられる日が来るよ」

「内藤君、サインありがとう」

落書きの対象はほとんどが20代前半の若い選手である。注意して捜したが、プロ入り10年目の荒木を対象にした落書きはひとつも見つからなかった。やはり、4年というのは、忘れ去られるには十分な時間なのかもしれない。

荒木は、はしゃぐでもなく、かといってうつむくでもなく、淡々とダッシュを繰り返している。グラウンドの横は高い土手になっていて、緑の芝の中に、シロツメクサが一面に咲いている。それは夏の球場の白一色の観客席に見えないこともない。ちょうど荒木大輔がわれわれの前にはじめて姿を現した、夏の甲子園のような。

１９８０年の夏の甲子園は、荒木大輔の大会といってもよかった。早稲田実業の1年生エースとして甲子園に姿を現した荒木は、まったくのノーマークにもかかわらず、前評判の高い強豪校を次々に倒し、決勝まで勝ち進んだ。ただ勝ち進んだだけではない。1回戦の北陽戦から準決勝の瀬田工業戦まで、5試合44回3分の1を無失点に抑えるというすばらしい内容だった。1年生から活躍する選手がいないわけではないが、それにしても荒木の登場の仕方は群を抜いて鮮やかだった。

ややつり上がり気味の鋭いまなざしで相手を見据え、大人びたコントロールで打ち取るかと思うと、ふとした拍子にいかにも16歳らしいあどけない表情をのぞかせるこの野球神童（キッド）に、少女たちは熱狂した。荒木はたちまち「甲子園のアイドル」になった。

勝ち進むにつれて、宿舎に詰めかけるファンや報道陣の数は日増しに増えていった。荒木をはじめ、早実の選手たちは、練習以外の外出はまったく不可能になった。'69年の三沢高校・太田幸司以来、甲子園ではしばしば繰り返されてきた光景だったが、それにしても荒木への熱狂ぶりは飛び抜けていた。

しかし、周囲の騒ぎとは裏腹に、荒木の心境は気楽なものだった。

「最初の甲子園の時は、勝てるなんて思っていませんでしたからね。気楽なものでしたよ。だんだん騒がれるようになって、うっとうしい気持ちはあったけど、試合になれば出されたサインのとおりに投げるだけだし、勝ちたいという気はあったけど、勝たなきゃならないなんて使命感みたいなものもなかったし」

熱狂する舞台の中でも、1年生の荒木はうわずったところはまったくなかった。小さい時から大きな舞台の中でもまれてきた経験がものを言っていたのである。

荒木大輔は東京オリンピックの年の5月に調布に生まれた。父は工務店を経営しており、大輔の上には二人の兄がいた。父が野球好きで、二人の兄もリトルリーグでボールを追いかけていたから、荒木自身も小学校2年になると自然の成り行きで野球を始めるようになった。

のちに荒木が甲子園で活躍するようになると、「小学校の時から練習の行き帰りの長い道のりを、鍛練のためにランニングしていた」といった「特訓伝説」が書き立てられたが、実情は違っていた。ポジションはジャンケンで決める、甲子園やプロ野球などは別の世界の話、楽しく野球をやることが最優先というのがリトルリーグでの実態だった。

それでも小学生としてはずば抜けた体格だったので、学年が進むと投手に指名され、6年生の時には世界大会で優勝を果たす。中学生になり、シニアリーグに進んでも活躍は続いた。東京の野球の有力高校の間では、荒木大輔の名は早くから鳴り響いていた。

だが、荒木自身は、いわゆる野球学校に進んで甲子園をめざすといった気持ちはまったく持たなかった。野球は好きだったが、それによって進学するのはいやだった。都立高校に進もうかと真剣に考えたこともあった。早実を選んだのも、単なる野球の名門ではなかったからだ。'50年代には全国制覇をなし遂げ、王貞治をはじめ、プロに進む選手を数多く輩出した早実だが、荒木が入学するころには野球よりも進学校として知られるようになっていた。野球部にしても、'70年代後半に、しばらくぶりに甲子園に姿を見せるようにはなったが、他を圧するような力を見せたわけではなかった。野球部の練習も、「野球の名門」といった一般のイメージからは程遠いものだった。

「練習時間はせいぜい2時間くらいだったですね。日が暮れてくると、グラウンドを走ってもう終わり。上下関係もうるさくなかったし、楽しかったですよ」

何が何でも甲子園に出場し、勝ち進む。そのためには生徒たちがぶっ倒れるまで猛練習で鍛え上げる。そうした「野球学校」の練習ぶりは、早実の野球部員から見れば信じられないものだった。

こうした練習は、監督を務めていた和田明の姿勢によるところが大きかった。和田があまりにのんびりしているので、生徒たちが話し合って、自主的にサインプレーや牽制の練習をしたこともあったという。のびのびした環境の中で、荒木はまっすぐに素質を伸ばしていく。その速度は恐ろしく速かった。

荒木の同級生で、甲子園でも1年の時から一緒に活躍した小澤章一は、現在、千葉県の千葉英和高校で野球部の監督をしている。小澤にとって、入学したての頃に見た荒木の印象は、後のどんな活躍場面よりも強烈なものだった。

「入部した時から大輔の名前は聞いていたんですが、とにかく1年生にしては体ができ上がっている感じだったし、球の力ものすごかった。こちらが小さくて体ができていなかったせいもあるかもしれませんが、とても同じ学年には見えませんでしたね」

小澤も1年からレギュラーを取るほどの才能の持ち主だったから、野球センスは非凡なものがあった。その小澤の目から見ても、投手としての荒木は1年の時から完成品だったのである。

1年の夏、上級生のエース級が二人、故障で登板できなくなったのは、早実にとっては僥倖《ぎょうこう》だった。荒木の出番が回ってきたのである。

「最初の夏の予選の時は、甲子園なんか考えもしませんでした。準々決勝あたりから、もう負けてもおかしくないなって思ってましたよ」

いつ負けてもおかしくない。そんな気分は甲子園の決勝に進むまで続いた。あるいは、そうした気持ちを保てたことが、連続無失点や決勝進出につながったのかもしれない。

横浜高校との決勝は、連投の疲れのために打ち込まれ、優勝を逃したが、それで荒木の評価が下がることはなかった。1年生でこれくらい投げられるのだから、上級生になったらどれほどすごい投手になるのだろう。誰もが抱く期待だった。

周囲が1年生の荒木にかけた期待は、なかば満たされ、なかば裏切られた。2年の春から3年の夏まで、一度も絶えることなく、荒木がエースを務める早実は甲子園に姿を見せた。有力校がひしめき、きびしい予選を勝ち抜かなければならない東京の学校としてはみごとな成績といってよい。

早実の甲子園出場が決まるたびに、新聞や週刊誌は「優勝候補」と書き立てた。だが、こうした過剰ともいえる期待はとうとう最後まで満たされなかった。

'81年・春
東山高校に2－6で敗退（1回戦）
'81年・夏
報徳学園に4－5で敗退（3回戦）
'82年・春
横浜商業に1－3で敗退（準々決勝）
'82年・夏
池田高校に2－14で敗退（準々決勝）

結局荒木は優勝どころか、1年生の夏に手にした準優勝すら手に入れることはできなかったのである。

もちろん、敗れるたびに、荒木自身も苦い思いはかみしめ続けた。しかし、その苦さは自分の存在を全部否定されるような深い絶望感とは違っていた。

「負ける度にショックはありました。特に3年生の夏は、ベンチに入れなかった同じ3年生にすまないという気持ちが強かった。でも、力の限界というか、自分のできる範囲はこのぐらいだとわかっていたような気もします」

朝から晩まで野球に気持ちを集中させ、はいつくばるまで練習をすれば、もっとよい成績が残せるかもしれない。だが、そこまでやったら、野球の楽しさは消えてしまう。

「もっとやれば、勝てるかもしれない。でも、そこまでやるか？　というのが、ぼくを含めたみんなの気持ちだったと思います」

3年の夏、甲子園で最後の試合を戦った池田高校は、荒木たちから見れば、まさに「そこまでやった」学校だった。

試合開始から、池田の選手たちのバットは鋭い金属音を発し続け、試合終了までやむことがなかった。荒木とリリーフした石井丈裕（現・西武ライオンズ）は全部で20安打を浴び、14点を失った。完敗だった。

「あの試合は、途中で完全に気持ちが切れていました。マウンドに集まってきた仲間に、だめだ、もうやめようよって言ったことを覚えています」

翌日の新聞には、「打ち込まれて白い歯を見せるようでは、高校生としては失格」という批判の論評が載った。

「いくらなんでもマウンドで笑ったりはしませんよ。それだけじゃなく、意識してやっているわけでもないのに、ストッキングが隠れているとかアンダーシャツが半分だけ長くなっているとか、テレビを見ている人から試合中に電話が入り、審判から注意されたこともありました」

こうしたばかばかしい高校野球の精神主義は、荒木たちが早実で続けてきた「楽しい野球」とはまったく対照的なものだった。それだけに、たとえ敗れても、もう甲子園で試合をしなくてよいと思うと、荒木はほっとした。もちろん、涙を流すこともなかった。

最後の夏の大会が終わっても、荒木を取り巻く騒々しさにはあまり変化がなかった。むしろ、一層騒がしくなったとも言える。ファンの女の子たちが、夜となく昼となくつきまとい、楽しみにしていた学園祭も、自宅待機を命ぜられる始末だった。

新聞やテレビは「プロか、進学か」とあおりたてたが、荒木自身はプロに進む気はまったくなかった。プロに入っても、現役でいられるのはせいぜい30代まで。よい成績が出せなければ、早々に身を引かなければならない。荒木はなによりも野球を長く続けたかった。

ドラフト会議でスワローズに指名されても、気持ちはなかなかプロに傾かなかった。

「プロに入るのを決心したのは、当時のオーナーの松園さんが、将来のことも含めて親身になって説明してくれたからです。でも、力の足りないことはわかっていました」

プロの選手として、自分が力不足なのはわかっていた。だが、その不足を補うために、人より早くグラウンドに出かけて練習したり、夜、ほかの選手が寝静まった後、ひそかに個人練習をしたり、他人を押し退けてもプロとして必死に野球に食らいつくようなことを、やろうとも思わなかったし、自分ができるとも思っていなかった。「楽しい野球」がしみついていた荒木が、そう考えるのは当然である。

「でも、いざ入ってみると、それができたんです」

'83年春、キャンプから一軍に置かれた荒木は、報道陣やファンの熱狂的な視線をやり過ごしながら、自分なりに基礎体力作りを始めて行った。3時からチーム練習が始まれば、1時間前、やがては2時間も前から一人で球場に現れては走り込みを続けた。「楽しい野球」を棚上げしたわけではない。苦しさを感じていたら、早く来て練習することもなかったろう。肉体的にはつらかったが、それ以上に騒がれて実績を残せないまま、野球から身を引くことが苦痛だった。荒木はあらためて自分が野球を好きなことを自覚した。かつて池田高校に感じていた「そこまでやるか?」という場所まで、知らず知らずのうちに荒木は足を踏み入れていた。

もちろん、高校を出たてのプロ1年生のささやかな自覚が、すぐに実を結ぶほど、プロは甘くはない。1年目は顔見せ程度に登板してわずか1勝を上げただけ、2年目は0勝5敗という惨憺《さんたん》たる成績に終わった。優勝できなかったとはいえ、高校の1年生から甲子園で脚光を浴び続けた荒木にとって、はじめて訪れた雌伏の時間だった。それでも荒木は落胆しなかった。元々力不足はわかっていた。

3年目、荒木はファームに落ちた。落ちてみると、形だけでも一軍で登板した経験が役立つことを痛感させられた。

「上の経験があったんで、ファームとの差が実感できました。もし最初から下にいたら、だめになっていたかもしれません。少しでも一軍で投げた経験のあるピッチャーは、練習がいやでいやでしかたがない時でも、最後はやれてしまうものなんですよ」

ファームではバッテリーコーチを務めていた根来広光から、インコースのボールで打者を攻めることを徹底的にたたき込まれた。どちらかといえば、コントロールのよさで打者をかわす傾向の強かった荒木の投球は、見違えるように攻撃的になった。

'85年のオールスター直前、荒木は一軍に復帰した。ちょうど夏の高校野球の予選がたけなわで、清原、桑田を擁するＰＬ学園の動向が連日新聞をにぎわせていた。一軍に上がってはじめて先発した荒木は、ジャイアンツを相手に完投勝利を演じた。甲子園という殻を破り、ようやくプロの世界に頭をのぞかせたのである。

「ジャイアンツ相手に完投して、はじめて自分で勝ったような気持ちになりました。最初の年の1勝は、自分の勝ちという気はしませんでしたからね。あの頃から、ようやく体力と技術が一致してきた感じでした」

細かいコントロールや打者とのかけひきは、すでに高校生の頃から完成していた荒木である。そのテクニックにプロとしての基礎体力が備わってきたのである。この年、後半戦だけで6勝、続く'86年には8勝、'87年には10勝を上げ、2年連続開幕投手も務めた。高校野球での早熟ぶりからは考えられないほどゆっくりではあったが、荒木はプロの一流投手への足掛かりをつかんだ。描き始めた上昇曲線は、そのまま右上がりに伸びて行くだけに思われた。

小学生の時から投手をしている荒木にとって、肘の痛みは身内か親しい兄弟のようなものだった。最初に痛みを感じたのは、甲子園で準優勝した年の秋。少し投げこみをすると、なかなか張りが取れなくなった。

「軟骨が出ていたんです。でも鍼治療やマッサージをすると楽になったし、試合になると忘れる程度のものでしたから、あまり気にもとめませんでした」

プロに入ってからも、寒い春先には肘がうずき出し、ペナントレースが始まると、いつの間にか消えてしまっている。そんな繰り返しだった。だから、'88年の5月に肘に張りを感じた時も、とりたてて心配はしなかった。遠征に参加せず、10日ほど登板間隔をあけてもらって調整し、試合に臨んだ。ところが、試合の途中で、握力がほとんどなくなってしまった。一度もしたことのない経験だった。暖かくなれば消えるはずの張りは、カレンダーがめくられても一向に消えなかった。少しよさそうだと感じて練習のピッチを上げると、再びぶり返す。単なる張りからしだいに痛みに変わって行った。だが、長く戦列を離れることはチーム事情が許さない。荒木は単なるアイドルから先発投手陣の重要な柱になっていた。

7月6日のホエールズ戦、ブルペンにいる時から強い痛みを感じていたが、そのまま登板、早々に降板する。これが荒木の長い休暇の始まりになった。

「急に来た痛みではなかったんで、少し安心していたところもありました。でも1カ月全然ボールにさわらないのによくならない。手術が必要かもしれないなとは覚悟しました」

精密検査のためにアメリカに渡る。簡単な検査で病状はすぐに明らかになった。右肘靭帯の損傷。どの試合が直接の引き金になったかははっきりしなかったが、いずれにしても小学生の時から投手を続けてきて、肘を酷使したことが大きな原因であることはたしかだった。かつてなら野球を断念するような故障だったが、同じ故障から村田兆治がカムバックしていたように、ルーティーンの手術と慎重なリハビリを行えば、不治の病ではなくなっている。メスを入れることに不安がないわけではなかったが、黙っていても回復する保証はない。

'88年夏、荒木はトレーナーにつき添われてアメリカに向かった。行く先は、村田兆治を執刀したフランク・ジョーブのいるロサンゼルスのセンチネラ病院である。

左手首の腱を損傷箇所に移植する手術は、数多くの成功例があり、さしてむずかしいものではなくなっていた。荒木の場合も手術は順調にすんだ。

「びっくりしたのは、麻酔が切れた時、ボールを持ってみろといわれたことです。その時は手術以上に不安でした。でもそれが向こうのやり方なんですね。40日ほど通院しましたが、最後には軽いダンベルを持てるくらいになりました」

回復はしごく順調だった。11月には再び渡米して、手術箇所の周囲にたまった脂肪をこそげとる処置を受ける。最初の手術の時から計算ずみの処置だった。

ジョーブからはリハビリのメニューが渡されていたが、回復が順調だと、どうしてもメニュー以上のトレーニングがしたくなる。前の年、プロ入り初の二桁の勝ち星をあげ、ようやく一人前と認知されるようになった矢先だけに、あせりもあった。荒木のトレーニングには自然と熱がこもった。

だが、それが結局は裏目に出た。翌'89年9月。荒木は同じ箇所を故障したチームメートの高野光とともに、ロサンゼルスに向かった。高野は診断を受け、ことによったら手術をしなければならないかもしれない。それに対して荒木の方は手術箇所の回復具合のチェック、それが出発前の予定だった。

だが、実際に診察を受けると、手術が必要なのは高野も荒木も一緒だった。移植した荒木の腱は、過剰なトレーニングのために、十分定着していなかったのである。

「ジョーブはぼくの肘を見て、ちょっと怖い顔をしていました。自分の指示以上にトレーニングしたことがわかったんでしょう。でもぼくの方も、再手術といわれた時にはショックでした。最初の時の不安なんかとは比べものになりませんでしたよ」

内心は動揺していた荒木だったが、それをあらわにすることはなかった。同行したトレーナーの松井知によると、荒木は再手術が必要だといわれた時、その場でためらうことなく「もう一度やって下さい」と答えたという。

「ああいう場面では、ピッチングと同じような性格が現れるもんだと思いましたね。荒木はおとなしそうな顔をしていて、度胸の座ったところがある。それに対して高野はマウンドと同じようにナーバスになりやすい。高野の方は手術といわれ、かなり悩んでいたね」

高野にしても、自分の手術以上に荒木の再手術は驚きだった。

「自分の方はある程度覚悟していたけど、まさか大輔が再手術とはね。『えっ？』って聞き返したくらいだったよ」

成功例しか聞こえてこない手術だが、リハビリを誤れば再手術、もっとひどい場合は回復不能のケースもあり得る。荒木の失敗は、はじめて手術を受ける高野にとってかっこうの反面教師だった。

いざ手術を受けてみると、最初の移植手術の後に感じたようなあせりはあまり感じなくなった。リハビリの失敗の苦い教訓は、荒木を、

「なにを言われてもゆっくりやって行こう」

という心境にさせていた。チームメートの高野が、同じ故障、同じ手術をして、一緒にリハビリを始めたことも、支えになった。回復が進むと、どうしてもメニュー以上のトレーニングがしたくなる。二人はお互いを監視し合うようにして、慎重にリハビリを進めて行った。

今年の春、荒木より一足早くカムバックに成功した高野は、リハビリの期間を振り返る。

「結局、やらない勇気なんだよ。球団の金で高い手術を受けたのに、さっぱりトレーニングが進まないなんて見方をする人もいる。こっちももっとやらなくちゃ、早く戻らなくち

ゃという気持ちが強くなる。でも、そこでどうがまんするかが問題なんだ」

高野より1年先に戦列を離れている荒木は、高野以上に「早く戻らなければ」の気持ちが強かった。

「あせりがなかったとはいえません。でも、それは見せないようにしていました。野球をやめようと考えないこともなかったけど、それ以上に、ここまで来たらやめるわけには行かないという気持ちの方が強かった。ここでやめたら特別な治療をしてくれた人たちに恩返しする機会もなくなってしまうって」

恩返しといった古風な感情も大きかったが、それ以上に荒木を捉えていたのは野球に対する愛着だった。それまでは「自分には野球しかない」などとはあまり考えなかった荒木だが、マウンドを離れ、ボールを握らない日が続けば続くほど、自分は野球が好きなこと、野球が必要なことを痛感するようになった。兄の後を追いかけて、ボールを追いかけ始めた頃のわくわくするような喜び。高校生の頃求めていた「楽しい野球」とも、プロに入ってから追いかけて来た「自覚を持った野球」とも違う、純粋な野球の喜び。自分の愛着はそこに向けられている。それを中途半端には捨ててしまいたくない。荒木は焦燥感と戦いながら、外見はきわめて慎重にトレーニングを進めて行った。

去年の春には、もう少しで打撃投手ができるところまで回復した。だが、まだ幸運は荒木に向かってほほえむのをためらっていた。急な腰の痛みが襲って来たのである。痛みのためにまったく起き上がることができなくなった。椎間板ヘルニアだった。1カ月半にも及ぶ寝たきりの生活。しかし、これだけ不運が重なると、もうあせりを通り越して、荒木は淡々としていた。カムバックをあきらめたわけではない。その気持ちは一層強くなっている。ただこれだけ長く一線を遠ざかっているのだから、1カ月半の遠回りなどは大した浪費ではない。荒木は気をとり直してリハビリを続けた。

この4月。高野が一軍で勝ち星をあげ、カムバックを果たした頃、荒木も軽い投球練習を開始した。

「投げ始めると、すぐ決めておいた投球数が来ちゃう感じなんですよ。結果が求められていないせいですかね」

6月に入ると、荒木はファームの試合に登板し始めた。最初のホエールズとの試合は、日曜日ということもあり、ファームには異例の1000人近い観客が詰めかけた。「ダイスケ」は忘れ去られてはいなかった。ネット裏には4年ぶりの「荒木復活」を謳いあげるべく、テレビ局や新聞社のカメラがズラリと放列を敷いた。かつてのチームメートである尾花高夫や栗山英樹、同じ故障から立ち直った村田兆治も顔を見せた。

その日のスポーツニュースや翌日の新聞には、

「荒木、4年ぶりに復活」

のニュースが大々的に報じられた。

だが、荒木自身は、ファームの試合に登板し、相手を無得点に抑えても、「復活」などとは考えなかったし、急速に自信が回復することもなかった。

「まだ復活なんて言えるような段階じゃないですよ。仮に3回を抑えたとして、3回までは自信が持ててても、4回以降に関しては全然自信がない。投球回数を少しずつ増やし、一つ一つやって行くしかありませんよ」

それでも、

「ファームを卒業し、一軍のマウンドに立ったら、一区切りと言えるかもしれませんね」

最後にかみしめるように言った。

インタビューの整理にかかっていた7月6日、荒木がファームで3試合目のマウンドに登った。場所は本拠地の神宮球場である。前日の日曜日まではスワローズとジャイアンツが首位をめぐって死闘を繰り広げていた。その興奮はすっかり消え去り、ファームの試合らしいのんびりした空気が流れている。それでも、新聞で荒木の登板を知ったファンがつめかけ、普段の二軍戦よりはにぎわいがある。若い女のファンが多い。

「守りますスワローズのピッチャーは荒木」

場内アナウンスが告げると、

「ダイちゃん、がんばってー」

かん高い声援が響いた。

マウンドに向かう荒木の表情は、3週間前のインタビューの時よりリラックスして見える。2試合を無難に投球できた安心感のせいだろう。

投球練習を見ているうちに、変なことを思い出した。荒木は高校1年生の夏からずっと甲子園に出場している。つまり彼には高校時代、夏休みらしい夏休みがなかったのだ。この4年間のブランクは、勤勉に投げ続けた野球神童（キッド）に与えられた長い夏休みだったのかもしれない。

相手のトップバッターが打席に立った。プレーボールがかかる。力のこもった速球があざやかにベースをよぎり、キャッチャーミットに納まった。長い夏休みがようやく終わろうとしていた。

遠山奬志

14年目の無心

6月13日、甲子園での対ジャイアンツ戦。7回表2死三塁の場面で、タイガースは代打石井浩郎を敬遠し、3番の松井秀喜と勝負する作戦を取った。自分が敬遠されることには慣れていても、自分の前の打者が敬遠されて自分と勝負するなど松井にとってははじめての経験だったろう。その表情には、戸惑いと同時にあきらかにプライドを傷つけられた憤りが現れていた。その憤りがバットに込められれば、投手にとってそれほど恐ろしいことはない。しかし、タイガースのマウンドに立つ男は、そうした恐怖など微塵も見せず、着実に役割を遂行していく。外角に流れるスライダーでカウントを稼ぎ、最後は内懐を突くえげつないシュート。松井のバットが空を切った。歯ぎしりが聞こえてきそうな松井の顔を見やることもなく、遠山奬志がマウンドを降りる。少し肩を怒らせて歩くのがこの男の若いころからの癖である。もし10年前に同じ仕事をやり遂げたなら、その肩の揺れ具合はきっと風を切るように大きかっただろう。だがこの夜の遠山にはそうした傲慢さは少しも感じられなかった。

「こんな日もあるさ」

「これが自分の役割なんだ。いちいち大げさに喜んではいられない」

そんな謙虚さが、幾分うつむき気味の視線に込められていたような気がする。そしてその謙虚さは、紛れもなく、年月の産物だった。

今年のタイガースの健闘は、リリーフ投手陣の力によるところが大きい。藪恵壹、ダレル・メイ以外に安心して任せられる先発がいないにもかかわらず、曲がりなりにもゲームメイクができているのは、リリーフの踏ん張りがあればこそである。とりわけ遠山の活躍は目覚ましい。登場する場面は左のワンポイントかショートリリーフだが、優秀な左打者の多いセ・リーグでは投球回数以上に期待される役割は大きい。とりわけ強力な左がつづくジャイアンツ相手の試合では勝敗の鍵を握っているといってもよい。その中で遠山はほとんど完璧な働きぶりを見せている。特に松井に対しては8打数無安打3三振と完全に抑え込んでいる。

こうしたチーム戦術上の貢献も重要だが、観客の立場から見てうれしいのは、遠山と松井の勝負に、今の野球では少なくなった男くさい「対決」のムードが匂うことである。野茂や伊良部がメジャーに去って以来、日本のプロ野球からは打者と投手の一対一の対決の匂いが薄れつつあった。そのなかで、ワンポイントとはいえ松井と遠山の勝負は、入団以来大打者への道を着実に歩んでいるエリートとさまざまな紆余曲折を経てマウンドに戻ってきた苦労人の意地と知略がぶつかり合う味わい深い対決になっている。この勝負を見るためだけに木戸銭を払っても、そう惜しくはない。

「平気な顔をしているように見えましたか。でも内心はかなりひやひやしてたんですよ。だって、前の打者を敬遠しての勝負でしょ。松井君が、なにくそって気持ちで来るのははっきりしてましたからね。絶対甘いところには投げられない。結果はうまく行って、よしって思いましたけど、僕の力だけじゃなく、ファンの方の声援が後押ししてくれた感じでしたね」

松井との勝負について聞くと、遠山はそんな言い方をした。聞いていて、少し意外な気がした。それは、「若いころから強気一辺倒の男」という評を、彼をよく知る人たちから異口同音に聞いていたからである。

遠山奬志は'86年、ドラフト1位でタイガースに入団した。清原和博、桑田真澄と同期である。入団時の評価は決して高かったわけではない。甲子園への出場経験もなく、中央ではほとんど無名の存在。「桑田や清原に比べたら、タイガースの1位は」と軽んじる声があったのもたしかである。

キャンプは二軍スタート。この時の二軍の投手コーチを務めていた高橋重行（現・球団本部編成部・企画兼調査担当）は、最初に遠山を見たときのことをよく覚えている。

「『兵隊やくざ』の勝新みたいなやつが来たな、という印象でしたね」

映画「兵隊やくざ」は勝新太郎の'60年代のヒットシリーズで、主人公は軍隊という組織に縛られず、傍若無人に暴れまわりながら正義を貫いていく。新人なのに、肩を怒らせて、おっさんのように歩く遠山に、傲岸不遜に見えながら、実は意外にナイーブでやさしい勝新の姿が重なって見えたのだ。

いざ投げさせてみると、特別速い球があるわけではない。しかし、腕の振りが柔らかい上、ボールの出所が見えにくい。なによりも右打者の内角に食い込むまっスラ（ナチュラルにスライドするストレートとスライダーの中間のようなボール）に威力があった。

「あまり直さなくても、すぐ上で使えるようになると思いましたね」

その言葉どおり、開幕から一軍のベンチに入り、3戦目の対カープ戦で初登板（先発）、デビューを勝利で飾れなかったが、5月14日の同じカープ戦では5安打2失点に抑えて完投勝ち。先発ローテーションの一角をがっちりつかむ。その後も順調に勝ち星を積み重ね、27試合に登板して8勝5敗。高卒ルーキーとしては'67年に12勝をあげた江夏豊以来の好成績でシーズンを終えた。新人王こそ取れなかったが、同期の桑田が2勝に終わったのに比べると、十分すぎるほど順調な1年目だった。

「カープに強かったのが特に印象に残っているね。勝ち星の半分以上はカープ戦だったたんじゃないかな」

ルーキーイヤーの投手コーチだった米田哲也は振り返る。

「あのまっスラは特に左打者には効果があった。カープにはいい左打者がいたんで、その分、遠山を起用することが多かったし、よく期待にも応えてくれた」

しかし、ルーキーの遠山には、そうした自分の個性を自覚する余裕はなかった。

「自分としては、1年目はただ、周りのいうことを聞いて夢中でやったという感じでしたね」

夢中でやった結果の好成績。成績が上がれば、つぎは欲が出る。投球の幅を広げたい。もっと新しい投球がしたい。

ローテーションの一角に定着した1年目の後半、タイガースのベテラン左腕、山本和行は遠山から、「シュートの投げ方を教えて欲しい」と頼まれた。

「投手というのは自分にないものに憧れる。遠山の場合は普通に投げると、それがスライダーになるようなクセ球が持ち味だった。そこにシュートが加われば、投球の幅が広がると考えたんだろう。でも、それが落とし穴なんだ。幅を広げようとして、かえって本来の持ち味を殺すことがよくあるからね」

ひとまず握りなどは教えたが、山本は心配がないではなかった。ただ、自分から物怖じせず、教えを乞う姿勢には好感を持った。山本は最年長の投手であり、投手陣の中では孤高の存在だった。以前、兄弟同様につき合っていた後輩が、あっさり首を切られて以来、山本はチームメイトとのつき合いに一定の距離を置いていた。しょせん、ひとりひとりの力の世界である以上、必要以上の親密さなどお互いに苦い思いをするだけだと考えていたからだ。しかし、そんな山本に対しても、遠山は臆することなく、キャッチボールの相手を申し出たり、「家に遊びに行ってもいいですか」などと声をかけてきた。そんな物怖じしない、屈託のない性格の遠山を、山本は好ましく感じ、自宅に招いたりもした。それだけに、「シュートを覚えたい」という意欲に、不安を覚えずにはいられなかったのだ。

山本の不安は的中した。

1年目のオフ、アメリカの教育リーグに参加した遠山は、ひじと肩を痛めた。故障しただけでなく、投球の幅を広げようと、シュートやきっちりしたストレートの習得に取り組んだために、フォームを乱した。高校の途中から投手に転向した遠山は、投手としての経験が浅い。いいときのフォームがしっかり身についていなかったのだ。1年目には威力を発揮したまっスラは、まったく精彩を失い、遠山は平凡な投手になってしまった。2年目はわずか9試合に登板しただけで0勝3敗。3年目からはリリーフとしての出番がほとんどになり、2年間つづけて2勝したのみ。5年目にはとうとう勝ち星もなくなり、オフにはマリーンズにトレードされてしまう。同期の桑田はジャイアンツのエースとしての地位を固めていた。もう、遠山と桑田を比較するものなどだれもいなくなっていた。

マリーンズに移っても、遠山の出番はリリーフ、それも左打者へのワンポイントだった。しかし、それなりの評価は受けていた。当時のマリーンズの監督で、今、巡り巡って投手コーチを務めている八木沢荘六はいう。

「ワンポイントならある程度、安心して任せられました。でも、本人は野球そのものに迷いが生じていたみたいで」

マリーンズで4シーズン投手を務めた後、'94年のオフに打者に転向する。

「もともと僕は投手になったのが遅かったし、いつまでたっても投手は手探りという感じだったんで、思い切って打者に転向してみました。成績は思ったほど上がらなかったけど、いい経験だったと思います」

しかし、10年近くもプロの飯を食っている選手を、経験を積ませるためにだけ養っておくチームはない。'97年のオフには引退してフロント入りすることを奨められる。

「マリーンズからフロント入りの話を戴いたときは、ありがたかったですね。でも、自分ではまだ現役でやれる自信があったし、いろいろ考えて自分はやっぱり野球が好きなんだと思って」

古巣のタイガースのテストを受けることにした。野手としてのチャレンジだった。

「ところが1日目が終わった後、当時ヘッドコーチをされていた一枝さんから、投手として投げてみろといわれまして」

二軍で打撃投手をしたことはあったが、本格的に投げるのは3年ぶりのことである。隣では投手としてのテストを受けていた先輩の仲田幸司や、今年スワローズで活躍している高木晃次がビュンビュン速い球を投げている。

「それを見たら、もう、ええわって気持ちになりましたね」

だがあきらめていたところに、意外にも合格通知が来る。

「うれしかったですよ。新人のとき、一軍に抜擢されたのより、ずっとうれしかった」

だが、すぐに活躍できるとは思っていなかった。投手としての筋肉がついていない。1年体を作り、2年目が勝負だ。

去年1年は敗戦処理がほとんどだったが、遠山は絶望はしなかった。秋季キャンプに入ると、だいぶ納得のいくボールが投げられるようになった。そして今年のキャンプを順調に過ごし、オープン戦に臨む。

「オープン戦の最後に、ブルーウェーブの藤井さんにいい投球ができたんです。それが自信になりましたね」

そしてシーズンの開幕。開幕してからの活躍は、ここに繰り返すまでもない。


遠山の今年の活躍を見た専門家は、サイドスローに変えたのが成功の最大の要因だと口をそろえる。しかし、これははじめから意図して変えたものではない。コーチの八木沢によると、多分に偶然の産物だという。

「より幅広くコーナーを使うにはどうするか。具体的には持ち球のまっスラをどれだけ左打者の遠くに投げられるかと考えているうちに、自然に腕が下がってきたんです」

もう、あれもこれもと完全な投手を目指してチャレンジする年齢ではない。使われる場面は左打者のときと決まっている。そのとき一番有効な投球をするにはどうするか。腕を下げたのも、いってみれば、なりふり構わぬ必要性が生み出した結果だった。

「僕の役割はとにかく左を抑えるということ。そのためだったら、いいものはなんでも取り込もうという気持ちがありますね」

いいものだったら、なんでも試してみる。もう、失うものはないのだから。そう腹を括ったとき、入団当初からの課題だった左打者への内角シュートも、自然に投げられるようになっていた。松井を完全に抑え込んでいるのも、個々の投球がどうというより、そのなりふり構わぬ姿勢のためといっていいかもしれない。

「打者を経験して、打者の立場だったらなにがイヤかということが考えられるようになりましたね。左打者は、やっぱり体に近いところを攻められるのがいやなんです。それに、僕と対戦する左打者はたいていいい打者で、僕よりずっといい給料をもらっている。だから、こっちは思い切って内角を攻められるんです」

いい給料を取っている相手だから思い切って挑んでいける。このあたりに元「兵隊やくざ」の面影が漂う。

入団14年目での復活。まわりは「苦節何年」とか「遠回りをして」などという。だが、遠山本人は苦労したとも思っていないし、遠回りとも思っていない。

「あっという間でしたよ。それに遠回りといわれるけど、それがなければ今の僕はないわけだし」

話していると、口調は謙虚だが、けっして屈折しているわけではない。苦労が表に現れないタイプと見た。こういう選手をあまり血涙を絞る苦労話の主人公に仕立てるのはかえって礼を失することになるだろう。「兵隊やくざ」の勝新だって、途中に泣きは入っても、最後は豪快に笑っていた。

「遠山がいなかったら、今ごろどうなっていただろうって、時々考えるんだよ」

投手コーチの八木沢がしみじみいった。

「たまたまうまく抑えてくれているんじゃない。しっかり勝負して打ち取っているんだから頼もしい。課題は右打者への投球だろうが、それがある程度目処が立てば、先発という可能性もあるんじゃないかな」

2年前の秋には、もうほとんど野球から見放された男が、今は投手陣を支える重要な柱になり、先発にまで昇格するかもしれない。だが、先発を言い渡されても、今の遠山なら、おそらく、「そうですか」といっただけで、すたすたとマウンドに上がり、役割を果たして帰ってくるだろう。たった1日のテストできわどく野球界に生還したことに比べれば、今年14年目の男にとって、先発への転向など、特別恐れることではない。

ホーリックス

ニュージーランド発、オグリの記憶

ポプラやプラタナスの高い並木で区切られた放牧地。春のはじめだというのに、ニュージーランドの草は青々としている。広い放牧地に遊び相手の鹿毛馬を従えて、芦毛がゆったり草を食んでいる。声をかけると、人懐こく駆け寄ってきた。見慣れぬ訪問者に興奮するでもなく、顔を近づけてくる。その体を見て驚いた。これが26歳の牝馬か。

かつて活躍した牝馬が、繁殖生活に入り、その役目を終え、悠々自適に暮らす。北海道の牧場でも時々見かける光景だが、たいていは、その牝馬の変わりように驚く。背中も腹も重力に抵抗するのをあきらめたように垂れ下がり、足許はおぼつかなく、動きは緩慢でなにがあってもまず走ったりはしない。

ところが、日の前にいる26歳は美しい背中を保ち、刺激があるとすばやくダッシュする。

3年前に繁殖生活から引退した馬がこれだけの若さを誇示しつづけているのは驚きだった。今でもウエスト50㎝台を保つ、かつての美女コンテストの女王。

そう、この馬は、たしかにかつて、世界一の牝馬だった。ちょうど20年前のジャパンカップで、驚異的なレコードタイムをたたき出し、日本のオグリキャップの猛追を退けて、当時の世界最高賞金を南半球に持ち帰ったホーリックスはいまも元気に故郷ニュージーランドで暮らしている。

「晩年？　ご冗談でしょ」

あきれて見ているこちらに向かって、高らかにいなないた姿に、20年前の東京競馬場での凱歌が重なって聞こえた。

1989年はバブル景気真っ盛りのころである。好景気に勢いづいた日本人は、外国の土地を買い、ロックフェラーセンターを買い、ゴッホの絵を買った。日本中の誰もがなにかを「激しく求める」時代だった。

当然馬も買う。'80年代後半は、毎年のように欧米のGI馬が日本人のものになった。'89年のジャパンカップはこうした空前の好景気の中で行われた。凱旋門賞馬で日本人オーナーに買われたキャロルハウス、やはり日本人オーナーが所有する欧州のGI馬アサティス、この年になって4連勝のイブンベイ、アメリカからは前年の優勝馬ペイザバトラーと2400mの世界レコードを出しているホークスター。顔ぶれはジャパンカップはじまって以来の豪華版だった。マネーの時代に、世界中から世界最高賞金をめざして馬と人が集まったのだ。

「激しく求める」時代の日本にはオグリキャップがいた。前の年、公営の笠松から中央競馬に移籍したオグリキャップは、横紙破りの強さを発揮して、中央の血統馬を蹴散らし、1歳上の強豪タマモクロスと激しくトップを競った。ともにめずらしい芦毛だったこともあり、2頭の出るレースはファンを二分して盛り上がった。

2度タマモクロスに先着を許し、最後の有馬記念で一矢報いて最強馬のバトンを受け取ったオグリキャップは、9カ月の休養が明けた4歳（以下、年齢は現行表記）の秋になると、前例のない行軍に出発する。

9月のオールカマーを圧勝すると、中2週で出走した毎日王冠では春の天皇賞馬イナリワンとの死闘をハナ差しのいで天皇賞・秋に王手をかけた。しかし、天皇賞では20歳の武豊に導かれたスーパークリークの絶妙のレース運びに屈する。

普通ならここからまっすぐ1カ月後のジャパンカップに向かうのがトップホースの常道だった。ところがオグリキャップは間にマイルチャンピオンシップをはさむ異例のルートを選んだ。ジャパンカップには連闘で臨むというのだ。

「無謀だ」

「人の欲で馬をつぶすな」

そんな声もあがる中、マイルチャンピオンシップでは、不可能と思われた位置から巻き返してバンブーメモリーを差し切り、騎乗した南井克巳とファンを感激させた。目の前にあるタイトルはなんとしても手に入れる。目の前の馬は絶対に捕らえて追い抜く。「激しく求める」時代の旗手であるオグリキャップは、1989年の匂いを強烈に放ちながら、ジャパンカップに出走してきた。

高額で買われた凱旋門賞馬、欧州を席巻した連勝馬、世界レコードの快速馬、好景気と欲望の時代のシンボルのようなアイドル馬。さまざまな看板を背負った馬たちの中で、ニュージーランドとオーストラリアのGⅠを3勝した「だけの」ホーリックスは影が薄かった。オセアニアのレベルは日本に比べて低いわけではなかったが、知名度は高くない。単勝は9番人気。デビューから31戦も使われている6歳の牝馬に世界の強豪を向こうに回して好勝負する力はないというのが、ジャーナリズムの大勢だった。

ホーリックスの調教師だったデビッド・オサリバンは今年76歳になった。ホーリックスが暮らしているニュージーランド有数の大牧場、ケンブリッジスタッドから30分ほどのところにあるマタマタという町で、こちらも優雅な引退生活を送っている。マタマタにある小ぢんまりした競馬場の隣に豪邸を建てて馬を眺める暮らし。日本なら「ホーリックス御殿の殿様」とでも呼ばれるかもしれない。

「そうかい。もう20年になるんだね。でも印象は少しも薄れていない。調教師としてのキャリアの中でも、あのレースは特別なものだったね」

桜の咲く庭のテラスでしっかりした口調で語り始めた。ホーリックス同様、印象は年齢よりもはるかに若い。ニュージーランドでは人も馬も年を取らないのか。

「あの馬はデビューして1年ぐらいはあんまりぱっとしなかった。でも母方の血統から見て晩成だと思っていたので、あまり気にかけなかったね。だんだん力がついたので、ジャパンカップの1年ぐらい前から意識して、招待馬を選考する人の目に留まるように努めた。ジャパンカップはいくら自信を持っていても招待されなきゃ出られないからね」

ニュージーランド最強といわれたボーンクラッシャーを破るなどの実績を認められ、みごと日本行きの切符を手にしたとき、すでに準備は万端だった。

「ジャパンカップは2400mなので、それに対応できるように調教でも長い距離を乗るようにしていた。日本に入ったのも外国馬の中では、ウチのが一番早かったんじゃないかな。ホーリックスの3年前に、アワウェイバリースターという馬をジャパンカップに出走させたんだが、そのときは馬が環境に慣れるのに苦労して、よい結果が残せなかった。だから早く日本に連れて行ったんだ」

招待馬はしばらく1頭だけ隔離された国際厩舎で過ごさなければならない。そのための秘策も用意した。

「長男のポールのアイデアで、鏡を買っていったんだ。人間の全身が映るぐらいのやつ。それをホーリックスの馬房の中に入れた。鏡を見ることでさびしがらないですむと思ったからなんだ」

策は当たり、ホーリックスは1頭だけの環境でもいらいらしたり、意気消沈したりすることなく、落ち着いたコンディションで本番を迎えることができた。

「だから馬の状態には自信があった。ホーリックスは良馬場で特に力を発揮する。東京コースは晴れていれば、速いタイムの出る良馬場になるからホーリックスに向いていた。2400mの距離はスペシャリストといってもいいくらいだし」

とはいうものの勝つ自信があったとまではいい切れない。

「欧州の馬はシーズンが終わっているので、完璧な状態ではないと思っていた。ただ、凱旋門賞馬の看板にはちょっとビビッたけど」

ホーリックスの手綱を取ったのは、デビッドの次男、ランス・オサリバンである。レース当時は26歳の美青年ジョッキーだったが（イケメンという言葉はもちろんなかった）、数年前に騎手を引退して、今は牧場を経営している。いたるところに競馬場、牧場のあるニュージーランドでは武豊に匹敵するスーパースターである。

「ぼくが日本に行ったのはレースの4日前。ひと目見て、いい状態だと思ったね。レースの2日前、金曜日の調教で3ハロン33秒（芝コース）というすごいタイムを出したときは勝てると思ったよ。ぼくだけじゃない。バックアップしてくれる仲間もみんなそう思った。だから、仲間たちはレースでホーリックスの単勝馬券をごっそり買ったらしい。ぼくとオヤジは規則で買えなかったけどね」

去年11月の第2回ジョッキーマスターズにも来日して、変わらぬ俊敏な騎乗ぶりを見せてくれたランスは、いつもジョークを絶やさない明るい男である。

「ホーリックスの前に、何度か日本で騎乗していて、日本のレースはハイペースになると予想していた。出走する全部の馬のレース、それまでのジャパンカップのすべてのレースもビデオで見て、流れは速くなり、タフなレースになると思った。でも、そうなれば長いところで実績のあるホーリックスにチャンスがあるって」

鍵は東京コースの直線の坂にある。それがランスの見立てだった。

「東京コースでは、坂を上りきったとき、先頭に立っていれば、ゴールまでの残り1ハロンはなんとか我慢できる。逆に、坂を上りきってから追い込んで前の馬を捕まえるのはむずかしい。坂を上った時にトップにいるというのが作戦だった」

レース当日は絶好の快晴。良馬場である。まだ洋芝がまかれていなかった東京コースは一面枯葉色になっていた。馬場が硬く乾いているのは明らかだった。

「速いタイムが出る」

予想家もファンも、騎手や調教師も一様にそう考えた。


だが実際にはじまったレースは、そうした予想をしのぐ、前代未聞のハイペースで展開した。直前のレースで当時の2400mの世界レコード、2分22秒8を出したアメリカのホークスターが逃げると思われたところを、この年絶好調の英国馬イブンベイがかぶせるように先頭に立って、後続を引き離しはじめた。スタートして200mからは11秒台のラップが4つ並んだ。1000mの通過は58秒4。1600mの安田記念でもめったにないラップである。

南井の乗るオグリキャップと武豊が乗る1番人気のスーパークリークは3番手とやや離れた4、5番手につけた。有力とみられたキャロルハウスはその直後、ホーリックスはホークスターのうしろの3番手を進む。3番手までの馬はこの速い流れでは直線で失速するだろう。オグリキャップやスーパークリークもハイペースに巻き込まれて自分を失っているかもしれない。早めに先頭に立って、うしろから追い込み馬が来たとき、果たしてがまんできるか。

ホーリックスに乗るランスにも速い流れはわかっていた。

「まるで1600mのレースみたいだったよ。ホーリックスは内側の2番枠を引いていたんで、包まれてはだめと思って2番手につけたんだけど、あまり速いのでいったん3番手に下げた。それがよかったんだね」

イブンベイとホークスターのスピード比べには加わらず、インコースで流れに乗りながら脚をためる。26歳の計算は冷徹だった。

「4コーナーの手前でイブンベイが捕まり、先頭に立ったホークスターも、直線を向くときに見たら、外に外によれている。苦しがっているんだ。こっちは手ごたえ十分。後ろの馬も脚はない。いけると思った」

直線を向き、2頭の先行馬の間を割るようにしてホーリックスが先頭に立った。600

m近い直線の長さを考えると、早すぎるようにも見えた。しかしランスは、このタイミングに絶対の自信を持っていた。

「パーフェクトなタイミングさ」

追い込もうとする馬たちも前半からのハイペースでなし崩しに脚を使い、もどかしげにもがく。スーパークリークもキャロルハウスも伸びてこない。

その中で1頭、外を通った芦毛がぐんぐん先頭に迫ってきた。オグリキャップだった。だらだら坂で差を詰める。「激しく求める」時代の代表は、1週間前のマイルチャンピオンシップを再演するように、追って、追って、追いすがった。だが、同じ黒い帽子の騎手をいただく同じ芦毛の牝馬は、音を上げそうで上げない。ついに並ぶところまでは行かず、坂が終わった。坂を上がってしまえば、前にいる馬はもう止まらない。ランスの計算どおり、最後は同じ脚いろになった。オグリキャップは肉薄したが、内の芦毛ホーリックスがわずかに先んじていることは18万を超える大観衆、ほとんどがオグリキャップの名を叫んでいた観客たちにも理解できた。

「オグリキャップが来たときは心臓が止まりそうになったよ」

そのとき、スタンドで声をからしていたデビッド・オサリバンが振り返る。

「すごい迫力だったからね。オグリキャップが特別な馬であることはなんとなくわかっていた。だって装鞍所からものすごい数の人が彼の周りを囲み、彼のほうを見ているんだから。馬場に出てくるときの歓声もすごかった」

しかし、特別な馬、自分たちのアイドルホースが敗れても、日本の観客は破った馬を軽んじることはなかった。

「ほかの馬は地下道を通って帰るけど、勝った馬だけはファンの前を通って検量室に行く。ウイニングロードは長くて気持ちがよかったなあ」

手綱を取っていたランス・オサリバンは思い出して思わず声が裏返った。

「実はゴールしたとき、オグリキャップの南井さんが声をかけてきた。お前かってね。お前の馬が勝ったかっていうんだ。自分の国なら自信を持って答えられるけど、日本では自信がない。そっちじゃないかって一応は答えた。でも、正直にいうと、腹の中では、絶対オレだ、オレの馬が勝っていると思ってたんだけど」

ランスの判断は間違っていなかった。

賞賛の声とオグリキャップが敗れた落胆の声が入り混じる複雑なざわめきの中を、ホーリックスが戻ってきた。そのうしろの着順掲示板には、レースの走破タイムが表示されていた。ホーリックスは2400mを2分22秒2で駆け抜けていた。東京コースのレコード、日本レコードであるばかりか、この日の出走馬ホークスターが前の月に出した世界レコードすら大きく更新する世界新記録だった。凱旋門賞馬も、世界レコードホルダーも、日本の5頭のGI馬も、みなニュージーランドからやってきた30戦を超えるキャリアを持つ、歴戦の猛女の前にひれ伏したのだ。

「あのレコードはすごいと思うよ。今でも価値がある。自分が乗って出したからいうわけじゃないけど、20年前にあんなタイムで走ったんだから」

2が4つ並んだレコードはランスの誇りだ。ホーリックスのレコードは長く残ったが、2005年のジャパンカップで、アルカセットにより更新された。といってもわずか0・1秒だが。

注意しておかねばならないのは、アルカセットが更新したときの東京コースは直線がホーリックスのころよりも長くなっていたという点だ。直線が長いほうが速いタイムが出るのは当然である。

また、アルカセットが速い流れの後方につけて、直線で一気に追い込んでレコードをたたき出したのに対して、ホーリックスはハイペースの3番手につけて直線に入ったところで先頭に立つ「自力」のレースで驚異的なタイムを出したことも記憶しておきたい。2分22秒2という印象的な数字の並びとともに、このレコードは不滅といってもよい。

ニュージーランドでは日本で馬服と呼ばれるカバーをつけて放牧されることが多い。馬服をつけたほうが毛並みがきれいに保てるし、太陽の影響も受けにくい。ホーリックスも普段はほとんど馬服を着せられている。そのせいか、毛艶は驚くほど鮮やかだ。芦毛馬はほくろががん化するメラノーマなど皮膚の病気にかかりやすい傾向があるが、ホーリックスはそんな病気とは無縁で、元気に子どもを送り出してきた。産駒の中では南半球最大のレース、メルボルンカップ（日本のデルタブルースも勝った）に優勝したブリューがもっとも有名だが、デビッド・オサリバンによればブリューよりも優れた産駒がいたという。

「ブリューの上のバブルという馬さ。こいつは間違いなくブリューより素質があった。骨折で大成できなかったが無事なら大きなところをいくつも勝ったはずだよ」

ホーリックスと死闘を繰り広げたオグリキャップは、さらに曲折を経たのち、1年後の有馬記念で勝利して伝説的な名馬になった。オグリキャップが有馬記念を勝った翌年、バブル景気は終わり、「激しく求める」人と馬の時代も終わった。

オグリキャップと戦ったホーリックスの、最良の産駒の名がバブルというのは、やはりなにか因縁めいたものを感じないわけにはいかない。オグリキャップはもちろん、1989年の日本に舞い降りた最強牝馬にも、時代の刻印はしっかり刻み込まれていたのだ。

三沢光晴のルーツを巡る

1枚のモノクロ写真がある。写っているのはリングである。中央でレスラーがヘッドロックで相手を締め上げている。締めているのは三沢光晴である。ロープ越しにこんもりした木立ちと薄墨色の夜空が見える。野天の試合だ。

1981年8月21日、浦和競馬場正門前駐車場での全日本プロレスの興行、越中詩郎との試合。それが三沢のデビュー戦だった。当時、全日本プロレスは年間200試合ほどの興行を組んでいた。地方巡業は日常で、屋外での試合も珍しくなかった。

写真の中の三沢は、まだ19歳になったばかりだから当然若々しいが、きっちり固めた髪型のせいもあり、年齢よりは上に見える。なによりヘッドロックで越中を押さえつけている姿にはデビュー戦とは思えない落ち着きが感じられる。もう何年もプロレスのリングに上がっているようなたたずまい。若さはあるが幼くはない。どんなスポーツでもデビューしたては尻にアマチュアの殻をくっつけている。例えば野球の投手なら、ボールの速さはプロ並みでも、ロージンバッグを取る動作などに微妙な「アマ臭さ」が漂う。しかし、古いモノクロ写真の中の三沢にはそうした匂いが漂ってこない。

写真を見ながら、妙な表現が頭の中に浮かんできた。それは写真だけでなく、そのときまでに聞いて歩いた若いころの三沢の話から作られた印象なのだが。

「最初からプロだったプロレスラー」

三沢はアマレスの出身である。高校入学と同時に始め、3年間はほとんどの時間をアマレスに捧げた。

「練習の休みは大晦日の午後から正月3日の午前中まで。正月3日の午後には全員集合して練習していました」

高校で三沢と同期だった掣圏真陰流興義館館長の渡部優一によると、そのスケジュールで3年間過ごしたという。朝は6時に起きて6時半から授業が始まる直前まで練習、午後は3時から9時ごろまで。1日8時間も珍しくなかった。三沢や渡部が通った足利工大附属高校は、当時も今も全国有数の強豪校である。'80年に地元での国体開催を控えて、学校は有力選手をリクルートした。三沢もその運動センスを見込まれ、埼玉県越谷の中学から国体要員のレスリング特待生として足利にやってきた。部員は全員が学校内の寮生活。

「8畳の部屋に4、5人が相部屋。押入れに寝るのもいた。当時はそういうものだと思っていたので、不満をいうやつはいませんでしたが、メシがまずいのには参った」

渡部によれば、とにかく体を作らなければならないし、若いから腹も減る。納豆メシをかき込み、牛乳で流し込むような毎日だったという。三沢はきつい練習にも特に不満をいうわけではなく、黙々とこなしていた。同期6、7人の中では目だって背が高かったが、身のこなしは抜群で、誰の目にも格闘技の素質は明らかだった。

だが、優れた素質に恵まれながら、気持ちがアマレスにないことも、指導者や部員の間では知れ渡っていた。

「彼は越谷の中学の先生の紹介で足利に来たんです。その先生が言うには、中学を卒業したらすぐにプロレスをやりたいといっている生徒がいる。しかし親も教師の自分も高校は出ておいたほうがいいと思っている。器械体操をやっていて運動の素質は間違いない。そちらで預かってくれないかという話でした」

当時の監督、大島大和はふり返る。大島は会ってみてすぐ三沢のレスリングの素質に驚いた。

「背は高かったが、器械体操をやっていたので体の使い方が抜群にうまい。中学生ぐらいで大きな子は、なかなか思ったとおりに体を使いこなせないものなんです。だから身体能力は文句なかった」

プロレス志望は聞いていたが、大島はあまり気に留めなかった。素質を生かして勝つようになれば、アマの競技の魅力に目覚めるだろう。そのうちオリンピックをめざすとでもいいだすさ。自らもオリンピックをめざした大島はそんな風に考えていた。

だが、三沢は志望を変えなかった。それどころか、足工大附高に入ってしばらくした時、寮を抜け出して、全日本プロレスの門を叩いた。馬場の大ファンだった三沢にとって、プロレスはすなわち全日本プロレスだった。

「たまたまジャンボ鶴田さんがいて、高校を出てから改めて来なさいといわれて引き下がったといっていました」

帰ってから渡部にそう打ち明けたが、明らかに不満そうだったという。高校を出て、できれば「普通に就職して欲しい」と願う家族、素質を生かしてアマレスの世界で活躍して欲しいと考える指導者、両方から相当泣かれ、叱責されたようで、高校在学中は二度とプロレス入門を試みることはなかった。

では、いやいや高校の練習をしていたかといえばそうともいえない。胸のうちは、周りには見えにくかったが、少なくとも練習態度などに不満は見えなかった。

監督だった大島は三沢の練習態度を「平らな練習」と表現した。面白い表現である。「絶対にオリンピックに出る」といって部員の先頭に立って死に物狂いの練習をするようなことはない。だからといって露骨に手を抜いたり、不満を見せるようなこともない。まるで仕事のように、毎日のタフな練習に耐えた。

「口数は少ないほうで、ひとことでいえば大人だったね」

大人に見えたのは、大人としてふるまわなければならない事情を、三沢が抱えていたからかもしれない。

三沢は、「埼玉県越谷市出身」と書かれることもあるが、正確には北海道の夕張市出身である。'00年に出版された自伝『船出』によると、夕張の炭鉱に勤める父と夕張生まれの母の間に生まれた。２歳年上の兄がいる。しかし、炭鉱の人員整理で、一家は仕事を求めて越谷に移り住んだ。そして小学校１年の時、両親が離婚し、三沢は母に育てられるようになる。母と男の子ふたりの生活は決してゆとりのあるものではなかったろう。

三沢が中学を出たらすぐにプロレスに入ろうと考えたのは、単に子どもらしい夢の実現というだけでなく、家庭の事情もあったはずだ。

渡部は高校に入ったばかりのころ、練習が終わったあと、涙を流している三沢の姿を印象深く記憶している。

「練習場のベンチプレスの脇で、なぜか泣いているんですよ。練習がきついとか、ホームシックになってとかいうのじゃない。どうしたんだと聞くと、『かあちゃん、大丈夫かな』っていうんです。自分がさみしいというのではなく、お母さんを残してきて心配だということだったんでしょう」

すでに兄は独立し、家には母がひとり残っていた。

「早く稼いで、楽させてやりたい」

家の事情をペラペラ話すような三沢ではなかったが、ときどき、そんな言葉を親しい仲間には漏らしていた。

だからといって、三沢の高校生活が、重苦しい灰色のものだったとはいえない。時には少年漫画のような痛快な場面を演じて見せたりもした。

「当時、三沢には埼玉に付き合っている彼女がいた。日曜日の午後から月曜日の朝6時まではは練習がないから、その時間を使って彼女に会いに行っていた。いつもはきちんと月曜に練習開始に間に合うように帰ってくるんですが、ある時、帰ってこないことがあった」

全員集合で練習がはじまる。三沢がいない。

「どうしたんだ?」

監督、コーチに聞かれた渡部たちは「トイレじゃないですか」などといってごまかした。

学校の外周道路でランニングがはじまる。

「その道は駅からの道につながっているんです。ぼくらが何周か走っている間に、遅れた三沢がやってきていつのまにか合流した。そのままなにげない顔で練習していましたよ」

コーチから「どうしてたんだ」と聞かれた三沢は「走ってました」と見え透いたことを平気でいっていたという。もちろんコーチ、監督も遅刻は大目に見た。ふだんの練習態度が信頼されていたのだ。なんだか学園ドラマみたいな牧歌的なエピソードである。

アマレスに大きなやりがいを見出していたわけではない。練習は過酷だったし、寮生活も楽しいことばかりではなかったろう。彼女との短いデートぐらいしか息抜きはなかった。それでもレスリングの練習を逃げ出すことはなかった。プロレスラーになるために、乗り越えなければならない苦行とでも考えていたのだろうか。

三沢は高校3年の夏、高校選抜メンバーの一員としてアメリカに遠征した。コロラドスプリングスでの19歳以下の世界大会に出場するほか、グランドキャニオンやハワイも回る2週間ほどの旅だった。

千葉レスリング協会の佐藤秀男は、この遠征で三沢と知り合う。遠征中、選手は数人ずつ分かれて地元の人の家にホームステイしたが、三沢と組んだのが佐藤だった。

「現地の日系人女性の家にふたりでお世話になりました。鮭の塩焼きを出してくれたのが忘れられないですね。当時珍しかったウォーターベッドがあり、ふたりではしゃいだりしました」

千葉の八千代松陰高校の選手だった佐藤と三沢は階級が違うため対戦したことはなかったが、ともに高校生としては大柄だったこともありなんとなくウマが合った。

「物静かで落ち着いている感じのやつでね。自分と似ているなって思いました」

この大会で世界3位になる佐藤は、87キロ級という重いクラスだったこともあって、プロレスから誘われたことがあった。

「全日本プロレスです。でも、行く気はまったくなかったので断りました。そのころはやはりオリンピックに出てメダルを獲って、というのが夢でしたね」

佐藤によれば、プロレスラーになる可能性のある重いクラスの選手でも、高校生の時点でプロレスを志望するものはほとんどいなかったという。

「だから、いっしょにホームステイしている時、三沢がプロレス志望だと聞かされて、不思議な感じがしましたね。こっちも高校生だから思ったことを口にする。お前、進学しないなんておかしいんじゃないかなんてはっきりいったりしました」

世界大会に出場するような選手なら、大学でも学費をめんどう見てもらいながらレスリングに専念できる。オリンピックをめざすこともできるし、社会人になるときも就職口が見つけやすい上、競技にも打ち込める。一方、トップレスラーになればともかく、中堅のプロレスラーになっても華やかな生活が待っている訳ではなく、ケガの不安もつきまとう。若い佐藤には三沢のプロレス志望が今ひとつピンと来なかった。アマでの素質がない、プロレスオタクならともかく、三沢くらいの能力があれば、競技生活だって大きな可能性を秘めているのに。

「でも、全然こっちの話は聞いていませんでしたね。ひとこと、全日本プロレスに行くっていったきり、あとはニヤニヤしていました」

高校生で日本を代表するメンバーに選ばれ、外国を見る。今から30年前のことだ。誰にでもできる経験ではない。その世界でやってみたいと考えるのが普通だろう。しかし屈強な外国人選手と五分に渡り合っても、グランドキャニオンの展望台で無邪気に歓声をあげても、ハワイのビキニ美女に鼻の下を伸ばしても、三沢の志望は変わらなかった。

三沢が全日本プロレスに入門を許されたのは1981年の3月である。卒業証書の墨文字がようやく乾いたばかりで、ほんとうに待ちに待ったプロレス入りだったことがわかる。入門志望者は常にいたが、残る者は限られていた。三沢といっしょに入った4人は全員1年も経たずに辞めていった。三沢の上にターザン後藤、その2年上に越中詩郎、そして三沢の1年後に川田利明が入門する。ほぼ1年にひとりという「少数精鋭」だった。

3月に入門して8月デビューというのは当時のプロレスでは異例の速さである。普通は速くても1年はかかるのだが、5カ月でシングルマッチの舞台が与えられたのは、やはり並外れた素質のおかげといってよいだろう。

「教わったことの飲み込みが早くてね。それですぐにデビューすることができた」

対戦相手を務めた越中の第一印象は「おとなしい男」というものだったが、骨格が太く、スタミナがあって、練習に付き合うとまず音をあげることがない。それで一目置くようになった。

「どういうものかはわからないけど、内に秘めたものがあるように思いましたね」

入門から3年後の'84年春、三沢はメキシコ遠征に出る。越中といっしょだった。

「ホントはアメリカのはずだったんですが、ワーキングビザが下りなくて、しかたなくメキシコに」

ふたりはタッグを組み、メキシコ各地を転戦する。

「ほぼ休みなしでしたね。週末は観客の多いメキシコシティの大きな会場で試合をして、月曜からは地方で試合をする。大きな国だから移動は大変だったし、食事や水(一度は下痢をするといわれる)の質にも苦しんだ。でも、苦労とは思わなかった。いっしょだったのが三沢というのもありがたかったですね。手のかからない男なんです。こっちがこうしたいというと黙って付き合ってくれるし」

三沢は「飛んだり跳ねたり」の多いメキシコのスタイルにもすぐに順応したという。相手がトップロープから飛びかかって来れば、自分もすぐに同じ技で応戦する。その順応性に驚いた。

そうした軽さが見込まれて、三沢は二代目タイガーマスクになる。苦しいが楽しいことも多かったふたりのメキシコ遠征は、三沢がわずか3カ月程度で、急遽呼び戻されたことで終わる。日本に帰った三沢には虎のマスクが用意されていた。

東京スポーツ写真部の木明勝義は三沢が全日本プロレスに入門した年に東京スポーツに入った。

「同期ですね。だからなんとなく親近感がありました」

三沢のほうも年齢やキャリアが近いこともあって、木明にはフランクに接した。

「練習場を彼女が訪ねてきたことがあって、2ショットの写真を頼まれたりしました」

このときの彼女が高校時代の相手かどうかはわからない。「母親でも彼女でも、女性には優しい」(渡部優一の評)三沢はなかなかモテたようだ。

「メキシコに行く前、越中さんとのプロモーション用の写真を撮影したことがあります。

日本人選手を強調するように法被を着た2ショットでしたね」

親しみを感じ、またロープワークなど独特の資質にも感心した木明だったが、のちに団体のトップに立つようなレスラーになるとは思っていなかった。

「体の大きさからいって、ジュニアのトップという感じかなと思っていました。タイガーマスクや新日本の藤波辰爾の線ですね」

しかし、二代目タイガーマスクから四天王時代を経て、木明の予想を裏切り、三沢は団体のトップに上り詰めてゆく。そのプロセスを語るのは、この稿の役割ではない。

「三沢は迷わなかった」

「一度もぶれなかった」

入門以前の彼を知る人は、異口同音にそういった。

アマで国体優勝を果たし、将来を嘱望されていた三沢には、多くの大学、社会人から誘いがあった。母親も大学進学か社会人でアマレスを続ける、つまりプロレス以外の道を選ぶことを望んでいた。

「大学からの誘いも多かったし、特に熱心だったのは自衛隊体育学校でした。ここなら学費もいらないし、将来も安定している。どこがいいのだろうと私もおかあさんから相談を受けました」

監督の大島も進学を勧めたが、三沢は首をタテに振らなかった。

「早く自立して、家を助けたいという気持ちが強かったんじゃないかなあ」

同期の渡部は三沢の決意の強さに驚いたことがある。

「たとえプロになっても、アマレスでオリンピックに出たり、全日本に優勝していたりすれば勲章というか、肩書きができる。実際、ジャンボ鶴田さんなんかはそうでしたからね。監督さんなどはそういう肩書きを作ってからプロに行っても遅くはないんじゃないかといっていました。肩書きがないんじゃ、スターとして伸びてはいけないぞって」

それに対して、三沢は「オレは一生リング作り担当でもいいんだ」といい放ったという。

この決意の強さはどこから来たものだったのだろう。「自分で稼いで家族に楽をさせたい」という気持ちも強かったろう。子どものころから抱いていたプロレスの華やかさへの憧れもあった。

しかし、それだけでは三沢の固い決意は説明しきれないように思われる。

三沢は「自分がやられていやなことは、他人にもやらない」男だった。30年前の高校の運動部は上級生の「しごき」めいた練習が当たり前だった。しごかれた下級生は上級生になった時、今度は下級生をしごく。しかし、三沢はそういう連鎖を自ら率先して断ち切った。プロレスラーになっても、先輩レスラーの理不尽な強制や「かわいがり」ははっきり拒否した。正義感の表れでもあるが、1対1で組み合うマットの上が、怨恨やいじめの舞台になるのが我慢ならなかったのではないか。うそをつかず、誰にも強制されることなく、自分の身体だけで何かを表現する。相手もそれを正面から受け止め、自分らしさを返してよこす。そんな交歓を望んでいたのだろう。

アマは極論すれば、「自分が勝てばいい」世界である。相手の何かを引き出す必要はない。三沢が違和感を感じ、背を向けたのは、アマのそんな側面だったのではないか。

しかし、自分の個性も相手の個性も存分に見せながら、見るものを満足させるパフォーマンスを長く続けるのは、自ら選んだスタイルとはいえ大きな負担である。

高校の時、いっしょにホームステイした佐藤は、一時交際が途切れたが、タイガー時代にまた顔を合わせるようになり、以来2カ月に1回ほどの割合で酒を酌み交わしてきた。

「そこにはレスラーはほとんど来なかったですね。いろんな人が7、8人集まって飲む。飲んでも無口だから、2時間ぐらいあいつはなんにもしゃべらないんですよ。話しはじめてもプロレスの話題はまず出さなかった」

高校のころから、「プロとしてのプロレスラー」の道をまっすぐに進んで来た三沢にとって、気の置けない友人とプロレスを離れて飲む酒は特別な意味があったのかも知れない。

そこに「最初からプロだったプロレスラー」三沢光晴のかすかな吐息が聞こえる気がする。

第四章 頂上の記憶

阿萬亜里沙

アリサは帰ってきた

'91年8月27日。国立競技場のトラックでは、世界陸上選手権女子100mの決勝が始まろうとしていた。6時を回るとスタート地点に8人の選手たちが姿を現した。双眼鏡を向けると、二人の選手が目に飛び込んできた。ジャマイカのマリーン・オッティとアメリカのエベリン・アシュフォードだ。オッティは鮮やかな黄色い髪留めで長い髪を束ね、いくぶん胸を反らし気味にしてスタート地点を歩き回る。アシュフォードはいつものようなショートカットで、うつむき気味にトラックの前方に視線を投げている。

二人とも30歳を越えたベテランのスプリンターだ。二人の表情からは、レース前の緊張は読み取れない。むしろ、年齢的には峠を越えたといわれながら、決勝に進出できた喜びと、長くトップを維持してきたスプリンターとしての誇りや自覚が自然に湧き出ているように見えた。

二人の姿を眺めながら、以前見た日本選手権の女子100mのスタートを思い浮かべた。そこに並んだ選手たちの顔には、走る喜びよりも、つらいトレーニングや過酷なレースの苦痛や不安がにじみ出ているように見えた。オッティやアシュフォードとは対照的な表情だった。

なぜ彼女たちが人一倍つらそうに見え、オッティやアシュフォードにはそんなつらさが見えないのか。もしかすると、日本の女子スプリンターとオッティやアシュフォードとの間には、トレーニングや資質の違いよりももっと別の違い、スプリンターとしての喜びや悲しみのあり方の違いがあるのではないか。そんなことを考えるうちにスタートの時間が来た。

走ることが好きで市民ランナーになり、そこから全日本クラスの選手にまで成長するケースもある長距離と違い、日本の女子のスプリンターは、早くから素質を見いだされ、好き嫌いの別もなく短距離という種目を選ばされ、修道女のような生活を強いられながらトレーニングを積む、というケースが多いのではないだろうか。そしてようやく走る喜びがわかりかけたころ、彼女の肉体は、ピークを過ぎてしまっている。偏見かもしれないが、多くの女子スプリンター、特に高いレベルにある選手ほど、その競技生活は幸福という視点から遠ざかってしまうような気がしてならない。

ただし、特異な例がないわけではない。

阿萬亜里沙、というスプリンターの話をしようと思う。この印象的な名前を持ったスプリンターは高校2年で100mの日本記録を出し、その記録は13年間も破られなかった。

だが、彼女が特異だったのはそれだけではない。高校を卒業すると、あっさり陸上とは縁を切り、一度もスパイクに足を通すことなく、2年半を過ごした。そして突然カムバックし、再び日本のトップクラスに返り咲いた。トップランナーが2年半ものブランクの後、再び同じ地位に返り咲いたケースは、日本はおろか、世界でもほとんどないといってよい。

彼女の軌跡をたどることで、大げさに言えば、女子スプリンターにとっての喜びや幸福とは何か、というテーマに少しでも触れてみたいというのがこのドキュメントの狙いである。


阿萬亜里沙は宮崎の生まれである。日南市で生まれ、宮崎市で育った。

小学校時代は、ぜんそくのため、ランドセルの中にいつも薬を忍ばせているような少女だった。

「人より遅れて登校したり、早退したり。保健室と仲良しだったんですよ」

それでも、走ることだけは速かった。運動会では1番以外の記憶がない。

中学に進むと、足の速さに目をつけられ、陸上部に誘われた。

「その頃ちょうど新体操がブームになりかけていて、中学に進んだら、自分もやってみようと思っていました。でも、どうしてもというので、陸上も一緒にやるようになりました。

やるというよりやらされるという方が正確かもしれません」

いやいや走り始めた陸上だが、始めてみるとやはり非凡な才能があった。中学２年の夏休みに開かれた全国規模の大会では１００ｍで３位、３年の秋のジュニア・オリンピックという大会では優勝をさらう。

身長１４６cm、体重37kg。小学生と見まごうばかりの小さな体格だったが、俊敏なスタートダッシュは中学生の水準を超えていた。

宮崎では、阿萬が高校３年になる年、国体が開かれることが決まっていた。高校で順調にトレーニングすれば、地元は有力な優勝候補を抱えることになる。周囲の期待は高まった。中学の３年間、いつも、

「陸上をやめさせてほしい」

と訴え続けていた阿萬だったが、こうした期待に背を向けるほどの勇気は中学生にはない。高校でも陸上を続けることにし、宮崎工業に進んだ。

「宮崎県内や鹿児島の高校から、いくつか誘いがあったんですが、私自身は商業高校に進んで陸上を続けるつもりでした。でも、宮崎工業の陸上部の先生方にお会いして、なんとなく引かれるものを感じたので、あえて男子だらけの工業に進んだんです」

宮崎工業の陸上部は、部員１５０人を数える大所帯だった。短距離を指導したのは順天堂大学出身の教員、藤井晃治である。中学時代から阿萬を見知っていた藤井だったが、手元に置いて見ると、あらためてその素質に惚れ込んだ。

「身体は小さかったけど、動きの速さ、敏捷性は群を抜いていました。高校生ぐらいでは、体力はあっても、自分の体を十分にコントロールすることがなかなかむずかしいんですが、彼女は教えなくてもそれができた。それ以前もその後も彼女のような生徒には会ったことがありません」

にきびだらけの威勢のよい連中がかっ歩する学校の中で、小柄でクリクリした目を持った「アリサ」はマスコットのような存在だった。陸上の練習で疲れ果て、教室で居眠りすることがあっても、教師たちは大目に見てくれた。変声期を過ぎたばかりの野太い声で、「アリサー」と呼びかける男子生徒たちもいた。

学校にはすぐになじんだが、陸上部の練習は厳しいものだった。

「とにかく練習がきつかった。毎日最低3時間は練習していました。休みはお盆に1日、お正月に2日あるだけ。それも元日は初詣を兼ねたマラソンが恒例だったので、実質は1年に2日だけでした」

試験がある時は、公式には練習は休みだったが、誰も練習を休むものはいなかった。依然として好きになれない陸上だったが、周りが走れば、自分だけ休むわけには行かない。

大所帯ということもあって、宮崎工業の練習はシステマチックだった。短距離、長距離、跳躍など競技グループごとにキャプテンが置かれ、その下に主任がいて、監督やコーチから渡されたメニューを正確に消化していく。メニューもその頃としては珍しいウエートトレーニングを取り入れたり、サーキットトレーニングを数多くこなしたりして大学のような内容だった。

ついていくのがやっとだったが、家族のバックアップが支えになった。父は市内の優秀なスポーツマッサージ師を捜し出し、毎日通わせた。どんなに練習で遅くなっても、父母と姉、祖母の家族は食事に手をつけずに待っていた。

「高校3年間、わたし、ずっと一番風呂に入っていたんですよ」

1年の夏。岡山でインターハイが開かれた。阿萬は100、200、400リレーに出場するが、いずれも準決勝で敗れてしまった。今まで一度も感じたことのなかったくやしさを、この時はじめて感じた。くやしさはつらい練習を続けるバネになった。

それでも、時々逃げ出したくなることもあった。

「夏なんか、練習している時グラウンドのわきを、きれいな格好をした同じ年頃の女の子たちが自転車で遊びに行くのが見えるんです。こっちは男女交際は厳禁、ウエートコントロールのために甘いものも一切ダメ。ザンギリみたいなショートカットで真っ黒になりながらタイヤを引っ張ったりしている。あー、なんでこんなことしてなくちゃならないんだろうって」

練習を積み、記録が伸びても、「なんでこんなことを」の気持ちは、なかなか消えなかった。

陸上から離れたくなる気持ちを抑え込みながら、それでも阿萬は伸びて行った。1年の秋にははじめて11秒台のタイムをマークし、2年になると常に11秒台をねらえるような力が身についていた。

夏が来た。'78年のインターハイは福島で開かれることになっていた。どんな大会でも、どのチームよりも早く一番乗りするのが宮崎工業の方針である。この時も7月末から乗り込み、8月1日の開会を待った。翌年に国体を控え、阿萬のような有力選手を何人か抱えていることもあって、チームの意気は揚がっていた。

しかし、阿萬の体調は最悪だった。夏風邪をこじらせ、熱がなかなかさがらない。100mの試合の前日、熱を計ったら39度にもなっていた。医者は試合の出場を取り止めるように勧めた。だが、前の年、決勝に進めなかったので、どれか1種目だけでも決勝進出を果たしたいという気持ちは強かった。8月3日、阿萬は100mのスタート地点に立った。

福島盆地の夏の暑さはよく知られている。この日も競技場内の気温は40度まで上がった。自身の熱に加え、猛暑のために阿萬の意識はもうろうとしていた。決勝までには予選、準決勝と二つのレースをクリアしなくてはならない。たとえ幸運にクリアできたとしても、その状態で優勝を争うようなことは考えにくかった。

ただまったく望みがなかったわけではない。発熱してからも、ダッシュの練習だけは、普段よりよい感触があったのだ。

「あの時は、どういうわけかスタートがキレる感じでした」

「スタートがキレる」

というのは鋭く反応できるという意味である。野球で球にキレがあるというのと同じ意味だ。阿萬の持ち味は、低い姿勢からのスタートダッシュにあったが、その得意のスタートだけは、最低の体調にもかかわらず、よい感触をつかんでいたのだ。

実際にレースが始まると、やはりスタートのキレはすばらしかった。予選、準決勝とも11秒台をマークし、難なく決勝に進出する。

走り終わると、マネージャーが駆け寄って支え、氷の粒を含ませてくれた。3日間、氷以外の食べ物は一かけらも口に入れていなかった。3日間で、40kgしかない体重が38kgにまで減っていた。

決勝が始まった。

「どうやってスタート地点に立って、どんなレースをしたのか、ほとんど覚えていないんです」

それでも、スタートが「キレた」という感触だけは、あったという。

はうような低い姿勢で、阿萬は飛び出した。この時のスタートの様子を、翌日のある新聞は、

「平グモのようなスタート」

と形容している。16歳の愛らしい女子高生に「平グモ」というのはちょっと酷な形容だが、たしかにそれほど低く、鋭く、力強いダッシュだった。

たちまち差をつける。横で見ていたコーチの藤井は、50mの地点で勝利を確信したという。倒れるようにテープを切り、ゴールした。

記録が発表された。電気掲示で11秒73。2年前に鹿児島女子高の大迫夕起子がマークした11秒78を0秒05縮める日本新記録だった。身長わずか150㎝の小さな女子高校生が、日本のスプリンターの頂点に立ったのだ。

「もちろん、あんな体調だったから、記録が出せるなんて自分でも考えていませんでした。それに大迫さんの記録から2年しかたっていないので、すぐ破られるだろうって思いました」

記録よりも、勝てたことがうれしかった。いや、レースを無事に終えられて安心したという方が正確だろう。しかし、阿萬の予想に反して、彼女の記録はその後13年も破られずに君臨することになる。

新記録の後、阿萬はちょっとしたスランプに陥った。もともとレースで全力を出し切り、試合が終わると発熱して寝込んでしまうような阿萬だったが、無理を押して出場したインターハイの疲れはなかなか抜けなかった。陸上から離れたいという本人の気持ちとは反対に、周囲では翌年開かれる地元の国体での活躍に、期待が高まっていた。コーチの藤井は、2年近く指導するうちに、阿萬は十分に休養を取らせた方が力を発揮することに気がついていたから、無理に練習に参加させず、あえて休みを取らせたりした。

休養を取るうちに、阿萬は再び以前の調子を取り戻した。3年の夏にはインターハイの100、200に優勝し、10月の宮崎国体を迎える。

国体では、阿萬に参加資格のある100mのレースがなく、200mだけに出走することになった。誰にも話してはいなかったが、ひそかに最後のレースと決めていたので、自然と力が入った。決勝では得意のダッシュを決め、24秒29で優勝する。優勝タイムは日本記録だったが、追い風が2・1m吹いていたので参考記録となった。レースを見ていたコーチの藤井は今でもそれが悔しくてならない。

「地元の大会だし、わずか0・1mなんだから、追い風2mにして公認記録にしてしまえばよかったのに、ってほんとに残念でした」

だが当の阿萬は、記録にはほとんど無頓着だった。最後と決めたレースで勝てたことで十分満足していた。

国体が終わり、進路を決める季節になると、宮崎工業には陸上の有力大学や実業団から誘いが殺到した。しかし、阿萬はまったく取り合わなかった。

「中学の時から、いやだ、いやだと言いながら続けて来た陸上だったので、それ以上続けようという気持ちはありませんでした。自分の持っているものからいっても、十分過ぎるほどの成績も残せたし、それ以上続けて陸上しかできない人間になるのもいやでした。だから、普通の大学に進んで、陸上とまったく違うことをしようと決めていました」

ジュニアの代表としてアメリカに遠征した時見た、外国人選手のレースぶりも、進路の選択に微妙に影響していた。

「向こうの選手は、試合前のウォームアップもろくにしないで、おしゃべりしているのに、レースが始まると、あっさり勝ってしまう。自分もあんなふうに切り替えができればいいなって、ほんとにうらやましかった」

試合の翌日は寝込んでしまうほどレースに集中するのが阿萬のよさでもあった。しかし、そんな危険な綱渡りを続けていれば、いつか限界が来てしまう。その時、陸上以外に何もない生活だとしたら、それほどさびしいことはない。髪を伸ばし、化粧をして、アイスクリームでもなめながら、友だちとおしゃべりに興じる、ごくありふれた女子大生の生活への憧れもあった。日本の女子スプリンターの頂点にいるという喜びも、記録に対する執着も、そしてなにより走ることそのものへの沸き立つような情熱も、この時の阿萬の中からは消えていた。


大学は、福岡の福岡女学院短大を選んだ。親元を離れての寮生活は新鮮だった。日本記録保持者として、陸上のアイドルとして宮崎では有名人だった阿萬だが、福岡では街中で知らない人から突然声をかけられる心配もない。走ることへの義務感でがんじがらめになっていた気持ちが、いつの間にかほぐれて行った。

入学早々、保健体育の授業に出ると、魅力的な口調で語りかける教師に出くわした。福岡では創作ダンスの指導者として名前の知られていた山崎豊子だった。

「先生の話をうかがっているうちに、どうしても創作ダンスがやってみたくなって」

小学校のころ、バレリーナに憧れたことがあった。陸上で回り道をしたが、少女時代に憧れた世界に、少しは触れられるかもしれない。迷わず創作ダンスのクラブに入部した。

「でも、わたし、山崎先生が地元で有名なきびしい指導をするかただとは全然知らなくて」

競技スポーツではなかったが、練習の内容は片手間にできるようなものではなかった。それでも阿萬は音をあげずについて行った。同じようなきびしさでも、陸上には感じなかった楽しさがあった。

「ダンスの振りつけはもちろん、衣装も全部自分たちで考え、それに合わせて音楽を選び、照明の工夫をする。陸上の練習は与えられたメニューをどれだけ忠実にこなすかが問題だったんですが、ダンスは全部自分たちでやらなくてはならない。それが楽しかったんです」

100mの日本記録保持者として、特別扱いを受けることもない。だが、そんなことは少しも苦痛ではなかった。短大の2年間、阿萬はひたすら創作ダンスに打ち込んだ。

大学生活が終わりに近づき、再び進路を決める時期がめぐってきた。その頃になると、入学当時には考えもしなかった気持ちの変化が現れてきた。

「少しだけ、走りたいなぁって」

いやでいやで全力を出し尽くしてやめたはずの陸上だったが、2年半近く遠ざかっているうちに、一度も感じたことのなかった走ることへの意欲が生まれていたのだ。

「自分には陸上しかない」

そんな思いつめた気持ちではなかった。もう一度頂点をめざしてみたいという野心とも違っていた。ただ、全力でトラックを走ってみたいという素朴な気持ちだった。

スターティングブロックに足を載せてピストルを待つ、吐き気が襲ってくるような緊張感も、2年間ののびのびとした生活の後では懐かしくさえ感じられた。そしてスタートの「キレる」ぞくぞくする感触。記録も勝利も問題ではなかった。ただ素直に走ってみたかった。今なら、かつて憧れたアメリカの選手のように、鼻唄混じりで競技場に乗り込み、リラックスしてトラックが踏めるかもしれない。

そう考えると、走りたい気持ちは日増しに強くなって行った。

「でも、走りたい気持ちの反面、きつい練習のプロセスを考えると、身体がついて行かないのではという不安があったこともたしかです」

2年半も陸上から離れていて、復帰した選手はほとんどいない。阿萬にしても、すんなりレースのトラックに立てるとは思っていなかった。高校時代コーチしてもらった藤井や家族と相談を重ね、結局就職先はテレビ宮崎を選んだ。陸上部があるわけでも、指導者がいるわけでもない。ただ、一人で続ける分には問題のない会社だった。

「宮崎に戻るというのは、大学に入る時から両親と約束していましたし、スプリンターのいる会社に入るつもりもありませんでした」

'82年春、阿萬亜里沙は帰ってきた。昼間は総務部で社内報の編集を担当し、OL1年生らしく雑用もこなす。夕方になると、たった一人で練習場に向かう。そんな生活が始まった。心配した藤井が、一人でこなすための練習メニューを届けてくれた。

「昔の状態を期待してはだめだよ」

藤井は諭したが、はやりそうになるのは自分も同じだった。高校時代は目をそむけたくなるメニューだったが、一人で走り始めてみるとありがたかった。藤井の指示は素直に頭にしみ込んだ。

「でも、一人の練習は、考えていた以上に大変でした。練習そのものよりも、グラウンドに行くまでの気持ちの整理が大変なんです。ああ、グラウンドに行っても、私のほかには誰もいないんだなぁって」

一人の練習では、チームメイトから刺激を受けることもない。萎えそうになる気持ちを支えたのは、義務感でも意地でもなく、芽生え始めた走ることそのものの楽しさだった。

「スパイクが足になじまないんでびっくりしました。創作ダンスと陸上では、足の裏の筋肉の使い方がまったく逆なんです。最初のうちは、どうしてもダンスの足の運びになってしまう。藤井先生にも足の使い方が違っているぞってずいぶん注意されました」

一人きりの練習がつらくなると、母校の宮崎工業に出かけたり、知人の紹介で宗兄弟や谷口浩美のいる延岡の旭化成まで出かけて行って、一緒に練習をさせてもらった。同じ宮崎出身の宗兄弟や谷口とは、高校時代からの顔見知りだった。種目は違っていたが、上昇期の旭化成の練習は、眠っていた阿萬の「競技」への意欲を刺激してくれた。

走り始めても、きちんと100mのタイムを取ることはしなかった。自分の力の衰えが、はっきり数字に現れるのは、やはり怖かったからだ。しかし、走り始めた以上、いつまでも練習だけにとどまるわけには行かない。社会人になって1カ月が過ぎた5月、阿萬は九州実業団大会に出場した。

「レース前は、100mを完走できればいいな、という気持ちでした」

マラソンならともかく、100mで完走というのもおかしな話だが、それが掛値なしの気持ちだった。

だが、いざスタートが切られると、阿萬の身体は素早い反応を示した。ブランクをまったく感じさせない走りっぷりで先頭に立ち、そのままゴールした。

阿萬のカムバックは陸上関係者に衝撃を与えた。しかし、まだ地方の、しかもシーズンはじめの大会である。本物かどうかはもっと時間をかけなければわからない。だが、そうした声をかき消すように、阿萬は10月に福井で開かれた全日本実業団対抗陸上で、目覚ましい走りを見せる。

日本のトップランナーに混じって、100mを12秒38でかけ抜けた阿萬は、首位から0・1秒遅れの2位に食い込んだ。文句なしのカムバックだった。

翌年には、静岡で開かれた同じ全日本実業団対抗で、久々に11秒台をマークし優勝する。阿萬亜里沙は再び日本のスプリンターの頂点に返り咲いた。

復帰してからの阿萬は順調に競技生活を続けた。全日本選手権では2着が最高で、どうしても勝てなかったが、そのほかの大きな大会ではたびたびタイトルを獲り、アジア選手権などの海外遠征にもたびたび出かけた。高校の時のように、走るのがつらくなることは一度もなかった。順風満帆の満ちたりた競技生活だった。

「高校の時は、髪を短くして、はちまきを締め、目を吊り上げてスタート地点に立っていたんですが、社会人になってからは、髪型に工夫したり、ちょっとお化粧したりしてレースに出る余裕もできました」

阿萬が新しいヘアスタイルでレースに出ると、後輩がそれをまねる。トップランナーたちはお互いに顔見知りだから、レースが終わるとそれを批評し合ったりしてはしゃぐ。それは高校の時海外遠征で見たアメリカ人選手の姿に近いものだったかもしれない。

1枚の写真を見せてもらった。復帰の翌年、クウェートに遠征した時のスナップである。屈託なく、あどけない表情でピースサインを出す阿萬の横に、初めての海外遠征で緊張するやり投げの溝口和洋の顔が写っていた。

楽しい競技生活だった。ひとつだけ気になることがあるとすれば、高校生の時自分が出して以来、まだ更新されていない１００ｍの日本記録を、自分でもなかなか更新できないことだった。

「たしかに、もう一度、記録を出したいなという気持ちはありました。でも、社会人になってからの練習内容や力では、それができないことも薄々わかっていたような気がします」

目を吊り上げ、髪を切って、すべてを犠牲にして陸上に打ち込めば、あるいは記録を更新する可能性はあったかもしれない。だが、それではこの幸福な競技生活を捨ててしまうことになる。それは阿萬にとって前進ではなく後退に等しいものだった。

阿萬は'86年の6月、県の選手権を最後に競技生活をやめた。翌年に結婚を控えていたからだ。１００ｍの日本記録を更新してから8年が経過していた。

結婚相手は宮崎工業の同期生だった。

「主人は高校時代サッカーをしていてユース代表に選ばれていたので、私も名前だけは知っていたんですが、話をしたことは一度もありませんでした。男女交際なんて考えられなかったころですからね。知り合ったのは大学を卒業してからです」

'87年に結婚し、今では1歳半の女の子がいる。

去年の8月、二人は久しぶりに東京に出かけた。世界陸上を観戦するためだった。もちろん目当ては女子の１００ｍである。決勝のスタートを待ちながら、阿萬は、

「10年遅く生まれたかったね」

と夫につぶやいた。

記録的に世界と差のある日本の女子スプリンターが、世界的なひのき舞台に立つチャンスはそう多くはない。日本で開かれる世界陸上は、その数少ないチャンスといえる。地元の開催となれば、多少世界と差のある種目でも、必死の強化策が練られる。もちろん選手たちの意欲も違ってくる。オリンピック出場などは一度も思い描いたことのない阿萬だったが、もし自分が10年遅く生まれ、世界陸上の目前に日本記録を更新していたら、世界の舞台に立てたかもしれない。そんな思いがつぶやきとなって現れたのだった。

涙の出るような、歯ぎしりするような悔恨ではなかった。普通の主婦が、

「バレリーナになりたかった」

「ピアニストになりたかった」

とつぶやくのと、さして変わらぬ感傷だったかもしれない。だが、日本記録を出した彼女が漏らす悔恨の言葉は、やはりそれなりに重いものだったにちがいない。


阿萬の記録は去年の夏、野村綾子によって13年ぶりに更新された。

神サマになりそこねた男

木田勇の短か過ぎた栄光

1980年は終わりの年だった。長嶋茂雄がユニフォームを脱ぎ、王貞治がバットを置いた。ジョン・レノンはマーク・チャップマンに撃たれ、山口百恵は結婚のためにマイクを捨てた。あれほど立て続けに「スター」たちが目の前から消えていった年はなかったろう。活字や電波には「ひとつの時代が終わり」という形容句が溢れ返った。だが、終わりの年は始まりの年も意味する。投手木田勇の登場は、始まりの年を象徴する事件だった。入団1年目にして、投手部門のほとんどのタイトルを独占し、MVPに選出された26歳の男。ただ勝つだけでなく、勝利の瞬間に両腕を空に突き上げてストレートに喜びを表現し、インタビュアーの質問にウィットに富んだ返答をする明るい青年に、多くの人は、これまでの野球人とは違う新しい時代の匂いをかぎとった。'80年代は、木田勇の時代になってもすこしも不思議ではなかった。

よく晴れた2月の末のある日、木田を訪ねた。横浜市港北区の静かな住宅街。木田は愛犬といっしょに出迎えてくれた。

「今の時期、こっちにいるのは久しぶりなんですよ。ずっと沖縄のキャンプだったから、なんかしっくりこない」

プロ入りして12年目の今年、木田はどこの球団とも契約しなかった。いや、契約してもらえなかったというのが正確だろう。それにしては表情は明るい。言葉は明快で、質問にも的確に答えてくれる。インタビューの対象としては最高だ。だが、会話の間に照れかくしのようにつぶやいた

「まだ、やりてえなぁ」

という言葉には、特別なニュアンスが込められていた。部屋には入団1年目に獲得した数々のトロフィーやペナントが飾られている。壁には大きな投球フォームの写真パネル。左腕と左足がまるで三日月のようにきれいな弧を描く独特のフォームである。

1979年11月27日。この日のドラフト会議で、日本ハムファイターズは日本鋼管の木田勇の交渉権を獲得した。巨人、大洋とせりあった末の獲得だった。当時のファイターズは2年連続前期の3位を確保し（当時、パ・リーグは2シーズン制をとっていた）、チーム

は上昇機運にあった。しかし、投手陣は高橋直樹、高橋一三、村上雅則といったベテランが主力で、優勝を狙うにはどうしても若い、生きのよい投手が必要だった。前の年の都市対抗の準優勝投手、全日本チームのエース、誰もが認める即戦力。木田は最高の人材だった。

だが、木田の指名はファイターズにとって大きな冒険だった。木田は早くから在京のセ・リーグの球団にしか行く気がないことを宣言していた。前の年、広島カープが1位に指名したのを断ったことからも、木田の決意は固いと見られていた。

木田の気持ちも決して晴れ晴れとしたものではなかった。ただ、前の年とは違い、気持ちは大きくプロ入りに傾いていた。

「前の年にプロ入りを断ったのは、両親の体の具合があまりよくなく、家族のいる横浜を離れたくないという気持ちが強かったからなんです。でも、この年は、両親もどこの球団でも入りたかったら行けと言ってくれていたし、年齢的にもプロに入る最後のチャンスだと思った。ファイターズに指名されたとき、文句は言えないな、という気持ちでした」

指名直後、テレビのインタビュアーに心境を聞かれ、

「晴れのち雪、ですかね」

とジョークを飛ばしたとき、彼の気持ちは決まっていたのである。

自分の運命が決するドラフトの直後にもすんなりジョークを飛ばせる軽い明るさは木田の身上である。ところが、続く入団交渉では、その軽さがちょっとした波紋を呼ぶことになる。交渉の席で契約金は安くてもかまわないから、家が欲しいという前代未聞の要求を

出してしまったのだ。

「当時でも現金では家は建てられませんでしたからね。それならいっそ現物をもらったほうがいい、という軽い気持ちで言ったんです」

マスコミは話題の選手の珍しい要求を大々的に取り上げた。というよりは叩いた。「計算高い若者」というイメージが急速に作られていった。木田はすぐ要求をひっこめたが、わだかまりは残った。

「軽い気持ちで話したことが大々的に伝わり、イメージが作られてしまう。こういう世界なんだな、と思いました」

マイナスイメージを消すためには、それを超える結果を残さなければならない。クリスマスの日、正式に契約してから、明くる年のキャンプまで、一日も休まず10㎞のランニングを続け、体を作った。

「二軍で鍛えて、なんていう気はありませんでした。1年目が勝負なんだと自分に言い聞かせていました」

トレーニングの成果もあり、1年目のキャンプの練習は少しもつらくなかったという。チームも期待の新人を「掌中の珠」として特別に扱った。

「若手はまだ練習が続いているのに、自分はベテランといっしょに宿舎に帰ることもあった。これでいいのかな、と感じたこともありました」

シーズンが始まる。木田のデビューは開幕2戦目の西武戦だった。物おじしない木田も、さすがにこの試合だけは緊張したが、終わってみればソロホームラン1本打たれただけの完投勝利。あざやかな初陣だった。そこから木田の黄金の時間が始まった。右打者の胸元に伸びてくるストレート、大小二つのカーブ、そしてパームボールを駆使して白星を重ねていく。

1年目、木田の投げる試合のほとんどにマスクをかぶった加藤俊夫は、現在引退して仙台でスナックを経営している。加藤の18年間の選手生活でも、木田はもっとも印象に残る投手だった。

「最初にキャンプで受けたとき、これは確実に15勝はできる、と直感しました。彼はグラブをつけた右手が高く上がる。それが打者に死角を作ってボールが見にくくなるんです。ストレートもベルトのあたりからホップしてくるし、カーブもよかった。オールスターで王さんを三振に取ったカーブは今でも忘れられませんね」

当時、近鉄バファローズの正捕手として木田と対戦した梨田昌孝はパームボールを鮮烈に覚えている。

「シーズンのはじめは、ストレートもカーブもまあまあという印象だったんですが、パームが決り出してからは打てなくなった。よくベースの1mぐらい前に落ちたのを空振りして、ベンチで怒られたもんです」

ところが、梨田が空振りしたパームボールは、木田がプロに入ってから即席で覚えたものだった。

「キャンプのとき、投手コーチの植村（義信・現・ロッテオリオンズ投手コーチ）さんから、どんな変化球が投げられるんだと聞かれ、社会人のときに投げていたフォークを見せたんです。フォークには自信があったんですが、そんなのじゃ全然通用しないといわれ、パームボールを教わった。2週間ぐらいで覚えたかな」

捕手の加藤も一試合でパームボールは10球も使わせなかったという。にもかかわらず、「木田のパーム」はいつのまにかブランドになり、多くの打者が幻惑された。プロ入りしてから即席で覚えた変化球を楽々と「魔球」に仕立ててしまう才気は、木田の真骨頂だった。

シーズン終了間際の10月7日までに、木田は22勝7敗4セーブの好成績を上げ、あらゆる投手成績の部門でトップに立っていた。

10月7日、ファイターズはバファローズと後期の優勝をかけて後楽園で対戦する。シーズン最終戦のこの試合に勝つか引き分ければ、16年ぶりの優勝がころがりこむ。ファイターズの監督、大沢啓二（現・ファイターズ球団常務）は分厚い封筒に入ったオーナー賞を選手に示しながら、

「おめえら、これ持ってけよ」

とべらんめえ口調で叱咤した。

試合が始まったとき、木田はブルペンにいた。シーズンの終了間際は、リリーフ投手のいないファイターズのなかで、抑えの切り札として登板することが多くなっていたのだ。

試合は2回終わったところで1対0とファイターズがリードする。

ファイターズの先発、高橋一三は、腰の持病を抱えながら、なんとか持ちこたえていた。しかし、高橋の腰は限界に来ていた。ブルペンから木田の調子がよいという報告を受けた大沢は、迷わず木田をリリーフに送る。客観的に見ればやや早すぎる投入だったが、その年の成績を考えればやむを得ない戦術だった。ブルペンでは好調に見えた木田だったが、マウンドに上ると、いつもの球のキレはなかった。加藤俊夫は回想する。

「投球練習のときから、ストレートに伸びがなかった。後半戦、使いづめで来ていたので、疲れていることはわかってたんだが、それにしても」

木田は、マウンドで試合を終えることだけを考えていた。

「あと7回、ふんばれば終わるんだ、という気持ちでした。それが気負いにつながったのかなぁ」

相手のバファローズにとって、木田は決して好ましい相手ではなかったが、この日だけは立ち向かう気持ちが違っていた。梨田昌孝によると、それまでの試合でさんざん痛い目にあっていたバファローズの監督西本幸雄は、選手たちに、

「おまえら、ええかげんにせえよ。相手は新人やないか。やられたらやりかえせ」

とハッパをかけたという。木田の登場は近鉄にとってむしろ望むところだった。

3回の表1点を与えた木田は、4回には有田修三に3ランを打たれ、6回にはアーノルドに決定的なソロホームランを喫する。結局木田は8回途中でマウンドを降り、ファイタ

ーズは1点差で勝ちを逃す。この試合で勢いを得たバファローズは残り試合を全勝して、優勝をさらった。

それまでに新人投手のあらゆる記録を塗り替えるようなすばらしい活躍を示しながら、優勝のかかった試合では思うような活躍ができずに終わる。この奇妙な運のなさは、実は木田の投手生活にずっとついて回ったものだった。

横浜商大高校3年の夏、木田の左腕は絶好調だった。甲子園をめざす予選、1試合奪三振18個という県のタイ記録を作り、準決勝まで勝ち進んだ。この試合に勝ち、決勝で当時全国有数の強豪といわれた横浜高校を破れば、初めての甲子園行きが実現する。たいせつな試合の相手は無名の県立高校だった。下馬評は圧倒的に有利。ところが、どうしたことか木田はあきらかに格下の相手に4点を奪われ、1点差で甲子園への道を絶たれてしまう。

4年間の下積み生活を経て、'77年からようやく日本鋼管のエースの座を獲得した木田は、翌年の都市対抗で順調に勝ち進み、決勝戦で同じ川崎市代表の東芝と対戦する。しかし、結果は高校時代と同じだった。木田の鋼管チームはそれまで一度も負けたことのない東芝に最もたいせつな決勝戦で敗れてしまった。ここ一番での勝負弱さ、運のなさは、木田の宿命とも言えた。

「でも、あそこで勝っていたら、神サマになってましたよ」

冗談めかした口調だったが、妙にこちらの耳に残る言葉だった。たしかに、この試合で勝利投手になり、優勝を手にしていたら、木田勇は稲尾和久のような「神サマ、仏サマ」

になっていたかもしれない。常識的に考えれば、新人投手がそこまで望むのは欲というものだろう。だが、新人が神サマになっていけない法はない。木田の冷静な自己分析は彼の頭のよさを物語るものだが、それは野球選手にとって致命的な欠陥となるものではないのか。稲尾和久なら、江夏豊なら、金田正一なら、木田より前に一時代を築いたマエストロたちなら、木田のような局面で、神サマになることをためらいはしなかったろう。

ともかく最初のシーズンは終わった。木田の手には優勝以外のあらゆる栄光が飛び込んできた。新人王、新人としては史上初のMVP、最多勝、防御率、勝率などの投手部門のタイトル、ベストナイン、ダイヤモンドグラブ賞。

だが、これだけのタイトルを手にしながら、不思議な運のなさはなおついて回った。MVPに決定した翌日、普通ならスポーツ紙の一面は、木田の記事によって埋め尽くされるはずだった。ところがそうはならなかった。新聞は、前日に引退を発表した王貞治の記事で埋め尽くされた。「木田、MVP」の見出しは、隅のほうで窮屈そうに肩をすくめていた。ここ一番の勝負弱さ、は新聞記事の扱いにまで及んだのである。

シーズン・オフ。木田は多忙をきわめた。新旧交代の季節に突然頭角を現したこの若者を周囲は放っておかなかった。インタビュー、対談、テレビ出演、サイン会。同期でプロ入りした阪神タイガースの岡田彰布とは、わずかなオフの間に5回も対談をした。

「紅白歌合戦の審査員もやったなぁ。あんなに近いところで歌手の人を見るのははじめてだったんで、あがっちゃって、審査の感想を聞かれてもうわの空でしたよ」

親会社の工場にサイン会に訪れ、1時間半で700枚ものサインを書き飛ばしたこともあった。

こんな状態で有頂天になるな、というほうが無理である。若かった。倍増どころか3倍にもなろうかという年俸にまかせて、遊び回ったりもした。

「あのころ、フォーカスやフライデーがあったら、『木田、福岡に出没』とか『仙台の夜』とか書かれていたかもしれない」

当然トレーニングはおろそかになる。毎日のランニングどころか、体を休める時間さえ持てなくなる。監督の大沢啓二にとっても、木田の多忙ぶりと、精神的な変化は頭痛の種だった。

2年目の正月、高松のオーナーの家で開かれる新年会に、大沢は木田とともに招かれていた。新年会といっても内輪の集まりではなく、地元の有力者やファンなども招いたフォーマルな会である。ところがそこに姿を現した木田を見て、大沢は驚いた。

「なんて言うのかな、派手な真っ赤な背広を着て現れたんだ。こりゃあまずいな、と思ったね」

場違いな服装、という以上に、赤い背広に象徴される木田の心のうわつきを大沢は恐れたのである。

大沢の木田に対する感情は、愛憎入り交じった微妙なものがあるようだ。名護のファイ

ターズのキャンプを訪れ、大沢に話を聞いたとき、1時間ほどの会話の中で、

「天狗は芸の行き止まり」

という格言のようなものをたびたび口にした。指導を誤ったという痛恨の思いが、10年たった今でも大沢には残っているのだろう。

木田自身も体の手入れをする暇もない忙しさを気にしないわけではなかった。しかし、なんといっても前の年に22勝した自信は大きい。

「大事に行けば、そこそこは勝てるだろう、という気がありました」

ただ、木田自身つかみかねているものがあった。2年目の目標である。

「普通、目標というのは、前の年より高いところに置きますよね。でも僕の場合、いきなり22勝もしちゃったんで、それより高いところに設定しようとしても、いくらなんでも無理だよな、と考えてしまったんです」

「いくらなんでも無理だよな」

木田らしい言葉である。分別があり、堅実で、冷静な自己分析だ。だが、「いくらなんでも無理だよな」と考えず、「今年は30勝をあげてやる」と考えられたなら、彼がたとえば毎年3冠王を口にしてはばからない落合博満のような思考回路の持ち主であったなら、2年目以降の成績は、もっと違ったものになっていたかもしれない。

肉体面のトレーニング不足、精神面の宙ぶらりんな状態に加えて、2年目の木田の成績に影を落とすような出来事が起こる。江夏豊の加入である。前の年、リリーフの切り札不

足に泣いたファイターズは、ベテランの高橋直樹との交換で、広島カープから江夏豊を獲得した。当時の江夏は、2年連続カープの日本一獲得に貢献し、名声は頂点にあった。「優勝請負い人」の加入は、ファイターズの投手陣に大きな影響をもたらした。実績のない投手にとって、後ろに江夏が控えていることは大きな支えになる。だが、木田にはそうはならなかった。

木田にとって江夏は目標でもあり、あこがれでもあった。社会人時代、江夏の投球フォームの写真を部屋に貼り、あかずに眺めていたほどの存在だった。そのあこがれの対象が同じチームに来る。

捕手の加藤俊夫は、江夏が最初に名護のキャンプにやってきた夜のことを記憶している。

「バッテリーを集めたミーティングをやったんです。そのとき、江夏さんは、カウント2-3のとき、何を投げるかを木田に聞いた後、自分ならこう攻める、と体験を交えた話をした。独特の雰囲気だから説得力がある。若手はじっと聞いてましたよ」

尊敬する江夏からいきなり、

「木田君、君ならどうする?」

とたずねられて、木田の心がざわめかないはずはない。だが、そのざわめきは、気負いにつながるものだった。

「シーズンが始まると、江夏さんに頼るようじゃダメなんだ。オレだって去年やれたんだから、今年だってできるはずだ、という気持ちがありました」

気負いはあっても、体は去年の状態にはない。左腕は横殴りになり、球の力はあきらかに落ちていた。打者に死角を作る独特の右腕のつり上げも、前の年よりははるかに低くなっていた。

加藤俊夫は言う。

「トレーニング不足だから、どうしても楽な投げ方をしようとする。われわれやコーチが指摘すると、本人も直そうとするんですが、部分を矯正しても全体のバランスが壊れてしまう。それでまた楽な投げ方になるという悪循環に陥ってしまったんです」

2年目のシーズン。相手打者から見ても、木田の球威の衰えははっきりしていた。梨田昌孝は言う。

「前の年は、ボールに角度があり、それが打ちにくい原因だったんですが、2年目はそれがなくなり、ボールが見やすくなった。よく空振りさせられたパームボールもワンバウンドするような低いところには落ちず、ストライクゾーンに入るようになった。ストライクゾーンに来れば、あんな打ちやすい球はありませんからね。それになんといっても、ストレートが遅くなった。僕らも、ほとんどストレートに的を絞って成功しました」

梨田によれば、1～2年目に活躍した若い投手がその後低迷するにはひとつのパターンがあるという。

「これは、バファローズにいたある投手なんですが、スピードはなかったけど、腕が遅れて出てくるという特徴があり、それで入団2、3年目に大活躍した。ところが、より速い球を投げようというのでフォームを改造し、その結果持ち味である腕の遅れまで消えてしまった」

体が完成していないときに、より高い段階をめざすために、個性を殺してしまうケースが若い投手にはしばしば見られるという。

「ただ、木田君の場合は、投球術も、体も完成していたし、急に落ち込んだのは気分的なものが大きかったんじゃないかな」

報道陣のインタビューなどでは、常に明るい受け答えをし、おしゃべりなどと評されていた木田だが、梨田の指摘するように、気持ちのありようが投球にストレートに反映してしまう性格の持ち主だった。そして一見、プロ向きと見える表情の裏には、ごくまっとうな（プロとしては決してほめ言葉にはならない）常識人の顔が潜んでいたのである。

それでも、2年目の前期は、だましだましながら6勝を上げた。前の年の活躍にくらべればものたりないが、まずまずの成績である。ところが、後期、またひとつ木田の前につまずきの石が現れる。捕手の加藤の欠場である。

加藤は、前の年、木田と最も多くバッテリーを組み好成績を上げてきた。ベテランと新人、横浜生まれらしい軽さを持った木田と、東北出身らしい粘りとガッツを持った加藤の対照の妙が、よい結果を生んできた。だが、2年目の後期になると、加藤はひじの故障が悪化し、二塁への送球がほとんどできない状態になってしまった。チームとしては、みすみす盗塁を許す捕手を試合に出すわけにはいかない。試合への出場をめぐり、監督の大沢と感情的な対立もあって、加藤はすっかりやる気を失っていた。木田は、たびたび投手コーチや監督に、呼吸の合う加藤とバッテリーを組ませてくれるように懇願したが、聞き入れられなかった。

皮肉なことに、木田の調子の下降と対照的に、チームは優勝をめざして勝ち進んでいた。江夏豊の加入でそれまで実績のなかった間柴茂有、岡部憲章といった投手が持ち味を発揮するようになり、後期の優勝戦線を走り始めたのだ。

尊敬する江夏を頼りたくない。いや、先発の柱としていいところを見せたい、というあせり。信頼する加藤の欠場。チームの好調にひとりだけ取り残されたような寂しさ。後期の木田は、いわば八方ふさがりの状態だった。

そんな中で、1試合だけ、木田が前の年を思わせるような好投をしたことがあった。8月2日、札幌でのバファローズとの一戦である。木田の復調が優勝への不可欠の条件だと感じた監督の大沢は、久しぶりに加藤にマスクをかぶることを命じた。加藤にも意地があった。なんとか、木田を蘇生させたい。行けるところまで行ってやれと、開き直ってマスクをかぶった。木田もそれにこたえ、スピードこそなかったが、変化球をていねいにコースに投げ分ける投球で、相手を抑え込んだ。1回投げ終わるごとに、加藤は投手コーチと木田のできをチェックし、細心の注意を払った。

6回までバファローズ打線を0に抑え込んだ木田は、7回、1点を献上する。加藤の目にはここが限界に見えた。リリーフをたてるように進言するが、江夏の登板過多を心配するベンチはそれに応じない。もしかすると、ここで江夏のリリーフをあおぐより完投させたほうが、木田には大きな自信になるという読みがあったのかもしれない。加藤が心配したように、木田は7回で限界に来ていた。8回ハリスの2ランを含む3点を奪われた木田は、完投したものの負け投手になった。

木田の復調こそならなかったが、チームは首位を走り、後期優勝を果たす。プレーオフでもロッテオリオンズを破り、19年ぶりの日本シリーズ出場を実現させる。木田の成績は10勝10敗0セーブ。防御率は大幅に下がったが、それでもなんとか2ケタの勝ち星をあげたのだから、2年目の投手としてはかろうじて及第点といえるかもしれない。だが、周囲はもちろん、木田自身もこの成績ではとても満足できるものではなかった。

「2年目のシーズンが終わったときは、ともかく2ケタ勝ててよかったというホッとした気持ちでした。疲れを感じるようなことはなかったけど、印象に残るゲームもなかったなぁ」

印象が薄いという点では、はじめて出場した巨人との日本シリーズも同様だった。ともに後楽園球場を本拠地とするチームだったので、試合ごとにベンチが替った。それだけが妙に記憶に残っている。

「なんか、草野球みたいな、変な感じでした」

4戦目に先発、5戦目にリリーフで登板するが、被本塁打3、自責点5、防御率7・50、勝敗は関係なし、という成績は、記憶にとどめる値打ちもなかったともいえる。

「2年目のジンクスというのは、本人が自分にプレッシャーをかけちゃうんですよ。ほんとは全然変っていないのに、ちょっと打たれると、周りは『今のは芯に当たってたぞ』という。それで本人も考え込んじゃうんです」

型通りのジンクスにぶつかった木田にとって、むしろほんとうの分岐点は3年目のシーズンだった。だが、3年目のシーズンは決して平穏には始まらなかった。まず契約更改でもめた。チームはリーグ優勝を果し、自分もまがりなりにも2ケタの勝ち星を上げたにもかかわらず、球団の評価は厳しかった。

「意見が対立するというより、会話にならない感じでした。あれなら笑顔で丸め込まれるほうがましだった」

自分でも気持ちが沈んでいくのがわかった。加えて信頼する捕手の加藤が大洋にトレードされる。気持ちがストレートに投球に反映する木田にとって、この2つのできごとは大きかった。

「グラウンドに気持ちがつながってしまう、尾をひいてしまうのはわかっていました。でも、どうしても割り切れない。オレは弱いなぁ、ってつくづく感じました」

しっかりトレーニングすれば、まだ20勝はできるという自負はあった。ただ、その裏付けとなる練習がなかった。この年を境に、木田は二流の投手に転落していく。6勝8敗、4勝6敗、6勝11敗、2勝4敗。負け数は常に勝ち星を上回り、新人の年とは別人のような低迷ぶりだった。

'86年、大洋ホエールズに移籍。地元の横浜に戻り、気分を一新し、8勝を上げる。

「あの年は、ひらきなおった気持ちで野球ができた気がします」

結婚相手と知りあったことも大きかった。広島のレストランで偶然知りあったその女性との交際は、木田に精神的な落ち着きを与えた。監督が自由奔放な野球をする近藤貞雄だったことも幸いした。プロ野球選手として決して若いとはいえない木田にとって、選手を大人として扱い、自主性を尊重してくれる近藤は相性のよい監督だったのだろう。だが負け数も13。やはり最初の年の輝きは戻ってこなかった。

その後はむしろ1イニング最多連続四球など不名誉な話題が取り上げられるだけだった。

昨年、野茂英雄がデビューし、次々に新人投手の記録を更新し始めたとき、木田は中日ドラゴンズで最後のシーズンを送っていた。スポーツジャーナリズムはひさびさに木田を話題にした。木田のデビューからちょうど10年が経過していた。長嶋や王が退場する年にデビューした木田が、野茂をはじめとする有力新人が大挙して登場した年に最後のシーズンを送る。皮肉な巡り合わせである。

年があけて、自主トレからキャンプの話題が新聞をにぎわし始めた1月31日、木田は夜遅く自宅に戻った。例年なら、翌日からのキャンプインに備え、荷物をまとめ、早めに床についているはずである。だが、今年の彼に、その必要はなかった。

「ひとりでビールを飲んでいたんですが、おふくろが起きてきましてね。11年間、いろいろあったね、なんて話をしていたら、妙にしんみりしちゃって」

両親の健康を気遣い、最初のプロからの指名を断った木田は、月並みな言い方だが「家族思い」の男である。入団契約のときに、家にこだわったのも、その現れである。今の家は1年目の活躍の後、待ち兼ねたようにして建てたものだった。

だが、こんな人情話は、木田のキャラクターにはしっくりこない。涙とたっぷりの未練をこめてプロ野球と別れるといったことは、およそ似つかわしくない。

「どんな形でもプロ野球とかかわろうとすれば、できないことはなかった。でも、しがみつくような形で残るのはイヤだった。僕は相撲の高見山が好きだったんです。あのコロッと負ける負けっぷりのよさが。負けもしないが勝てもしないようなヤツじゃ、人の印象には残りませんからね」

仙台でスナックを経営している加藤俊夫は、よく客にせがまれて、木田とバッテリーを組んだときの話をするという。

「やっぱり1年だけでもあれほどの活躍をした選手は、お客さんもよく覚えているんですよ。もし彼が10勝を5年ぐらい続けたとしても、とてもそれだけ印象に残る選手にはならなかったでしょう」

木田勇は、4月から印刷会社の一社員として再出発する。12年ぶりのサラリーマン生活だ。

「いろいろ大変でしょうけど、まだ人生40年は残っていますからね。なんとかやって行きますよ」

ビジネスマンとして、入団当時に見せたような会心のガッツポーズをする日も、そう遠くないかもしれない。

1980年。長嶋茂雄がユニフォームを脱ぎ、王貞治がバットを置き、ジョン・レノンが撃たれ、山口百恵が歌うのをやめたあの年、たしかに木田勇がいた。

ダイユウサク

単勝配当13790円

小雨をついて先頭で4コーナーを回ったその芦毛馬は、直線を向くと、さらにスピードを上げた。ぬかるんだ馬場をものともせず突き進む芦毛馬と、後続の馬たちとの差が開く。府中の長いだらだら坂を上りきったとき、芦毛馬に迫る挑戦者がいないことは、誰の目にも明らかだった。

ゴールを駆け抜ける。2番手で、やはり芦毛の一回り小柄な馬がゴールしたのは、そこから6馬身遅れてのことだった。

観衆はウイニングランを終えて戻ってくるメジロマックイーンと武豊のコンビに大歓声を送った。しかし、その背後の掲示板には、審議を示す青いランプが灯ったままだった。審議の内容を伝えるアナウンスが流れる。どうやら2コーナーで起ったアクシデントらし

ダイユウサク　単勝配当13790円

い。どの馬が関係しているのか。もしかすると、先頭でゴールしたメジロマックイーンが関係しているのでは。スタンドのざわめきは、徐々に大きくなっていった。

15分後、審議の結果が発表された。

「1位で入線したメジロマックイーンは、2コーナーで内側に斜行し、メイショウビトリア、プレジデントシチー、ムービースターの進路を妨害したため18着（最下位）に降着。2位以下の着順がそのまま繰り上がって確定」

GIで、1位入線の馬が降着になるなどというのは、前代未聞の出来事である。騒然とする中で、あわただしく繰り上がり優勝となったプレクラスニーの表彰式の準備がはじまった。

'91年10月27日。第104回天皇賞・秋。そのときからはじまる波乱の2カ月の、これがスタートだった。

この年の古馬戦線は、メジロマックイーンを中心に展開するというのが大方の見方だった。秋初戦の京都大賞典を断然人気に応えて楽勝したメジロマックイーンは、天皇賞・秋でも単勝1・9倍という圧倒的な人気に支持されていた。レースは、その人気を裏書するような文句のないものになったはずだった。2位に6馬身というのは決定的な差といってよい。並ぶものなきメジロマックイーン。その馬が、突然、降着という憂き目を見たのだ。

デビューからつぎつぎに新しい記録を作り、競馬界を驚かせてきた騎手、武豊にとって、この降着は、はじめて経験する大きな挫折といってよかった。意図したものではないにせよ、外めの13番枠からスタートしたメジロマックイーンが、好位置をキープすることに専念するあまり、内側によれてほかの馬の進路を妨害したのは明らかだった。降着処分が出ると、武騎手は、蒼ざめた表情で、ひと言も口をきかずに、足早に調整ルームに姿を消した。

メジロマックイーンの陣営にとって、降着という処分は納得できるものではなかった。一時は、主催者を告訴するといった過激な意見を漏らす人もあった。少なくとも、このシーズンの残りのレースに、出走しないのではないかという推測も流れた。

しかし、陣営はやはり、勝負の世界に生きるホースマン集団だった。レースの汚名はレースで晴らす。それがファンへの責任でもある。メジロマックイーンの力が傑出していることは、6馬身という差が物語っている。つづくジャパンカップ、有馬記念で圧倒的なレース内容で勝利を収め、屈辱をそそぐ。それが、メジロマックイーン陣営の出した結論だった。

この結論によって、'91年秋の古馬戦線は、メジロマックイーンの復讐戦という性格を持つことになる。

メジロマックイーンを中心とする、表通りの喧騒をよそに、内藤繁春厩舎の7歳馬（旧年齢表記、以下同）、ダイユウサクは、傍目にはのんびり、マイペースで競走生活の晩年を過ごしているように見えた。この年の正月、デビューから26戦目にしてようやく重賞の金杯を勝ったダイユウサクだが、秋になって3戦しても、これといってめぼしい結果は得られず、天皇賞、ジャパンカップ、有馬記念という表舞台とは関わり無しに7歳を終えようとしているように思われた。前年、華やかなフィナーレを飾ったオグリキャップと同い年、デビューは遅かったが、重賞もひとつ勝った。父ノノアルコ、母の父ダイコーターという血統を考えれば、健闘したといえるだろう。

ダイユウサクと内藤厩舎は、祖母クニノハナのときからの縁である。クニノハナは内藤の兄、博司の持ち馬だった。

「兄貴はネヴァービートの栗毛の牡馬がほしかったんだが、なかなか見つからない。しかたなく、同じネヴァービートでも鹿毛の牝馬を買うことにした。それがクニノハナだった。希望どおりじゃなかったんで、20万円値切ったのを覚えている」

そうして買ったクニノハナが、第1回のビクトリアカップを勝つなど、期待以上の活躍をして繁殖にあがる。繁殖にあがるとき、内藤の兄は病が重くなっていたので、クニノハナを手放すことにした。新しいオーナーは橋元幸平。シンザンのオーナーとして有名な橋元幸吉の弟である。繁殖にあがったクニノハナは、仔出しは悪くなかったが、活躍馬はなかなか送り出せなかった。ダイコーターとの間に生んだ牝馬、クニノキヨコも1勝をあげただけだった。このクニノキヨコがダイユウサクの母である。

クニノキヨコとノノアルコの間に生まれたダイユウサクは、それほど大きな期待を集める馬ではなかった。名前のエピソードが、そのことをよく示している。

内藤によると、ダイユウサクは本来、「ダイコウサク」と名づけられるはずだったという。

「オーナーの孫の幸作という名前から取ったということだった。ところが、登録に行った者が、コウサクのコの字の下を横に伸ばしてしまったんだね。それでダイユウサクとなった。あとから気がついて、訂正しようと思ったんだが、オーナーも、まあ、それでいいだろうということで、そのままにしておいた」

間違った名前でも、「まあ、いいだろう」で終わる程度の馬。それがダイユウサクだったのだ。

3歳になって、内藤厩舎にやってきたダイユウサクは、やはり特別、目立ったところのない馬だった。いや、むしろ、逆の意味で目立つ馬だったといえるかもしれない。

「とにかく、弱いところだらけでね。特に、腰が甘くて全然動けない。少し強い調教をすると、すぐ疲れがたまるもんだから、なかなかレースに使えない。で、とうとう4歳の秋までいってしまった」

タイムリミット寸前で、ようやくデビューしたダイユウサクだが、結果は2戦つづけて2桁着順、特に初戦は1着から13秒も遅れて入線というさんざんの結果だった。ところが、実際のレースの雰囲気が、馬に特別な刺激を与えたのか、このあとから、ダイユウサクの動きが目立ってよくなった。

「ハリや電気治療などを根気よくやった効果もあったんだろうが、急に調教で速いタイムが出るようになってね。で、5歳の4月の初勝利をあげると、その年だけでポンポンと5つも勝ってしまった」

この5勝のうち、最初の1勝を除けば、あとはすべて熊沢重文騎手が騎乗しての勝ち星である。2勝目をあげたときが、熊沢騎手の初騎乗だった。レースは、芝の1600<ruby>メートル</ruby>を2番手につけて抜け出すというもので、タイムは平凡、これといってファンの印象に残るものではなかった。しかし、熊沢騎手は違った。

「でも、ぼくは、そのうちかならず大きなところを取れる馬だと思いました」

気性が素直な上に、乗り味が抜群だったのだ。

しかし、1年でオープンに駆け上がったために、その先には壁が待ち受けていた。6歳になると、ダイユウサクはグレードレースに出走するが、掲示板に入ることはできても、勝ち負けまでには至らなかった。はじめて挑戦した6歳の天皇賞・秋は勝ったヤエノムテキから0秒8離された7着。熊沢騎手が感じた「大きなところを取れる」という予感も、年齢を考えると、実現はきびしそうに思われた。

だが、天皇賞で一流馬といっしょに走ったことが何かの刺激になったのか、ダイユウサクはその後のレースを3連勝する。オープン特別を連勝し、3勝目が初の重賞、金杯だった。すべて1番人気に応えての快勝である。何かが目覚めたようだった。ところが、せっかくの開花の兆しも、次の大阪杯の後の骨折によって摘み取られてしまう。症状は軽かったが、秋に復帰しても、朝日チャレンジカップ、京都大賞典と期待ほどの内容は得られず、陣営は天皇賞のある表通りを避けて、裏街道を歩ませることにした。天皇賞の前日のスワンステークスに出走して4着。悪くはなかったが、大望を抱かせる結果でもない。ジャパンカップなど及びもつかない。陣営は、ダイユウサクをマイルチャンピオンシップに出走させることにした。結果は5着。健闘とも取れるが、かといって、手放しで喜べる結果でもない。ダイユウサクの上には薄曇りのような空模様だけが広がっていた。

表通りの祭典、ジャパンカップは、メジロマックイーンの復権の場になるはずだった。誰の目にも圧勝だった天皇賞・秋を、降着という不運で失った馬に、ファンはそれ以前にも増して大きな支持を寄せた。まるで自分たちの力で「世界一」の座を勝ち取らせてやるといわんばかりの熱っぽさだった。単勝人気はメジロマックイーンに集中し、単勝1・9倍というシンボリルドルフやミスターシービーでも得られなかったような高い支持率になった。

メジロマックイーンに人気が集中したのは、外国招待馬の顔ぶれが、比較的地味だったことも影響していた。凱旋門賞で2着に入ったフランスの牝馬、マジックナイトが招待馬の中の大将格で、ほかに超一流といえるような実績の馬はいなかった。

しかし、メジロマックイーンに乗る武豊騎手は慎重だった。

「楽に勝てるなんて思っていません。海外の競馬を見た経験から考えると、どんな馬も決して侮れない。過去の戦績やデータだけでは判断しきれないところがあるんです」

自らを戒め、とりこぼしなど絶対にしないという決意が見てとれた。

曇り空の下でスタートしたレースは、公営から参戦したジョージモナークが逃げ、1000《メートル》通過60秒台の平均ペースで展開した。メジロマックイーンは5、6番手の内めを進む。マイポジションである。流れが速くないので、馬群はひとかたまりで4コーナーに差しかかる。勝負は、直線での決め手比べに持ち込まれるかに思われた。その最後の勝負にほとんどの馬が、力をためようとした一瞬、アメリカ代表の芦毛馬ゴールデンフェザントが抜け出した。俗にいう「出し抜け」である。メジロマックイーンをはじめ、ほとんどの馬が虚をつかれた格好だった。わずかに牝馬のマジックナイトだけが食い下がったが、先頭に躍り出たゴールデンフェザントの伸び脚はすばらしく、後続は差をつめることはできない。ゴールデンフェザント、マジックナイト。そのままの順位でゴールを駆け抜ける。早めのスパートから押し切るレースを続けてきたメジロマックイーンにとって、出し抜けに先頭を奪われたのは痛手だった。ただでさえ決め手勝負には難がある。本来なら、自分が取るはずの取り口で先制され、追撃もままならない。それでも4着に入ったのは、自分が日本の最強馬だという意地の表明にほかならなかった。

レースを終えたあとの、武豊騎手の表情はさすがに硬かった。あらゆるお膳立ては整っているかに見えた。あとは、一押しして、大観衆の前で、天皇賞の汚名を返上すればよい。だが、その一押しができなかった。天皇賞・秋、ジャパンカップと、逃げ水を追うように勝利を追い求め、得られないメジロマックイーンにとって、最後に渇きを癒す場は、有馬記念しか残されていなかった。

マックイーン、汚名返上の機会を逃す。表通りはその話題一色だった。しかし、マイルチャンピオンシップを走り終えたダイユウサクの陣営にとって、そうした騒ぎは遠いものだった。馬は、幸いダメージもなく元気である。さて、つぎはどこを使うか。GⅠを狙うとすれば、スプリンターズステークスか有馬記念である。しかし、有馬記念にはファン投票がある。正月に金杯を勝っただけの馬に、ファンの支持が集まるとは思われない。出走するには、有馬記念の前にどこかのレースを使い、選考委員会の目にとまるしか方法がなかった。

それに対してスプリンターズステークスのほうは、獲得賞金からいって、なんとか出走できそうだった。超一流馬が集まる有馬記念に比べて、メンバーもいくらか手薄である。

内藤調教師は、どちらに使ってもいいと考えていた。

「というより、目標を決めて使うということがむずかしい馬なんや。古馬になってだいぶ頑丈になったとはいっても、もともと決して丈夫といえない馬。その時々の仕上がり具合を見てレースを選ばなければならない。あそこを狙ってということができない馬だったんだ」

戦績を見れば、スプリンターズステークスということになるが、なぜか、内藤師は有馬記念にもダイユウサクの出走登録を済ませていた。万が一、ぴったり体調が合えば、そこそこに走れると踏んでいたのである。

「中山の２５００メートルは血統などから少し長い気もしたが、騎手の指示どおり動くことができ、引っかかる心配がない。極端な道悪にでもならなければ、なんとか距離は持ってくれそうな気がした」

そこで、内藤調教師は暮れの阪神の開幕週に組まれた阪神競馬場新装記念というオープン特別に出走させることにした。この年は、オープンクラスに故障馬が多く、ファン投票上位でも有馬記念を回避する馬が多く出ることが予想されていた。もしこのオープン特別を勝てば、なんとか推薦で出走枠に滑り込めるかもしれない。そう考えたのだ。

ずっとダイユウサクの手綱を取りつづけている熊沢騎手にとって、このオープン特別は絶対に負けられないレースだった。早くから、ダイユウサクの資質を見込み、大きなところでの活躍を夢見てきた熊沢騎手である。このレースを勝てば、有馬記念という大舞台に手が届く。

「負けられないと思いました。素質はあったんです。出世が遅れたのは、ぼくが先行する競馬にこだわりすぎたのが大きな原因だった。それに気がついて、控える競馬を苦労して教え込んできた。マイルチャンピオンシップで5着にきたのも、そうした競馬が身についた証拠でした。だから、何とかして大きな舞台に立たせたかった」

59㌔という重い斤量に苦しみながらも、ダイユウサクはこのレースを制して、推薦で有馬記念に出走することが決まった。しかし、裏街道を歩んできたダイユウサク、推薦でようやくたどり着いた出走馬に目を向ける人はほとんどいなかった。ほとんどのファンの関心は、ファン投票第1位、秋2戦の屈辱を晴らそうと意気込むメジロマックイーンの動向にそそがれていた。

ダイユウサク　単勝配当13790円

ダイユウサクの有馬記念出走が決まったあと、内藤調教師は夢を見た。

「競馬の夢なんだが、なんと、私が阪神競馬場で億単位の馬券を的中させるという夢なんだ。払い戻しがあんまり大きくなったんで、窓口の人が、現金にしますか、それとも小切手にしますかと聞く。で、億なんてお金は見たことがないんでキャッシュにしてくれと答える。そして自分の馬を連れて帰る馬運車にその払戻金を一緒に積んで帰るというとんでもない夢だった」

普通のファンが、高配当を的中させるという夢ならさして珍しくもないが、調教師は馬券を買うことができない。にもかかわらず、それだけ景気のよい夢を見たのは、何かよいことの起る前兆かもしれない。何かよい前兆といえば、運よく有馬記念に出走することができたダイユウサクに関係したことに違いない。内藤調教師はすっかり気分がよくなった。

「有馬記念の1週間ほど前に、自分と関係の深い牧場の忘年会に出席したんだが、そこで、つい夢の話をしてしまってね。きっとダイユウサクががんばってくれるだろうから、有馬記念では応援の馬券を買ってくれとぶち上げてしまった」

少々舞い上がっていたといえばそうかもしれない。しかし、内藤師を高揚させるほど、ダイユウサクの状態がよくなっていたことが、景気のよい夢やその後の言動につながったのもたしかだった。

だが、いくら状態は上がっているといっても、GⅢの勝ち星がひとつあるだけ、2度のGⅠではいずれも勝負にならなかったダイユウサクが、正攻法で勝てるほど、有馬記念は甘いレースではない。特に、ダイユウサクは２０００メートルが最長の勝ち距離で、有馬記念の２５００メートルには不安が残る。その不安をできるだけ少なくし、上位に食い込むにはどんな手があるか。内藤調教師は策をめぐらした。いろいろ考えている間にひらめいた。

「施行規程や」

中央競馬のルールブックともいうべき施行規程には、騎手の役割がこう記されている。

「騎手は、競走において馬の全能力を発揮させなくてはならない」

ごくあたりまえの文面だが、そこにヒントがあった。

「ダイユウサクの全能力を発揮させるにはどうするか。切れ味はある。ただ、距離に不安もある。ならば、コースの最短距離を進めばいい。インコースぴったりを回れば距離の不安は解消できる。最短距離を回って、直線までしっかり力を温存すれば、59キロを背負って4コーナー12番手から差し切ったあの新装記念の末脚をかならず繰り出してくれると考えたんだ」

景気のよい夢、ひらめいた秘策。だが、これらも、ダイユウサク陣営の外に伝わることはほとんどなかった。仮に伝わったとしても、多くのファンやほかの出走馬の陣営は、歯牙にもかけなかったろう。有馬記念では、過去に、重賞をひとつも勝っていないストロングエイトが勝ちを収めた例がある。しかし、それは異例中の異例で、そう何度も起るようなことではない。それに波乱が起るとしても、その主役にダイユウサクがなれる根拠は、戦績から見る限りほとんどなかった。

レース当日、メジロマックイーンの単勝支持率は47・5％に達した。オッズは1・7倍である。ジャパンカップのときよりもさらに高い支持を集めたのだ。天皇賞・秋、ジャパンカップとつづいたモヤモヤを、一気に晴らしてほしいというのが、世論の大勢といってもよかった。

メジロマックイーンのあとには4歳のナイスネイチャ、天皇賞繰り上がり1着のプレクラスニーなどがつづいたが、いずれも大きく引き離された支持でしかなかった。4歳クラシックの勝ち馬は不在、メジロマックイーン以外の古馬もGＩや長距離戦には実績のない馬が多く、不運に泣いたマックイーンに、ようやく風が吹いてきたと感じられるようなメンバー構成だった。

ダイユウサクは15頭立ての14番人気だった。単勝の支持率にすると、わずか0・6％に過ぎない。だが、人気のないのは承知の上だったから、内藤師も熊沢騎手も意気消沈するようなことはなかった。

レース当日の朝、内藤師は、熊沢騎手に「歩いて馬場を回っておけ」と指示した。内ぴったりを回る作戦は決めていたが、冬場の中山コースは、3、4コーナーの内めがひどく荒れていることがある。そうだとしたら、道中は内を回っても、4コーナーでは外に持ち出さなければならない。

指示どおり馬場を回ってきた熊沢騎手は、3、4コーナーも思ったほどは荒れていないと報告した。ならば、インぴったり作戦は予定通り実行できる。最後の直線は、レースの流れに任せよう。

　レースはツインターボのハイペースの逃げで幕を開けた。最初の６００メートルを34秒台、１０００メートル通過が59秒台という流れである。

　熊沢騎手は8番枠からスタートして、徐々に馬を内に入れ、11番手と中団からやや後方を進んだ。逃げなければすまないツインターボがいる。先行して早めに抜け出したいプレクラスニーやダイタクヘリオスもいる。ほかの馬にしても、メジロマックイーンのうしろからスパートして差し切る自信はないはずだから、全体に、前掛りの速い流れになる。レースは、熊沢騎手が読んだとおりの流れで進んでいった。

　向正面に入ると、ツインターボと後続の差が一気に詰まる。3コーナーの手前では、プレクラスニーとダイタクヘリオスの2頭が地力でツインターボを捕まえにかかった。メジロマックイーンはダイユウサクの3頭ほど前にいて、インコースを進んでいたが、3コーナーから徐々に外に持ち出して進出を開始した。3コーナーからのロングスパートが、ステイヤー、マックイーンも得意技だったが、武豊騎手はそれにはこだわらず、速い流れの中で、直線で勝負を決する手を選んでいた。このあたりの選択はさすがに武豊というべきだった。

　4コーナー、プレクラスニーとダイタクヘリオスが先頭に立つ。しかし、速い流れを地力で追走してきただけに、中山の急坂を一気に駆け抜ける迫力は感じられない。馬場の真ん中を通り、メジロマックイーンがおもむろに競りあがってくる。前を行く馬たちとは脚色が違っていた。ゴールまでは王道が伸びているだけだ。だが、メジロマックイーンの内から、すばらしい勢いで伸びてくる馬が1頭だけいた。ダイユウサクだ。

終始インの11番手あたりを進んだダイユウサクだが、4コーナーでは8番手にまでポジションを上げていた。直線。普通なら外に持ち出して追い込みにかかるのが策である。「ずっとインの最短距離を回れ」という内藤師の指示も4コーナーまでのことだと熊沢騎手は理解していた。外に出すか。前を見る。

「その時、インコースに通る道が見えたんです。そんなことはめったにないんですが、あの時はたしかに道が見えた。それで、躊躇せずそこに突っ込んでいった」

メジロマックイーンが坂下からスパートするのはわかったが、あわてなかった。

「メジロマックイーンといっしょに追い出して、叩きあいになると苦しい。今日の手ごたえなら、2、3呼吸遅らせてから追い出しても、なんとか差し切ってくれるだろう」

新装記念での直線のすばらしい切れ味を思い出しながら、そう判断した熊沢騎手は、マックイーンのラストスパートを待って追い出した。

インコースからあっという間に先頭争いに加わる。先に抜け出しそうな勢いのメジロマックイーンだったが、この日はなぜか最後の伸びを欠いてもたついている。ダイユウサクは容赦しなかった。

14番人気の伏兵は、悲鳴と驚嘆の中、ゴールした。ふたつのレコードが記録された。単勝配当13790円とレコードタイム2分30秒6。これは、12年後の今も、まだ破られていない。

1レースで億単位のお金が転がり込むという内藤の夢は、半分以上が現実になった。さすがに1着賞金は、馬運車に積んで帰るようなことはなかったが。

表通りの悲運のヒーローと、裏街道の地味な男が、はじめて顔を合わせた、一期一会の有馬記念。星を追った表通りの男たちは最後の最後で取り逃がし、星を待って星を信じた裏街道の男たちが最後に笑った。忘れられない有馬記念だった。

ダイユウサク　単勝配当13790円

大西直宏

18年目のダービー

40代のベテラン騎手の、二つのエピソードから話をはじめたい。

ひとつは夏の札幌競馬での情景。インタビューするために、あるベテラン騎手を、検量室で待っていた。札幌とはいえ、かなり蒸し暑い日で、騎手たちはレースが終わると、汗だくになって戻ってくる。その中に目当ての騎手もいた。まだ朝の第1レースである。そのレースに騎乗していたのは見習いか、デビュー4、5年までの若い騎手、さもなければ、中央場所ではあまり騎乗機会に恵まれない騎手がほとんどだった。真っ赤に上気した顔をタオルで拭いながら、目当ての騎手がやって来た。話を聞く。ひと通り話が済むと、ふと、ため息混じりに漏らした。

「オレみたいなのは、ローカルの朝早いレースでもないと、なかなか乗る機会がないからね」

同じ日、インタビューした騎手とほぼ同世代の人気騎手も札幌で騎乗していた。騎乗するのは特別レースの3鞍だけ。しかし、どれも本命に推される人気馬で、その人気騎手は午後、競馬場に姿を現すと、人気馬にまたがり、2勝2着1回の成績をあげ、さっさと競馬場をあとにした。その騎手が立ち去ったあと、インタビューした騎手が最終レースに姿を見せた。しかし、汗だくになりながら、勝ち星をあげることはなかった。

もうひとつは、美浦トレセンに近い土浦駅のホームでの情景。筑波おろしが吹く寒い日で、ホームにほとんど人影はなかった。トレセンでの取材を終え、ホームの立ち食いソバをすすっていると、隣に小柄な中年の男が来て、ソバを注文した。スポーツバッグを抱えた顔に見覚えがあった。かつてGIを制したこともあるベテラン騎手だった。ほかの騎手は調教を終え、家に戻っている時間である。この騎手はどこに行くのか。思わず話しかけたい気持ちにかられたが、言葉をのみ込んだ。おそらくこの騎手は裏開催のローカルか、関西に乗り馬を求めて出かけるのだろう。かつての花形騎手が、駅のホームで立ち食いソバをすすりながら、騎乗馬を求めて旅に出ようとしている。見ようによってはさびしい情景である。忘れられない姿だった。

プロスポーツは実力の世界である。力の衰えたものは、それに応じた扱いを受けるのが当然だ。かつて華々しい活躍をしたベテランも例外ではない。それをとやかくいうのは感傷ではないか。そうした意見があるのは承知の上で、こんなエピソードを紹介してみた。

今の日本の競馬は、ごく少数を除いては、ベテラン騎手にはきびしい環境になっている。

力がはっきり衰えたわけでもないのに、年を取ると騎乗回数が少なくなる騎手が多い。騎手のフリー化が進み、馬主や調教師が騎手を選ぶ時代になってきた。そうなると、有力馬の騎乗依頼は、勝ち星をたくさんあげている騎手に集中する。そのつぎには減量特典のある見習い騎手や調教師の意向を黙って聞くような若い騎手。騎乗に一家言あるベテランへの依頼は自然に減る。騎乗機会が減れば、勝ち星も減る。勝ち星が減れば、それはそのまま力の衰えとみなされる。つまり縮小再生産の悪循環に陥ってしまうのだ。そうなると、どんなに実績のあるベテランも、夏のローカルの第1レースから汗だくになったり、駅の立ち食いソバをすすりながら、騎乗馬を求めてさまよわなければならない。

調教師の大半が騎手出身者で占められていた時代なら、ベテランの乗り数の減少が力の衰えを示すのか、それとも単に機会に恵まれないだけなのかを、調教師が判断する力があった。しかし、騎乗経験のない調教師が多くなると、そうした「独自の判断」は期待しづらくなる。なにも騎手出身ではない調教師を貶めるつもりはないが、馬の仕上げや厩舎経営の能力と、実際のレースでの騎乗の巧拙を見る能力は同じではないから、そうしたことを期待するのも無理な話ではある。そうした厩舎が増える中で、技術を持ちながら、機会に恵まれず、なんとなく尻すぼみになってしまう騎手が増えるのは、時代の趨勢かもしれないが、少しさびしい気がしないでもない。

大西直宏は今年で37歳になる。1980年が初騎乗だから、デビュー19年目。顔は童顔だが彼より年上の騎手は関東では17人しかいない。ベテラン騎手の一人といってよい。

去年ダービーをサニーブライアンで制するまで、大西は目立たない騎手だった。重賞勝ちはアラブのハイローータリーで勝ったひとつだけ。デビューの年に新人賞を獲り、'87年のダービー、サニースワローで2着に入ったのだけが華々しいキャリアで、近年はジャーナリズムからは忘れられた騎手だった。一昨年の勝ち星はわずか8つしかない。

その大西がダービーを勝ったあとは、見違えるような活躍を見せた。6月のダービーでやっと4つ目の勝ち星をあげたにもかかわらず、その後の半年で17勝を稼ぎ出し、合計21勝。デビュー2年目で24勝をあげたのに次ぐ好成績を残したのである。

これはもう、復活といっていい成績だろう。では、デビュー直後から、昨年まで、大西は眠っていたのだろうか。彼の騎乗技術はデビュー直後から固まってしまい、30代半ばを過ぎて、突然目を覚まして進歩したのだろうか。もちろんそんなことはないだろう。にもかかわらず、大西はGⅠどころか、重賞勝ちにも恵まれず、騎乗機会も減り、引退を考えなければならないようなところにまで追い込まれていた。

ダービーの勝利で、大西は突然脚光を浴びた。鮮やかなサニーブライアンの逃げきりは、スタートからゴールまで何度もジャーナリズムに取り上げられてきた。しかし、考えようによっては、ダービーの勝利よりも、その前後の大西のまわりに起こった変化のほうが、より劇的といえないこともない。ダービー騎手大西の軌跡をたどることは、レースからだけでは見えてこない騎手という仕事のある側面を照らし出すものとはいえないだろうか。

大西直宏は東京の葛飾出身である。土地柄に馬の匂いはしない。親類縁者を見渡しても、競馬につながる糸はなかった。強いていえば、父がときどき馬券を買うぐらいが、競馬とのつながりだった。しかしその父も、競馬場に息子を連れていったようなことはなかった。

それにもかかわらず、騎手を志したのは早かった。小学校1年の時である。

「近所に仲のよい3人兄弟の友達がいて、いつもいっしょに遊んでいた。その兄弟にはお姉さんがいて、絵が上手だった。ある日、遊びにいったら、そのお姉さんが絵を描いている。馬の絵だった」

見ているうちに、カッコイイな、馬といっしょに暮らせたらいいなと、漠然と考えるようになった。騎手という仕事があることさえ知らなかったが、馬との暮らしをなんとはなしに夢見たのだ。

確固たる決意というわけではなかったが、年を重ねても、馬との生活を望む気持ちは薄れなかった。中学生になると、本格的に騎手志望を固める。

馬券好きの父は大賛成で、大いに尻をたたかれた。看護婦をしていた母も、漫然と進学するより「手に職をつける」ほうがいいと、あえて反対はしなかった。当時まだ競馬学校は設立されておらず、馬事公苑の騎手養成課程に入るのが、中央競馬の騎手になる道だったが、試験はスムーズにいった。

「試験は12月で終わり、年明けの1月に合格をもらった。ほかのみんなが高校受験の勉強をしているのに、自分だけは勉強しなくていい。気分がよかったですよ」

食べても食べても太らない身体だった。体を動かすのが好きで、柔軟性もあった。生まれてはじめて馬と身近に接することができるのが楽しかった。だから、養成課程で、苦労したような思い出は一切ない。

所属は美浦の中尾銑治厩舎になった。最初は、中尾調教師の関西風のアクセントを、キツく感じることもあったが、それもすぐ慣れた。減量の特典があり、騎乗馬もかなりまわってきた。デビューの年に9勝をあげ、新人賞を受賞する。2年目には224回騎乗して24勝。地方競馬出身のゴールドスペンサーに乗って、第1回のジャパンカップにも出走し、日本馬最先着を果たす。順調過ぎるスタートだった。

中尾調教師にとっては、大西ははじめての専属騎手だった。

「直宏が来た時は、はじめから競馬に行っての勘がよく、すぐ活躍できると思った。将来は500勝はできると思ったんだが」

師の心配といえば、口数が少なく、実生活でもレースに行っても、気迫を表に出すのが苦手なことぐらいだった。

3年目のオークスの日、通算41勝に到達し、減量の特典が取れた。この頃を境に、しだいに騎乗数が減りはじめる。

「見習い騎手の時は、二本柳俊夫先生や稲葉幸夫先生なんかがよく声をかけてくれて、乗せてもらっていた。それが減量の星が取れると、目に見えて減って行って」

二本柳厩舎、稲葉厩舎といえば、オープン馬を何頭も抱える名門である。有力馬も多い。

見習の特典を生かして、そうした厩舎の馬に騎乗させてもらえば、自然に勝ち星も増える。だが、名門厩舎には複数の専属騎手がいるのも珍しくない時代だった。見習いの特典があれば、ほかの厩舎の騎手にも声をかけるが、その特典がなくなれば、まず自分の厩舎の騎手を先に騎乗させるのが筋である。大西の騎乗数が減ったのは当然だった。

「騎手というのは、減量の特典がなくなってからがほんとうの勝負なんだよ」

師の言葉を聞くまでもなく、本人もそれは十分承知していた。しかし、デビュー3年目に242回を数えた騎乗数は年ごとに減り、8年目の'87年にはとうとう117までになった。当然勝ち星もあがらない。'85年に20勝したのを最後に、3年つづけて一桁の勝ち星しかあげられなかった。

毎年ベスト10上位に名を連ねる少数の例外は除き、騎手というのは黙っていれば騎乗馬が回ってくるというものではない。時には乗ったことのない調教師のもとに出向いて売り込んだりしなければならない。先輩騎手と、公私ともに密接な関係を作り、その流れで、騎乗馬を回してもらうような「処世術」も身につけなければならない。競馬社会が実力の世界であることはいうまでもない。騎手のフリー化が進んで、そうした傾向は、一見、いっそう強まっているように見える。しかし、騎手になるのは、競馬学校を卒業したものだけという閉ざされた社会、つねに多数の新人や、よそのチームからトレードされたものや、外国人選手と競争しなければならないプロ野球やサッカーと違うドメスティックなサークルの中では、兄弟弟子といった縁故関係や、一流騎手を頭に戴く競輪風の「ライン」、さらには遊び仲間といった関係が、騎乗馬を決めて行く大きな要素になることは否定できない。

ところが、こうした方面に関しては、大西は、まったくといっていいほど無頓着だった。中尾厩舎には兄弟子に当たる騎手はいなかった。ほかの厩舎にも私淑するような先輩騎手はいなかった。

「ほかの人がうまく乗って勝つのを見ると、その時は感心するけど、じゃあ、その人にくっついて、というふうにはならなくて」

同年代の騎手とは気楽につき合えても、上下関係に当たるような先輩騎手とのつき合いはできなかった。調教師に対する売り込みにしても、以前からの知り合いなら、「今度、乗せてください」と口に出せたが、知らない相手だと、気軽に言葉をかけることはできなかった。

「そういうことが自然にいえるような人でないと、なかなか騎乗馬を確保するのはむずかしいんですよ」

馬主や調教師とのつき合いを兼ねたゴルフや麻雀などに顔を出すこともほとんどなかった。体が空いている時は、家でじっとしているほうが性に合っていた。騎乗馬が減っても、人間関係の煩わしさに苦労するよりはまし、という気持ちがどこかにあったのだ。

そうした人嫌いの性格は、レースにも反映していた。

中尾調教師はいう。

「競馬にいって、もっとガッツを見せるところがあってもいいって、ずっと思っていたんだ。あいつは馬ごみを無理やりこじ開けて、なんてレースはあんまりやらない。離れて後方を進むか、思いきって前に行くか、どっちにしても、人に迷惑をかけないような乗り方が多いんだ。人嫌いの性格みたいなものが、レースでも反映するんだなって、いつも思っていたよ」

乗り替わられることはあっても、強引に割り込んで、人の騎乗馬をかっさらうようなことはしたことがなかった。騎乗馬が減り、成績が落ちるのは、こうしたキャラクターとも決して無関係ではなかった。

大西が結婚したのは'87年、サニースワローがダービーに出走した年である。相手は競馬とは縁のない画廊に勤める女性だった。友人の紹介で交際がはじまっても、あいかわらず大西は無口だった。競馬社会の特殊な事情を細かく話してくれることもない。ただ、ひとつだけ口調が熱を帯びる話題があった。

「ダービーの話になると、よくしゃべるんです。それで、騎手にとってはダービーっていうのは特別なものなんだなぁって」

その相手、和子さんとの結婚式は、サニースワローで出走権を取ったNHK杯の翌日だった。

初出場のダービーに、新婚の和子さんは当然のように応援に出かけた。夫の馬はまったく人気がなかったが、インコースを張り付くようにぴったり回り、メリーナイスの2着に食い込んだ。

「はじめて出たダービーで2着だったんで、競馬のことは知らない私なんか、すぐダービーも取れるんじゃないかと思ったんですけど」

すぐ取れるどころではなかった。その後の夫は、ダービー制覇どころか、出走すら縁のない、地味な騎手になっていく。

結婚した年が4勝、翌年が7勝、そのつぎが4勝。'90年には久しぶりに二桁の11勝をあげたが、'91年には落馬で重傷を負ってしまう。夏の新潟競馬で落馬し、腕を2カ所も骨折してしまったのだ。いったんくっついたはずの骨がうまくついておらず、腰骨を腕に移植する大手術をしなければならなかった。結局8カ月も馬から離れた。'92年のなかばに復帰を果たしたが、この年は71回騎乗して、わずかひとつしか勝ち星をあげることができなかった。

「でも、自分じゃ、この先どうなるんだろうとか、あんまりそういう心配はしなかったですね」

腕が完全に戻れば、騎乗技術ではまだまだ負けない。自信はあった。しかし、それを口に出す人間でもない。勝ち鞍があがらない。騎乗機会も減る。開催日だというのに、家にいることも多くなる。妻は気が気ではなかった。「ずっと家にいるのを見ているのがつらくて」

1勝しかあげられなかった年の暮れ、再スタートを期して、中尾厩舎を離れ、フリーになった。見習いの星が取れると、すぐにフリーになる騎手も珍しくない中で、デビュー12年目の遅い決断だった。

「技術はあるんだから、ウチの馬よりも走るのがいたら、そっちを選べばいいんだ。そう言い聞かせて、俺が勧めたんだよ」

師の勧めを受け入れ、フリーの道を選んだのだ。

フリーになってからは、今までと同じことをやっていたんじゃだめだと考え、裏開催に出張するようになった。

「それまでローカルには夏に行くだけだったんです。裏開催でも、ときどき行っていたんじゃ、乗り馬は回ってこない。腰をすえていくようになって、ようやく少し走る馬が回ってくるようになった」

春先の小倉、初夏の新潟、秋の福島、冬の中京、年の半分は裏開催で過ごすようになった。あまり長く家を空けるので、たまに家に戻ると、二人の娘がけげんな顔を見せるようなこともあった。17、17、12、15。勝ち星は安定し、生活の不安もなくなった。だが、裏開催の勝ち馬は、しょせんは中級クラスに過ぎない。ジャパンカップやダービーで味わった充実感にはほど遠かった。

裏開催を拠点にするようになっても、毎年つづけている習慣があった。それはダービーを競馬場で見ることである。サニースワロー以来、騎乗馬はいない。ダービー騎乗馬どころか、ダービーの開催日に乗り馬が1頭もいないこともあった。そういう日はわざわざ競馬場には出かけず、家にいるのが普通なのだが、「ダービーだけは競馬場で見なくちゃいけない」といって、出かけていった。大西にとって、いかにダービーの持つ意味が大きかったかがわかる。

’96年。あいかわらず裏開催中心の騎乗だったが、馬に恵まれなかったこともあり、勝ち星は8つにとどまった。

「馬に乗るのだけが仕事であり、趣味」のような夫だから、すぐに転身するとは思わなかったが、それでも将来のことを考えなければならない年齢にさしかかっている。妻は調教師試験の勉強をはじめるように勧めた。将来調教師になりたい気持ちは本人も持っていた。妻が勧める気持ちもよく理解できた。しかし、勉強のために本を開くと、すぐに眠気が襲って来てしまう。まだ転身を心から考える気持ちにはなれなかったのだ。

そんな時、中尾厩舎のブライアンズタイム産駒に騎乗して、新馬戦に勝った。あのサニースワローの甥に当たる馬、サニーブライアンである。

「勝ったのが秋の府中で、新馬戦としてはいいメンバーがそろっていた。その中でいい内容で勝てたんで、将来性はあると思った。ところがその後が5着、7着、5着でしょ。新馬戦で手ごたえがあっても、その後はサッパリという馬が、これまでも何頭もいましたからね」

馬を見る自分の目に疑いを持ったことさえあった。年明けのジュニアカップを逃げきった時も半信半疑だった。

「展開に恵まれたかもしれないなって思ってましたね」

しかし、中尾調教師の見方は違っていた。

「新馬戦のあとに惨敗したのは下痢やいれ込みなど、原因がはっきりしていたんだ。だから、ジュニアカップで勝ったことには別に驚かなかった。それぐらいは走ると思っていたよ」

オープンのジュニアカップを勝ったので、クラシックへの出走権が手に入った。そうなると、まわりが騒がしくなるのがこの世界のつねである。中尾調教師のもとに、顔なじみの新聞記者がやって来てささやいた。

「乗り役は大西君でいいんですか」

本番のクラシックではより実績のある騎手に替えたほうがいいのではないかというのである。かつての専属とはいえ、大西はすでにフリーの立場だった。調教師とすれば、乗り替わらせても問題はない。むしろそのほうが昨今の流行ともいえた。

だが中尾調教師はそのささやきを一蹴した。師弟の情がまったくなかったといえばうそになる。しかし、それ以上に、長く地味な成績しか残していない大西だが、腕は確かだ、サニーブライアンの力を一番発揮させられるのはデビューから乗って来た大西しかいないと考えていたからだ。

「少し走る馬が出ると、そういう話を持ち込むやつは結構いるんだ。新聞記者だけじゃない。馬主の中にもそういう人がいる。事実、ほかの馬で大西を乗せないでほしいといって来た人もあった。それが理屈に合ってりゃ、オレのほうでも考えるけど、サニーブライアンはそうじゃない。馬主の宮崎さんも、ひとことも騎手をどうするなんてことはいわなかった」

弥生賞、若葉ステークスと使い皐月賞へ。そこそこに健闘はするものの、勝負になるほどの成績でもない。もし皐月賞でいい成績が残せなかったら、ほかの騎手に乗り替わられるかもしれないな。大西自身にはそんな予感があった。だからといって、久々にめぐって来たクラシック騎乗馬を手放すまいと、固くなるようなことはなかった。流行の「自分の競馬ができれば」といった自己満足を求めての騎乗でもなかった。18年間培った経験から割り出した、勝つための最善の騎乗をする。それが皐月賞での快勝につながった。

　皐月賞を勝ったあと、周囲はフロック勝ちだという声にあふれていた。たしかに大西自身も勝てると確信を持って臨んだレースではなかった。だが、皐月賞を勝ってみると、ダービーを勝つのもさほどむずかしくないのではないかと思えて来た。特に一番外の枠を引けば、思ったとおりのレースができる。そして枠順抽選では、なぜか一番外の枠を引き当てる自信があった。

「ダービーの3週前のNHKマイルカップで、パーソナリティワンの騎乗を依頼された。その時、枠順抽選に立ち会って、18番が出るよっていったら、ほんとうに18番が出た。そしてダービーでも18番が出ると思い、自分で抽選を引いたら、その通りに18番が出た。もう負ける気はしませんでした」

　異様なほど勘がとぎ澄まされていたというのである。ダービーで、希望する18番枠を引き当てた時、大西は妻にそれを電話で伝えた。

「いつもは電話なんかしてくる人じゃないんですが、あの時だけは、18番を引いたぞって」

　騎乗馬がいない年も、かならず東京競馬場のスタンドで見つづけてきたただひとつのレース、ダービーである。それに勝てると確信の持てる馬で臨める。いかに無口で、感情を表すことのない男でも心が沸き立たないはずはない。珍しい電話は、その沸き立つ内心の現れだった。

去年のダービーの前、大西に話を聞く機会があった。決して派手な語り口ではなかったが、その口調には自信がにじんでいた。特に、東京コースで、逃げ馬が勝つためにはどうしたらよいかを、筋道だって説明する話し振りにはまるで勝ったあとのレース回顧のような冷静な分析力があった。それを聞いていると、(今から思えば失礼な話だが)、この日の当たらない道を歩いてきた男が、ほんとうにダービーを取ってしまうのかと、不思議な気分にさせられたものだ。


ダービーについてはあらためて触れるまでもない。ただひとつ言い添えれば、あれほどレースの前から作戦を公言し、その通りに実行してダービーを獲った馬は、これまで記憶にないということである。ダービーのようなジャーナリズムが異様に沸騰するレースで、こんな芸当ができるのは、馬、騎手ともに、相当の力量がなければならない。

ダービーのあと、妻の和子さんによると、大西は「三日ぐらいボーッとしていた」そうだ。もともと「聞けば答える」程度で、自分からはめったに話をしないほうだが、ダービーの直後は話しかけてもほとんど上の空だったようだ。

もちろん、そんな個人の思惑には関係なく、競馬はつづいて行く。夏のローカル開催がはじまった。福島、新潟。ダービー騎手となった大西のもとには、騎乗依頼が徐々にやって来るようになった。

中にははじめての厩舎もある。関西馬にも乗る機会ができた。

「調教師だけじゃなく、トラックマンを通しての依頼もずいぶん多くなりましたね」

トラックマンたちは出走馬を確定させるために、厩舎と騎手の仲介役を務めることもある。「あの厩舎のあの馬、乗り役を捜していたよ」とか、「日曜日のこのレースは空いている？」とかいう情報が彼らを通してもたらされる。長いこと大西は、そうした仲介とも縁が薄かった。騎乗馬に恵まれなければ、トラックマンたちの声をかける対象にはなりにくい。ダービーがすべてを一変させたのだ。

騎乗依頼が増える。当然よい馬にも恵まれる。勝ち鞍も増える。騎手の最も望ましい循環を、デビュー直後から久しぶりに大西は手に入れた。

ダービーを含めて6月まで4勝だったのが、6月以降は17勝。特別レースも4つものにした。前の年わずか8勝、特別勝ちがひとつもなかったことを思うと、鮮やかな変身だった。韓国に遠征し、2レースに騎乗して2勝したこともつけ加えておかなければならない。

なにより、自信が戻ってきたのが大きな変化だった。

「機会さえ与えられれば、これくらいは乗れるんだなぁってね」

騎乗機会が目に見えて減った時も、腕の衰えを感じたことはなかった。裏開催専門に回り、地味なレースで勝ちを拾っても、大レースでも同じような騎乗ができることを疑ったことはなかった。ただ、それを確かめる術がなかった。

「オレを乗せてくれ」

「オレの腕を見てくれ」

そんなことを声高にいえる人柄ではなかった。打算含みで誰かと親しくなり、騎乗馬を回してもらうような世渡りとは最も縁の遠い男だった。

それでも、大西にはサニーブライアンが回ってきた。

「ワンチャンス」をものにしたのは、もちろん大西の手腕だが、おそらく「サニーブライアンにめぐり合わない大西」は、今の競馬サークルの中に、まだたくさんいるだろう。大西の復活が、そうした騎手たちにスポットの当たるきっかけになれば、と願わずにはいられない。


「かみさんは、もうやめてほしいと思っているかもしれないな」

大西はそんなことをふと漏らした。

「もうやり残したことはないだろうって、いっているから」

大西自身も、これから先、サニーブライアンのような馬に、何頭もめぐり合うとは思っていない。毎年GⅠ戦線をにぎわせる馬に乗る騎手など、200人近くいる中央競馬の騎手の中でも、ごくごく少数なのだ。今年37歳。年齢は大きな要素ではないにしても、騎乗できる年数はやはり限られてくる。それでも何年たったら鞍を置く、といった具体的な計画はない。調教師試験の教科書は、去年の皐月賞のあとから、閉じられたままである。

「乗っているのが純粋に楽しいんですよ。去年ダービーを勝った時もそうだったけど、大きなレースでも、未勝利戦でも、1着になった時の、やったという感覚はデビューのころとほとんど変わらない。馬に乗って勝つ、というのが好きなんです」

その達成感に変化が来ない限り、大西が鞍から下りることはないだろう。

将来を考えて、転身を勧めたこともある妻も、最近はあまりそのことに触れなくなった。

「やっぱり、乗り馬が多いと楽しそうなんですよ。あいかわらずマイペースのところは変わらないんですけど」

騎乗馬が増えて、星があがっても、強引に人の馬をかっさらったりするようなことはない。騎乗依頼をすげなく断ったりすることもないが、かといって周囲に対して特別に愛想がよくなったようなところもない。

「この間も、若い騎手のかたを家に連れてきたんですけど、お酒を飲むと自分はさっさと寝てしまって」

妻の和子さんに話を聞きに訪れた時も、大西は二階で眠ったままだった。ほかの相手なら腹の立つところだが、何度か会って話を聞いていたので、別に腹も立たなかった。かえって愛想よく迎えてくれたりしたほうが、妙な感じがしただろう。そのマイペースぶりが、ダービーを絶妙のペース配分で逃げきった騎手に、いかにもふさわしかった。

プリティキャスト
宝石の目覚め

空は晴れていたが、風は冷たい。茶色く冬枯れた芝生は、前の晩の雨でたっぷり水を含んでいた。あと1週間で師走である。1980年11月23日、第82回天皇賞は場内のけやきもすっかり落葉した東京競馬場で11頭が参加して行われることになっていた。

午後3時を回ると、出走する馬たちが馬場に姿を現した。ひとしきり起こった歓声は、いつの間にか初冬の空に吸い込まれ、場内は奇妙な静けさに包まれた。3時25分、ファンファーレが鳴り、ゲートインが始まった。ゲートはスタンドから遠い3コーナーと4コーナーの中間に設けられているので、馬たちの闘志は観客まで伝わってこない。3200mという長い距離に思い屈しているような、うつむきがちのゲートインに見えた。

鈍い音をたててゲートが開いた。短距離レースのように息せききって飛び出す馬はいない。その中で、赤い帽子の騎手を乗せた馬が2、3発ムチを入れられ先頭に立った。プリテイキャストである。プリテイキャストの騎手、柴田政人は、この馬で天皇賞に出ることが決まった時から、スタートから逃げまくることだけを考えていた。３２００という長い距離を考えると、心配がないわけではなかったが、それまでの勝ち星の大半を逃げきりであげているプリテイキャストにとってそれ以外の策はない。何が何でも前に行く。それは作戦というよりは決意といってよかった。

心持ち頭を上げ、少し口を割って、あわてたサザエさんのように先頭に躍り出したプリテイキャストを見ても、ほかの騎手たちは冷静だった。逃げる馬はプリテイキャスト。どの新聞にもそう書いてある。しかし、11頭だての8番人気、トライアルの目黒記念で最下位に敗れているこの牝馬に、３２００の長丁場を逃げきる力があるとは思えない。どうせあいつは鉄砲玉だ。まだまだ先は長い。

その日、プリテイキャストの生産者、吉田重雄は近所の学校の道路整備をしていた。町の有力者である吉田は、なにかと頼まれごとが多い。天皇賞に自分の生産した馬が出走するというのに競馬場にも出かけず道路整備などしていたのは理由があった。吉田が競馬場に出かけると、どういうわけかプリテイキャストは惨敗するのだ。競馬場に出かけなかったのは、むしろ期待の現れといってよかった。

レースの時間になると、さすがに道路工事をしているわけにも行かず、家に戻った。テレビの前には妻と牧場の従業員たちが集まっていた。

「無事に回ってきてくれればいいさ」

吉田は自分に言い聞かせるようにつぶやいた。半分は本心だったが、あとの半分はヒリヒリするような気持ちでプリテイキャストの勝利を願っていた。プリテイキャストは吉田にとって、ほかの生産馬とは違う特別の馬だったのである。それは宝石だった。

吉田の家は北海道早来町《はやきた》に3代続く牧場である。明治の初期、屯田兵として早来に入植した祖父の権太郎は、製材業や薪炭業のかたわら、明治30年ごろから馬の生産を始めるようになった。一面に広がる柏の森を切り開き、牧草を植え、徐々に牧場を拡大していった。第2次大戦中は主として軍馬の生産を手がけ、サラブレッドの生産にも手を染めた。

あとを継いだ吉田の父一太郎は、戦争が終わると、本格的にサラブレッドの生産に乗り出した。早来は苫小牧の北、北海道の中央部に位置した農村地帯である。土壌は火山灰地や湿地が多く、決して馬の生産に向いた土地ではなかった。戦後、サラブレッドの大生産地として頭角を現す日高地方は、日高山脈から流れ出る多くの川が牧草を育てる氾濫原を作る、天然の条件に恵まれていた。大きな牧場から、中小の家族的な牧場まで、牧場の数も多く、お互いが刺激し合ってよい馬、高く売れる馬の生産に励んでいた。それに対して、日高と離れた早来の吉田牧場は孤立していた。地理的条件も悪い。それだけに、吉田の父一太郎は強い自己主張を持って牧場経営に当たった。頑固なほどの信念の持ち主だった。

吉田一太郎の方針は単純明快だった。繁殖牝馬は明治から続く日本有数の血筋を集めた。戦前の日本の競馬は、千葉の御料牧場と岩手の小岩井農場がリードしていた。皇室や財閥の資金力を背景に、海外から優秀な血統の馬を買い集めた。戦後、二つの牧場がサラブレッドを放出し始めると、一太郎は苦労してその名血を手に入れた。そのかわり、種牡馬にはむやみに種付け料の高い馬ではなく、安くても丈夫に走る仔を出す馬たちを選んだ。その組み合わせで、数多くの優秀な馬を送り出した。オークス馬のオーカン、ヒロイチ、皐月賞、有馬記念に勝ったリュウズキなどが吉田牧場から巣立って行った。その中でも最も有名なのがワカクモとテンポイントの親子である。

伝染病の疑いをかけられ、競馬界から抹消されそうになった牝馬クモワカは、関係者の必死の介護と訴えによって生き残り、吉田牧場に来て牝馬ワカクモを産んだ。ワカクモは桜花賞を勝つなど大活躍をして、故郷に戻り、テンポイントを産んだ。テンポイントが生まれた時、吉田一太郎はすでに亡くなっていたが、クモワカ—ワカクモ—テンポイントと続く血筋は、一太郎の信念のエッセンスだった。

しかし、父はいつか乗り越えられなければならない。'70年、父の死後牧場を継いだ吉田重雄は、父と違ったやり方で、牧場を飛躍させようと考えた。父は外国の牝馬を輸入することを嫌い、日本の伝統を受け継ぐ牝馬を徹底して集めた。だが、その牝馬たちの血筋は、長い時間の中で徐々に発展性を失い、煮詰まり始めている。新しい血を入れなければ。父が鎖国主義なら自分は開放主義だ。

「おやじとはいつもけんかばかりしてましたよ。どっちも馬が好きなことには変わりなかったけど、考え方は全然違っていた」

プリティキャストの話を聞くために、9月の末、早来の吉田牧場を訪ねた時、吉田はそう振り返った。300ヘクタールを越える広大な敷地。ところどころに樹齢150年を越える柏が葉を揺らしている。がっしりした木造の家は、古い北海道の大農家のたたずまいをしのばせる。

父から牧場を受け継いで3年目、吉田はひとつの賭けに出た。外国から繁殖用の牡馬を購入することにしたのだ。長く牧場の中心となる血を入れる。そのためには半端な馬ではだめだ。吉田がねらいを定めたのは、当時、アメリカで最高の牡馬といわれたタイプキャストだった。

'73年の1月、吉田は正月の祝いもそこそこにカリフォルニアに飛んだ。ハリウッドパークのセリにタイプキャストが出るという情報をつかんだからだ。タイプキャストはそのまえの年まで57戦を戦い、サンセット・ハンデ、サンタモニカ・ハンデ、マンノウォー・ステークスなどの大レースを次々に手中にして53万ドルあまりの賞金を獲得した、アメリカ史上有数の牝馬だった。血統的な背景も申し分ない。セリでは60万ドル以上の値がつくだろうとうわさされていた。

当時の円・ドルレートは1ドル＝308円。60万ドルといえば1億8000万円以上になる。いまでこそ海外から数億、数十億の馬が輸入されることは珍しくなくなったが、当時とすれば億単位の金をかけて馬を買うなどというのは大胆過ぎる試みだった。しかもねらっているのは1年に1頭しか子供を産まない繁殖牝馬である。しかし、吉田に引き下がる気持ちはなかった。

「おやじは、昔から日本に続く古い血を大事にしろ、といつも言っていた。でも考えてみればサラブレッドの血は、世界中に広がっている。いつまでも日本の血にこだわっているわけにはいかない。60万ドルまでなら絶対に降りないつもりでした」

セリの当日、吉田はあえて会場に行かず、ホテルで代理人からの連絡を待っていた。会場にはほかの日本人のバイヤーも来る。日本人同士で意地の張り合いになってむやみに値段が上がってもしかたがないと考えたのだ。気をもみながら連絡を待った。電話が鳴った。吉田の代理人がタイプキャストを競り落とした。値段は72万5０００ドル。円に直すと2億2０００万ほどになる。無理をすれば出せない額ではなかった。

「あの時は、自己満足かもしれないけど、アメリカ一の馬が自分のところにくるんだという感激でいっぱいでした」

日本に戻った吉田は、格好のジャーナリズムの標的になった。

「世界一の買い物」

「不受胎なら、2億2０００万がパー」

週刊誌には派手な見出しが躍った。タイプキャストは紛れもない宝石だ。だが、その子供たちが競走馬としてまったく活躍しなければ、宝石はたちまち石ころになってしまう。そうした危険は吉田自身が誰よりも承知していた。それ以上に、父と違ったやり方で成果が上がらないとしたら、生産者としての吉田は、ただ父の遺産を食いつぶすだけの道楽息子になってしまう。そうならないためには、タイプキャストの仔が母と同じような宝石になってくれなければ。吉田は祈った。

しかし、タイプキャストの最初の子供は、吉田の期待にはこたえてくれなかった。イギリスの二冠馬サーアイバーを父に持つこの男馬は、一つの勝ち星もあげられず、牧場に戻ってきた。

「デビューの時、競馬場に見に行ったんです。ちょうど評判のマルゼンスキーも同じレースに出ていました。マルゼンがウチの馬を引き離してどんどん逃げるのを双眼鏡で眺めていて、なんともいえない気持ちでしたよ」

タイプキャストが牧場に来て3年目、2頭目の子供が生まれた。牝馬だった。元気な牝馬だった。

「牧場の柵のすき間を見つけては、外に抜け出し、思いっきり遊んでは同じところを通って戻ってくる。抜け出す馬は時々いるけど、自分の逃げたところを覚えていて、そこから戻ってくるような馬はまずいない。珍しい馬でした」

それがプリテイキャストだった。プリテイキャストは丈夫に育ち、3歳の秋にデビューした。しかし、それなりに勝ち星はあげたものの、6歳秋の天皇賞までは、少なくとも吉田が期待したような宝石ではなかった。

プリテイキャストは軽快に逃げ脚を伸ばした。最初のスタンド前では20ｍほどだった2番手との差は、２コーナーを回り、向こう正面に入るとどんどん開いて１００ｍ近くにも広がった。ようやくスタンドがざわつき始めた。

柴田政人は11年前を振り返る。

「あの時は、うしろで落馬か何かアクシデントが起きたのかと思った。普通逃げ馬に乗っている時は、うしろを見なくても、ほかの馬がどれくらい近づいているかは気配でわかる。ところがあの時は、そんな気配が全然しないんだ」

だからといって柴田は手綱を絞り、ペースを落とすことはなかった。決して無理をさせているわけではない。プリテイキャストは自分のペースで走っている。ほかの馬が追いかけてこないだけだ。柴田は３２００ｍのような長い距離のレースが好きだった。

「長い距離になると、騎手同士のいろいろなかけひきがある。それが楽しいんだ。特に長距離の場合は、いかにリラックスさせて道中を走らせるかで勝負が決まってくる。あのレースにしても、プリテイキャストは決していきりたって逃げていたわけじゃない。手綱を取りながら、いい流れだなぁ、と思っていたよ」

柴田は楽天的だったが、スタンドで見ているプリテイキャストの調教師、石栗龍雄は気が気ではなかった。

「それまで天皇賞で大きな逃げを打った馬がいなかったわけじゃない。でも、そういう馬はたいてい直線でバタバタになっていた。もしかしたら勝てるかも、と思う一方で、やっぱり少し無謀かな、とも考えたよ」

石栗は、11年前のレースをにこにこしながら回想してくれた。

吉田重雄が大きな期待をかけたように、石栗もプリテイキャストの素質にひそかな望みをかけていた。3歳の春、石栗の厩舎にやって来たプリテイキャストは割りばしのように細かった。厩舎では、

「吉田牧場の牝馬は、ずいぶん細く仕上げたもんだな」

とささやき合った。ところが調教を積むにつれ、プリテイキャストはどんどん成長し、デビューするころには男馬にも負けない470kg台の体になっていた。調教でも、再三スピードのあるところを見せていた。やっぱり母の血を引く名血だ。

だが、デビュー戦で、思わぬアクシデントに遭遇する。好位置をキープし、最後の直線の手前で、そろそろトップスピードに入ろうとしたプリテイキャストの前を、ほかの馬がサッと横切った。危うく転倒しそうなほどの妨害だった。

「それ以来、どうも3、4コーナーの中間に来ると、後退するクセがついてしまった。ほかの馬をこわがるようになったんだ」

勝負どころでほかの馬にひるみ、後退を繰り返すプリテイキャストに、石栗は頭を悩ませた。いろいろ考えた末、ブリンカーをつけてみた。ブリンカーは馬の視界を狭くして、ほかの

馬による恐怖感を少しでもなくすためにしばしば使われる。プリティキャストはスタートダッシュはよくなかったが、いったんスピードに乗って気分よく走れば、ほかの馬を寄せつけない強さを持っている。ブリンカーをつけて、とにかく逃げまくるレースをしてみよう。

　作戦は当たり、プリティキャストははじめての勝ち星をあげた。4歳春の新潟競馬場。ちょうど中央ではオークスが行われ、同い年の牝馬が栄冠を競っている裏での地味な勝利だった。

　ブリンカーと逃げの手を覚え、プリティキャストは徐々に力を発揮するようになった。4歳の暮れには4勝目を上げ、オープンクラスの一流馬たちと対戦するまでになった。しかし、一流馬に混じると、結果は無残だった。逃げてはつかまり、17着、13着、14着、10着、13着と二桁の惨敗を繰り返す。下のクラスに戻るとそこそこふんばるが、オープンクラスでは全然だめ、という繰り返しだった。宝石はいっこうに輝かなかった。それでもプリティキャストは元気に走り続けた。丈夫さが唯一のとりえといってもよかった。名血を受け継ぐ馬には、えてしてひ弱な馬が出がちだが、プリティはいたって庶民的だった。

　6歳の春、そろそろ牧場に戻そうという話が持ち上がった。牝馬はレースだけでなく、子供を送り出す使命もある。期待ほどは走らなかったが、子供に期待をかけてみるか。

　このレースで牧場に戻すという話が決まっていた’80年初頭のダートの特別戦で、プリティキャストはこれまでと違ったレースを見せた。いつもは逃げてつかまると、ズルズルと後退していたのが、このレースに限っては、いったん追い込み馬に先頭を譲りながら、ゴール前100mあたりから猛然と巻き返し、先頭でゴールインしたのである。このレースぶりを見て、石栗も、吉田も、馬主の高田久成も牧場に戻すのが惜しくなった。やっぱり力はある。磨かれていない宝石だったんだ。

高まった期待にこたえるように、プリティキャストはその次の重賞レース、ダイヤモンドステークスを快勝して見せた。超一流馬こそいなかったが、2着に7馬身の差をつける内容は、並の馬にできるものではなかった。

だが、その後は、ふたたびもとのプリティに戻ってしまう。秋になって最初の毎日王冠では3着に粘ったが、天皇賞の3週間前に行われた目黒記念では、スタートで出遅れ、得意の逃げも発揮できず、1着から3秒6も離された最下位に敗れた。残るレースは天皇賞だけ。それが終われば故郷の吉田牧場に戻る。スケジュールは決まっていた。

惨敗した目黒記念と同じコースを使い、距離が700mも延びる天皇賞で、石栗はさしたる勝算があるわけではなかった。ただ、まったく投げやりなオリンピック精神で出走させたわけではない。天皇賞の追い切り調教の日、石栗はスタンドでほかの馬の調教を見ていた。一番人気が予想されるカツラノハイセイコは、3頭の併せ馬で好タイムをマークした。一方、プリティキャストは、1頭だけで、軽くコースを回ってきていた。2頭、3頭が併走する併せ馬は、1頭の調教より速いタイムが出るのが普通である。ところが、石栗は時計を見て驚いた。遅いはずのプリティキャストのタイムが併せ馬をしたカツラノハイセイコを上回っていたのだ。あらためてこの馬の潜在能力を知らされた石栗に、調教師界の長老、藤本富良がささやきかけた。

「おい、ひょっとしたら勝てるかもしれんぞ」

その時だけは石栗も、ちょっと固くなったという。

前評判は低かったが、調子だけは絶好で天皇賞を迎えたプリティキャストに幸運が重なった。一つ目は関西の鉄砲玉、ハシハリーが出走を回避したことだった。ハシハリーも逃げなければよいところのない先行馬で、しかもダッシュのスピードはプリティを上回っている。いわば目の上のタンコブだった。それが出走しないとなると、プリティは苦労せずに先頭に立てるかもしれない。せりかける馬がいない時のプリティキャストの力は、これまでも証明済みだ。

加えて天皇賞の前日、激しい雨が降った。レース当日にはあがったが、11月の末の日ざしでは、とても乾きそうにない。重い馬場は得意だったし、なによりも泥をかぶらずに行ける逃げ馬には、重い馬場は有利に働く。名血ゆえに期待されながら、運のなさに泣いていたプリティキャストに一気に運が向いてきたのだ。


3コーナーの坂を下り、残り800mの地点にさしかかっても、プリティキャストは快調に逃げ続けた。5番手を進むメジロファントムの騎手、横山富雄は思わず叫んだ。

「おい！　誰か。誰かつかまえに行けよ！」

横山はデビューの時から長くプリティキャストの主戦騎手をつとめていた。プリティに現役を続けさせるきっかけになったダートの特別戦も、はじめての重賞勝ちであるダイヤモンドステークスも、横山の手綱によるものである。しかし、この天皇賞では、縁の深いメジロ牧場の有力馬メジロファントムに騎乗していた。前の年の秋の天皇賞で、同じメジロファントムに乗り、2着に敗れている横山にとって、この天皇賞は1年ぶりの雪辱戦だった。馬場はメジロファントムの得意な重馬場になり、カツラノハイセイコ、ホウヨウボーイといった人気馬も、行きっぷりはあまりよくない。大きく引き離して逃げるプリテイキャストを別にすれば、ほぼ思惑通りにレースは進んでいた。それなのに、いつも自分が乗ってさんざん苦労してきたプリテイキャストが今、横山の前に大きく立ちはだかっている。気分よく逃げている時のプリテイキャストの強さは、プリテイの手綱を取る柴田や調教師の石栗以上に知りつくしている。それが思わず「誰か行け!」の叫びとなって口をついたのである。

だが、横山の叫びに応えるものはいなかった。ここで無理にペースを上げて、プリテイキャストをつかまえに行けば、プリテイをつぶすことはできても、うしろから来る馬のえじきになることは目に見えている。カツラノハイセイコの河内洋も、ホウヨウボーイの加藤和宏も、金縛りにあったように動かなかった。

東京競馬場では、3、4コーナーの中間にある大きなけやきの木が、レースを見る上での格好の標識になる。どんなレースでも、ここを過ぎるあたりから急速にペースが上がり、逃げている馬と追いかける馬たちとの差は一気に縮まる。だがけやきを過ぎても、プリテイキャストとうしろの馬たちの差は一向に縮まらなかった。

けやきを過ぎても、うしろの馬たちの気配は感じられない。柴田政人は、このときはじめてもしかしたら逃げきれるのでは、と思ったという。パワーを必要とする重い馬場だったので、さすがにプリテイキャストの脚は上がらなくなってきたが、前半無理をさせなかったので、まだ余力はある。だが、なんといっても東京競馬場の直線は長い。柴田は慎重に4コーナーを回り、直線に入ると、スタートした時と同じように馬に気合いを入れた。


レースが始まってしばらくたってからも、北海道の吉田重雄の居間は静かだった。プリテイキャストが逃げることはわかっている。問題は、どこまで逃げてがまんするかだ。直線にさしかかり、後続との差が詰まらないのを見ても、吉田は信じられない気持ちだった。期待はしていたが、こんな大胆なレースになるとは。妻や牧場の従業員は、もう声をからして声援している。

「ぼくは自分のところの馬が走っていても、あんまり興奮しないんだけど、あの時だけはこっちも一緒に走っているような気がして、思わず声が出た。直線の坂を上っても、ゴールがさっぱり近づいた気がしない。ああ、ゴール板が馬の方に近づいてこないかなぁ、なんて考えていました」

調教師の石栗は、直線に入っても押し黙っていた。

「よその馬なら、あれだけ離していたら、もう逃げきりだな、なんて冷静に判断できるけど、自分の馬だからね。直線の坂を上り切るまでは安心し切れなかったよ」

坂を上り、2、3番手を進んでいたカツラノハイセイコ、ホウヨウボーイは差を詰めるどころかかえって後退していった。代わって横山のメジロファントムが猛然と追い込んできたが、2、3番手の馬をかわすのが精一杯だった。プリテイキャストがゴールした時、2番手に上がったメジロファントムは7馬身後方であえいでいた。

牝馬としては'71年のトウメイ以来の勝利。しかも秋の天皇賞の記録である7馬身もの大差。圧勝と言ってよい。騎手たちの中で、柴田政人は一人だけ泥をかぶらないきれいな顔で引き上げてきた。

石栗龍雄は小さなため息をついた。うれしいよりホッとした気持ちの方が強かった。

「競馬の中でも、ダービーと天皇賞は特別なもんだよ。特にわれわれのように戦前の競馬も多少なりとも見たものは、天皇賞の重みは十分知っている。だから軽々しく声なんかでないものなんだ」

吉田重雄は呆然としていた。口をついて出るのは、

「勝っちゃったんだなぁ」

という気の抜けたような一言だった。プリテイキャストが宝石であることを信じ、そうなってくれることを誰よりも望んだ吉田だったが、いざそれが実現してみると、信じられない気持ちだった。テレビを眺めていると、祝福の電話のベルが鳴り、吉田は現実に引き戻された。

競馬場では表彰式が始まっていた。天皇賞の勝馬の馬主には、天皇盾が下賜される。それを受け取る馬主は白い手袋をはめるのが慣例になっている。柴田政人は馬主の高田の白い手袋を見て、はじめて天皇賞というレースの重さを知った。

「おととしの秋、アメリカに行った時、プリティキャストの母親のタイプキャストを管理していた調教師に偶然会った。ぼくが日本でタイプキャストの娘に乗って大きなレースを勝った話をしたら、むこうはすごく喜んで、タイプキャストの分厚い伝記をプレゼントしてくれた。そんな本が出版されるくらいだから、よっぽどファンに愛された馬だったんだろうね」

柴田はタイプキャストが吉田牧場にやって来た時、北海道遠征の合間を縫ってわざわざ評判の馬を見に出かけた。大きくて気性のはげしい馬、というのがその時の印象だった。その柴田が、タイプキャストの娘で天皇賞を手にする。何か因縁めいている。

因縁といえば、プリティキャストの馬主、高田も同様だった。高田は、同じ吉田牧場の生産馬、テンポイントで数々の大レースを手中にしてきた。そのテンポイントは、海外遠征を目前にして、'78年の春にレース中の骨折がもとで世を去っていた。いわば掌中の玉を失った高田に、新しい栄冠をもたらしてくれたのが、同じ吉田牧場に生まれたプリティキャストだったのだ。

高田はプリティキャストにかける吉田の気持ちを知っていた。だから、普通の馬主なら秘蔵の品にする天皇盾と優勝カップを惜し気もなく吉田にプレゼントした。

吉田にとってもプリテイキャストの勝利は特別だった。天皇賞を獲るのはテンポイントに次いで2度目の経験である。しかし、テンポイントは、吉田の馬である以上に、父一太郎が大切に守り続けたクモワカ—ワカクモの血を受け継ぐ馬だった。純粋な意味での自分の作品ではなかった。プリテイキャストは違う。サラブレッドの生産者として独り立ちするため、危険を承知で導入した新しい血から生まれた、純粋な吉田の作品だった。テンポイントの勝利とは違う感慨があったことは想像に難くない。


天皇賞のあと、プリテイキャストは推薦されて有馬記念に臨んだ。重馬場の3200mを大差で逃げ切ったプリテイキャストはさすがに疲労していた。調教師の石栗はできれば有馬記念には使いたくなかった。

「あれだけの血統だし、天皇賞で大きな実績も作った。もし故障でもされたら元も子も無い。それに、有馬記念には逃げ馬のサクラシンゲキが出ることも決まっていたしね。疲れの残る体で、競り合っていい結果が出るはずはないからね」

だが、秋の天皇賞に勝って故障もしていない馬が、有馬記念を欠場すれば、ファンの期待を裏切ることになる。迷った末に、石栗は出走を決意した。プリテイキャストは、調教でも、天皇賞の前のような冴えを見せず、本番のレースでも一度も先頭にたつことすらできずに敗れた。だが、誰も非難するものはなかった。前の年の暮れには、逃げてはつぶれ

「名血、どうした」とファンの罵声を浴びていた馬が、1年後にはすっかり淑女らしい風格を身につけ、敗れても堂々と引き上げてきた。天皇賞で、たった一度だけ目覚め、宝石であることを自分の力で証明して、プリティキャストは故郷の吉田牧場に帰ってきた。

母になったプリティキャストは、毎年元気に子供を産んだ。しかし、現役時代の彼女が活躍するまで長い時間がかかったように、なかなか走る仔が出ない。現役の4歳馬ブリッジキャストも、惨敗を繰り返している。それでも吉田は毎年プリティキャストの子供を生産している。プリティキャストの現役時代、吉田や調教師の石栗が気長に走る日を待ったように、吉田は再び待ち続けている。子供がだめなら孫が走るかもしれない。父の一太郎が、明治時代から続く古い日本の血統にかけて強い馬を送り出したように、サラブレッドの生産は、すぐに結論の出るものではないのだ。

プリティキャストの後、天皇賞を勝った牝馬は出ていない。秋の天皇賞の距離も3200から2000に短縮された。タイプキャストのように億を越える値段で輸入される馬も珍しくなくなった。名馬の候補者は次々に送り出される。しかし、そのうちの何頭が、生涯一度でも輝くことができるのだろう。

逃げ馬があえぎながら冬枯れの府中の坂を上ってくるたびに、プリティキャストの最後の直線の姿が浮かんでくる。

柳田真宏

生真面目な5番打者

1977年の3月20日は日曜日である。オープン戦とはいえ、ジャイアンツがはじめて本拠地で試合をするとあって、後楽園球場には試合前からすでに多くのファンが詰めかけていた。開幕まであと2週間。チームは最終の調整段階に入っている。前の年のペナントレースを制し、日本シリーズで阪急ブレーブスをあと一歩まで追いつめながら苦汁を飲んだジャイアンツのナインは、例年以上の意気ごみでキャンプ、オープン戦を消化していた。

フリーバッティングが始まった。王貞治が、張本勲が次々にいいあたりを外野に飛ばす。柳田真宏が打席に立った。バットが一閃し、糸を引くようなライナーが一直線に外野に飛んで行く。外野では打撃練習を終えたナインがキャッチボールをしていた。柳田の打球はほかのボールを追っていた末次利光の左の目の下を直撃した。一瞬のできごとだった。末次はその場に倒れ込み、動けなくなった。それが柳田真宏の長い1年の始まりだった。

5番打者はジャイアンツののどに引っかかった小骨のようなものだった。長嶋、王の2人が全盛のころ、ジャイアンツは5番に誰を置くかに頭を悩ませた。2人の打撃がふるえばふるうほど、相手チームは勝負を避ける。当然5番打者と勝負してくる機会は増える。そこに強力なバッターを置けば、得点力が増すだけでなく、王、長嶋との勝負の機会も増える。連覇を続けながら、巨人のフロントは貪欲に5番という婿さがしを続けた。

手っ取り早い方法として、トレードによる補強が試みられた。'65年に、東映フライヤーズから吉田勝豊を獲得したのに始まり、西鉄ライオンズの高倉照幸、田中久寿男、大洋ホエールズの桑田武、広島カープの森永勝也など、そうそうたる実績の持ち主を毎年のように獲得し、5番に据えた。しかし、期待に添う活躍をしたものはいなかった。

自前の5番打者育成も続けられた。柴田勲、森昌彦、高田繁、黒江透修といったレギュラークラスも入れ替わりで5番を務めた。だが、彼らにしても、相手に脅威を与えるような格好の5番ではなかった。

'74年、長嶋が引退し、'76年に張本勲が日拓ホームフライヤーズから入団しても、事情は同じだった。ホームランよりもヒットの数で勝負する張本を王の後に置くわけにはいかない。張本、王と続く打線で、5番打者はますます重要な役目を担うようになった。

その頃最も多く5番を受け持ったのが末次である。中央大学時代にスラッガーとして鳴らした末次は、入団5年目あたりから頭角を現し、9連覇の後半からはその右打ちのテクニックと勝負づよさで5番に座ることが多くなった。'76年、長嶋のもとで優勝を飾った時も、末次は・281を打ち、張本、王に続く5番打者の役割を十分に果たしていた。その末次が開幕直前に倒れたのである。

しかも皮肉なことに、その原因を作った柳田は、末次の最大の競争相手と見られていた男だった。当時柳田はプロ入り11年目。代打での勝負づよさには定評があったが、ケガが多く、毎年のように期待されながら、あと一歩のところで控えに甘んじていた。9連覇のころも、外野に張本が入ってからも、常に4番手の外野手というのが柳田のポジションだった。それが、末次の故障によって、一挙にチャンスがめぐってきたのである。柳田はそのチャンスを逃さなかった。シーズン当初から5番に座り、ペナントレースが終わる時には・340の高打率を残した。「ジャイアンツ史上最強の5番打者」。'77年の柳田にはそんな称号までつけられた。

だが「史上最強の5番打者」は1年限りの5番打者でもあった。翌年からの柳田は、急激な落ち込みを見せる。なぜあの年だけ柳田は活躍し、翌年から低迷してしまったのか。

このシリーズを始める時、どうしても柳田に会ってみたかった。活躍期間の短い野球選手は少なくない。それはたいてい酷使や故障が原因である。しかし、柳田に大きな故障はなかったはずだ。入団1～2年目の若手が、怖いもの知らずで活躍し、尻すぼみになることも少なくないが、'77年の柳田は入団11年目のベテランだった。なぜ「ジャイアンツ史上最強の5番」が1年限りのものだったのか。それを聞いてみたかった。

いざ接触を試みると、柳田の消息はなかなかわからなかった。球団関係者や担当記者に尋ねても、最近の連絡先は知らないという。困り果てていた時、朗報が飛び込んだ。ジャイアンツOBの瀧安治が、偶然新宿のホテルで柳田を見かけたという。トイレに入ると、隣に肩幅の広い角刈の男がいた。それが柳田だった。編集部から柳田を捜していることを聞かされていた瀧は、取材の意図を話し、連絡先を聞き出してくれた。新橋にある企画会社に勤めていて、野球関係者とはほとんど接触がないという。

いざ連絡先がわかると、今度は少し気が重くなった。引退後の生活は、柳田を狷介な人間に変えているかもしれない。しかもこちらが聞きたいのは、どちらかというと活躍の秘密より、転落の秘密なのだ。現役時代「マムシ」とあだなされたいかつい風貌も思い出され、よけいにしりごみせざるを得なくなった。

しかし、実際に会った柳田は、狷介でもぶっきらぼうでもなく、礼儀正しく多弁だった。勤務先近くの寿司屋の座敷で、柳田は気さくに現役時代を回想してくれた。角刈の頭、ギョロリとした大きな目、色は浅黒く、彫りが深い。その威圧感のある顔が時々恥ずかしそうにくしゃくしゃになる。

「うーん。あの年のことねぇ。スエさんのことがあったからね。やっぱり印象に残ってるよ。スエさんとは同郷だしね」

スエさんとは末次のことである。柳田は末次と同じ熊本の出身だった。'48年、熊本市内に生まれた柳田は、幼稚園のころからバットが友達だった。小学生に混じって暗くなるまでボールを追い続けた。小学校に入学すると、野球選手になることしか考えなくなった。父は書道と生け花の教室を開いており、野球には無関心だったが、柳田が野球用具をねだると、黙って買ってくれた。

中学3年になると、熊本工業、八代東など地元の野球名門校から誘いがかかったが、甲子園で活躍することを夢見ていた柳田は、大阪のPL学園の入学試験を受けた。

「あとで阪急に入った加藤秀司が一緒に受験していた。バットスウィングの実技があったんだけど、あいつはいいスウィングしてたなぁ」

結局PLは合格せず、当時熊本で頭角を現していた九州学院に進んだ。高校では甲子園には出場できなかったが、打撃と肩の良さで、プロの関係者からは早くから目をつけられた。高校2年の時には、熊本でキャンプを張っていたジャイアンツの川上哲治がわざわざ練習を見に来たほどだった。同じ熊本出身の強打者として川上を「崇拝していた」柳田は、これをきっかけに、プロに入る決意を固めた。

'66年秋のドラフトで柳田は西鉄に2位で指名された。全盛時に比べればチーム力は落ちてはいたが、九州では絶大な支持のある人気球団である。稲尾や中西に混じってプレーできると思うと、一も二もなく入団を承諾した。しかし、2年間は芽が出なかった。

「新人の年、ベンチに入れてもらったんだけど、ずっとヒットがでない。ベンチのメンバーでは、オレとゴルフのジャンボ尾崎だけがノーヒットを続けていた。ところがジャンボさんもとうとうヒットを打った。困ったなぁって思ってたら、代打が回ってきた。その時ようやくヒットが出た」

初ヒットはホームランだった。だが西鉄時代の思い出は、このホームランだけだった。3年目、柳田はジャイアンツにトレードされた。もっともこのトレードは、ジャイアンツ側からすると、投手の若生忠男がねらいで、ほとんど実績のない柳田は付け足しに過ぎなかった。

「トレードのショックはなかった。もともとジャイアンツには憧れていたから、どういう形でもそのユニフォームが着られるのはうれしかった。その時点で、なんとなくジャイアンツを辞める時は、野球を辞める時だなぁって思った」

4連覇を続けていたジャイアンツの外野に、柳田の入り込む隙はなかった。加えて、腰を痛め、半年も練習を休んだ。ジャイアンツでの1年目、優勝が決まった後の消化試合でようやく出番が回ってきた。

「今思うと、あれが最終テストだったんだろうね。広島とのダブルヘッダーの2試合目、先発出場してホームランを打った。あそこで打っていなかったら、おそらくクビだったろう」

危うくクビのつながった柳田は、翌年から徐々に代打や守備がための起用されるようになった。長嶋が引退する'74年には、102試合に出場し、規定打席に満たないものの打率・335をマークした。緊迫した場面でのバッティングは首脳陣にも高く評価された。だがレギュラーは遠かった。先発出場すると、代打の時のような集中力が散漫になり、力を発揮できない。不振が続くと考え込んでしまう。3割を打っても、打てなかった7割の方を気に病む。外見からは想像もできない気の弱さがあった。ケガにも泣かされた。レギュラーをつかみかけると故障する。あまり故障が続くので、'76年にはチームメイトの黒江の勧めで「俊郎」から「真宏」と改名までした。そこまでしても、レギュラーには手が届かなかった。そして'77年のシーズンを迎えるのである。

末次の負傷は柳田にとってプロ入り11年目でようやくつかみかけた最大のチャンスであった。しかし、気持ちは複雑だった。偶然とはいえ、負傷の原因を作ったのは自分である。しかも、その原因を作った自分が末次の後の5番に座る。ただでさえ考え込む傾向のある柳田は、ますますうつむきがちになった。

だが、チームにすれば、柳田の屈託にはつき合っていられなかった。前の年、ホームラン26本を打ったデーブ・ジョンソンは退団し、末次もすぐには復帰できそうにない。中核を打つ張本、王へのマークはますます厳しくなるだろう。柳田のほかに5番に入るバッターはいない。何としても独り立ちしてもらわなくては。開幕前、監督の長嶋はわざわざ柳田を呼び、「今年一杯は5番で行くぞ」と尻をたたいた。

シーズンが開幕すると、柳田はさっそく5番に座った。しかし、張本、王の後を打つ重圧と、末次の負傷へのこだわりで、バットは一向に快音を発しなかった。

「だんだん打率が下がっていって、4月の後半にはとうとう1割を切ってしまった。スコアボードに・077なんて数字が出た時には、ほんとに恥ずかしかったよ」

5月になった。当時は後楽園で試合のある時は、レギュラークラスも多摩川に集まり、そこで練習をすませてから球場入りするのがジャイアンツのスタイルだった。4月の不調に業を煮やした長嶋は、ほかのメンバーたちと一緒に練習をしている柳田を呼び、みずからバッティングピッチャーを買って出て、特打ちを始めさせた。監督自らが、シーズン中にバッティングピッチャーを務めるなど、ほとんど例のないことだった。それだけ長嶋は柳田に期待し、その不調に頭を悩ましていたのだった。

「打ち始めてしばらくすると、何球かごとに頭や背中にボールが飛んでくる。最初は長嶋さんの手元が狂ったのかと思った。でもあまり頻繁に来るので、意識してやっているのがわかった。そのうちだんだん腹が立ってきた」

何でボールをぶつけられなきゃならないんだ。

「畜生！　打ち返してやる」

柳田はそれまでの不振も、末次の負傷も忘れ、投じられるボールを長嶋めがけて夢中で打ち返した。何球かいいあたりが出ると、長嶋は「もういいぞ」と声をかけた。特打ちを始めて2時間が過ぎていた。ほかのレギュラーたちはとっくに練習を終えていた。

「あの時、長嶋さんは、迷いを振りきって、来た球を目一杯振れ、と教えてくれたんだろう。自分も夢中で打ち返しているうちに、考え込んでいたことがきれいに吹っ切れたような気がした」

迷うな、思いきりやれ、とは誰でもいえる言葉である。だが、長嶋はあえてそれを口に出さず、柳田を挑発するような形でそれを教えこんだのだ。

この練習の後、柳田のバッティングは見違えるように好調になった。1割台で低迷していた打率はみるみる上昇し、3割を越えた。5月だけで・466、打点14、ホームラン7本。不調の王に代わってチームを引っ張り、月間MVPに選ばれる。6月に入ってもあいかわらず好調は続いた。6月11日の大洋戦では4打数3安打、決勝ホームランを放ち、打率でもベストテンのトップに躍り出た。続く6月19日の中日戦では、5打数5安打の活躍をする。打率は・367に跳ね上がった。

「5月のMVPをもらってから、なんとなく自信のようなものができてきた。シーズン当初は王さんの後で待っている時、ああ王さんが打ってくれれば楽だなぁ、って思っていたのに、6月ごろになると、王さんフォアボールで歩いてくれないかなと思うようになった」

しかし、自信めいたものは生まれても、それが柳田の心の中で大きく育って行くことはなかった。一度の特訓や1カ月の好調で有頂天になるほど、柳田は若くはなかった。長く手の届かなかったものだけに、レギュラーの座のきびしさは身に沁みていた。好調な試合が続いても、家に帰るとなかなか寝つかれなかった。

「あのシーズンはほとんど朝方近くに寝ていたような気がする。試合から帰って食事をし、ふとんに入っても、翌日のピッチャーのことが頭に浮かんでくる。明日あのピッチャーはこう攻めてくるだろう、なんて考えていると、無性にバットが振りたくなって」

ふとんをはねのけ、バットを持って寝室を抜け出し、食堂に行く。灯りもつけず、気のすむまでバットを振り続けた。

「真っ暗な中でバットを振ってるんだからね。女房は頭が変になったんじゃないの、って真剣に心配していた」

ひとつのことを思い込むと、それしか考えられなくなる性格だった。子供のころ、野球選手になろうとして、それ以来一度もほかの職業など思い浮かべたことのない男だった。一途ではあったが、ことバッティングに関しては、人の意見もよく聞いた。誰のアドバイスでもすぐに取り入れてみた。処世術では器用なところはなかったが、バッティングの技術では器用さがあった。いろいろ試しては悩む、その繰り返しだった。はじめてレギュラーの座を手にしても、性格は変わらなかった。

「いつの年だったか忘れたけど、あんまり考え込んで、全然バットが振れないことがあった。試合だけじゃなく、練習でもどうしてもバットが振れないんだ。苦しくなって、王さんに相談した」

王は質問されると、ちょっと考えてから答えた。

「ヤナ、バットが振れないんじゃすぐに荷物をまとめて国に帰った方がいいな」

ヒットが出ない、いいあたりが出ないと相談するならともかく、プロのバッターでバットが振れない、と悩む男はいないだろう。相談された王も、さぞ困惑したにちがいない。

しかし、柳田の言葉は比喩でも誇張でもなかった。いくら好調を続けていても、いつそんな金縛りの状態がやって来るかわからない。恐怖感を振り切るために、柳田は暗い中でバットを振り続けた。

マスコミでは「ジャイアンツ史上最強の5番」という形容が定着し始めていた。そのキャッチフレーズが効いたのか、7月のオールスターのファン投票では、張本、若松などの常連を尻目に、外野部門の1位に選出された。11年目ではじめてのオールスター出場。しかもファン投票1位である。ところが、せっかくのオールスターに、柳田は背中を痛めて出場することができなくなった。このあたりから、柳田の野球人生は、ゆっくりと下降線をたどり始めた。

夏場になると、腰や背中の古傷が痛み出した。1年を通してフル出場したことのない柳田にとって、夏の暑さはこたえた。知り合いの整形外科医から古い治療用のベッドをもらい、その固いベッドに寝ては痛みを紛らわせた。

夏になっても末次はまだ入院を続けていた。柳田は試合の合間を見ては律儀に見舞いに訪れた。病室に行くと、いつも柳田の方が逆に励まされた。2人とも、野球の話はほとんどしなかった。柳田の心苦しさは、末次も十分承知していたし、病院にいる末次にとって、野球の話が一番苦痛であることは柳田にもわかっていた。

8月。野球界は王のホームラン世界記録の話題で埋めつくされた。カウントダウンが始まると、王以外の選手が見出しを飾ることはほとんどなくなった。柳田が2本、3本とヒットを放っても、「世界の王」の後ろでは、まったく影が薄かった。

それでも打撃成績の1位をキープしているうちはよかった。9月に入ると、柳田の打棒は湿りがちになった。

「オールスター明けぐらいから、今年は3割打てればいいや、って考えるようになった。バッティングが守りに入ってしまったんだろうね」

3割4分台はキープしていたが、打率で若松に抜かれ、張本にも追い越された。

9月の末、ジャイアンツはやばやとペナントレースの優勝を決めた。

柳田は、疲労困憊しながら、何とかゴールにたどり着いた。打率・340、打点67、ホームラン21本。日本シリーズではスランプに陥り、最後は尻すぼみになったが、それでも5番打者としては、文句のつけようのない数字だった。

はじめてフル出場し、「史上最強の5番」と呼ばれるほどの成績を残した満足感は大きかった。

「でも、来年が本当の勝負だなとも思ったよ」

その勝負の年はつまずきの年になってしまった。まず、契約更改でもめた。球団の評価は柳田が期待した数字には程遠かった。

「正直言って、この程度の評価か、という気持ちだったね」

年が明けてキャンプに入ると、さらにつまずきの石が待っていた。キャンプではスポーツ紙がしばしばその年の予想オーダーを掲載する。一種の景気づけだが、まったくの作り物でもない。そのオーダーに柳田の名前がなかった。あれだけの成績を残したのに、フロントだけでなく首脳陣もその程度の評価しかしていないのか。前の年に感じたような緊張感は、たちまちしぼんでいった。

シーズンが始まっても、気持ちは中途半端なままだった。前の年には続けていた夜中の素振りも止めてしまった。一途なだけに、緊張感がとぎれると、投げやりになるのも早い。結局、打率・291は打ったものの、ホームランは11本と半減し、レギュラーの座も、新たに台頭してきた淡口憲治と分け合うことが多くなった。

その次の'79年は、打率・265とさらに落ち込んだ。のちに二度目の結婚相手となる女性との交際が、スキャンダルめいた取り上げられ方をされたこともあって、シーズンが終わるとトレード要員として、しばしば名前が上がるようになった。

'80年、阪急に移籍。1年限りで再びジャイアンツに戻ってさらに2年。引退する時には、「史上最強の5番打者」の称号は、すっかり朽ち果てていた。

「彼はね。打つ、走る、投げる、守る、全部そろっている。でもすべて上の部類で最上というものがないの。それが決定的だったね」

張本勲はそう断言した。柳田の1年限りの活躍と、その後の低迷の原因が知りたくて、張本に面会を申し込んだ。打撃理論では一流の張本なら何かヒントを与えてくれるに違いない。そう踏んでのことだった。

「’77年はチームの成績も良かったから、それに引っ張られたようなところもあった。はじめてレギュラーに抜擢された緊張もプラスに作用したんだね。でも、次の年は、そのいい成績でかえって不安になったんだろう。彼は『なぜ、どうして』が長く続くタイプ。マイナス思考なんだ」

「学校の生徒なら、彼は最高の生徒だった。礼儀正しいし、周りの言うことはよく聞く。性格もいい。教えたことを吸収する能力もある。でもね、超のつく一流選手になるには性格がよすぎた。超一流の選手で、性格のいいやつは一人もいない。人格者に見える人も、引退してからそうなったんで、現役中は善人だったやつなんて一人もいない。これは断言できるよ」

張本が入団してきた時、柳田はセーフティバントのやり方について教えを乞うた。張本の三塁前のバントは職人芸といわれた。それを自分も身につけようとしたのである。

「でもね、考えてみると彼にバントは必要ないの。5番バッターでしょ。求められているのは走者を返すバッティング。塁に出るバッティングじゃないんだ」

もっとバッティングを究めたい。そう考えた時、柳田は自分の役割さえ忘れてしまっていたわけだ。

張本の話を聞いてから、再び柳田に会った。最初に会った時に、どうしても腑に落ちないことがあったからだ。’77年、あれだけの成績を残しながら、柳田は自分の活躍したシーンをほとんど記憶していなかった。印象に残る対戦は、と尋ねると、「うーん」と黙り込んでしまう。それが不思議だった。普通なら、輝かしい最良の年を細部まで覚えているはずなのに。

そこで当時の新聞から、柳田の記事を集め、彼の前に差し出してみることにしたのである。新聞のコピーを渡すと、しばらく眺めてから柳田はあきれたようにつぶやいた。

「オレ、こんなに打ったたっけ」

それは6月19日の中日ドラゴンズ戦の記事だった。5打数5安打と打ちまくったのに、その日のことはまったく覚えていないという。打率トップに立った日の記事も、1試合2ホームランを放った日の記事も同様だった。

「オレは悪い日のことばっかり覚えているんだよ」

柳田が覚えているのは、例えば次のような日のことだった。

「'73年の阪神戦。10対10で引き分けて、優勝につながった試合だけど、あの時オレは9回にセンターを守っていてライナー性の当たりを落としたんだ。それで勝ち越された。負ければ優勝は阪神のものという試合だったから、頭の中が真っ白になった」

9回表に自分のミスで勝ち越された試合を、柳田は9回裏に同点ホームランを打って辛うじて引き分けに持ち込んだ。しかし、同点ホームランの記憶より、落球の記憶の方が鮮明だという。悪い記憶だけが鮮明な男。プロスポーツの選手として、これほど損な性格はない。

引退した柳田は歌手になった。現役時代から親しくしていた作曲家の市川昭介に勧められて、レコードデビューを果たす。片手間の副業ではなかった。もともと歌は好きだった。声にも自信があった。それにしても周囲からすればとっぴな転職だった。歌手になる直前、川上哲治の家を訪ねた。川上は同郷の先輩でもあり、柳田を西鉄から巨人に引き入れてくれた恩人でもある。川上は歌手になるという柳田の話を聞いて、大反対した。

「絶対止めろ。だめだったら恥をかくぞ」

曲がりなりにもジャイアンツのクリーンアップを打った男が、40も近くなってプロの歌手に転身する。しかも成功する保証はない。川上の反対は当然だった。それでも柳田の決意は変わらなかった。

「作曲が市川先生、作詞が星野哲郎さん。そんな一流の人がオレのために曲を書いてくれる。ありがたかったね」

その時の柳田には歌手の道しか見えていなかった。だが、例えば板東英二のように、野球選手としての経歴を巧みに利用しながら、要領よく芸能界で頭角を現す才覚は柳田にはなかった。まったくの新人として、クラブやキャバレーを回り、レコード店に顔を出した。

「そりゃ恥ずかしいと思うこともあったよ。一番恥ずかしかったのはNHKのオーディションを受けた時。オレ以外は全部16、17のアイドルなんだ。いったいオレはなんでこんなことしてるんだろうって」

自分の持ち歌は少ないので、他人の曲も歌わなくてはならない。

「『釜山港へ帰れ』がはやっている時、新宿のクラブで歌わされることになった。歌詞を覚えていないんで、手の中にカンニングペーパーを入れ、アクションの合間にのぞくことにした。ところが舞台が暗いんで、紙の字が全然読めないんだ。冷や汗ダラダラでなんとか歌い終わったよ」

　野球上りがタキシードなんか着やがって、とヤジを浴びせられたこともあった。舞台でバットスウィングのまねをさせられたこともあった。苦労はしたが、つらいとは思わなかった。ただ、努力の方向がわからなかった。子供のころから親しんできた野球なら、たとえ行きづまっても、そこから抜け出す知恵は身についていた。だが、まったくの素人から飛び込んだ歌の世界では、どちらを向いてバットを振ってよいのかさっぱりわからなかった。

　６年歌手を続け、３年前からサラリーマンになった。今年の春からは、友人の紹介で、イベントや講演会、芸能人の講演などの企画をする仕事についた。新しい職場なので、挨拶回りに忙しい。

「野球に関係した仕事は、全然したいとは思わないね。知っている仕事だから楽かもしれないけど、つまらないよ」

　今は、自分の企画したイベントが始まる時、野球をやっていたころよりもずっと緊張するという。

「ジャイアンツ史上最強の５番打者」は生真面目な男だった。たとえ自分がその原因を作ったにせよ、競争相手の負傷で空いたレギュラーの座に、なにごともなかったように座り込むのがほんとうのプロなのかもしれない。しかし、柳田はその地位を心から楽しむことはできなかった。

10年も恋いこがれたレギュラーの地位に座り、十分過ぎるほどの成績を残しながら、わずか1年だけ満足できる成績を残すと、まるで投げ出すようにその地位を明け渡してしまう。夜も眠れないほど思いつめたバッティングも、いったん情熱を失うと、まるで野球を知らない人間のように無関心になる。

引退後、野球とすっぱり縁を切り、周囲の声を無視して、まったく未知の歌の世界に飛び込んで悪戦苦闘する。一度思いつめると、周りはまったく見えなくなる。どこまでもまっすぐに歩いて行き、行き着くところまで行き着いてようやく方向を変える。まるで曲がり角を直角に曲がるような不器用な行き方だった。生真面目な男に処世術はなかった。「ジャイアンツ史上最強の5番打者」の看板は、使いようによっては引退後の柳田にもっと多くのものをもたらしただろう。だが、それができるくらいなら、選手としての柳田が、1年限りの流星になってしまうことも、また、なかったにちがいない。

二度目の取材を終え、外に出た。台風の去った空は久しぶりにきれいに晴れわたっていた。

「じゃ、これで」

短く挨拶すると、柳田は去って行った。幅の広い肩をそびやかすような歩き方である。背筋は物差しが入ったようにピンと伸びている。通りの角にさしかかると、直角に方向を変えたように見えた。

第五章

ゲームの分け前

未完の完全試合

山井大介〝決断〟の理由

その日、山井大介は新しいソックスを下ろした。大学や社会人のころ、優勝のかかったような大事な試合には、一度も履いていない新しいソックスで臨むことにしていた。ちょっとした験《げん》かつぎである。

「でも、プロに入ってからは止めていました。プロで大事じゃない試合なんてありませんからね。全部の試合に新しいソックスを履くのはちょっともったいないし」

だが、この日は迷うことなく新しいソックスを履くことに決めた。日本シリーズ第5戦。チームは3勝1敗と王手をかけている。この日勝てば、53年ぶりの日本一が手に入る。その試合に自分が先発する。ダイヤをちりばめたソックスを履いたって不自然ではない。

前の年の同じ時期は肩を痛めて先発どころか一軍にさえいなかった。復帰したのは20

07年のシーズン半ばを過ぎた7月。夏場から徐々にコンディションがよくなり、8月、9月で6勝、特に9月は4勝をあげてクライマックスシリーズ進出に貢献した。

当然、クライマックスシリーズでの活躍も期待されたが、タイガース、ジャイアンツを相手に戦った5試合では一度も出番がなかった。

「クライマックスシリーズのはじまる直前、肩に引っかかりを感じたんです。少し様子を見たんですが、結局チームに迷惑がかかると思い、タイガースとのシリーズがはじまる前に森（繁和）コーチに申告し、登板しないことになりました。前の年にやったような重い痛みではなかったので、投げられたかもしれないですが、無理をして日本シリーズまで進んだときチームに迷惑をかけたらまずいと思って。当然悔しさはありましたし、申し訳ない気持ちも強かったですね」

幸い肩の違和感は軽症で日本シリーズには間に合った。

「借りを返そう」

シリーズに懸ける気持ちは人一倍だった。

日本シリーズ第5戦の先発は開幕の3、4日前にいわれた。4試合での決着もありうるが、第2戦にチームが1勝1敗に持ち込んだので登板が確定した。

もし本格的に先発マウンドに上がるとすれば、ペナントレース中の10月7日以来だから3週間以上間隔を置くことになる。当然調整はむずかしい。特に初回の入り方が不安だった。

「でもあんまり考えないようにしました。シリーズ前に、二軍のフェニックスリーグでテスト登板していい感じだったし、シリーズも3勝1敗とリードしている。自分で落としても、調子のいい川上（憲伸）さんや中田（賢一）が残っている。最初からぶっ飛ばして、行けるだけ行ってやれって」

新しいソックスで球場に入った。クルマで来る途中、早くも観客が集まりだしているのに気がついた。まだ開門までは2時間以上もある。その雰囲気で特別な試合であることが感じられた。

「自分では、特に緊張しているようには思わなかったです。ただ、あとで考えると、トイレに行く回数がいつもよりかなり多かった。先発する試合ではトイレに行くと落ち着くので、回数が多かったのはやはり緊張していたせいかもしれません」

飛ばすだけといっても、やはり投球プランは組み立てていた。

「誰の前にも走者を出さないといったこと。特に森本（稀哲）、田中賢介の1、2番と5番の工藤（隆人）は出すとうるさいので気をつけようと」

相手の先発はダルビッシュ有。シリーズ第1戦では13三振を奪って1失点完投勝利を飾っている。というよりも、2007年時点で日本一打ちづらい投手である。

「当然ダルビッシュですから、こちらも1、2点で抑えたいという気はありました。ただ試合がはじまると、あまりダルビッシュのことは考えませんでしたね」

四球は出すまい。テンポ良く投げよう。本塁打のあるセギノールのような打者には単打は打たれてもかまわない。先発投手ならおよそ考えそうなことを考えながらマウンドに上がった。この時点で、ソックスやトイレを別にすれば、グラウンド上の山井に特別なことはなにもなかった。

1回の表は13球で片づけた。四球はゼロ。文句のない立ち上がりだ。2回にはふたつの三振を奪った。上々だ。2回の裏、味方がダルビッシュから先制点をあげる。

「考えていたよりも早く取ってもらった。これで自分が点を取られても、1点までなら許される。ただ、逆転されるのはいやだな」

試合の流れは冷静につかめていた。

ただ、自分では気づいていないこともあった。ほとんどの打者の初球がストライクになっていたこと。6回を終えた時点で、1回の田中賢介と、3回の金子誠以外の打者はすべて初球にストライクを取っていた。3ボールになったのも一度しかない。ストライク先行で早く追い込み、相手を打ち取っていた。

「初球は絶対にストライクでという意識はなかったし、そうなっているとも気づいていなかった。漠然と有利なカウントで進んでいるな、いいテンポで行っているなという感触はあったんですが」

いわゆる「乗っている」感じである。

「でもそれは自分だけで作ったものじゃなかった。味方のファインプレーの力が大きかったですね。2回の（中村）ノリさんのファインプレー、4回の荒木（雅博）さんのすごい守り。特に荒木さんのファインプレーは回の先頭で、打者は森本だから、出塁されていたらきつかった。それをすごい守りでさばいてくれたんで、乗っていけました」

イニングが進むにつれてひじの張りが出てきていたし、マメもできていた。フィジカルなコンディションは良好ではなかったが、それが気になることは一切なかった。

山井の武器はスライダーである。その切れが生命線だ。切れているかどうかは、自分の感触よりも、相手の振りで判断する。

「打者がタイミングをはずされたり、芯を外したりしているのを見て、今日のスライダーは切れていると思いました」

テンポよし。気持ちは充実し、武器の切れ味も十分だ。試合も依然リードしたままだ。

「6回まで行ければいいと思っていました。その時点で勝っていたら、あとはリリーフの人に任せればいいと」

だがいつも、そう考えるわけではない。ペナントレース中なら、リードしていて、自分は無失点で抑えていたなら、マウンドを譲る気にはならない。この日は日本シリーズで、しかも勝てば優勝が決まる試合。そのことが山井の重心を、自分の勝ち星よりもチームの勝利のほうに大きく傾けさせていたのだ。

リードを保っているのだから、無失点に抑えていたことは当然承知していた。6回のマウンドに向かうとき、森コーチから注意があった。

「走者がひとりも出ていないので、もし出たら、セットポジションでのバランスが悪くなる危険性がある。だからセットでの投球練習を多くしろって。いつもマウンドでの投球練習は5球のうち1球だけセットで投げるんですが、6回は5球のうち3球をセットで投げました」

　おそらく森は、さりげなくセットポジションの注意をするように装って、完全試合が進行中であることを伝えたのだろう。山井も知っていたが、正視はしないようにしていた。チームメイトもひとことも触れない。かえってそれが山井には完全試合を意識しているようにも感じられた。腹芸の沈黙を、森コーチは破った。普通の試合ではない。日本一のかかった試合だぞ。完全試合に意識を奪われ、勝つことがおろそかになってはいけない。そんな気持ちがあったのではないか。

「もちろんひとりも走者を出していないのは知っていました。でも、つづけたい、達成したいというより、早くヒットを打たれたかった。イメージとしては小兵の工藤くんあたりにポコッとレフト前に落とされるようなやつ」

　ああ、やっぱりだめだったかと少しだけ落胆したあと、気を取り直して責任回と決めていた6回を抑えてマウンドを降りる。そんな図が、頭に浮かんだ。

「やっぱりだめ」と考えた理由があった。高校生のときのことだ。

「二度、ノーヒットノーランをやりかけたんです。アウト残りひとつとふたつ。あとひとりの時のことはよく覚えている。相手はあまり強くない公立高校でした。あとひとりになって代打が出てきた。公立高校の控えですから、力ははっきり落ちる。スライダーを投げて三振を取って終わりだな。で、スライダーを投げたらポコンと右に流され、ライト前に落ちておしまい」

小柄な工藤にレフト前に落とされてというのは、高校時代のトラウマがよみがえったのだった。しかし、セットポジションを取ることなく、6回表も過ぎていった。完全試合は進行中である。イニングの間の観客のざわめきが明らかに大きくなっているのがわかった。

7回、1番の森本からはじまる打線と向き合いながら、山井はこの7回とつぎの8回も走者を出さずに切り抜けたらどうすべきかを考えていた。

「仮に8回までパーフェクトで行ったとしても、9回は岩瀬（仁紀）さんに投げて終わって欲しい。そう思いました。完全試合も大きいけど、それ以上に試合に勝ちたい、日本一になりたいという気持ちが強かった」

だが、100％そう考えていたかといえば、それは違う。

「岩瀬さんで締めてもらって勝つのがいいという考えが8割、いや7割5分かな。2割から2割5分は最後まで投げて完全試合に挑戦したいという気持ち。単純に一色ではありませんでした。たとえば、もしあの試合が王手のかかった試合でなければ、絶対続投しようと思ったはずです。でも、なぜかぼくは王手がかかった試合が完全試合に重なるような運命なんですよ」

強運の持ち主なら、同じ完全試合でも、日本シリーズ初戦あたりでさっさと達成してしまうだろう。たとえば、チームメイトの川上憲伸は、ノーヒットノーランを夏休みのジャイアンツ戦、日本中にテレビ中継されている試合で達成している。その試合を、上がりだった山井はホテルの部屋で、大声を発しながら観戦していた。そのポジションの対照こそが山井のいう運命なのかもしれない。

投手である以上、完全試合はしたい。それを達成するのに最高の舞台も整っている。しかし整った舞台装置だからこそ、自分のこれまでの球歴を考えれば、最後は達成できないかもしれない。それどころか、この日、一番たいせつな勝利さえ失ってしまいかねない。

それなら岩瀬に託そう。チームはそうやって何年も勝ってきた。岩瀬は最高の抑え。山井もそう信じている。9回での信頼度は自分よりも岩瀬のほうが高い。それにもうひとつ。

「自分に完全試合達成目前という投球をさせてくれているのは味方の力、特に守備のおかげでした。セギノールのショートへのヒット性のあたりを井端（弘和）さんが難なくさばいたのは、偶然ではなく、事前にセギノールの打球の傾向を研究し尽くして、可能性の高い場所に守っていたからなんです。ほかの守りにしてもみんなそう。ずっと積み重ねてきた努力がファインプレーになって、ぼくの投球を支えてくれていた。だからこそ、最後は、シーズンを通して抑えの役目を果たしてきた岩瀬さんで終わるべきだと」

ただ、どれだけ理屈を並べても、それは無理矢理自分を納得させるための方便かもしれない。投手としての本能は、完全な白紙委任状を出すことを拒んでいた。

「結論は岩瀬さんへのリレーでしたが、それを、あえて自分から言い出すことは、やはりできませんでした」

8回表も抑えてベンチに戻る。交代を申し出るべきタイミングだったが、自分からは動き出せない。そこに再び森コーチが声をかけていた。

「どうするって聞かれました」

決断を山井に委ねているように聞こえるが、森ほどのベテランなら、あるいは山井の心を見抜いていたかもしれない。交代したい気持ちはあるが、自分からは言い出せないという、きわめて人間くさい心のうちを。聞きようによっては、完全試合進行中の投手に「どうする」というのは非情な問いに思えるが、このときの山井には葛藤から解放してくれる救いの声にも聞こえた。

「どうする」と聞いたのは、森の独断ではなく、落合博満監督の意向だろう。おそらく、監督は森が山井に尋ねた時点で、「岩瀬に代えて確実に勝ちに行く」と考えていたのだ。

「代えてください。おねがいします」

そう山井が答えた時点で、日本シリーズ史上初の完全試合が消えた。

交代を申し出たあと、山井は自問していた。

「オレってどういう人間なんだろう。選択した道は正しい。でも、完全試合を途中で降りるなんて。しかも自分で申し出て。考えれば考えるほどわからなくなりました」

8回裏のドラゴンズの攻撃が2死になっても、山井はダグアウトから出てこない。ナゴヤドームは優勝に向けての興奮が高まっていたが、試合を見ている人の中には、ベンチ前の異変に気づいた人もいた。

「山井が出てこないぞ、どうしたんだ」

8回裏が終わり、場内アナウンスが投手交代を告げると、場内は優勝目前の興奮とは違う、異様などよめきに包まれ、やがてそれは人の名を呼ぶコールに変わった。

「ヤマイ、ヤマイ」

コールは、ロッカールームに引っ込んでいる山井の耳にも届いた。

「うれしかったですよ。鳥肌が立った。あれだけの投球ができたのは、ファンの人たちの後押しがあったからなんだって、コールを聞いて実感した」

ロッカールームには出番のない投手が数人いた。

「おまえ、ほんまに投げられんのか」

怪訝そうに尋ねるチームメイトもいたが、あいまいな表情でうなずくしかできなかった。

異常な興奮の中、山井に代ってマウンドに立った岩瀬は、いつものように、ごく簡単に、つづけて3つアウトを取って試合を終わらせた。日本一が決まった。

「あの場面の岩瀬さん、すごいですよ。信じられないくらいの精神力。自分なら、あんな形でリレーされたら、まず最初に四球を出していたでしょう。それをなにごともなかったように抑えるんですから」

監督の胴上げには出遅れたが、両手を差し上げ、歓喜しながら、「日本一になったなあ」

と思った。いつの間にか涙が流れていたのに気づいた。しかしそれもほんの短い間で、表彰式になり、優秀選手賞を与えられるころには、もうすっかり笑顔になっていた。

場内一周、共同会見、ビールかけ。優勝の夜は忙しい。

「スケジュールを終えて家に戻ったのが夜中の2時でした。それから着替えて、平井（正史）さんと食事に行きました。あの日はみんなテレビやラジオのスケジュールが詰まっていたんで、祝勝会はなかったんです。帰ったときは夜中というより朝方近かったんですが、家族はもう寝ていました。カミさんと大阪から両親、妹が来て泊まっていたんですが、みんな寝ていましたね。だから、試合のことは着替えに戻ったときにちょっと話しただけで、ほとんど言葉を交わしたりはしませんでした」

山井は先発した試合の夜は、寝つきが悪い。

「試合の興奮がどこかに残ってるんでしょうね。だからあの日もなかなか寝つけず、うとうとしただけで朝になりました。頭の中は試合のことだけです。オレはすごいことをしたのかな。それとも記録にもなんにも残らない、なんでもないことだったのか。岩瀬さんに託すという結論、森さんに聞かれたとき、代えてくださいといったことは正しかったんだろうか」

堂々巡りを重ねるうちに朝になった。大試合のヒーローは、いやヒーローでなくても大試合の勝利者側は、新聞を買い集めるのが普通である。どこかに自分の名前はないか。自分の貢献を、人はどう見ているのか。

「ぼくは特に買うつもりはなかった。文字を読むのは苦手なんです。でも、泊まりに来ていた親父が、早起きして、新聞全紙を買ってきていました」

父が興奮気味に買い集めただろう新聞を、山井は一行も読まなかった。活字嫌いのせいもあるが、「完全試合達成を目前に交代させられた男」のストーリーを読む気がしなかったからだ。

「前の日に聞かれたのはどうして交代したのかっていう話ばかりだった。それだけでも抵抗あるのに、いつの間にかマメがつぶれたのが理由だったという話が出てきたりして。マメなんか4回ぐらいからつぶれていた。だからって、自分で投げようと思っていたら、そんなもの気にならないし」

完全試合をやり損ねた投手としてではなく、シリーズの優勝決定試合の勝ち投手として、評価し、真情を尋ねてもらいたいのに、交代の理由にばかり目が向く「世間」を、山井は遠いものに感じていたのかもしれない。

「シーズンオフになっても、ずいぶん交代のことは聞かれました。でも、ほとんど話はしませんでした。終わったことだし、どうでもいいと思って」

いや、終わったことにしたかったというのが正直なところだろう。

1年の締めくくりの選手会納会のとき、山井は谷繁（元信）に酒を注ぎに行った。谷繁は、好リードで山井を8回パーフェクトに導いてくれたパートナーである。

「谷繁さんは、試合では、途中でも交代のときでも、ひとこともいわなかったんですが、納会のときは、最後は岩瀬でよかった、といってくれました」

救われた気持ちになったことはいうまでもない。もうひとつ、身近なところから救いの手が伸びていた。

「うちのカミさんはけっこう野球に詳しくて、ぼくの投球の感想もいったりするんですが、あの試合の交代に関しては、よかったんじゃないといってくれました。ありがたかったですね。あんなところで降りるなんて、考えられないなんていわれたら、たまりませんから」

決断を支持されて、救われたり、ありがたく思ったりするのは、依然として山井の中にあの交代に関して、割り切れないものが残っているからだろう。それは、いつまでも残る。

円周率のようにどこまでいっても割り切れるものではない。日本シリーズが来るたびに、いや、マウンドに上がるたびに、山井は「あの日の決断」を思い出して割り算をつづける。

その姿を親しいものに感ずる人は決して少なくないはずだ。

アジアカップ準々決勝ヨルダン戦
奇跡には理由《わけ》がある

ＰＫ戦での決着。しかも、２本先行されたところからの逆転勝ちという劇的な結末だっただけに、'04年のアジアカップ、日本対ヨルダンの試合は、見ていた人に強烈な印象を刻んだはずだ。

しかし、結末の印象が強烈なだけに、プロセスは忘れられてしまう。プロセスがあってこそのフィナーレなのに。

道程を知るには録画映像では足りない。言葉だ。選手の言葉と、そこから導き出される仮説や推論。その先に、サッカーのある側面が、ひとつの試合の持つ意味が、はっきり姿を現すだろう。

「'04年のゼロックス・スーパーカップでＰＫを外していたので、ヨルダン戦でＰＫ戦にな

ったときも、そのことを思い出しました」（3番目のキッカー・福西崇史）
「'96年のアジアユース3位決定戦で、UAEとやったPK戦をよく覚えてます。優勝をねらっていたのに決勝に進めず、PK戦も落として4位になってしまった。マイナスの記憶ですね。もともとPK戦によいイメージは持っていない」（7番目のキッカー・宮本恒靖）
「（宮本と同じ）アジアユース。いつも蹴っているのと逆をねらって、絶対取れないだろうってところに飛んだのに、防がれた。あのGKの動きは高校サッカーレベルでは絶対にありえないようなものだったから、すごく勉強になった」（1番目のキッカー・中村俊輔）
「負けたときの印象が強いですね。高校の県大会でPK戦になって、負けちゃって優勝できなかった。それが一番印象に残っている」（2番目のキッカー・三都主アレサンドロ）
「ナビスコカップでレイソルとPK戦をやって負けています。だいたいPKが好きだっていう選手、いるんですかね？」（5番目のキッカー・鈴木隆行）
日本代表はヨルダン戦で7人がPKを蹴ったが、キッカーたちに過去のPK戦の記憶を尋ねると、ほとんど失敗したこと、負けたことのほうをよく覚えていた。「印象に残っているPK戦はないです」という中澤佑二（6番目のキッカー）はさておき、よいイメージを持っていたのは中田浩二（4番目のキッカー）くらいで、その中田にしても、「自分のPKって、危なっかしいけどよく入るんですよ。ねらったところにいかないから（苦笑）。ツイてるなっていつも感じます」というほどの頼りないイメージだった。
それに対して、相手のPKを止める立場のGK、川口能活の記憶は正反対だった。

「高校3年の選手権の準決勝、鹿児島実業との試合。4本目を止めて勝ったんですが、その時だけキッカーに向かい風が吹いた。あれは印象に残ってます。Jリーグでは、'95年に三ツ沢でセレッソとやった試合。3－3から味方が外し、あとのないところで、相手のGKジルマールがキッカーに出てきて、それを止めて勝った」

という具合に、うまくいったこと、勝ったときのことが次々に出てくる。

多くの場合、守勢に立つ側は失敗を記憶し、攻勢の側は成功を記憶しがちだ。それを当てはめれば、PK戦でも「攻める」キッカーのほうが成功の記憶を持っていそうなものだが、実はそうではない。PK戦はキッカーにとっては守り、GKにとっては攻撃の意味をもっている。

キッカーは決めてあたりまえとみなされがちである。それだけに追い詰められ、守勢に回る。一方、GKはセーブできなくてもあたりまえとみなされがちだから、心理的には攻勢に立っている。PK戦では、守護神が実は攻撃の先頭に立っているのだ。この前提を理解しないと、GKが信じられないような好セーブを連発したり、キッカーがとんでもないミスキックをしてしまう理由《わけ》は理解できないだろう。

ただし、これはあくまでも始まる前の心理的な立場の話である。選手たちが、悩める人のように、PK戦の間、ずっと過去の記憶に縛られているということではない。

いざ、はじまってしまえば、過去のキズや歓喜のイメージよりも、もっと思い浮かべなければならないことがある。ボールにどれだけ集中できるかということである。

「ＰＫを蹴るときは、ゴールのうしろに誰もいない感じがする。いるのはボクとキーパーだけ、みたいな」（三都主）

「相手のサポーターが騒いでいても、全く気にならないです。ブーイングは耳に入るけど、それでいやな気持ちになるわけでもないし。そうされるのがかえって好きなほうかもしれない。燃えるから」（鈴木）

三都主の話は、どこか小泉八雲の「耳なし芳一」を連想させる。闇の中に経文を書き忘れた耳だけがぽっかり浮かんでいるように、満員の観客の姿は消えて、目の前にゴールとＧＫだけが浮かび上がる。鈴木は耳を通してブーイングを声援に翻訳しているらしい。

幻視を見たり、幻聴を聴いたりするのは、集中力を高めようとして、頭の中から余計なものを次々に追い出して行くからだ。無に近づくにつれて、見えるはずのものが消えたり、罵声が声援に聞こえたりする。無に近づくことで集中力が高まった典型的な例を、川口が語っている。

「'95年のサンフレッチェとの試合。相手と交錯して頭を打って、１分間くらい意識が朦朧としたんです。包帯で頭をぐるぐる巻きにしてプレーをつづけて、そのままＰＫ戦に入ったんですが、あの時は異常なほど集中力を発揮できた。ＰＫ戦は２本止めて、４－１で勝ちました」

意識朦朧たる無の状態によって集中力が高まり、好セーブが連発されたというのだ。

だからといって、ＰＫ戦に備えて全員が頭を強打するわけにもいかない。日本チームがこのＰＫ戦を制することができた理由が、「無に接近することで生まれる集中力」だったとすれば、それを作り出した客観的な要因もあったのではないか。

「どちらが先に蹴るか、コイントスをするでしょう？　投げる前、主審に自分はどっちだということをいっておくんですが、あの時は自分がどっちを選んだのかわからなくなってしまった。疲れてて、朦朧としていたんです」（宮本）

90分＋延長戦30分。これだけでも十分に消耗するのに、会場の重慶は、曇り空とはいえ27℃を超す暑さという過酷な気象条件だった。意識が朦朧とするのも当然だろう。もちろん、普段からの集中力の鍛錬は十分に認めた上での話だが、この消耗が、図らずも日本チームを無の状態に近づけたとはいえないだろうか。そうでなければ、０－２とリードされたＰＫ戦を逆転するといった離れ業を、チームで成し遂げることなどできなかっただろう。

キッカーの集中もすばらしかったが、川口のセーブも、無に限りなく近づいた集中の成果と見るほかないような見事さだった。川口は２本をセーブしたのだが、どちらもキャッチしたり、完全にゴールの外に弾いたりしたのではない。２本ともボールを手に当て、そのボールがバーやポストに触れてからゴールを外れたのだ。

「１、２本目は逆をつかれ、３本目も逆だったんだけど、一応ジャンプできた。そのとき何かが吹っ切れたんです。それまでは周りの状況が視界に入ってきてたんですが、３本目に跳んでからは、音は聞こえない、ボールも見ているのに見えない。完全に自分の世界に

入りました」（川口）

幻聴や幻視さえない空白の領域。

スケートで日本人初のメダルを獲った北澤欣浩は、オリンピックのそのレースだけ、バックストレッチでコーチの指示が聞こえたそうだ。川口は逆に「聞こえなくなった」のだが、不思議な領域にふみ込んだ点ではよく似ている。

無に近づくことで集中する、などと書くと、サッカーではなく武道の話でもしているのかと思う人もあるかもしれない。実際、ＰＫ戦は、サッカーの中では限りなく武道の試合に近いような異質な要素を含んでいる。

「ＧＫと向き合った時点では、どちらに蹴ろうとは決めてなかったです。ＧＫの動きを見て蹴りました。蹴る方向よりも、自分のタイミング、リズムで蹴るようにして。あの時でいうと、ＧＫがぐっと体重を一方にかけようとしたんで、そのタイミングを外そうと助走のテンポを変えて蹴った」（福西）

剣道の試合を思わせるコメントではないか。もっとも、中澤のように、「最初から左にドスンと蹴ろうと決めていた。蹴る直前、ＧＫと向き合っても、その考えは変わらなかった。キックもそのとおりにいったんですけどね……」という選手もいる。鈴木のように、「やっぱり、まず方向を決めて蹴りますよ。ＧＫを見てからなんて、自分には考えられない」という選手もいる。しかし、これらの違いは、政治や心理学まで内包した柳生新陰流と、ひたすら上段から打ち込む薩摩の示現流の違いのようなもので、１対１の武道的な局面で、どうやって相手を制するかの方法論の違いなのだ。武道的な戦いであるからこそ集中力が成否を決める。戦略だとか、広い視野だとかは重んじられない。チーム全体の方向性すら、時には棚上げにされる。

「外せば負けるというのは知っていたけど、それほど気にならなかったですね。どうせ自分が外しても、いつも決めてくれそうな俊輔やアレ（三都主）が先に失敗しているんで、あまり目立たないだろうって、その辺は気楽でした」（中田）

チーム全体で勝っていこうとする90分の戦いとは、はっきり違うＰＫ戦の性質がよくわかる。

２本先行されたこともあるが、ＰＫ戦を通して、日本チームの表情は沈鬱だった。いや、意思的な無表情といい換えたほうがよいかもしれない。

「とりあえず、ねらいどおりに蹴ることができたし、決められてホッとはしたけど、まだ勝ったわけではないし、次に決められたら負けという状況に変わりはなかったんで……」（鈴木）

重圧のかかる５人目で決めても、無表情だった鈴木が典型である。

それに対して、ヨルダンのほうは、喜怒哀楽がはっきり顔に現れていた。日本の選手が失敗すれば喜び、自軍の選手が成功すれば全員が満面の笑みで踊りを踊り、といった具合である。ところが、サドン・デスの６人目になり、中澤が外して、次を決めれば勝利という段階でアナスが止められると、まだイーブンになっただけなのに、その落胆ぶりは傍目《はため》にも気の毒なほどだった。地球最後の日のような彼らの落ち込み方を見て、日本の勝利を確信した人も少なくないだろう。

「ヨルダンは、2人が決めただけでやたらと喜んでましたよね。勝ってもいないのに。だから、逆に向こうが外したとき、次の選手に変なプレッシャーがかかるんじゃないかって」(福西)

ヨルダン選手の感情の表し方が、いつものスタイルなのか、それとも極限状況での重圧の末なのかは、一概に決めつけられないが、少なくとも、6人目のあとに見せた落胆ぶりを見る限り、福西の観察は正しかったようだ。

表面上は決着の場面をのぞいて無表情を通した日本も、もちろん、内心では感情の動きはあった。

「ボクのはGKに当たって入りましたが、完全に読まれてました。あれ、ほんとはもう少し外側に蹴るつもりだったんです。思ったとおりに蹴れていたら止められてたでしょうね。見ていた松クン(松田直樹)が、これ、いけるんじゃないの? おまえで流れが変わったよっていって、その後すぐ能活さんが止めたんで、いよいよ流れが来たんじゃねえの? っていう感じになって」(中田)

心の中では飛び上がりたくなるような場面もあったのだ。それでも、ひとまず無表情で押した。

ジーコは、ヨルダン側の感情表現について、試合のあと、選手たちに話した。

「彼らは途中で、自分たちが勝ったようなふるまいをした。そういうことは絶対にあってはならない。そういうことをしたから彼らは家に帰ることになった。サッカーは最後まで相手を尊重しなければならない。自分たちはそれを貫き通したからこそ勝てたのだ」

この話は試合の翌日の新聞などでも紹介されていた。読んだ時には、さすがジーコだと感心した。相手を尊重することこそサッカーであり、そのことを忘れては勝利はありえない。いかにもスーパースターらしい、サッカーそのものへの愛情と敬意があふれたコメントではないかと。

しかし、今、半年ほど経過した時点で見ると、ジーコは、抽象的なフェアプレー精神について語っているわけではないのだと気がついた。ジーコは、ふんどしを締めなおさせたのだ。

ＰＫ戦が集中力の戦いであることは、ジーコも十分承知していただろう。集中力が電力のようなものだとすれば、１本ごとに喜んだり、落胆したりすれば、そのたびごとに放出され、最後にはバッテリーが空になってしまう。そうなれば勝ち目はない。集中力を空中に撒き散らすな。ボールにだけぶつけろ。それができなかったチームは、この日のヨルダンのように敗れ去るのだ。

それがジーコの言葉の真意だろう。ジーコはＰＫ戦のはじまる前に、そんな注意をしたわけではない。入るときの指示は、精神的なものよりも具体的なものだった。

「自分なりに、ねらいどころをしっかり決めろと言われました。それと、ボールがすごく軟らかいので、けっこう吹く（高く上がる）、下を蹴ったら上に行くよっていわれた。ボクのボールはそのとおり、思い切り吹かしちゃったけど」（三都主）

ジーコは自分の選手たちが、勝ち切るまで飛び上がったりしない連中であることを確信していた。2年間でそういうチームに作り上げてきたことを自負してもいただろう。はじまる前に心構えに触れず、終わったあとにそれを語る。今日のような勝ち方を忘れるな。そして試合はまだつづく。アジアカップもあれば、ワールドカップ予選だってある。それを見据えろ。そういう気持ちをこめて、ジーコは「相手への敬意」について語ったのだ。心構えというよりも、勝つための具体的な戦術といえるかもしれない。ジーコの言葉には、「サッカーとは?」といった抽象論は一切なかった。

日本の2人目、三都主が失敗したあと、キャプテンの宮本が審判に抗議してエンドが変わった。この変更が勝負の分かれ目になったと多くの人が指摘する。宮本が変更を申し入れたのは、最初に蹴った中村、次の三都主が、ともに蹴る瞬間、大きく足を滑らせたからだ。

「ああいう状況でPK戦をつづけるのはフェアじゃない、FIFAはフェアプレーを奨励しているんだから、とにかくフェアにやってくれといいました」（宮本）

しかし、これは、必ずしもチームの総意を汲んだ申し入れではなかった。ベンチのジーコから具体的な指示が出ていたわけでもない。

「エンドが変わることになったときは、正直、レフェリーなにしとんねん、途中で変えるなよって」（中澤）

「軸足が滑るというより、地面が動いた感じ。あのときは地面ごと、半径30㎝ぐらいめくれたからね。しまったというより唖然とした。アレ（三都主）にも滑るよって話はしたんだけど、あいつもあれほどとは思ってなかったんじゃないかな。でも、変えたほうがいいとは思ったけど、変わったからといって、有利になるとかは思わなかった」（中村）

あの変更が「分かれ目だった」とは、勝ったあとだからいえることで、ああした変更がなされたことで、有利になったと日本チームが受け止めていたわけではなかったのだ。

そもそも、抗議してエンドを変更させた宮本にしてからが、強い確信を持って申し入れをしたわけではなかった。

「自信はなかったですね。途中でエンドが変わったというような例も覚えてないし。ダメもとでいってみたんです。2人がつづけて失敗して、追い詰められて、時間稼ぎでもいいからなにかしなければと思って」（宮本）

冷静に考えれば、左足で蹴る中村、三都主の2人が足を滑らせたからといって、右足で蹴る選手の立ち足の側も滑るとは限らない。3人目に蹴る福西は右利きである。それに、エンドが変わっても、変わった側のグラウンドコンディションがいいと、はっきりわかっていたわけではない。条件が悪くなる可能性だってあった。

宮本はこうもいっている。

「本当は、変わったサイドの方のスタンドにすごく統制のとれた（反日的な）応援をする集団がいたので、そっちにならなくてよかったな、と思ってたんです」

それでもエンドの変更を申し入れた。

この一件は、「よいグラウンド状態でフェアなPK戦をおこなう」という実質的な効果よりも、PK戦の主導権を取り戻すという精神的な効果をねらったものだった。0－2とリードされたPK戦で主導権を握り返すには、自軍GKの奇跡的なセーブしかありえないのだが、それ以外に何が必要なのかと必死に探す中で導き出されたのが、エンド変更の申し入れという荒業だったわけだ。

それにしても感心するのは、ただ、芝の状態が悪いからエンドを変えてくれというのではなく、変更理由にフェアプレーを持ち出した点である。

「FIFAはフェアプレーを奨励している。しかし、このグラウンド状態ではその精神に反する」

そうつっこまれたら、FIFAの審判も無下にはねつけるわけにはいかないではないか。変更を申し入れたときの心境は必死だったかもしれないが、それを押し通そうという時に宮本は、狡猾ともいえる機略をもってのぞんだのだった。

エンドの変更が決まると、それに乗じたように三都主も「おねだり」に出た。日本は2人が蹴り終え、ヨルダンは1人が蹴っただけという時点での変更だったので、「オレにもう一回蹴らせてくれって、ボールをセットし直してみたんです。最初から蹴り直しはないなって思っていたけど、蹴れたらラッキーだし、やっても大丈夫だろうって。ちょっと、マリーシアだったかな?」(三都主)

ダメもとでおねだりして、うまくいったら儲けもの。あつかましいふるまいである。まさにマリーシア（ずるがしこい）。しかし、抜け目ないふるまいではあるが、汚いやり方ではない。ルールの範囲内で最大限に陣地を広げる。普段の試合でも、フリーキックやスローインのポイントを、すきあらば1cmでも前に進めようとするプレーヤーの動きはおなじみのものだ。ほかのスポーツでは考えられないやり方である。ルールの周囲、審判の裁定の周囲にあるグラデーションの領域で、いかに賢くふるまえるか。それがサッカーの勝敗に大きく関わる。

宮本にしても三都主にしても、劣勢を挽回するために、グラデーションの部分で最大限にあつかましくふるまった。対するヨルダンは、あまりにナイーブだった。ほとんど前例のないエンドの変更に抗議はしたが、結局は受け入れてしまった。宮本の「フェアプレー」に匹敵する、大人の論理を持たなかった。決着がつく前に、感情を爆発させてしまったことと合わせて、ヨルダンは自らのナイーブさで敗れたともいえる。フェアは賞賛されても、ナイーブさはサッカーで賞賛の対象にはなりづらい。

流れを変えるはずのエンド変更も効果なく、ヨルダンは3人目も決め、1－3で残りは2人ずつ。見ていた側は、ほとんど日本の負けを考えたはずだ。あそこからの逆転を信じた人は、よほどの楽天家だけだろう。

ところが、選手たちは意外なほど負けを意識していなかった。福西が「ユウジ（中澤）が外したとき、もう流れはこっちに向かないのかも」と思い、宮本が「今度こそあかんかな」と思ったくらいで、あとはみな、劣勢は意識しても、負けるとまでは考えていなかった。中村は、相手が1人、外した時点でもう逆転勝利を意識したというし、中澤のように、最初から優勝しかないと思っていた、という選手もいる。

「全体を通じて、負ける気は全くしませんでしたね。リードされても、能活さんならなんとかしてくれるっていうのもありましたし」（中田）

「2人が外したときも、負けるかもしれないという感じにならなかった。立ち足の芝がはがれたりしたんで、ついてないなというのはありましたけど」（鈴木）

鈴木はどちらかというと、勝ちを意識したのが遅かったが、それでも、ヨルダンの5人目が外したときには勝利を意識したという。宮本も勝ちを意識したのは遅かったが、自分の蹴る順番が来たときには（7番目、宮本が決めて、ヨルダンの7番目が外し、決着がついた）「いける」と思っていた。

「自分が蹴るときは冷静でしたね。入る気がしてました。なにかこう、気持ちがクリアになったような感じで、不思議に落ち着いていられました」（宮本）

宮本は、普段からPKに自信を持っているわけではない。それどころか、「あんまり自信ないんです。代表の練習でも外してましたしね。ジーコから7番目といわれていたんで、これなら回ってこないな、と考えたくらいで」（宮本）

7番目に置くくらいだから、宮本の思いは、ジーコにも伝わっていたと見るべきだろう。その選手が、最後の勝負を決めるキックの前には、不思議と冷静でいられた、決める自信があったというのである。この自信はどこから来るのだろう。
神がかり的なセーブで勝利を呼び込んだ川口はいう。
「神がかりといっても、なにもしないで、自然にそんな状態になれるわけじゃない。毎日の練習で自分を限界まで追い込んでいく。そういう経験をしていると、ゾーンに入るというか、すべてを支配できるような瞬間を経験することがある」
日常の練習が、極限での自信を生み出す。
「ＰＫ戦だから、緊張しているといえばずっと緊張している。ただ、今まで練習してきて、その中でねらったコースに蹴ることができているんだから、ここでも、思い切って蹴れば大丈夫だって、ほんとうに思っていた」（鈴木）
「代表の練習では、だいたい、普通の練習のあと、ＰＫを一人３本蹴って終わることが多いんです。特別にＰＫ戦を想定しての練習というわけではないけど、やらないでＰＫ戦に入るのと、やっていて入るのとでは心構えが違うと思う。ヨルダン戦だって、やっていなければ、もっとあわてる場面があったんじゃないですか」（中田）
ひとつひとつの成功、不成功は、偶然が大きく関係するかもしれない。だが、最後に勝敗を決めるのは偶然ではない。たとえＰＫ戦だろうと、周到な準備と、瞬間瞬間でなにができるかを思い浮かべて実行する想像力、つまり総合力が最後に勝敗を分ける。そして、今、アジアで、自分たちをしのぐ準備と想像力を持ったチームはない。そんな気持ちが、選手たちの自信の源泉になっていた。

見ている側からすると、この試合は'04年の代表の試合の中で、最も劇的で熱狂させられたベストマッチに思えるのだが、選手たちは、そうみなされるのを喜んでいない。
「ベストマッチといわれると、正直、いやですね。ＰＫ戦ですから」（宮本）
勝ちきれずにＰＫ戦にまでもつれこむような試合を、手放しで礼賛されるのは面映いのだ。
「優勝につながった、ひとつのポイントになる試合ではあったと思う。でも、ベストマッチじゃない。やってみた感じで、そう思う」（三都主）
さんざんこちらをワクワクさせてくれたのに、なお、ベストマッチではないといい張るのは、別に彼らが気取っているからではない。それだけ彼らが、自分たちの力に大きな自信を持っているからなのだ。自分たちはもっとできる。ＰＫ戦などに足をすくわれている場合ではない。
「自分ではミスをしたけど、勝ったことで、そのミスもポジティブに受け止めることができた。次に蹴るときはどうしようとか、蹴る前にしっかり助走して踏み込みの感じを確めたり、グラウンド状態が悪いならエンドを変えてもらうとか、つぎの時につながる材料が得られた。でも、あれで負けていたら、やっぱり次からはちょっと恐怖心が芽生えたかもしれない。自信がね、揺らいだかもしれない」（中村）
日本代表の今の力と、その力が生み出す自信に満ちたプレーぶりは、このＰＫ戦で存分に示された。だが、中村がいうように、負けてしまえば、その自信、アジアでのアドバンテージは大きく揺らぎ、ジーコと選手たちは、それをよみがえらせるために、またスタート地点に戻らなければならなかったかもしれない。そう考えると、ベストマッチではなかったかもしれないが、最も重要な試合のひとつだったとは断言できる。

グレートセイカン

〝天馬〟を破った馬

ダービーや有馬記念の時期になると、世代の比較が話題になる。今年の4歳馬は例年より強いとか、5歳馬はほかの世代より層が厚いといったことが、推理を進める上の基本になる。実際、不思議なもので、サラブレッドの世界ではたった1年しか違わないのに、出来、不出来のはっきりした年がある。ただ、それが血統による先天的なものなのか、育成段階の気象条件など後天的なものなのかは、今のところはっきりした結論は出ていない。

では、日本競馬史上最強の世代はどの世代なのか。第二次大戦前は別にして、競走体系が整った戦後で考えてみよう。

グレード制が導入された'84年とそれ以前では重賞レースの格などが微妙に違うので、比較的条件に変化のない有馬記念と春秋の天皇賞を基準に見てみると、はっきりした結論が見えてくる。1973年生まれで'76年の4歳馬、すなわちテンポイント、トウショウボーイ、グリーングラスの世代が飛び抜けているのがわかるのだ。この世代は'76、'77、'79年の3度、有馬記念に優勝した。これはほかにイシノヒカル、タニノチカラなどのいた'69年生まれと、オグリキャップ、スーパークリーク、ダイユウサクなどの'85年生まれだけがなし遂げている記録である。

しかしテンポイント、トウショウボーイの世代がすばらしいのは、天皇賞を春秋合わせて4度も制していることである。これはほかの2世代が成し遂げられなかった偉業といえる。当時は天皇賞は一度勝つと、つぎからは出走権を失う規定になっていた。いわば強い馬は「勝ち抜け」する仕組みになっていたのだ。にもかかわらず、二の矢、三の矢がつぎつぎに古馬の最高峰に上りつめていった。テンポイント、トウショウボーイ、グリーングラスの三強が飛び抜けていたのではなく、ほかにも強い馬がめじろ押しの、きわめて層の厚い世代だったのである。

このことをまず確認しておいて話を進めたい。

1976年春の牡馬クラシック戦線は、関西馬テンポイントが先陣を切る形で進んでいった。3歳夏の函館でデビューし、暮れの阪神3歳ステークスを無敗のまま圧勝したテンポイントは、年が明けるとはやばやと東上し、東京4歳ステークス（現在の共同通信杯）、スプリングステークスにも勝って、皐月賞の最短距離に立った。圧勝ばかりだった3歳時のレースに比べ、4歳になってからのレースは2着との着差が小さくなっていたとはいえ、無敗で重賞3連勝は飛び抜けた成績である。

それに対抗する関東馬は、クライムカイザー、ボールドシンボリなどに期待がかけられたが、どれもテンポイントとは対戦が済んでおり、本番の皐月賞で善戦はともかく、逆転まではむずかしいと見られていた。

ただし、どの馬もテンポイントに白旗を掲げていたわけではない。1頭、もしかすると、とてつもない大物かもしれないと思われる馬がいた。1月末の新馬戦で遅いデビューを飾ったトウショウボーイである。トウショウボーイはつづく条件特別も連勝し、3戦無敗で皐月賞に臨んできていた。大種牡馬テスコボーイに名牝ソシアルバターフライという血統、500キロを超える雄大な馬格、3連勝の中身も、2着に3馬身、4馬身、5馬身という完璧な内容で、レースキャリアが少ないのを除けば圧倒的な成績である。テンポイントの牙城を崩すとすれば、この馬かもしれないというのがレース前の評価だった。

この年の皐月賞は、厩務員ストのため、例年より1週間延期され、4月25日、東京競馬場で行われることになった。この4月の1週間が、テンポイント、トウショウボーイの明暗を分けた。中山での皐月賞を目標にギリギリに仕上げられたテンポイントは、東京競馬場に移ると、明らかにピークを過ぎていた。この頃のテンポイントはすぐれた勝負根性とスピードは持っていたものの、繊細で外部の影響を受けやすく、超一流馬に必要なずぶとさはまだ備えてはいなかったのだ。

それに対して、デビューの遅かったトウショウボーイには、皐月賞の1週間延期が幸いした。年明けデビューで皐月賞の出走権を得るために、中2週、中3週と押せ押せでレースを使わなければならなかったトウショウボーイにとって、1週間の延期はありがたかった。

東京コースで行われた皐月賞は、両馬のコンディションがはっきり現れたレースだった。人気はテンポイントがトウショウボーイを圧していたが、テンポイントは4コーナーにさしかかるまでなかなかエンジンがかからず、かかった時にはトウショウボーイははるか手の届かないところを疾走していた。

府中の長い直線を、首を低く下げ、ゆったりと四肢を伸ばして進むトウショウボーイは、羽を広げて滑空するオオワシのようだった。ゴールした時には2着のテンポイントに5馬身もの差をつけていた。勝ちタイムは東京コースの皐月賞レコードだった。

天を駆ける馬、「天馬」という呼び名がトウショウボーイにつけられた。つづくダービーも、トウショウボーイが間違いなく勝つ。皐月賞が終わった時、ほとんどの人はそう思った。

ダービーになると、トウショウボーイは人気でもテンポイントを大きく引き離し、1番人気に推された。つい3年前にはハイセイコーが、2年前にはトウショウボーイと同じ父を持つキタノカチドキが、ともに断然人気を集めながらダービーに敗れ、人々はダービーの怖さを十分に知っているはずだったが、そうした「アクシデント」もトウショウボーイに限っては起こるはずがないように思われた。

レースは4コーナーまで、そうした多くの人の想像通りに進んだ。押し出されるように先頭に立ったトウショウボーイは、自分のペースで悠々とゴールに進んでいた。

異変は4コーナーを回った直後に起こった。府中の長い直線を考えれば、最後のスパートに入るのは坂を駆け上がってからである。だがそのセオリーを無視したように、トウショウボーイの背後から、加賀武見騎手に手綱を取られたクライムカイザーが襲いかかった。ほかの馬がみな、3速のギアで運転している時、クライムカイザーはいち早く4速に切り替え、一瞬のうちにトウショウボーイをかわしたのだ。虚をつかれたトウショウボーイは、必死に追撃したが、差し返すには、さしもの東京の直線も短過ぎた。「天馬」は敗れ、「犯罪皇帝」という名の黒鹿毛が、テンポイント、トウショウボーイの2強を蹴散らして、同世代の最高峰に立ったのだ。1、2頭の飛び抜けた馬がリードするのではない。信じられないほど厚い層の中から、何頭もの強豪が名乗りを上げるという、この世代の特徴を、早くも見せつけたようなダービーだった。


ダービーが終われば、ローカル開催である。クラシックの華やかな舞台とは無縁だった馬たちの活躍の場であり、稼ぎどころでもある。

「さあ、一丁、荒稼ぎするか」

5歳馬グレートセイカンの関係者は、札幌競馬場に乗り込んで腕を撫した。

グレートセイカンは4歳の1月にデビューし、この時までに4勝をあげていた中堅馬だった。

父は天皇賞馬フジノパーシアなどを出したパーシア、姉には公営で重賞を勝ったミスファラリスがいる。トウショウボーイのような良血というわけではなかったが、まずまずの血統である。1月デビューでクラシックに乗り損ねたグレートセイカンだが、能力がなかったわけではない。いや、4つの勝ち星のうち、初勝利が2着に大差、3勝目が2着に9馬身差、そして4勝目も大差勝ちと、勝ち方の鮮やかさには目を見張らせるものがあった。特に、2つとも大差で勝ったダートでの強さはぬきんでていた。しかしその一方で、まったく見所なく大敗するレースもあり、どこかつかみ所のない印象を、周囲に与えていた。

グレートセイカンの手綱を取ったのは、郷原洋行騎手（現調教師）である。デビューの時から乗り、調教もつけてきていた。

「軽快だが、ひ弱なところもあるな」

それが郷原騎手のグレートセイカンに対する印象だった。パーシアの産駒といえば、フジノパーシアのように、力馬タイプが多い。グレートセイカンもダートで圧勝した成績だけを見ると、パワー自慢のように見える。しかし、実際に手綱を取った郷原騎手は、そうしたイメージとは違った印象を持っていたのだ。力馬というより、芝の良馬場だろうが不良馬場だろうが、ダートだろうが、体調さえ整っていれば、つねに軽快なスピードを発揮する馬だったといえるかもしれない。

そうした非凡なスピードの一方で、グレートセイカンは、気性が激しく、思いどおりの流れにならないと、すぐにレースを投げてしまうような精神的なむずかしさを持っていた。

「馬ごみの中で折り合いをつけて走らせようとすると、頭を横に向けて走らなくなってしまう。ゴチャゴチャしたのが嫌いなんだ。だから勝った時はほとんどが逃げきりだった」

郷原は、グレートセイカンの非凡さに期待をかけていた。クラシックは無理としても、オープンクラスでなら十分に活躍ができる。そのためには気性のむずかしさを克服しなければならない。「豪腕」といわれた郷原だが、グレートセイカンに乗る時は、その豪腕を封じ込め、無理に馬を抑えるようなことはしなかった。むしろ馬の行く気にまかせ、逃げたければ逃がす、後方のほうが気分がよさそうな時は後方から進む、小賢しく馬ごみに入れてゴール前で抜け出すようなレースはせず、のびのび走らせることを心がけた。その甲斐もあって、グレートセイカンは5歳の春に4勝目をあげ、オープンクラスにまで進出してきていた。

グレートセイカンは、夏の遠征先に北海道を選んだ。所属する大久保房松厩舎が北海道を主戦場にするという事情もあったが、もうひとつ、北海道には魅力があったのだ。札幌のダートである。

ダートのGⅠが作られ、交流競走もさかんになった最近の事情に比べると、この当時のダートのレースは驚くほど限られていた。中央場所にはダートの重賞はなく、オープンクラスが出走できるダートのレースも、冬場に限定されていた。ローカル開催も、ダートはほとんど行われなかった。

ただひとつ、札幌競馬場だけが、ダートを得意にする馬の希望の場所だった。札幌は気象条件のため、芝の育成、保持がむずかしく、長くダートコースだけを使ってレースが行われてきていた。札幌競馬場に芝コースができるのは１９８９年からのことである。

重賞の札幌記念も、当然ダートコースで行われた。だから当時は、札幌記念の覇者が、実質的な「ダート日本一」だったのだ。

それだけに、夏の札幌には、ダート得意の馬が集まった。レースのレベルは恐ろしく高かった。

だが、ダートで2度、大差勝ちを果たしているグレートセイカンの関係者は、はじめての札幌遠征にひそかな自信を持っていた。うまく潜在能力を発揮すれば、勝ち星はおろか、重賞の札幌記念まで手が届くかもしれない。

グレートセイカンは、札幌入りすると、思惑通り、オープン特別の札幌日経賞を勝った。しかも、関東、関西のダート上手がそろうレースで、レコードタイムをたたき出し、2着に大差をつける完勝だった。重賞勝ちがいよいよ近づいた。だが、つづく札幌記念の登録メンバーが発表されると、関係者は大きな落胆を味わわなければならなかった。登録メンバーの中に、なんと、あの天馬トウショウボーイの名があったのだ。

4歳クラシックで上位を占めたような馬は、夏場、ほとんどが休養を取る。まれにローカル開催に出走するとしても、芝の重賞がほとんどである。これは今も当時も変わらない。だが、トウショウボーイの関係者は、あえて札幌遠征を選んだ。デビューからわずか5

戦と、キャリアが少なく、ダービーで惜敗したあとも疲労が残るどころか、体調はすこぶるよい。しかし、大型で、足許に不安を抱えているので、速いタイムの出る平坦の芝では故障する心配もある。だったら、涼しい札幌で、ダートの重賞に使ってみようというのが関係者の考えだった。

もうひとつ、トウショウボーイが札幌に乗り込んできたのには理由があった。それはダービーで苦杯をなめさせられたあのクライムカイザーも、札幌記念に出走することを表明していたからである。クライムカイザーは3歳のデビューを札幌で飾った馬である。札幌ダートは2勝3着1回、ダート得意ははっきりしている。その相手得意の土俵で、トウショウボーイがダービーの借りを返せば、ダービーが一度限りのフロックだったことを証明できる。トウショウボーイ陣営としては、ダービーは早く忘れてしまいたい悪夢だった。それを振り払うためには、一刻も早くクライムカイザーを破っておくに越したことはない。

もちろんクライムカイザー陣営も、勝負は望むところだった。ダービーの勝利がフロックでなかったことを証明するには絶好の機会である。しかも初コースのトウショウボーイに対して、クライムカイザーは、ダートに十分実績を持っている。

こうした両陣営の思惑が、ダービー1、2着馬の再戦という形で実現することになったのだ。

登録の段階では、この2頭のほかに、春の天皇賞馬エリモジョージ、前年の二冠馬カブラヤオーの名もあった。札幌記念は空前のレースになる。周囲の期待は、いやがうえにも高まった。

憂鬱なのは、ダートだけを得意にする馬たちである。年に一度しか来ない晴れの舞台だというのに、話題はすっかりクラシックの活躍馬にさらわれている。これでは立場がない。しかもその馬たちの実力は、折り紙付きだ。ダートというハンディをもらっても、とても太刀打ちはできない。札幌記念に登録してきたほとんどの馬は、トウショウボーイ、クライムカイザーの参戦に、白旗を揚げたような形だった。

だが、グレートセイカンに乗る郷原は、つけいる隙はあると考えていた。ダートですべて大差勝ちのグレートセイカンの潜在能力は、郷原にさえはっきりわからないほどだった。気性のむずかしさはあいかわらずだが、気分よく走らせれば、破壊力は十分である。周到な作戦さえ立てれば、2強をまとめて負かすのも夢ではない。4歳の時から、ずっと裏街道を歩んできたグレートセイカンだけに、デビューの時から注目を浴びたトウショウボーイ、そのトウショウボーイを負かしたダービー馬クライムカイザーは、闘志を燃やすには十分な相手だった。

作戦だ。作戦だ。郷原は必死に知恵を絞った。

1976年の札幌記念は、クライムカイザー、トウショウボーイというその年のダービー1、2着馬が再び顔を合わせる空前のレースになった。ダービーで大本命に推されながら、クライムカイザーの「奇襲」に屈したトウショウボーイにとっては、4歳の実力NO

1が自分であることを見せつけねばならないレースだった。一方のクライムカイザーも、ダービーの勝利がフロックでないことを証明するため、絶対に落とせぬレースだった。二強の激突で、ほかの馬は、少なくとも人気の面ではかやの外に置かれていた。

しかし、ほかの馬の騎手たちまで、戦う前に白旗を揚げていたわけではない。ほかに強い馬がいればいるほど、闘志をかきたてられるのがプロである。特に5歳馬のグレートセイカンに乗る郷原洋行は、レースが近づくと、頭痛がするほど、何度もシミュレーションを考え、勝つ方策を探した。

当時の郷原は、毎年リーディングジョッキーを争う騎手界の第一人者だった。大本命を向こうに回し、あざやかなレースはこびで何度も勝利をもぎ取ったこともある。

代表的な例が、この年の1年前の春の天皇賞である。このレースは、前年の二冠馬キタノカチドキが圧倒的な1番人気に推されていた。郷原は大きく離された2番人気のイチフジイサミに騎乗していたが、5歳時の秋の天皇賞で2着に入って以降は、不調のつづく6歳のイチフジイサミでは、キタノカチドキの敵ではない、というのが大方の見方だった。しかし、レースになると、イチフジイサミはキタノカチドキただ1頭をピッタリとマークし、直線でカチドキがひとムチ当てられ、スパート態勢に入った瞬間を見計らって一瞬の鋭い足を繰り出し、みごと大本命を差し切った。キタノカチドキの騎手の手が動くのを待ち、差し返されないと判断して追い出す冷静な作戦の勝利だった。

札幌記念でトウショウボーイ、クライムカイザーに立ち向かうグレートセイカンは、ダート5戦3勝、勝ったレースは9馬身差、大差、大差とまだ「底を見せていない」。特にダートコースをまるで芝コースを走るように軽快に駆け抜けるスピードには見どころがあった。うまく運べば、2頭をまとめて負かすこともできるかもしれない。

春のクラシックで、郷原はニッポーキングに騎乗し、トウショウボーイ、クライムカイザーと戦っていた。2頭の力は知りつくしていた。中でも特にトウショウボーイのスピードには、恐れに似た気持ちすら抱いていた。

「当時の馬では力が違っていたよ。これはあとのことになるが、トウショウボーイが5歳の時の有馬記念で、僕は菊花賞馬のプレストウコウに騎乗していた。レースはトウショウボーイとテンポイントが先行する形で進んだんだが、勝負どころの残り800メートル過ぎにさしかかると、いつもは引っかかって抑えるのに苦労するプレストウコウがまったくついていけなくなってしまった。それだけトウショウボーイやあの世代の馬の力は抜けていたんだね」

では、その強豪相手にどうするか。若い騎手なら、「自分のレースをする」ことをまず考えただろう。いつもどおり、穏やかに先行し、徐々に差を広げて最後は逃げきるグレートセイカンのレースをする。それで負けたらしかたがない。

だが、郷原は「自分のレースをしよう」などとは考えなかった。「自分のレース」をしても、負ければなんにもならない。自分のだろうが、他人のだろうが、勝つために最善の方策をとる。そのためにはまず、相手の心理を十分に考えることだ。

郷原は、2頭の敵のうち、トウショウボーイだけを頭に置いていた。ダービーで敗れたとはいえ、トウショウボーイの力は、やはり一枚上手である。

では、トウショウボーイの騎手は、どんな考えで、このレースに臨むだろう。

「トウショウボーイにとって、恐ろしいのは、ダービーで差されたクライムカイザーだ。クライムカイザーはトウショウボーイのうしろでレースを進める。当然トウショウボーイの騎手は、うしろを意識しながらレースを進めるだろう。そこがつけめだってね」

前の馬へのマークはゆるくなるはずだ。だから逃げるのがグレートセイカンにとっての最善の手になる。しかし、2、3馬身ぐらい離す穏やかな逃げでは、トウショウボーイに簡単に捕まってしまうだろう。逃げるにしても、スタートから一気に引き離すことだ。

「そうして大きなリードをつけ、向正面に入ったら一息入れる。そして4コーナーを回ったら一目散に逃げ込む。自分がトウショウボーイの騎手だったら、そんなレースをされるのが一番いやだ。だから、その手で行こうと考えたんだ」

玉砕覚悟の無謀な逃げではなかった。もしトウショウボーイだけが出走していたら、郷原はこうした作戦は選ばなかっただろう。相手がトウショウボーイ1頭では、玉砕的な逃げを打っても、トウショウボーイはすばやく捕まえにかかるはずである。クライムカイザーも出走していればこそ、トウショウボーイはグレートセイカンの大逃げも、ある程度見逃さなければならない。いや、見逃すはずだ。そうした出走馬の相関関係を見越した末に、郷原が選んだ作戦だったのだ。

　レースプランが固まると、郷原は徐々に勝てそうな気がしてきた。レースだから、なにが起こるかはわからないが、ともかく、グレートセイカンの関係者にとって、見どころのあるレースにはなるだろう。

「離して逃げるから、見てろよ」

　郷原は、レースの数日前から、厩舎で仲間たちに作戦を打ち明けた。あまり感情を表にしない郷原にしては、珍しく、ウキウキとした様子だった。


　レース当日の札幌競馬場は、朝から観客の出足が早かった。

「これはもしかすると、新記録になるかもしれないな」

　当時、庶務課長をしていた後藤務は、場内警備の係員を集め、あらためて気を引き締めるように確認し合った。

　それまで、札幌競馬場では観客が3万人も入れば大入りで、4万、5万を超えることはめったになかった。しかし、前の年、種牡馬になって1年目のハイセイコーが、お披露目のために札幌競馬場に現れた日、観客動員は空前の5万4千を記録した。ハイセイコーの人気は衰えていなかったのだ。

　ハイセイコーによって火をつけられた競馬人気は、この年、'76年になっても静まるどころか、なお燃え盛っていた。この年の札幌開催は連日、多くの観客を集め、日曜日には2週連続で5万人台を記録していた。

「もちろん、われわれにとっては、お客様がたくさん入場して下さるのはありがたい。でも、そのために交通渋滞が起こったり、駐車違反やごみの問題で、周辺の住民のかたに迷惑がかかってもまずい。それに、あまり多くのお客様が入ると、窓口で買い漏れが起こることだってあり得る。トウショウボーイとクライムカイザーの出る札幌記念は、間違いなく大入りになるはずだ。どうか無事に行ってほしいという気持ちが強かったですね」

後藤たちが予想したように、観客はあとからあとから押しかけ、ついにレース直前には6万人を超えた。60549人は、今も破られない札幌競馬場の入場者レコードである。

「すごい混雑でした。幸い、アクシデントは起こらなかったんですが、この日の混雑を契機に、場外窓口も必要だということになり、現在の札幌のウインズが誕生したのです」

空前の顔ぶれ、空前の観客。涼しい札幌にもかかわらず、沸き立つような熱気の中、10頭の出走馬が馬場に姿を現した。1週前には不調を伝えられたトウショウボーイだが、涼しい気候の中、体調も回復し、黒光りする馬体からは、クラシックホースらしい威厳がにじんでいた。クライムカイザーもダービーから一回り体が大きくなった感じで、すでに一流馬の風格を感じさせた。だが、2頭にもましてグレートセイカンは絶好調だった。一度レースを使ったにもかかわらず、体重は4キロ増、この数字が体調のよさを物語っていた。クライムカイザーを差し置いて、トウショウボーイにつぐ2番人気に推されたのも無理はないと思わせるつくりだった。

ゲートが開いた。トウショウボーイがつまずいた。グレートセイカンはダッシュを利かせて前に出る。スタート2ハロン目は11・0のラップ。札幌の深い砂を考えれば、短距離戦なみのダッシュである。逃げ馬は、コーナーにさしかかれば、息を入れるのが普通である。しかし、郷原は11・0のダッシュでついたスピードを、第1コーナーにさしかかってもほとんどゆるめなかった。

「1コーナーまでにトウショウボーイを10馬身離す。そしてそのままスピードをゆるめず、2コーナーも回り切ってしまう。それ以外に勝つ手はない」

　そう考えていたとおり、レースは運んだ。トウショウボーイの出遅れという予想外の事態もあったが、1コーナーを回る時には、グレートセイカンと、後続のトウショウボーイ、クライムカイザーとの差は、10馬身程に広がっていた。ほかにせりかけてくる馬もいない。

　2コーナーを回り、向正面に入ると、郷原は予定通り、ペースを落とした。ハロン12・2、12・3、絶妙のペースで逃げ足を伸ばす。出遅れたトウショウボーイが中団に進出し、クライムカイザーは最後方を進む。

　ペースは落ちてはいたが、グレートセイカンと後続の差はなかなか詰まらない。それどころか、3コーナーから4コーナーにさしかかるところでも、なおグレートセイカンは10馬身のリードを保っていた。郷原は、追撃の気配が感じられず、思わずうしろを振り返るほどだった。

　しかし、4コーナーを回り、直線を向くと、トウショウボーイが猛然と追い上げてきた。瞬く間に差を詰め、直線なかばではグレートセイカンに並びかける勢いである。

プラン通りに楽な逃げを打っていたとはいえ、トウショウボーイに並びかけられれば、普通の馬なら音をあげてしまうところである。だが、ダートでのグレートセイカンはやはり並の馬ではなかった。粘りに粘り、ついにトウショウボーイに一度も前に出ることを許さず、ゴールではクビの差だけ前に出ていた。クライムカイザーはトウショウボーイからさらに8馬身遅れてゴールした。

クラシックはもちろん、重賞さえ勝ったことのなかった馬が、ダービー馬と皐月賞馬を、まとめて負かしたのである。

6万を超える大観衆は、出遅れながら最後にはみるみる差を詰め、クラシック馬のプライドを見せつけたトウショウボーイと、その豪脚に追いつめられながら、ついに音をあげることなくしのぎ切ったグレートセイカンの粘りに大きな歓声を惜しまなかった。

このレースは、いくつもの大レースに勝ってきた郷原にとっても、ひときわ思い出に残るものになった。

「いろんな馬に乗ってきたので、あの時のレースはどうだったかと聞かれても、すぐに思い出せないことが多い。でも、グレートセイカンの札幌記念は、レース展開や、自分の考えていたことを、すぐに思い出せる。そういうレースはあんまりないものなんだよ」

どんな騎手でも、レース前にそれなりのプランは立てるだろう。だが、それが思いどおりに行くケースはめったにない。グレートセイカンの札幌記念は、名手郷原にして、なお長く記憶に残る会心のレースだったのだろう。

こうした劇的な勝利を飾った馬は、その後、尻すぼみになることが少なくない。「××を破った馬」としてだけ記憶される馬は、競馬史をひもとけば山ほどいる。

しかし、グレートセイカンは、「トウショウボーイを破った馬」では終わらなかった。この年の秋、芝の重賞オールカマーに出走して逃げ切り勝ち、暮れには有馬記念にも出走する。ここではさすがにトウショウボーイ、テンポイントには歯が立たなかったが、年が明けると東京のダートのオープン競走に出走し、1400メートル1分22秒8のレコードタイムで圧勝した。現在の東京ダート1400メートルのレコードは、'92年にトウショウフリートの作った1分22秒5だから、グレートセイカンは、20年前に、すでに現在の水準に匹敵するような力を備えていたといえる。

その後も5カ月の休養明けで芝のダービー卿チャレンジトロフィーに勝つなど、グレートセイカンは、長く活躍をつづけた。もし現在のように、地方競馬との交流競走やダートのグレードレースがたくさんあったなら、その勝ち星はもっともっと増えたことだろう。歴代のダートの強豪は少なくないが、勝った時のインパクトの強さという点では、タケシバオーに匹敵するのではないだろうか。

一方、グレートセイカンに苦杯をなめたトウショウボーイは、秋になると、春の故障から立ち直ったテンポイント、菊花賞で突然現れたグリーングラスと死闘を繰り広げることになる。

のちに三強と呼ばれるようになるこの3頭は、そろって同じレースに出走した時は、一度もほかの馬たちに先着を許さなかった。また、三強と同世代のホクトボーイ、カシュウチカラといった馬たちも、ほかの世代を向こうにまわした時は、まるで「同世代の誇り」を守ろうとするように、みごとなレースを見せ、大レースに勝ちをおさめた。

この世代が、戦後最強と呼ばれるゆえんは、前述したのでここには繰り返さない。それだけに、その最強の世代の2頭をまとめて負かしたグレートセイカンの札幌記念の勝ちは、一層輝いて見えるのである。

駒大苫小牧高校
北海道をなめんなよ！

「落ちれ！」

打球が上がったとき、佐々木孝介はそう叫んだ。標準語なら「落ちろ」だが、この際、生ぬるいことはいっていられない。北海道の言葉で叫ばないと切実さは伝わらない気がした。願いはかない、打球は中堅手の前に落ちて、走者が2人還った。逆転だ。前の打者の打球が走者に当たり、この回1点は入っていたものの、アウトが増えて、チャンスは潰《つい》えたかに思えた。

「そういう場面だから絶対打ちたかった。とにかく、強い気持ちで」

叫びも幾分かは後押ししていたはずだ。

6対5。夏の甲子園の決勝。愛媛の済美高校と南北海道の駒大苫小牧高校との試合は、初回から容赦なく打ち合う消耗戦になった。先行した済美を3、4回で駒大が逆転する。佐々木の一打は大きな分岐点になるかに見えた。

だが、それは単なる中間点だった。5、6回には済美が再逆転し3点差をつける。互いの投手の疲労は激しい。打者のほうは、回が進むにつれて、腰が据わり、鋭い打球を放つようになる。どう転ぶかわからない。

6回裏、駒大は先頭打者が歩いた。監督の香田誉士史はここまで、無死一塁ではほとんど送りバントを選んできた。ここも当然それを考えた。「しかし」と一拍置いた。打者はここまで7割以上の打率を残している糸屋義典である。

「当然バントは頭にありました。でも、なぜか、あの時は、糸屋なら打つと思ったんです。もちろん当たっていることもありましたが、それだけじゃない。予感というか、確信みたいなもの。かならず打つやつに打たせないのはもったいない」

胸を叩いて、「打て」のサインを出した。ただ「打て」。走者一塁だから右方向に、という指示すら出さなかった。そのとおり、糸屋は思い切り左に引っ張った。鋭いライナーが左翼手の頭を越えていった。

「低い当たりだったんで、フェンスに当たるかもしれなかったのに、糸屋のやつ、打った瞬間にガッツポーズなんかしちゃって」

佐々木をはじめ、ベンチで見ていた選手たちはあきれたが、糸屋の判断は正確だった。打球は左翼スタンドに刺さった。

監督の香田は、糸屋の打球やガッツポーズよりも、自分に驚いていた。

「ほかの打者なら、絶対送りバントのサインを出していたでしょう」

バントをさせず、不思議な予感の命ずるままに打たせた打者が2点本塁打という最上の結果を残す。オレの判断はどうなってるんだ。

「正直、自分にびっくりしました。それと、これだけの試合をすれば、あとは負けても、よかった、よくやったといってくれるだろうって」

糸屋の本塁打で1点差にした駒大は、さらに1点を挙げて追いつき、7、8回には4点を加えて、13対10で9回を迎えた。9回表の済美の攻撃をしのげば優勝である。


駒大苫小牧は春1回、夏4回の甲子園出場になるが、今夏の初戦、佐世保実業に勝つまでは、一度も校歌を聞いたことがなかった。

去年の夏は、1回戦で倉敷工業と対戦し、8対0とリードしながら、降雨ノーゲーム、翌日の再試合で敗れるというなんとも口惜しい経験をしている。主将の佐々木もそのメンバーのひとりである。

「あの試合も口惜しかったんですが、そのあと、秋の北海道大会で同じ地区の鵡川に決勝戦で大敗して、選抜に出場できなかったのも同じくらい口惜しかった。だから今年は、絶対夏こそという気持ちが強かったんです」

加えて、もうひとつ、刺激を受ける要素があった。1勝を挙げると、北海道のチームの夏の甲子園での通算勝ち星が50になる。1勝して、去年の口惜しさを晴らし、北海道勢としての区切りをつける。それが、今年の駒大苫小牧のテーマだった。

「そういう目標がありましたから、佐世保実業との試合は私も、選手たちも、どうしても勝ちたいという気持ちが強かったし、勝ったあとは、解放されたというか、気持ちが楽になりました」

監督の香田がいうように気持ちは楽になったが、対戦カードは楽ではなかった。2試合目の相手は、3年前の優勝校で強力打線の呼び声の高い日大三高、3試合目の準々決勝は、大会有数の好投手といわれる涌井秀章がいる横浜高校。ともに優勝候補である。

だが、そんな強敵を相手にしても、駒大苫小牧のメンバーはひるまなかった。日大三高戦は打撃のチームに打撃戦を挑み打ち負かした。横浜戦は涌井を打ち込んだだけでなく、岩田聖司、鈴木康仁の投手リレーで1点を与えただけの完璧な試合内容で制した。準決勝の東海大甲府戦も10対8の打撃戦を制し、北海道のチームとして、はじめて夏の決勝に進出した。

香田は、大会の期間中、選手たちの元気のよさに、ずっと圧倒され気味だった。

「最初の試合が大会6日目。調整がむずかしく、こっちはいろいろ悩んだんですが、生徒のほうはずっと元気でね。食欲は旺盛だし、勝ち進んでいっても、緊張している様子が全然ない。不安は、自分が一番大きかった気がします」

今年の夏の暑さは、北海道から来た選手たちの生気を失わせるには十分だったはずなのに、一向に士気は衰えない。それが香田には不思議だった。

佐々木たち選手のほうも、なぜそんなに元気だったのか、理由はわからない。いや、元気だという自覚すらなかった。ただ、強いて元気な理由を探せば、それは、反発心だったかもしれない。

「考えすぎかもしれませんが、強いといわれる学校と対戦したとき、こっちが北海道だからと、少し下に見られている気がした」

冬場もグラウンドの雪を除けて、凍った地面でノックを受けてきた。練習の量も質も変らない。

「北海道をなめんなよ！」

9回表の済美の攻撃は、9番打者からだった。誰もが打順を考えた。2人走者が出れば4番の鵜久森淳志にまで回る。この大会で3本の本塁打を放ち、この試合でも6回に打った二塁打は、高校生の水準を超えていた。2人以上の走者が出て、同点、もしくは逆転の場面で鵜久森が打席に入る。駒大にすれば絶対に避けたい、済美にすれば願ってもない状況である。回るか、否か。振り子は激しく左右に振れた。

9番、1番に連打が出て、無死一、三塁。走者が2人出た。しかし、2番打者は遊撃への併殺打。三塁に走者は残ったものの、あとひとつのアウトで鵜久森には回らず試合は終わる。だが、それを意識しすぎた投手の鈴木は、3番打者に、あっさり四球を与えてしまう。2死一、三塁で鵜久森が打席に向かう。本塁打が出れば同点である。

併殺打で2死までたどり着いたとき、主将の佐々木はショートの守備位置で涙を流していた。「感涙のフライング」である。しかし、四球で走者がたまり、鵜久森に打席が回ると、さすがに泣いてはいられなくなった。

「当然、最悪のことまで考えましたよ。同点本塁打」

ところが、駒大苫小牧のベンチで、ひとりだけ不思議な願いを抱いている者がいた。香田である。

「鵜久森くんに打順が回った。本塁打が出れば同点です。でも、自分はあの時、同点本塁打が出てもいい、いや、出たらいいなって、思いました。こんないい試合なんだから、そういうふうになってもいい。ぜんぜん怖くなかった」

1対5から追いつき、追い越し、追い越され、消耗する試合ではあったが、一方で、「客観的にはすごい試合だなって、ずっと感じていた」香田である。こんな試合だ。大会一のスラッガーに同点本塁打が出て延長になってもいいじゃないか。

「行け。インコースにまっすぐ。行ったれ。逃げるな」

特に指示は出さなかったが、マウンドの投手は香田が考えていたように、ストレートを内角寄りに投げ込んだ。高さも、コースも甘かった。ただし、ボールには北海道弁で「打ってみれ」と書いてあった。それが読み取れたかどうかはわからないが、鵜久森は気圧《けお》されたように力ない打球を打ち上げた。

捕ったのは佐々木である。少し前まで泣いていたので、目が曇り、危ない捕球になった。

「土手のところで捕りました。いやあ、危なかった」

捕る前に、すでに捕手の糸屋がマウンドに駆け寄っていた。本塁は無人。だから、落球していたら、ランニングホームランになっていたかもしれない。だが、もちろん、そんなことは誰も考えていなかった。

翌日、選手と優勝旗を乗せた飛行機が飛んでいる時、アナウンスがあった。

「優勝旗はただいま、はじめて津軽海峡を越えました」

温かい心配りのアナウンスだったが、選手はみな、眠りこけていて、夢の中で遠い声を聞いただけだった。わずか2時間足らずのフライトの間も、ぐっすり眠り込んでしまうような激しい試合を、前の日に戦っていたのだ。眠りこけているのは、優勝旗が越えた海峡を、練習場の脇の側溝ほどにしか考えていない連中だった。海峡の向こうもこっちも変りはないさ。そういう選手たちだから、優勝旗は、史上はじめて津軽海峡を越えることになったのだ。

メジロマックイーンvs.トウカイテイオー

2 強激突の果て

旗が翻った。

野球やサッカーのスタンドでは珍しくないが、競馬場では珍しい。旗には白地に太い手書きの文字で「がんばれメジロマックイーン」と書き込まれていた。

スタートまではもう数えるほどの時間しかない。緊張感に耐えきれなくなったように振られた旗に、周囲の観衆はひとしきりざわめいた。それが静まれば、ファンファーレが鳴り、ゲートインが始まる。見る側のアドレナリンの分泌量は、最大値を記録しているはずだった。

その時、肩すかしをくらわすように、感情を押し殺した場内アナウンスが響きわたった。アナウンスはメジロマックイーンの落鉄でスタートが遅れることを事務的に告げた。見るとたしかに向こう正面のスタート地点では、メジロマックイーンが立ち止まり、周囲に係員が集まっている。大型ビジョンに、蹄鉄を打ち替えるマックイーンの姿が映し出された。スタンドが揺れた。

観客の多くは、ちょうど1年前に同じ京都競馬場で起きたひとつの事件を思い浮かべた。桜花賞で一番人気を背負ったイソノルーブルの落鉄である。蹄鉄の打ち替えを拒んだイソノルーブルは、一本の足だけはだしで走り、4着に敗れた。メジロマックイーンにも同じようなことが起きるのではないか。

マックイーンの打ち替えを待つほかの騎手たちの中にも、やはり1年前の桜花賞を思い浮かべたものがいた。ゴールデンアワーの岡潤一郎である。

「落鉄と聞いた時、やっぱり反射的に1年前の桜花賞のことを思い浮かべましたよ。あれだけてこずれば、落鉄した馬だけじゃなく、ほかの馬にも影響が出ますからね。でも僕の馬も含め、どの馬も落ち着いていました」

メジロマックイーンのケースは、正確に言えば、落鉄ではなく、折れた蹄鉄の交換だった。ゲートに集合した時、厩務員が蹄鉄の異常に気付いたのだ。メジロマックイーンの騎手、武豊は、蹄鉄が打ち替えられることになっても平静だった。

「もし厩務員さんが気づかなかったら、レース中に影響が出たかもしれませんね。でも、打ち替えの時でもマックイーンは落ち着いていたし、全然心配なかった。かえってほかの騎手の人の方がいやだったんじゃないかな」

蹄鉄の交換は、スムーズに行われれば、それが不利に作用することは少ない。カミノクレッセに乗る田島信行のように、むしろマックイーンに有利に働くのではないかと考えた者さえいた。

「鉄を替えた馬があっさり勝ってしまうことも多いんだ。マックイーンにしても、靴のひもを締め直したようなもんさ」

レースの当事者たちは冷静だったが、このわずかなアクシデントは、見る側の心理に微妙な影響を与えた。それまでトウカイテイオーとメジロマックイーンという人気馬二頭に均等に配分されていた視線が、一気にマックイーンに集中し始めた。このアクシデントを境に、はっきりメジロマックイーンを中心とした時間が流れ始めたのである。観衆にとっては息苦しい数分間が過ぎ、マックイーンは蹄鉄の打ち替えを終えた。

ゲートインが始まった。

第105回の天皇賞が、メジロマックイーンとトウカイテイオーの一騎打ちになるというのは、競馬に関心を持つものなら誰でも抱く意見だった。

長距離レースではほぼ完璧な成績を残している前年のチャンピオン、メジロマックイーンと、デビュー以来、いずれのレースでも常に余力を残して先頭でゴールしてきた無敗馬、トウカイテイオー。ジャーナリズムが伝える二頭の調子は絶好調で、新聞の「世紀の対決」などという大時代な見出しも、決して誇張には聞こえなかった。

まるで二頭しか出走馬がいないような周囲の騒ぎは、ほかの馬に乗る騎手たちの闘志をいつも以上にかきたてた。

「二頭が抜けていると言われれば言われるほど、ほかの馬に乗っている者としては、一泡吹かせてやろうという気持ちになるものだよ。もちろん二頭の力は十分認めたうえでの話だがね」

イブキマイカグラに乗る南井克巳の声に代表されるように、二頭にはかなわないという多くの騎手の弱気な談話の裏には、大将首を取って一気に名をあげてやろうという荒々しい野心が潜んでいた。二頭のうち、とりわけトウカイテイオーに強く注目していたのは、タニノボレロにのる小島貞博である。

「マックイーン、テイオー、どちらのレースぶりも気になったけど、やっぱりテイオーの方に目が行っていたのはたしかだね」

小島は一週間前の皐月賞をミホノブルボンで制していた。ミホノブルボンもトウカイテイオーのように、圧倒的な強さで4歳のクラシック戦線を無敗で突き進んでいた。もし無敗のテイオーがここで勝てば、同じ無敗のブルボンにとってはよい前兆だ。仮にトウカイテイオーが敗れても、同じレースに出ている者として貴重な教訓を汲みとれるだろう。

トウカイテイオーの強さに敬意は表しながら、どこかに残酷な好奇心を秘めて、小島はこの無敗馬を見つめていた。

騎手たちの視線が自分の馬に集まる中、トウカイテイオーの騎手、岡部幸雄はメジロマックイーンに強い視線を向けていた。

「当面の敵はマックイーン。当然そう考えたよ。相手は順調にレースを消化し、予定通りに天皇賞に臨んでいる。長距離の実績もある。そのマックイーンを破れば、おのずとよい結果は出るだろうって」

だが、岡部がほんとうに向き合っていたのは、メジロマックイーンというよりは、トウカイテイオーの「未知」の暗闇だった。はじめて経験する3200mという距離。デビュー以来、一度も苦しいレースをしたことのないキャリア。1年近くの長い休養。

未知の暗闇には岡部が考える以上の宝が埋まっているかもしれない。その時ははじめて乗った大阪杯のように、勝利がやすやすと転がり込んでくるだろう。しかし、宝と同じくらいの確率で大きな落とし穴が待っていることも、また確かだった。

岡部がトウカイテイオーの「未知」に向き合っていたとするなら、メジロマックイーンの武豊が向き合っていたのは「屈辱」だった。

「レースの価値というか、すごいレースに出られるんだなという気持ちはありました。でも、一騎打ちとか世紀の一戦とか、周りの騒ぎ方はちょっと焦点がずれているような気もしていました。トウカイテイオーはすばらしい馬だと思うけど、テイオーだけが相手じゃありませんからね。それよりも、また『次こそは』って気持ちでレースを終わるのだけはいやだなって、それだけを考えていました」

'91年秋の天皇賞の降着に始まり、断然人気を集めたジャパンカップの敗戦、それに続く有馬記念の惜敗。そのたびに武豊は「次こそは」と唇をかみしめ続けてきた。もし、この天皇賞でトウカイテイオーにあっさり勝ちを譲れば、武とマックイーンの「次」は永久にやって来ないかもしれないのだ。

ゲートインが終わり、予定の時間より7分ほど遅れてスタートが切られた。大きく出遅れた馬はいない。

まず、マックイーンと同じ馬主のメジロパーマーが飛び出し、先頭に立った。誰もが予想したとおりの幕開きである。

メジロパーマーの騎手、山田泰誠は調教師から「手綱をおっぱなしていくだけいってみろ」と指示を受けていた。はじめてメジロパーマーに乗る若い山田に、異存のあるはずもないが、それ以上に山田には意地があった。

「新聞なんかに、パーマーはマックイーンのペースメーカーとして出てきたんだ、なんて書かれていましたからね。冗談じゃない、競輪でもあるまいしって、反発する部分があった。いっそマックイーンをあわてさせるほど、ぶんぶん飛ばしてやろうかとも考えました」

だが、いざスタートしてみると、メジロパーマーの逃げは奇襲というには穏やか過ぎるものになってしまった。引っかかり気味に先行するはずの馬が、この日に限ってぴったりと折り合いがついてしまったのだ。先行馬ボストンキコウシ、メイショウビトリア、タニノボレロなどの面々も、折り合いのついたメジロパーマーをかわしてまでレースをひっぱろうとはしなかった。無理なペースで飛ばす馬がいないため、レースの流れは落ち着いたものになった。

天皇賞やダービーのような大レースになると、力不足と思われる馬が、せめて一度はテレビ画面に映ろうと、むちゃなペースで先行することがよくあった。こうした馬はテレビ馬などと呼ばれたが、このレースに限っては、テレビ馬は一頭も現れなかった。

「そりゃそうだよ。今度の天皇賞は、どんなにハイペースで飛ばしたって、テレビに映るかどうかあやしいもんだ。マックイーンかテイオーのそばにいないかぎり、名前も呼んでくれないからね。ぶんぶん飛ばしていく馬がいなかったのは当たり前さ」

唯一の関東馬、ノーブルタークに騎乗した村本善之の感想に代表されるように、四歳の若駒と違い、経験豊富な古馬が顔を揃え、騎手もベテランが多い中、あえて道化役を買って出るものはいなかった。

一周目。3コーナーの上りから4コーナーにかけての下り坂にさしかかると、馬群の間から土ぼこりが舞った。京都の馬場は荒れていた。冬場の開催で、天候不順が続いたために、ラチ沿いの芝は十分に生えそろわず、ほとんど地肌が露出していた。コースのあちこちも芝生がはがれ、蹄《ひづめ》のあとが大小の穴ぼこになって散在していた。競馬場の周囲のしたたるような新緑と対照的な、無残な馬場だった。

これほど荒れていると、スタンドからはどこを走っても同じに見える。大外でも走れば話は別だが、3200mの長距離で、大外を走るロスははかりしれない。

だが、荒れたコースも、仔細に見れば、わずかに緑のベルトが残されていた。騎手たちは、自分の馬を、そのわずかな緑の帯に乗せることに腐心した。ヤマニングローバルに騎乗した河内洋もその一人だった。

「たしかに馬場は悪かった。まず、ラチ沿いはほとんど芝がはげていた。前の開催で、仮サクが設けられていたところの内側も、それと同じくらいに荒れていた。でも、よく見ると、ラチから5～6mあたり、つまり、ちょうど前に仮サクがあったあたりは、1～2頭分芝の状態がよくなっていた。すんなり先手が取れれば、そこを走らせたんだが、入ろうと思った時には、もうマックイーンが入っていた」

メジロマックイーンは5番枠からスタートしていた。河内の言う芝の状態のよいところが、まさにマックイーンがまっすぐに進むあたりだった。悪い馬場も気にしないメジロマックイーンだが、地肌の露出した部分を走るのと、クッションのよいコースを走るのとでは、最後の余力が当然違ってくる。

メジロパーマーに先導された一団は、スタンド前のホームストレートにさしかかった。馬群が通過するのに合わせて、歓声がピアノの鍵盤を滑るように流れていく。

メジロパーマーが少しだけほかの馬を引き離し、後にボストンキコウシ、タニノボレロが続いた。

ボストンキコウシには、去年までトウカイテイオーの手綱を取った安田隆行が騎乗していた。トウカイテイオーの騎手が安田から岡部に代わったことは、さまざまに取りざたされた。岡部が現役で随一の手腕を持つのは、誰もが認めることだった。だが、トウカイテイオーが安田に導かれた皐月賞、ダービーの二つの大レースに勝ったこともまぎれのない事実だった。馬主や調教師の非情をいいつのるファンの声も一部には聞こえていた。しかし、安田は、この騎乗変更に関して、ほとんどなにも発言しなかった。しかし、乗り替わりは、騎手のフリー化が進む今の競馬の世界では当たり前のことで、それに応えるためには、言葉よりも、レースで乗り替わりを後悔させるような結果をだすしかない。自分の乗る馬が、トウカイテイオーより力が劣っていることは認めつつも、安田も譲るわけには行かなかった。

「レースになれば、トウカイテイオーだって敵の一頭ですからね。ゲートがあくまでは、どんなレースをするのか、関心はあったけど、ゲートが開いてからは、そんなことは考えなかった。意識せずに、自分の馬のレースをすることだけを考えました」

トウカイテイオーは、安田のボストンキコウシから6～7頭うしろを進んでいた。安田の気持ちのどこかに、トウカイテイオーを見ずにレースを進めたいという気持ちがあったのかもしれない。

トウカイテイオーの岡部は、メジロマックイーンを前に見ながらレースを進めていた。枠順やこれまでのレースぶりから考えて、マックイーンがトウカイテイオーの前に行くことは予想がついた。先の長いレースで、一番外の枠からスタートしたトウカイテイオーが無理にマックイーンを追いかける必要もない。中団に位置したのは、岡部の思惑通りだった。ただ、馬場の状態だけは気にかかった。

「できれば、いいところを選んで走らせたい気持ちはあった。でも、いい走路が単純に開いているわけでもないし――」

　無理にいいコースを探して右往左往すれば、馬に無用の負担がかかったり、ほかの馬に包まれて抜け出しが遅くなる心配もある。未知の距離を走る以上、そんなギャンブルをすることはできない。いや、あえて奇策を用いなくてもスムーズに走らせさえすれば、テイオーは期待にこたえてくれるはずだ。岡部はあくまで、トウカイテイオーを信じていた。

　トウカイテイオーの前、先頭から4～5番手の位置につけたメジロマックイーンを、武豊はホームストレートで馬群の外側に持ち出した。コースの内側の荒れた部分を走り、ほかの馬に包まれるよりは、マックイーンの持ち味である軽快な先行力を生かして、のびのびと外目を走らせた方がいい。

「ペースは遅かったけど、引っかかる馬もいなかったし、最初から考えていたようにすんなり外に出すことができた」

　メイショウビトリアに乗る千田輝彦は、スタンド前で、メジロマックイーンが自分の馬のすぐ横に来たので意外な感じがした。メイショウビトリアも先行タイプの馬で、逃げ馬の直後を進むだろうというのがおおかたの予想だった。手応えもよく、そうした予想のとおりにレースを進めている千田にとって、マックイーンが早くも横に来たのは驚きだった。

「マックイーンが来るのはもっと後だろうと思ってたんです。だから横に見えた時はちょっとびっくりしました。でも豊さんのことだから、きっとペースは遅いと判断したんでしょう」

千田の言葉どおり、レースの流れは比較的ゆっくりしたものだった。かといって、スローペースにありがちな、折り合いを欠く馬もいない。坦々とした流れのまま、馬たちは1コーナーから2コーナーを回り、向こう正面に進んで行く。


最初のスタート地点を過ぎ、2周目の3コーナーの上りにさしかかると、メジロマックイーンがメジロパーマーに並びかけるようにして先頭に立った。素人目には早すぎるスパートに見えないこともなかったが、武豊の手があわただしく動いているわけでもない。かといって、いやいや押し出されるように先頭に立ったわけでもなかった。ただ、流れに沿って、ごく当然のように立った先頭だった。あえて言えば、このレースにかける武豊の決意がかいま見えたポジショニングだった。

ヤマニングローバルの河内は言う。

「マックイーンにはベストの乗り方。逆に言えば、あの乗り方しかなかった。無理に先頭に立ったわけではなく前の馬がバテただけでマックイーンのペースで行っていたからね」

落鉄を境にマックイーンのペースで流れ出した時間は、ここでも変わらなかったのだ。

マックイーンのポジショニングに武豊の意志を読み取るのは、イブキマイカグラの南井である。

「大レースでは、攻めの気持ちが大切なんだ。マックイーンが常に先手を取る形で、前、前でレースを進めたのは、攻めの気持ちがあったからだろう。単純に前に行くことだけが攻めることにはならないけど、あの時のユタカの乗り方からは、ほかの馬が来るなら来い、という気持ちがみてとれた」

南井は'88年秋の天皇賞でタマモクロスに乗り、意表を突く早めのスパートで、追いかけるオグリキャップの末脚を完封した経験の持ち主である。その南井の言う「攻め」の気持ちが、武豊に芽生えていたことは想像に難くない。

3コーナーでメジロマックイーンが先頭に立つと、吸い寄せられるように、中団に位置していたトウカイテイオーもスパートを始めた。マックイーンが早めにスパートすることは、トウカイテイオーの岡部にとって、意外なことではなかった。自分の馬の手ごたえもよい。十分に捕らえられる。

二頭の間隔が一気に詰まり、スタンドが大きくどよめいた。ここでゲートが開いてからはじめて、武豊はチラッと後ろを振り返り、トウカイテイオーを視線の端に捕らえた。やはり来ている。だからといって、先頭に立った以上、格別な策があるわけでもない。後は一目散である。

「3コーナーの上りで先頭に立った時、ある程度勝てるかもしれないと思いました」

武豊の頭の中で、「勝利」という文字がはじめて明確な形をとり始めたのである。

3コーナーから4コーナーの坂になると、坦々と流れていたレースも、あちこちできしみが生じる。思いのほか早く脱落する馬、想像以上に感触のよい馬。レースは一気にあわただしくなった。

ゴールデンアワーの岡はトウカイテイオーがスパートした時、いっしょについて行った。先頭のマックイーンが手の届くところまで来ている。

「でもそこまででした。マックイーンの後ろに取りついたと思ったら、あとは引き離されるだけ」

ダイユウサクの熊沢重文は、マックイーンが抜け出し、トウカイテイオーがそれに追いすがるのを、後方でいくぶんさびしい思いで眺めていた。ダイユウサクは'91年の有馬記念でマックイーンを破った馬である。周囲は本調子を欠いたマックイーンが足元をすくわれたと評したが、熊沢自身は、単なるフロックとは考えていなかった。マックイーンには一度勝っている。トウカイテイオーの方は休養明けを一戦しただけ。しかも未知の距離。

「二頭が全然手の届かない馬だとは思いませんでした。ダイユウサクも有馬記念のような脚を使ってくれさえすれば、勝負になるんじゃないかと」

だが、ダイユウサクに、有馬記念のような脚はなかった。

先手をとったメジロパーマーは、メジロマックイーンやトウカイテイオーがスパートしても、依然先団に踏みとどまっていたが、その後に続いていたボストンキコウシ、メイシヨウビトリアなどは力尽きて「二強対決」の舞台からしりぞいていった。ノーブルターク、ヤマニングローバルなど後方を進んでいた馬たちにも、新たな脇役として登場する余力はなかった。

後退する馬たちが多い中で、カミノクレッセの田島は確かな手ごたえを感じていた。中団でレースを進めたカミノクレッセは、坂の下りでは、トウカイテイオーといっしょに、メジロマックイーンを捕らえるような勢いを示していた。

「向こう正面でトウカイテイオーの内側につけ、坂の下りでその外に持ち出すつもりだった。直線は外の方が楽に追えるからね。坂の下りでペースが急に速くなったように感じたが、手ごたえはよかった。これは、という気持ちになったよ」

メジロマックイーンが先頭で直線を向き、それにトウカイテイオーが迫る。さらにカミノクレッセ、イブキマイカグラといった面々がそれに追いすがる。メジロパーマーの先導で始まったレースは、ここまでは大半のジャーナリストが予想したように、整然と進んでいた。あとは直線でフィナーレを飾るデッドヒートが展開されるだけである。どちらが勝つにしても、終幕にはその筋書きが繰り広げられるはずだった。

坂を下り、4コーナーを回って直線を向くと、はじめて予想外の事態が起こった。トウカイテイオーの手綱を取る岡部が、恐れていた「未知」に触れた瞬間だった。

「坂の下りまでは手ごたえに余裕があった。ところがマックイーンに並ぶかというところで離され始めた」

岡部のゴーサインに対するトウカイテイオーの反応は、これまで一度も見せたことのない弱々しいものだった。

バンブージャンボに乗り、後方を進んでいた西浦勝一は、一度あやしくなった自分の馬の手ごたえが、直線を向くと再びよくなって来たので、必死に馬を追った。

「感触がよくなったので、7着よりは6着、6着よりは5着をという気持ちで、前の馬を数えながら追って行った。でも、前を見ると、トウカイテイオーがバテたように伸びないだろ。アレッ？　と思ったね」

直線で、一番外から追い込み態勢に入っていたホワイトアローの田原成貴も、トウカイテイオーがズルズル後退して行くのをはっきり目で捕らえた。だが、田原には、西浦が感じていたような驚きはなかった。

「別に驚きはしなかったよ。ああ、テイオーでも負けるんだなって思っただけ」

それに比べて、マックイーンとカミノクレッセの手ごたえは、田原の目から見ても、はっきりとよく映った。

だが、トウカイテイオーの脚色が怪しくなっても、カミノクレッセの田島はまだ半信半疑だった。

「たしかに、直線で並んだ時には、テイオーの手ごたえはなさそうに見えた。でも、岡部さんぐらいの騎手になると、余力がなさそうに見せて、もう一度伸びるということもあるからね」

しかし、田島の不安は、結局杞憂に終わった。田島は目標を、前を行くメジロマックイーン一頭に切り替えた。

メジロマックイーンは、インコースぴったりに逃げ込みを図る。普通なら追いすがるカミノクレッセは、体を寄せて行って、最後の力比べを挑むところである。だが、田島はあえてそれをしなかった。

「マックイーンが内、ぼくのカミノクレッセが外に分かれていたんだけど、わざと内には寄せなかった。体を合わせると、もう一度マックイーンが伸びる気がしたんだ。力は向こうが上のことはわかっている。それなら、離れていた方が、かえってマックイーンにスキができるんじゃないかって」

不意打ちをねらう田島の戦法は、メジロマックイーンの長距離ランナーとしての強さに対する敬意の表れでもあった。だが、田島の奇襲も、マックイーンには通用しなかった。直線の残り100mの標識あたりで、田島はマックイーンには勝てないことを、認めざるを得なくなった。

武豊は、いつにない激しいアクションで、メジロマックイーンを叱咤していた。その身振りが、去年の秋から続いていた悔しさへの、彼なりの答えだった。

マックイーンのグレーと、トウカイテイオーのこげ茶色が正面からぶつかり、混沌とした奔流になってゴールに殺到するはずの水の流れは、グレー一色の大河になって、周囲を圧するようにゴールに向かっていた。

一度は手の届くところまでにじり寄ったメジロマックイーンの灰色の馬体が、どんどん前方に遠ざかって行く。もどかしげに脚を動かすトウカイテイオーを、カミノクレッセが、イブキマイカグラが、ホワイトアローが通り過ぎて行った。

レースが始まって3分20秒になろうとしていた。その時、岡部幸雄は、前の馬たちをとらえて先頭に立つ、余力も時間も、自分には残されていないことを認めないわけにはいかなかった。

［付記］

レースが終わって10日後、トウカイテイオーの左前脚骨折が判明した。しかしレース中の負傷なのかどうかは誰にも分からない。

第六章
野茂英雄

野茂英雄

引退、そして野球人生を語ろう

永遠にメジャーのマウンドをめざすのではないかとさえ思われた野茂英雄が、引退を表明して3カ月が経った。引退に際して、数行のシンプルなステートメントを出したあと、寡黙な巨人は彼らしくほぼ沈黙を守りつづけてきた。その野茂が日本でもアメリカでも野球のシーズンが終わりに差しかかった今、自ら扉を開けてインタビューに応じてくれた。

聞きたいことは数え切れないほどある。だが、2008年秋の時点で、多くの人が聞きたいことはふたつの問いに集約されるだろう。「なぜ」と「どうする」。なぜ引退を決意し、これからどうしようとしているのか。話はまず、「なぜ」のほうからはじまった。

「4月の20日にロイヤルズをリリースされてからも、来季に備えての練習はしていました。その一方で、代理人などとメジャーでやれる可能性があるかどうか話し合ってみたんですが、結論はかなりむずかしいだろうということになった。それでも引退を表明するという考えはそれほどありませんでした。60歳、70歳になっても職業・野球選手を自称しながらフェードアウトして行くのもいいかなって考えていたんです。スポーツ選手だけじゃないですか、年をとったら職業が変るっていうのは。たとえばミュージシャンはいくつになってもミュージシャン。新曲を出していなくてもミュージシャンでしょ。ただ、はっきり引退といわないと周りに迷惑をかけることになる。家族やぼくを手伝ってくれる人は、まだつづけると思って支えてくれている。それに街に出て、ファンの人に会ったりすると、がんばってくださいって声をかけられる。それがちょっとつらかった。自分ではもうできないことがわかっているのに、ファンの方たちは知らないわけですから。それではっきりさせたほうがいいと思って発表したんです」

引退表明の中で印象に残ったのは「悔いが残る」のひとことだった。野茂ほどあらゆる可能性を追って力を尽くした選手もいないだろうに。

「もうちょっと投げたかったのはたしかです。ロイヤルズでは3試合投げたんですが、寒い時期で力を出せなかったので、もう少し暖かくなったあたりで投げてみたかった。緊張感のある場面での登板も。回数を積めば、リリーフに慣れることができたかもしれません。でも、打たれたのは事実だし、仮にもう1回メジャーにあがって投げたとしても、ファンが喜ぶようなパフォーマンスは出せないと感じました。悔いが残るのはそこですね」

意欲が萎えて退いたのではない。「ファンの喜ぶパフォーマンスができない」＝野茂英雄らしい投球ができそうにないから引退した。それが最大の理由なのだ。その自覚がなかったら、おそらくこれまでと同じように野茂はメジャーをめざしていただろう。

「発表したあと、友人やファンの方と会うと、だいたい同じことをいわれます。またやるんじゃないかって（笑）。でも、もう辞めるっていいましたからね」

笑顔に少し驚いた。「悔いが残」ったのは確かだろうが、時間を置いたことで、野茂自身も引退を受け容れたようだ。リラックスした受け答えに「現役」を離れた感じが表れていた。それは少しさびしい気もしたが、半面で、現役時代、いかに強い緊張感の中でプレーしていたか教えてくれるものでもあった。

プロ野球選手の生活は旅である。野茂も長く、旅の中で暮らしてきた。しかし、この夏は家に居て、家族と過ごす機会も多かった。

「現役の時は旅行が多いですけど、ここ数年は今年みたいに家に居ることもけっこうありましたから。急に現役生活が途切れて、ボーッとするということはないですよ。夏は、オリンピックなんかも見ていました」

1988年のソウル大会で銀メダル獲得のメンバーだった野茂は、北京での日本代表の戦いをどう見ていたのだろう。

「選手ひとりひとりがほんとうの自分の居場所に帰った時のことを考えてほしかったですね。出ている選手は代表メンバーだけど、その前にプロ野球の選手です。彼らの居場所は自分の所属チーム。彼らをほんとうに待っていて応援してくれるのは所属するチームのファンなんです。その人たちを大事にしなけりゃいけない。でも、今回はケガをして帰ってきた選手が多かった。それはチームのファンを裏切ることになる。プロ野球選手だということをもっと意識していれば、そういうことにはならなかったと思うんです」

オリンピックもたいせつだが、ケガをして残りのシーズンを棒に振るようなことでは、プロ野球の選手として自覚が足りない。「腕が折れても」「死んでもメダル」ではほんとうのファンへの責任が果たせないというのだ。国の威信をかけた戦いに、過剰に反応しがちな日本人のメンタリティへの、野茂らしい異議申し立てである。

「ぼくがアメリカに行った当初も、日本の野球のすごさを見せたとか、日本のためにがんばっているとかいわれましたけど、自分ではそういうことはあんまり考えませんでした。野球ではぼくが早いほうだったかもしれないけど、もう、日本の企業なんかはワールドワイドに活躍していましたからね。人種を問わずに、能力のある人を採用したりもしていた。だから自分のやっていることなんかそれほどではないって思っていました」

だからといって、野茂は野球の国際試合自体を否定しているわけではない。

「ＷＢＣに関しては、野球を世界の人に知ってもらうために大事な大会だと思います。やはりそれなりのパフォーマンスを見せなきゃいけないでしょう。高いレベルのパフォーマンスとなると、どうしてもプロのトップクラスが出ないといけない。そういう選手たちが野球の魅力を見せるから意味がある。シーズン前というタイミングで、むずかしい面はありますが、WBCは勝ち負けにしっかりこだわって、プロの選手がきちんと準備をするのがいいでしょうね」

一部の新聞などでは、メジャー経験が豊富で、選手たちの信望も厚い野茂がWBCのスタッフに入るのではという観測も出ていた。

「ぼくがですか。もう、いまのぼくにやれることはないんじゃないですか。日本で監督、コーチの経験もないし、経験の豊富な人たちはたくさんいるでしょう」

それでも、もし声がかかったらと問い詰めてみた。

「いやいや、ないです（笑）」

憤然と一蹴されはしなかった。

WBCのスタッフ入りはさておいて、もうひとつの問い、「どうする」についてたずねてみた。監督、コーチなど指導者の道を進むとか、解説者、コメンテーターとして活動するといったイメージは湧きにくい。

「当面はクラブ（NOMOベースボールクラブ）を中心にやっていくつもりです。クラブでは何試合か投げてみたい気持ちもあるんです」

思わず身を乗り出した。「野茂、NOMOクラブで復活」か!?　都市対抗に野茂が登場したら、東京ドームは超満員になるだろう。

「まあ、そういうところでは投げませんが。練習試合なんかでは少し投げてもいいかなって思っています。今までは年に数回しかチームに行けなかったんですが、これからは少なくとも月に1回は行ける。今まで以上に前に出て、クラブの活動をサポートして行こうと考えています。ただ、公式試合のベンチに入るつもりはないですけど」

どんな形にせよ、野茂が投げるところを見られるものなら、ぜひ見てみたい。

「でも、メディアの人には教えませんよ。投げるときは会員さまだけに教えます（笑）。サインを求められて、自分も会員なんですといわれたり、クラブのボールペンを持っている方を見たりすると、ありがとうございますって頭を下げたくなりますね。クラブは会員の方のサポートなしには成り立たない形なので、会員やバックアップしてくれる企業の方にはホントに感謝しています。だから自分が今までよりも前に出て動くようにしなければ」

会員さま、というのがなんだかおかしい。これからはクラブの代表としての野茂の姿がアマチュア大会などで頻繁に見られることになるだろう。

社会人選手権に出場したり、ドラフトで指名される選手が出たり、創立5年のNOMOベースボールクラブは日本の野球の中で独自のポジションを固めつつあるように思える。

「ぼくが期待しているものが大きいので、期待通りとは行きませんが、冷静に見れば、プロにもふたり入りましたし、社会人チームで活躍している選手もいるし、ある程度、満足できるかなとは思っています。それに、プロに行けなくても選手は真面目にやってくれているので、それを見ていると、余計にこっちも力を入れないとと思うんですよ」

プロ志望の選手に機会を、と考えてクラブを作ったのは、野茂の経歴と無関係ではない。

高校時代はほぼ無名だったし、メジャーに行ってからも何度もマイナー生活を経験している。日のあたらない場所も知っている。

「マイナーは大変だろうっていう人もいますが、ぼくはあんまりつらいとか思わなかったですね。マイナーでやれるってことだけでもうれしかった。メジャーに上がる準備でのマイナーなら全然平気ですよ。ただ、メジャーに行けるかどうか見えない中でのマイナー暮らしはきつかった。シャーロット（ホワイトソックス傘下の３A）やコロンバス（当時はヤンキース傘下の3A）では、若い子と同じようにスコアをつけたり、ビデオを撮ったり、雑用もしなければならなかった。年齢がいってからですからちょっと。若いころならいいんですが」

もし、いま18歳、19歳でマイナー契約の声がかかったら、アメリカ行きを選択しただろうか。

「どうですかね。これだけメジャーの情報が入ってきて、時には生の試合も見られるわけですから、行きたくなるでしょう。行ってみたいですね。きついといっても、18や19ならたいていのことはがまんできる。がまんしてやるのも大事ですから」

野茂の口から出る「がまんしてやることも大事」という言葉には強い説得力があった。

野茂がアメリカに渡った当時、よく口にしていたのは「プレーするのが楽しい」ということだった。「環境がすばらしいからか」「真っ向勝負の魅力だろうか」「ファンの熱心さかな」と、いろんな憶測をしたのを覚えている。

「一番は力のある選手を相手に投げることができるということですね。なんといってもこれが楽しかった。もちろん、球場のすばらしさだったり、ファンの人の熱心さだったりもするんですが、やっぱり、野球の世界で最高と思える打者と勝負できる。これが楽しくてしかたがなかった。最初に投げたサンフランシスコではブルペンのあるライト側から三塁のほうに歩いていかなければならないんですが、その歩いているときうれしかったのを覚えています。これがメジャーの流れなんだなって」

その対戦相手のジャイアンツで3番を打っていたのがバリー・ボンズだった。カブスのサミー・ソーサ、ブレーブスのチッパー・ジョーンズ、アメリカンリーグに移ってからはヤンキースの強打線やイチローともぶつかった。対戦相手のリストは、そのまま20世紀末から今世紀初頭のメジャーの強打者コレクションになる。ジェフ・バグウェルやゲーリー・シェフィールドにはよくドでかいのを食らった。

「よく打たれた選手は、顔を見るのもイヤだという人がいますけど、ぼくはそうでもなかった。バグウェルやシェフィールドにはよく打たれたけど、それでもまた対戦したくなりましたね。打たれる時があれば、抑える時もありますから」

野茂が戦った時代は、メジャーの歴史で過去になかったような本塁打量産時代だった。アメリカで野茂の評価が高いのは、その本塁打量産時代にストレートとフォークだけで真正面から勝負を挑み、優れた成績を残したからだ。

「打者優位だとか、投手にはきついとか、あまり感じることはなかったですねえ。かえっていまのほうが投手は大変なんじゃないでしょうか。打者全体のレベルが上がっているし、データ分析なんかも緻密になってきている。その中でいい結果を残すのは大変です。打者だって、全体のレベルが上がっているから、出場のチャンスをつかむのは簡単じゃない。自分の力が落ちてきた中で見ているせいかも知れませんが、全体にぼくがアメリカに行った当時よりもレベルが上がり、きびしくなっているということは感じます」

つまり、野茂はこの十数年を本塁打量産時代などと単純に見ているのではなく、チーム戦術が複雑になり、海外からすぐれた選手の流入がさかんになり、メジャーのレベルが飛躍的に上がった時代と見ているのだ。その中で2回三振奪取王になり、2度のノーヒットノーランをやってのけたのだから、価値の高さはいうまでもない。

「まあ、それは入ったチームがよかったんですよ。特にどこのチームに行っても、いいキャッチャーに恵まれ、相性がよかったのが大きいですね」

最初のドジャースでは、マイク・ピアザとの名コンビを謳われた。野茂のワンバウンドを、身を挺して止めるピアザの姿はいまも印象あざやかだ。レッドソックス時代はジェイソン・バリテックが女房役だった。今、松坂大輔や岡島秀樹を導くチームリーダーである。2度のノーヒットノーランが、ピアザ、バリテックというリーグを代表するような名捕手のリードで成し遂げられたのは偶然ではないだろう。「捕手がよかった」というのは実感だろうが、捕手の側から見ても、野茂のような投手は、いろいろな意味で（球威は抜群、コントロールに少し難がある、ワンバウンドが少なくないなど）やる気を引き出してくれる存在だったかもしれない。

野茂がメジャーにデビューした１９９５年は、長期ストの明けた年で、メジャー人気は地に落ちていた。人気回復の起爆剤になったのが野茂の登場だったわけだが、メジャー全体でも再生にあらゆる手を尽くそうという意気込みが強かった。野茂がナショナルリーグの先発を務めたオールスターなどは過去にないほど華やかなものだった。なにしろ、特別ゲストがジョー・ディマジオ、始球式の投手がノーラン・ライアンだったのだ。

「ストのあとということもあって、みんなで盛り上げていこう、なにかを作っていこうという気持ちが強かったんでしょうね。ぼくのことでいえば、まさか出られるとは思っていなかったんでホントに楽しめた。そのあと、一度出たからもう出なくてもいいやって思えるぐらい楽しかった。終わったあとは、もういいですって感じでした（笑）」

開幕のセレモニーで、グラウンドに現れた大勢の子どもたちと、ひとりひとりタッチを交わす野茂の満面の笑みが思い出される。

「あの時はだいぶメディアから追いかけられていて、ほとんどグラウンドに出ることができなかった。ホームラン競争も見られなかった。ずっとロッカールームにいたんです。だからグラウンドに出た時は解放された気分でしたね。こっちのほうがずっといいやって思いました」

あの笑顔は解放感のもたらしたものだったのだ。

チームの成績に関係なく、黙々と先発投手としての務めを果たす。優勝争いの中だろうが、最下位に低迷しようが、野茂のスタンスに変りはない。そんな見方をする人が多いのではないか。だが、チームと自分の心理的な関係は、ある時点から微妙に変化してきたようだ。

「30歳になるぐらいまでは、自分が活躍することが結局はチームのためになるんだ、自分が絶対にいい結果を出すんだって考えていました。でも、30の手前ぐらいからですかね、チームで戦って行くことの大切さ、その中で自分はなにができるんだって考えるようになりました。チームのためにできることをやり、それをチームメイトに理解してもらうほうが、ずっとやりがいがあるってわかってきましたね」

年齢を重ねたということもあるだろう。2002年、再びドジャースのユニフォームを着た時、キャンプ中に若い投手たちと談笑しながら、気づいたことをアドバイスする野茂を見たことがある。ひたすら修行僧のように自分の練習に打ち込んでいた最初のドジャース時代とだいぶ違って見えた。

「年齢だけではなくて、いろんなチームでプレーしたことも影響してるかなって思います。チームの中でなにができると考えるようになったのは、ミルウォーキー、デトロイト、ボストンにいたころからですから」

ドジャースとロサンゼルスのイメージが強い野茂である。住み慣れた街、家族的なチームスタッフ、ファンも日系、アジア系が多く親しみやすい。

「正直、ドジャースでプレーするのは楽は楽だった。戻ってきてもほとんどスタッフも変っていなかったですし。じゃあ、対照的なミルウォーキーやデトロイトがイヤだったとかしんどかったかというと、そんなことはありません。たとえば、ミルウォーキーの時は英語もそれほど話せなかったし、街に出ても、ロサンゼルスほど居心地がよくはない。そういう中で投げて、2カ月ぐらい経った時かなあ、ぼくが投げるときにかならず日の丸を持って応援に来てくれるアメリカ人のファンがいるのに気がついたんです。認めてくれたんですね。うれしかったですよ。監督やスタッフに聞いても、いままでそういうことをする人は見たことがないといっていました」

印象的なファンはデトロイトにもいた。

「デトロイトでは4月、全く勝てなかったんですが、ダグアウトの上の最前列の人はずっと同じ顔ぶれだった。シーズンが終わるまで、その人たちの顔ぶれは変りませんでした。最後まで応援してくれたんですね。そういうのを見ると、どこの街でやってもいっしょかなって」

熱心に声援を送ってくれるファンがいる以上、自分の勝利、自分の記録だけでなく、チームの中でなにができるかをつねに考え、役割を果たしてゆく。どのユニフォームを着たときも、いつも同じモチベーションで投げつづけたように見える野茂のうしろには、ファンの姿があったわけだ。

3度にわたる肩やひじの手術、それが原因のトレードや解雇、リハビリと復活劇。故障は野茂にとって厄介な同伴者でありつづけた。しかし、これだけ多く、長く故障と付き合えば、それなりの付き合い方も身につくのだろうか。それとも、自信喪失や焦燥感にさいなまれる日々もあったのだろうか。

「故障しても、あんまり自信をなくすようなことはなかったですね。手術をする時も、だいたい前向きにやっていたような気がします。ぼくはともかく投げるのが好き、プレーするのが好きなので、休みたくなかった。また投げられると思えば、リハビリやトレーニングなんかも、そんなにつらいとは思わない。ただ2回ぐらい苦しかったことはあったかな」

最初はドジャースからメッツにトレードされたとき。前の年にひじの手術をしたが、なかなか感覚が戻らなかったという。

「感覚が自分のものじゃないというのは、やっぱり苦痛ですね。でも一番つらいのは投げられないという状態。ホワイトソックスのマイナーをリリースされてベネズエラに行くまでの1年ぐらいがそうでした。リハビリをして、徐々に力を入れて投げて行くんですが、ちょっと力を入れるとまた投げられなくなり、一から出直しというのをくり返しました。だからベネズエラで投げられるようになったのはうれしかったし、そういう環境を作ってくれたのもありがたかったですね」

所属したカラカス・レオネスの監督はドジャース時代の捕手カルロス・ヘルナンデス、チームメイトにはやはりドジャース時代の仲間、ロジャー・セデーニョがいた。

「彼らにはホントによくしてもらいました。ちょっと感動しましたね。たしかにドジャースのとき同じユニフォームは着ていましたがそれほど親しいわけではなかった。普通の感じだったのに」

陽気なおしゃべりが多いヒスパニック系の選手と、口数の少ない野茂とはあまり接点がなさそうだが、実は意外に仲がいい。ともに異邦で奪闘していること、意気に感じる選手が多いことがウマが合う理由かもしれない。たとえば、レッドソックス時代のチームメイトで、いまは野茂のあとを追うようにドジャーブルーのユニフォームを着ているマニー・ラミレスなどもよくいっしょに食事に出かけたという。

「ボストンで、同じアパートに住んでいたんですよ。若いころは同じヒスパニック系の選手と固まって動いていたんでしょうけど、ラミレスぐらいになると、ひとりでやっていかなきゃならない。そこはぼくも同じだったんで、ウマが合ったのかもしれないですね」

野茂とラミレスが、テーブルを挟んでどんな会話をしていたのか、想像してみるのはなかなか楽しい。

ヒスパニック系の選手のように、それほど言葉は通じなくても分かり合える仲間がいる一方で、言葉を通してのメディアと野茂との関係は時に軋みを見せることもあった。

「ぼくは投げた試合はあとでかならずインタビューに答えるようにしました。1回だけかな、やらなかったのは。それはぼくが拒否したんじゃなく、メディアの人が来なかったんです。忘れましたが、相手チームの日本人選手のところにいっていたんだと思います。できれば、ぼくはずっと同じメンバーに見てもらって取材して欲しかったですね。新しい人、たまに来る人だと、変な質問もあるし、自分の知識をいいたがることもあるし」

メディアの先にはファンがいる。そのことは野茂もよく承知している。しかし、試合を見ていない人に、言葉でなにかを伝えるむずかしさもいつも感じていたようだ。

「グラウンドでのパフォーマンスが一番大事だと思うんです。どっかを痛めてパフォーマンスが落ちているのは、見ていればわかる。だからそれ以上を言葉で説明させようとしてもむずかしいし、ぼくらもいえないことがあるし」

低い声で言葉を選びながら答える野茂の会見には、何度か立ち会ったが、あの寡黙さはキャラクターというより、「求めるものはまずグラウンドの姿から見つけてくれ」という野茂の訴えだったのかもしれない。

ともかく長い旅はひとまず終わった。野茂英雄がプロ選手としてユニフォームを着ることはない。しかし、それは「メジャーリーガー野茂英雄」の終わりを意味してはいない。ユニフォームを着ようが着まいが、どこでなにをしていようが、われわれにとっての野茂は、いつまでもメジャーリーガー野茂英雄なのだ。

野茂英雄
17奪三振の野性と緻密

1989年のドラフト会議で史上最多の8球団から指名された野茂英雄は、抽選で交渉権を得た近鉄バファローズに入団することになった。

「野茂がパ・リーグに来る。オレと対戦する」

それを知ったオリックス・ブレーブスの門田博光は久しく感じたことのない昂ぶりを覚えた。

「10人のうち2、3人があれはいいという投手はよくいる。でも、野茂は、10人に聞くと、7人、いや8人までがあれはいい、すごいと答えてきた。きっとすごいんだろう。そういう投手と対戦できる。目標ができたと思ったね」

野茂にプロ第1号本塁打を浴びせるのはオレだ。そう決心した門田は12月に入ると、奈良のゴルフ場に頼み込んで朝の5時半からランニングさせてもらうことにした。普段はじっくり体を休めて、来シーズンに備える時期である。

「12月の5時半やから真っ暗やね。でも、フェアウェイなら整備されているから転んだりはしないやろと思って」

門田は年が明けると42歳だった。しかし、'89年に33本の本塁打を打ち打率も3割を超えたように、その打棒は全く衰えを見せていなかった。通算本塁打600本をめざすこの大打者の闘志は、まだ対戦したことのないルーキーによって火をつけられたのだ。

'90年のシーズンがはじまる。野茂英雄のプロ2試合目が門田のいるブレーブス戦だった。日生球場。初登板の試合では野茂は本塁打を打たれていない。門田にはチャンスが残されていた。門田は4番である。

「だから、祈ったよ。1番、打つな。2番、3番打つなって」

祈りはかなえられ、まだ本塁打を打たれていない野茂との対戦がはじまった。

「全部ストレートが来る」

門田には確信があった。初球、2球目、予想通りストレートが来た。そして3球目。真ん中高めのストレート。門田のバットが一閃すると、打球はライナーでライトスタンドに飛び込んだ。してやったりの本塁打である。12月の苦しいトレーニングが頭に浮かんだ。会心の当たりだったが、同時に、この打席は野茂という投手の器の大きさを門田に教えるものでもあった。

「ストレートとフォークがすごいという評判。でも、ボクにはストレートしか投げてこないと思っていた。これから何度も対戦する相手。その相手に自分のストレートがどれくらい通用するか。ほんとにすごい投手ならそう考えるはず。そしてその通りにストレートだけを投げてきた。こいつはやるなあと思った。もしフォークを使ってきたら、たいした投手にはならんと思ったろうね」

新人なのに、自分のストレートと相手の振りを値踏みしている。本塁打しながら、門田は打った相手の底知れなさに、少しだけ寒気がした。

門田が感じた大成の予感と底知れない力は11日後に明らかになる。

ここまで野茂は3試合に登板し2敗してまだ勝ちがなかった。初登板のライオンズ戦では5失点、門田のブレーブス戦では7失点、リリーフでの登板でも打たれた。四球も多く16回3分の2で17個とイニングを上回る数の四球を与えている。わずかにブレーブス戦の12奪三振が目立つ数字だった。大物の評価に影が差しはじめる中で、野茂は西宮球場でのブレーブス戦に先発した。4月29日の祝日。再戦である。

「消えた」

本西厚博は思った。1回裏、2番打者として野茂に対した本西は空振りの三振を喫した。日生球場の試合では出場機会がなかったので、野茂と対戦するのははじめてである。

「2ストライクを取られてストレートが来たと思って振りにいったらボールが消えた。フォークだったんだ。物理的にはありえないけど、直角に落ちた感じだった」

本西の三振がショーのはじまりだった。1回はひとつだけだったが、2回、3回は2個ずつ、4回は休憩で、5回に2個。6回は3つのアウトすべてを三振で奪った。6回までで二桁に乗った。

石嶺和彦は5番に入っていた。4年連続で20本以上の本塁打を打っていた石嶺は、この年106打点をたたき出して打点王を獲得する。キャリアのピークの年である。だが、この日の野茂には手も足も出なかった。最初の打席は空振りの三振。2打席目はかろうじてバットに当てたが併殺打。

「野茂のフォークというのは待てないボールなんだよ。ストレートとフォークしかないんだから、フォークを捨ててストレートだけに絞ればいいと思うかもしれない。でも、野茂の腕の振りはストレートもフォークも全く変わらない。だからストレートに絞って、来たと思ってもフォークで打ち取られる」

三振はほとんどが空振りだった。ワンバウンドするようなフォークボールを振って打者が首を傾げる。そんな場面がつづいた。

藤井康雄は石嶺のあとの6番を打っていた。初対戦の日生球場では本塁打を打っていたが、この日はまず3球三振で片づけられ、つぎも一塁ゴロ。石嶺と同様、全く打撃をさせてもらえなかった。

「彼のフォークは一度浮いてから落ちてくるように見えた。腕が動いた後にボールが残っているような感じかな。だから来たらあきらめようと。日生のときはストレートの威力がなく、それを打てたが、この日はストレートもものすごく走っていた。ストレートのタイミングで待っているところにフォークが来るんだから、それは打てない」

ほとんどなす術無しといった打線の中で、初本塁打を浴びせた門田はなんとか格好をつけていた。最初の打席は二塁ゴロ。第2打席はライト前の安打。打ってはみたが、最初の対戦の日と全く違うことに驚かされた。

「最初の試合はボクやウチの打線がどんな振りをするかわからないので、おっかなびっくりのように見えた。力を測っていたところもあるかもしれない。だからともかくストレートで押してきた。でも、この日はウチの打線にあわせて、しっかりフォークも使ってきた。どこでどう使うか、だいぶ考えた感じがあったね」

最初に三振を喰らった本西は2打席目にも三振を喫したが、そのうち野茂のフォークボールがひとつではないことに気づいた。

「落ち方が小さく、ストライクの取れるフォークと、空振りをねらってボールゾーンまで落ちるのとふたつがある。それを使い分けてくる」

無造作にストレートとフォークを半々ずつ投げてくるように見せて、実は状況にあわせて使い分ける。茫洋とした外見とは裏腹の緻密さがある。連続三振で舌打ちしながら、本西は意外な面に触れた気がした。

試合は野茂のバファローズが3回に5点を取ると、以後も得点を重ね6回までに13対2と大差をつけた。勝敗の興味はほぼ消えうせ、野茂が奪う三振の数に興味が移った。このままいったら、なにか記録を作られるかもしれない。口には出さないが、ブレーブスのメンバーも徐々に三振の数を意識しはじめた。

普通、三振を喰らわないようにするには初球打ちというのがセオリー。だが、野茂は初球から打って出るのが一番むずかしい相手だった。本西はいう。

「コントロールが悪いからね。初球打ちといってもボールが来ることが結構ある。簡単に手を出せないんだ」

追い込まれる前に勝負と思って打席に立っても、ストライクゾーンにこなければ振って出るわけにもいかない。ボールを見きわめているうちにカウントが悪くなり、フォークを振るシチュエーションが出来上がってしまう。完全に野茂に試合をコントロールされていた。

のちにイチローを開眼させたことでも知られる河村健一郎は、当時、ブレーブスの打撃コーチだった。立場上、むざむざ三振の山を築かせるわけには行かない。

「追い込まれる前に勝負や」

指示を出しながら、一方で無力さを感じていた。

「フォークを捨ててストレートに絞れというのは、理屈かも知れんが、実際には無理なんだよ。フォークを振る打者からすればストレートと思って振りに行っているわけなんだから。そうなると、たまたまストレートが甘くきたのを振るか、フォークの落ちが甘くなったのにぶつかるぐらいしかない」

ごく稀にだが、野茂がカーブを投げてくるときもあった。河村によれば、それは決まって初球だったという。

「カーブはフォークに比べると穏やかなもんでね。こういうのもあるよと見せるつもりで投げてきたんだろう」

だが、1試合に4、5球あればという初球のカーブを待てという指示は出せない。

「なにしろ、ベンチから見ていても、フォークががくんと落ちる軌道がはっきりわかるんだから。これを打つのはきびしい」

三振がいやならバントをするという手もある。かつて甲子園の怪物江川卓に対して、全員がバントの構えで向かったチームもあった。しかし、ブレーブスはプロである。しかも打線はリーグ一どころか、パ・リーグの歴史にも残るような強力なラインアップだった。一試合左右両打席本塁打の記録をつくった松永浩美、三冠王のブーマー・ウェルズ、不惑の本塁打王門田、打点王の石嶺、30本塁打を3度もクリアした藤井。大物打ちがそろい、脇を本西、福良淳一などのしぶとい小兵が固める。清原、秋山、デストラーデをそろえたライオンズさえしのぐ顔ぶれだった。

「5回までに3、4点リードされていても、じゃあそろそろ行くかって感じでしたね」

ブルーサンダー打線と呼ばれるラインアップに加わって2年目だった藤井は、当時の雰囲気をそう回想する。打ち合いになったら絶対に負けない。そんな自信が行き渡っていた。

上田利治監督もチームの特徴はよく心得ていた。門田は上田の口癖をよく覚えている。

「三振も9個までならエエで。10個になるとちょっと恥ずかしいけどなっていっていた。まあ、選手も三振を気にするようなやつはいなかったけどね」

フォークが来る前にバットに当ててころがそうなどという選手はほとんどいなかった。打撃コーチの河村は「ブルーサンダー打線のプライドが三振を増やした」と指摘する。

「どう当てるかじゃなくて、どう振るか。あの日の野茂はフォークもすごかったが、ストレートも走っていた。そのストレートに振り負けないためには、速いスイングしかないって、みんなすごい振りだった」

この日の野茂はめずらしく四球が少なく、7回までわずか1個の四球しか出していなかった。コントロールがよかったこともあるが、ブレーブス打線の「振る」意欲に助けられたところもあった。三振を奪いに来る投手と、その投手を力でねじ伏せようとする打線。当時のパ・リーグにはこうした野性味が横溢していた。祝日ということもあり、不入りのパ・リーグにしては珍しく、3万3000人の観客が西宮球場を埋めていたが、見ている者は目の前で繰り広げられる力の勝負を堪能し、その主役を演じているのが公式戦4試合目の新人であることにあらためて驚嘆した。

8回も2三振を喫し、ブレーブスの三振は14個になった。ただ、コーチの河村は少し安心した。

「9回はなんとかひとりぐらいバットに当ててくれるだろう。2個取られても16個。記録にはならない」

実は当時の奪三振のプロ野球記録17個は、ブレーブスの先輩、足立光宏が作ったものだった。河村も足立の投球を受けたことがある。1976年の日本一の立役者であるチームの名投手の記録を、後輩が消すわけには行かない。16奪三振で終われば情けないが、ともかく新記録ではない。

野茂とバッテリーを組んでいた山下和彦は、試合の後半になって奪三振記録が17個であることを聞かされていた。8回までに14個。9回3つ取れば、タイ記録になる。

「考えたよ。ファウルフライが自分のところにあがったらわざと落とそうかなって」

キャンプ、オープン戦、開幕後と野茂の投球を見てきて、まだ本領を発揮しているようには思えなかった。こんなものではない。

「馬力がすごかったからね。最初に見たときから、いい投手というよりはすごいやつという感じだった。だから、開幕の数試合でいい結果が出なくても心配はしていなかった」

最初はプロの打者の振りや投手を研究してチーム全体で攻めてくるスタイルに戸惑いもあったが、つぎの登板ではかならず修正して来た。その着実さに信頼を置いていたのだ。

この日の投球はその信頼が間違いでないことを証明していた。

「野茂のいいときはボールがソフトボールみたいに大きく見える。普通の投手よりずっと近くでボールを離しているように感じるんだよ。この日がそうだった。それまでの3試合と威圧感が全く違っていた」

野茂は三振を10個奪うと四球も10個出すというような投球が珍しくなかった。ワンバウンドも多い。クイックが苦手なので、けん制も多くなる。捕手としては楽な投手ではない。「野茂を受けると1試合で体重が5kgは減る。ほかの捕手とよくそんな話をして笑った」しかし、その山下もこの日は左うちわだった。8回までわずか100球ほどで通過していたからだ。

ひとりぐらいはバットに当ててくれるだろうという河村の期待は消えかかっていた。走者は出たが、ふたりの打者があっという間に三振を喫したからだ。上田監督は2死後、代打に福原峰夫を送った。当てるのがうまい打者でなんとか足立の記録に並ばれるのを阻もうと考えたのだ。福原はセオリーどおり最初から振って出た。当たらない。この日の野茂はベンチからいきなり打席に立って、とらえられるような投球ではなかった。

2ストライクから1球ボールをはさんで4球目。山下はストレートのサインを出した。追い込まれた相手は当然フォークを意識しているだろう。三振阻止が目的とすれば、フォークでも待たれているとバットに当てられるかもしれない。それならストレートだ。この日のストレートは、球速表示はそれほどでもないがキレはある。サインを出すと、野茂はうなずいた。高めのストレートが来てバットが空を切った。新人野茂英雄の初勝利は、プロ野球タイ記録の奪三振という大きなおまけがついた。

「もう少し若いときに対戦したかったと思わせる投手だったね」

最初の本塁打を打った門田は、生涯の最後の打席で三振を野茂から奪われた。最初の打席と同じく、すべてストレート。

「それも150㎞を超えるえげつないやつやった。最後だっていうのに」

笑顔に、対戦した者だけが知る喜びが匂う。

石嶺和彦が振り返った。

「イチローが初本塁打を打ったのが野茂。ボクは戻ってきたイチローにいったんだ。いい投手から第1号を打ててよかったなって」

対戦したこと、打ったことが打者の誇りになる。新人のときからそんな風格を示した投手はほかに思い浮かばない。

野茂英雄を巡る旅

May, 1995 Los Angels
無愛想なヒーロー

一年中春のようなロサンゼルスでも四季はある。

春の到来は新聞が教えてくれる。野球の記事が多くなるのだ。ロサンゼルスタイムズのスポーツ面にドジャースの記事が大きなスペースを占めはじめた1995年の3月、安部新二は仲間と連れ立ってゴルフに出かけた。ゴルフは仕事上の必要というよりも若いころからのたしなみで、気候のよい西海岸に住んでいるのもゴルフが理由の一部になっていた。

その日、いっしょにコースを回るメンバーの中に、若いころメジャーリーグのチームに籍を置いたことがあるという男がいた。どれくらいの期間プレーをして、どの程度活躍したかははっきりしなかったが、ともかくいたことは確からしい。その証拠に、つい数日前までフロリダのキャンプに出かけてかつての仲間に会い、若い選手たちのトレーニングを見てきたという。大陸の反対側のフロリダまで出かけてゆくのはよほどの野球好きか関係者だけだろう。

「ドジャースがキャンプをしているベロビーチにも行ったんだが、今年入団した日本人投手がいてね。投げるところを見たよ」

この年、ドジャースと契約してメジャーへの道を歩みはじめた野茂英雄のことは、安部も新聞などで知っていた。当然期待はあったが、日本での成績や実力を見聞きしていたわけではないので、期待する気持ちはあくまでも漠然としたものだった。

「それでどうなんだい、その投手?」

「いやあ、あれはすごい。日本にもいい投手がいるんだなあ。十分メジャーでも通用する。いや、大活躍するんじゃないか」

日本人の安部におもねるところが多少はあったかもしれないが、それでも専門家の評価である。素人判断よりは信頼が置ける。「すごい」といわれて、安部は悪い気がしなかった。漠然とした期待が少しはっきり形を取り出した。

デビュー当時の野茂が、地元のロサンゼルスでどう受け止められていたのか。特に在留邦人、日系人の間ではどうだったのか。それが知りたくていろいろなところにあたってみた。南加日系商工会議所という組織がある。ロサンゼルスを中心とした南カリフォルニアで事業を営んでいる日系人、在留邦人の集まりである。ここに照会したところ、名前を教えてもらったのが理事の安部新二だった。２００３年から２００５年にかけては会頭も務めた人物だが、ともかく野茂の大ファンで、デビューの年から数年はロサンゼルスで野茂が登板する試合にはすべて出かけていたという。さっそく話が聞きたいと申し込むと、快くこちらの求めに応じてくれた。

安部はロサンゼルスで鉄鋼商社を経営している。'87年、50歳のときそれまで勤めていた会社から独立して鉄鋼貿易の会社を設立した。何百人もの社員を抱える大きなものではなかったが、それでも10年近く順調に社業を発展させ、ロサンゼルスに根を張ってきた。

安部は旧満州国の首都だった新京、現在の長春の生まれである。父は横浜正金銀行の行員だった。戦前、外国為替を扱うただひとつの銀行だった正金銀行の行員は海外勤務が珍しくなかった。

成長して、大学は慶応の経済を選ぶ。在学中に2年間、ロサンゼルスの南カリフォルニア大学に留学した。'50年代後半のことだから、留学は珍しい。経済的に余裕があったのかもしれないが、それ以上にアメリカで学びたいという意欲が強烈だった。大学を卒業すると、商社に入り、日本とアメリカを行ったりきたりする生活がはじまる。鉄鋼輸出を担当し、ニューヨークに7年、ロサンゼルスに8年住んだ。その間に東京にも住んだから、太平洋をまたにかけた会社員生活だった。留学経験から英語が堪能なこともあったが、正金銀行の行員だった父譲りのコスモポリタンの血がそうした仕事を選ばせたのかもしれない。

安部は若いころからスポーツが大好きだった。高校時代はラグビー、大学に入るとテニス、会社勤めをするようになってからはゴルフに熱中した。さすがにラグビーとは縁が切れたが、ゴルフとテニスは50歳を過ぎても付き合いがつづいていた。

「ニューヨークじゃあ一年の半分はゴルフができませんが、ロサンゼルスなら一年中回れますからね」

母校でもある南カリフォルニア大学のキャンパスで会って話を聞くと、よく日に焼けた顔でそういった。来年には70歳になるというのに、背筋はまっすぐに伸び、体には緩んだところが見られない。スポーツとの付き合い方がよくわかる。

しかし、自分でやるスポーツに比べると、観戦のほうは特別熱心というわけではなかった。ロサンゼルスなら、MLBが2チーム、NBAも2チーム、NHLが1チームある。以前はNFLのチームもあったし、ゴルフ、テニス、競馬なども年間を通して見ることができる。スポーツ天国のアメリカでも特別な場所である。にもかかわらず、「切符をもらってドジャースの球場に足を運ぶのが年に1回ぐらい。せっかくだから行ってみるかという感じ」で、地元チームの勝敗にもほとんど関心を持たなかった。

だが、'95年の春、「野茂が来てすべてが変わった」。

元メジャーリーガーの友人から野茂の評価を聞いた安部は、野茂の動向にいっそう注意を払うようになった。オープン戦の成績に目をやる。なかなかよい結果を残している。これならほんとうに通用するかもしれない。

その年、メジャーリーグは前年からのストライキがようやく終結して、いつもよりおよそ1カ月遅れで開幕した。メジャー入りを果たした野茂の初登板は5月2日、サンフランシスコのジャイアンツ戦である。ウィークデーの昼間の試合で、阿部はテレビも見ることができなかったが、翌日の新聞は食い入るように読んだ。5回を無失点に抑えたという。勝敗は付かなかったが、まずはみごとなデビューである。胸が騒いだ。

「友人から話を聞いていたこともあるし、野茂はオリンピックでも活躍したというから、もしかしたらやってくれるんではないかという期待は持っていました。その一方で、日米の野球の格差はものすごいものだというのが私だけではなく当時の普通の認識だったですから、無理じゃないかという疑念も半分ぐらいは持っていましたね」

それだけに、曲がりなりにも5回を無失点に抑えたという事実に驚いた。生で見てみたい。安部は珍しく「貰い物ではない」チケットでドジャースタジアムに行ってみることにした。5月12日のカージナルス戦から安部のドジャースタジアム通いがはじまった。

カージナルスとの試合のマウンドに立つ野茂を見て、安部は強く惹かれるものを感じた。特徴のあるフォームで投げることは予備知識で知っていたが、生で見ると、その個性がより鮮明に感じられた。打たれても、三振を取っても、悔しがるでも喜ぶでもなく、表情ひとつ変えずに投げつづける。古風といってよいようなたたずまいに郷愁のような魅力を感じたのだ。もう目が離せなくなった。

アメリカではプライベートは妻を伴うのが当たり前である。安部も野茂の試合を見に行くときは必ず妻を誘った。

「彼女は私よりももっと野球に関心が薄かったと思いますが、それでも、一度も不平をいわずについてきたのを見ると、やはり野茂が気になってたんでしょう」

「私の家はオレンジカウンティなんです。だからドジャースタジアムまではちょっと距離がありましてね」

直線距離で約50km、東京でいえば、八王子の先か平塚辺りから東京ドームに通うようなものである。道が空いていても、クルマで優に1時間はかかる。試合が終わるのは10時を回っているから、それから家に帰れば、12時近い。それでも苦にせず球場通いをつづけた。

「最初はなかなか勝てなくてねえ」

たしかに野茂はすぐに勝ち星を挙げ、新人王候補に躍り出たわけではない。初勝利をあげたのは6月2日、デビューから1カ月後、7試合目の先発のメッツ戦だった。

「そう、メッツとの試合でしたね。最後の打者はたしかセカンドゴロかなにかでした」

抑え投手にマウンドを譲っていた野茂の前でデライノ・デシールズがむずかしいあたりのゴロをうまくさばいて試合を終わらせたのだ。初勝利を目前にして、ベンチの中で、チームメイトから心臓の鼓動を確かめられてニヤニヤする野茂、勝利が決まって監督のトミー・ラソーダをはじめ仲間たちから祝福され、それまで見せたことのないような笑顔を浮かべる野茂の様子を安部はよく記憶している。

「結局、'95年と'96年のドジャースタジアムでの野茂の登板試合は全部見に行きました」

初勝利までは難産だったが、ひとつ勝つと、野茂は一気に上昇気流に乗った。6月に6回登板し、すべて勝ち星を挙げる。6勝のうち2つは完投勝利、残りもすべて8回までマウンドを守った。先発投手としては申し分のない結果である。この活躍で、月間最優秀選手に選ばれ、7月のオールスターでも負傷のグレッグ・マダックスに代わってナショナルリーグの先発を務めることになった。

オールスターでの登板は、野茂の名前を「全国区」にした。ドジャースの行く先々で「トルネード」の愛称が地元紙の見出しになった。

ロサンゼルスを中心とする南カリフォルニアでは、野茂に熱狂的な声援を送るファンが出現し、「ノモマニア」と呼ばれた。

「あのころはドジャースタジアムに行くと、かならずといっていいくらい知り合いに出くわしました。日本からの駐在員、日系人、日本人経営者、ロサンゼルスの日本人コミュニティの誰かと顔が合うんです。日本人の観光客も多かったなあ。観光バスを何台も仕立てて乗り込んできてね。そうそう、球場じゃあ寿司を売るようになりましたよ。今では珍しくありませんが、当時は珍しかった。見たときはちょっと驚きました」

日本人が球場に増えたり、その客目当てに寿司が売られるのは珍しくはあったが、野茂が日本人選手だということを考えればさほどの驚きではなかった。それよりも安部を驚かせたのはアメリカ人の観客の反応だった。

「若い人たちが野茂コールで大声を張り上げたり、上半身を脱いで身体に野茂のイニシャルを大きく書き、肩を組んで通路を歩き回ったり。ものすごい熱狂ぶりでしたね」

アメリカのファンの熱狂には理由があった。ストライキである。世界最強の労組といわれるメジャーリーグ選手会は、チームの年俸総額に上限を設けるサラリーキャップ制の導入に反対して、'94年8月から長いストライキを打った。これにより1世紀近くもつづくワールドシリーズが中止になり、新しいシーズンもいつはじまるのか見当がつかなかった。年が明けて4月にいたり、ようやく話し合いがついて開幕したものの、どの球場も観客動員は大幅に落ち込み、「ナショナルパスタイム」といわれた野球が娯楽の王座から滑り落ちるのも時間の問題だろうという声さえあがっていた。

そこに登場したのが野茂だったのである。アメリカではまったく無名の日本人選手が、日本での安定した立場と人気を捨て、最低年俸でメジャーに挑む。メジャーの高給取りたちがなくしてしまった精神を野茂は見せてくれている。野茂の人気の背景にはそんなアメリカの野球ファンの気持ちが存在していた。

長くアメリカで暮らし、アメリカに居場所を見つけて仕事をしている安部にとって、「アメリカに受け入れられた日本人」を見るのは心地よかった。

「アメリカのファンが熱狂する様子を見て、非常にうれしかったですね」

そうした気持ちは、当時、野茂の活躍に熱狂した日本人の多くも抱いたものだったが、安部の場合はアメリカに住み、アメリカを相手に仕事をしているだけに、より切実でリアルな感情だった。学生のときに留学体験があり、社会に出てからもアメリカと日本を行き来しながら仕事をしてきた安部の経歴が、野茂への共感を普通の日本人より一層深いものにしていたともいえる。

商社時代の安部は、まだ日本の鉄鋼製品がアメリカでほとんど相手にされていなかったころから仕事をはじめ、右上がりのカーブを描いて輸出が増え、ピークを迎え、円高とより安い他の国の台頭で輸出が衰退するという「栄枯盛衰」をひと通り体験してきた。

「ひとつの山を全部通して見たという感じですね」

商社を辞め、自分の会社を興してからは、年を追うごとに激しくなるアメリカ経済界の日本叩きと戦わなければならなかった。

「鉄鋼製品はいろいろなものが輸入規制の対象になりましてね。なんとか規制を減らそうと、ワシントンの公聴会に出かけていって説明したりしましたが、圧力は変わらない。そうやっているうちに顧客は全部いなくなってしまう。だから、年毎に手足を縛られた感じになりましたね。扱う製品を徐々に変えていくといったことでしのぎました。そのうちに円高が進み、日本からの輸出はどんどんむずかしくなる。日本のバブルが崩壊して、こっちで働いている駐在員も減る。野茂が来る前あたりは、正直いって、ぼくの仕事の具合はあまりよくなかったし、日本人コミュニティも元気がなかった。それだけに彼の活躍を見るのがひとつの慰めでしたね」

野茂が渡米して、その力を評価されてメジャーに定着し、時間はかかったが初勝利をあげ、やがて連戦連勝でアメリカ中を巻き込むブームを作る。この一連の歩みは、安部の30年余りのアメリカ体験を数カ月に凝縮して見せてくれたようなものだった。誰も認めてくれていなかった日本製品を認めさせ、一定の評価を受け、やがてアメリカ企業やアメリカ政府から疎まれるほど大きな市場を得る。おそらく安部は、野茂の中に自分の過去を見たはずで、それは日本にいて野茂に声援を送っていた人たちとは明らかに違うスタンスだった。

「彼がデビューした年に最後に登板したのはたしかサンディエゴでしたね。地区優勝がかかっていた試合。ぼくはあの試合をサンディエゴまで見に行ったんですよ」

クルマで2時間はかかるサンディエゴまで出かけたというのだから、安部の熱中の度合いがわかる。このときの野茂は、安部にとってささやかな慰めだとか、ひそかな楽しみだとか以上のものになっていた。

だが、試合での活躍は別にして、野茂がもう少し違ったキャラクターの選手だったら、安部の熱狂の度合いも変わっていたかもしれない。野茂が活躍するようになると、当然テレビや新聞でその姿や話題を目にする機会も多くなる。野茂のメディアとの関係は決して良好とはいえなかった。もともと口数の多い選手ではない。リップサービスなどまず期待できない選手である。加えて、日本のメディアは、メジャーに挑戦する野茂に対して、最初のころは決して好意的ではなかった。「日本の野球のルールを守れ」といった批判が浴びせられることもあった。にもかかわらず、活躍をはじめると、メディアが殺到し、時にはほかの選手に迷惑がられるほどの取材攻勢を浴びせる。野茂の口はいっそう重くなった。

通訳を通してしか話をしない野茂に、アメリカのメディアも困惑していた。最初のうちは話せないのだから仕方がないと思われていたが、シーズンが深まっても、簡単な英語のお愛想さえいわない。いつも感情を押し殺したように一点を見つめ、自分の投球の感想だけを淡々と語る野茂に、物足りない思いを抱くアメリカのメディアも少なくなかった。

しかし、そういうスタイルは、安部に悪い印象を与えはしなかった。

「むしろ、非常に好ましく見ていましたね、ぼくは。彼がとても一途だということがそういう受け答えの様子を見てもよくわかりました。彼のあと、たくさんの日本人選手が来ましたが、メディアを通して見る雰囲気は、野茂とほかの選手とではまったく違う。野茂にはアメリカに受け入れられようとか面白い答えで受けようとかいうことがまったくない。自分は野球だけをやっていればいいんだという感じ。柔軟性がないといえばその通りでしょう。でも、そういう変わらないスタイルを貫くところが好ましく思えたんです」

「彼がトレードされたり、成績ほどの評価を得られなかったように思えるのは、柔軟性のなさが関係しているかもしれません。私から見ても、彼が英語をしゃべればよかったのにという思いはあります。少々下手でも英語で話していれば、監督や球団との摩擦も少なかったんじゃないでしょうか。彼は練習方法なんかも自分のやり方で一貫していて、ほかの人のアドバイスを受け入れない。野茂はアントレイナブルだとコーチだか監督だかがいったというわさを聞いたことがあります。トレインできないというのはうまく調教できないといった意味です。そういう頑固さが、マイナスになった面もあるとは思います」

しかし、その頑固さこそが、安部をひきつけた要素だった。

「ビジネスの世界でもふたつのタイプがあります。外国で商売をするとき、完全に相手の流儀を受け入れ、それに同化しようとするタイプと、最後まで自分のスタイルを通すというタイプ。ぼくはやはり自分を通すということ、後者のようなスタイルのほうが大事だし、成功すると思いますね。自分をしっかり持っていない人はダメですよ」

中国大陸で生まれ、東京とロサンゼルスで学生生活を送り、社会に出てからは日本、アメリカ西海岸、東海岸を振り子のように行き来しながら暮らした。安部の歩んできた道は、とどまるところのない旅のようなものだった。どこに根を下ろし、どこを帰るべき場所にするかはあらかじめ決まっているわけではなく、自分で選ぶ。安部が選んだのはロサンゼルスだった。だからといって、ひたすらアメリカ社会に同化しようと自分を消し去る努力をしたわけではない。商工会議所の活動などを通して日系企業の活動を認知させたり、日系コミュニティの活気を取りもどさせようと力を尽くしたりもした。時にはアメリカの側に、時には日本の側に一方的に引き込まれそうになりながら、なんとかバランスを保ち、ビジネスでも生活でも自分らしさを失わずにやってきた。

ほとんど先人のいないメジャーリーグという世界で、日本人として同化に苦労しながら、なおかつ自分らしさを失わずに活躍する野茂は、安部にとって、人生の後半に思いがけず現れた旅の同伴者だったのかもしれない。

'98年のシーズン途中、ドジャースは野茂をニューヨーク・メッツにトレードした。ロサンゼルスのファン、とりわけ日本人コミュニティの落胆は小さくなかった。

「メジャーリーグにトレードはつきものだということは理解していました。だからしかたがないとは思った。でも、やはりがっかりしましたよね。おそらくほかの人たちもそうだったと思いますよ。ぼくなんか、ドジャースが好きで野茂を応援したというのではなく、野茂が入ってドジャースファンを自称するようになった、いわばインチキファンでしたから、彼がメッツに移ってからはメッツを応援したりして。ほんとの野球ファンとはいえないかもしれませんね」

安部にとっては、野茂があってのドジャースであり、メジャーリーグだったのだ。

'02年、野茂はロサンゼルスに戻ってきた。ドジャースを出たあと、野茂はさまざまなチームのユニフォームに袖を通し、多彩なキャリアを積み重ねた。メジャーだけで4つのチームを経験し、マイナーリーグでもふたつのチームで登板した。ローテーションを外れ、メジャー契約すら危ぶまれるような土壇場に追い込まれたかと思うと、2度目のノーヒットノーラン、三振奪取王という栄誉を手に入れたりもした。

メジャーリーグには、「ジャーニーマン」と呼ばれる選手がいる。毎年のようにチームを変わり、広いアメリカのあちこちを旅して歩いているような選手のことをそう呼ぶ。「ジャーニーマン」はスター選手やレギュラークラスではなく、メジャーとマイナーの境にいるような選手、捨てるには惜しい見どころがある一流半の選手を指すことが多い。

野茂の場合は、形の上では「ジャーニーマン」だったが、もちろん、実績や人気は一流選手のものであり、ひと括りにはできない。ただ、どのチームのユニフォームを着ても、最初に着たドジャースのもの以外は、どこか借り着めいたところがあり、そういう意味ではロサンゼルスを出たあとの野茂は「ジャーニーマン」だった。だから'02年のドジャース復帰は見ている者に旅に出ていた家族の帰還のような感じを与えた。

野茂がロサンゼルスに帰ってきたころ、安部新二は日米協会の午餐《ごさん》会に出たことがあった。隣の席にはめがねをかけて、大柄な、初老の白人の男性が座った。ドジャースのかつてのオーナー、ピーター・オマリーだった。

「お父さんのウォルターは相当のやり手だったそうですが、ピーターのほうはいかにも二代目といった感じの人のよさそうなジェントルマンでした」

安部は野茂がデビューした当時、毎試合、1時間かけてドジャースタジアムに通った話をした。ふたりの話題はドジャースというよりもまず野茂だった。

「そのとき、ピーター・オマリーは野茂を獲得したのは200万ドルのギャンブルだったといっていました。200万ドルというのは契約金の額でしょ。もし野茂が活躍できなかったら、その200万ドルが無駄に終わるだけでなく、オーナーとしての評判が一気に下落する。大枚をはたいて役に立たない買い物をしたダメなオーナーというレッテルが貼られてしまう。単にお金だけでなく、自分のオーナーとしての評価も賭けたギャンブルだったということでしょう。そういう大きな賭けだったが、自分は野茂が成功すると確信していたといっていました。でも、それは野茂が成功して、ドジャースに大きな利益をもたらしてくれてからだいぶ経った時点での話ですからね。デビューしたてのころは、相当心配だったと思いますよ」

野茂や安部が西から海を渡ってロサンゼルスにやってきたのとは逆に、ウォルターとピーターの親子は、'58年、東のニューヨークから大陸を横断してロサンゼルスにやってきた。ニューヨークのファンの反対の声を振り切って、まだメジャーのチームのない、しかし、将来有力なマーケットになると思われる西海岸に乗り込んで、大きな成功を収めた。それは西のフロンティアをめざした開拓者たちとよく似ていた。やってきた方向は正反対だが、オマリー家も野茂や安部と同じような旅する人たちだったのだ。

父のウォルターのような抜け目ない商売人ではなかったが、それでもピーター・オマリーにもパイオニアらしいギャンブラーの血は流れていた。野茂の獲得以前、'80年代のはじめに、ドジャースはメキシコ人の左腕、フェルナンド・バレンズエラをデビューさせ、メジャーに新風を吹き込んだ。野茂と同じようにスト明けの'81年にメジャーで大ブレークしたバレンズエラはスクリューボールを駆使して大活躍し、ドジャースのワールドシリーズ制覇に貢献した。バレンズエラの活躍がきっかけとなって、メジャーにはヒスパニック系の選手の大量流入がはじまり、今に至っている。ピーター・オマリーにとって、バレンズエラのデビューと活躍は、金銭的なリスクこそなかったが、パイオニア精神をくすぐるギャンブルだったのである。

考えてみれば、'95年のロサンゼルスには、太平洋を渡って未知の場所に足を踏み入れた野茂英雄の周りに、ピーター・オマリーのような父親の代からの旅人、安部新二や多くの日本人、日系人のような旅人たちが集い、ひとつのコミュニティのようなものを形作っていたといえるかもしれない。

安部が午餐会で隣り合わせたとき、ピーター・オマリーはすでにドジャースのオーナーではなくなっていた。オーストラリア人で、野球にはほとんど関心のないメディア王、ルパート・マードックのフォックスグループにチームを譲り渡していたのだ。オマリーがオーナーの座を退いたのは'98年の春である。この年のシーズン半ばに野茂がトレードされた。もしオマリー家がドジャースを所有しつづけていたら、野茂を手放していたかどうか。

野茂が去り、オマリー家が退場したことで、ドジャースとそれを取り囲んでいた旅する人間たちのコミュニティは消えてしまった。

'02年、野茂が再びドジャースに復帰したとき、安部はドジャースタジアムの一室でおこなわれた歓迎会に出席した。会には市の大物や日本人コミュニティの主だった人たちが顔をそろえていた。親日家で、野茂の「アメリカでの父」を自称するトミー・ラソーダが挨拶に立った。そのスピーチが安部の印象に残っている。

「ラソーダは、野茂の活躍をベースにして、将来はアメリカと日本やアジアの国などの間で、ほんとうのワールドシリーズがおこなわれなければならないということを力説していました。ラソーダがそういう発想を持つようになったのも、野茂の功績のひとつだと思うんです。今年のワールドベースボールクラシックなんかは、ラソーダのそういう発想をひとつの形にしたものですよね。ああいう形に発展していった理由のひとつに野茂があるのではないか。まあ、考えすぎかもしれませんが、ぼくにはそう思えるんです」

　この歓迎会のとき、野茂の隣にはこの年からドジャースのユニフォームを着た石井一久（現スワローズ）が立っていた。すでにイチローはシアトルで大活躍しており、翌年には松井秀喜がヤンキースにやってくることになる。ギャンブルを伴った旅の季節は終わっていた。日本もアメリカも野球世界の同じ平面の上にあり、チームを変わることは旅ではなく単なる移動に過ぎないという新しい時代がすでにはじまっていたのだ。

August, 1995 Los Angels
8月のトルネード

葬式の席に電話が来る。国際電話である。よほど大事な用件、それもうれしくないほうの重大事だろう。山田哲義は身構える気持ちで電話を取った。

予感は当たった。悪い知らせだった。しかし、事の大きさは山田の想像をはるかに超えていた。

「メインバンクが不渡りを出して……」

電話の向こうの声がそう叫んでいる。取引していた銀行のうちで、一番大きなところが不渡りを出して倒産してしまったというのだ。父の葬儀のために、ロサンゼルスから福岡まで大急ぎで飛んで帰ってきていた。その疲れがまだ残っている。父を亡くした衝撃も当然あった。そこに考えもしなかった悪い知らせが飛び込んできた。真夏だというのに、背中を冷たいものが流れていくのが感じられた。1995年の7月30日のことである。

前回は、「旅をする選手」である野茂英雄と、彼と似た歩みを持つ精神的な血族ともいうべき人たちとのかかわりを紹介した。

今回も紹介するのは旅を仲立ちにして野茂とかかわった人物である。ただし、その旅は文字通りの旅、ビジネスとしての旅行だ。山田哲義は旅行会社の経営者として、野茂から大きな恩恵を受けた人物、あえて品のないいい方をすれば、「野茂でひと山当てた男」なのである。

山田はロサンゼルスでポピートラベルという旅行会社を経営している。19の年にロサンゼルスに来て、学校を卒業し、旅行会社に数年勤めたあと、自分の会社を興した。

「独立したのが1982年。2年後にロサンゼルスオリンピックがありまして、そのとき、オフィシャルスポンサーのひとつである日本企業が、世界中から招待するお客様のお世話をさせていただきました。宿泊や移動はもちろんですが、観戦チケットの手配もしました。瀬古利彦さん、山下泰裕さんなどの応援ツアーも手がけました。そのとき、スポーツ大国アメリカの生のプレーを日本のお客様に見せるツアーがあったらいいんじゃないかと考えまして。そこで、メジャーリーグのドジャース、エンジェルスの観戦ツアーからはじめたんです」

ロサンゼルスはスポーツシティとしては申し分ない。メジャーリーグをはじめ人気スポーツのチームがそろっているし、スター選手も多い。まだアメリカンスポーツの観戦ツアーを手がける会社は多くなかったから、売り上げは順調に伸びた。

「特にNBAのレーカーズ戦のツアーが人気がありましたね。NBAは会場の9割5分までがシーズンチケットの観客なので、普通の旅行者のかたにはなかなかチケットが手に入らない。そこを、私どもがいろいろ手を尽くしたりして。反響はよかったですよ」

マイケル・ジョーダンの活躍が衛星放送で日本でも紹介されはじめたころである。山田はうまく風をつかんだのだ。

しかし、'90年代に入ると、少し風向きが変わってくる。'91年1月の湾岸戦争で、まず旅行者の数が大きく減った。それに追い討ちをかけるように、'92年の春、ロサンゼルスで大規模な暴動が起こる。火をつけられ燃え上がる車、略奪に遭う商店、殴りあう人々の映像が流れ、ロサンゼルスのイメージは決定的に悪くなった。テーマパークときれいなビーチと青い空に替って、人種対立が渦巻く暗黒都市のイメージが定着した。NBAもメジャーリーグもほかの都市でも見ることはできる。当然ロサンゼルスはツアー客から敬遠され、山田の社業も影響を被った。

なんとか回復のきっかけが欲しい。そう思っていたとき、野茂英雄がドジャースに入団するという知らせが入った。もし、野茂が大活躍でもしてくれれば、日本からのツアー客は一気に増えて、湾岸戦争以来の低迷から抜け出すことができるかもしれない。

山田の期待は大きかった。

「ですから、私、出かけましたよ、サンフランシスコまで。野茂さんのデビュー戦を見るために飛んで行きました。たしかあの年はストライキがあり、デビュー戦は5月でしたね」

キャンドルスティックパークでジャイアンツを5回無失点に抑えた野茂の投球を、山田は日本人や日系人たちといっしょにドキドキしながら見つめていたのである。

しかし、デビューから1カ月間、勝ち星をあげられなかったこともあり、山田が期待したほどツアー客は増えなかった。6月に入ると野茂は6連勝して月間MVPに選出され、7月にはオールスターの先発を務めた。日本のメディアはいっせいに野茂を取り上げ、新宿・アルタの大型ヴィジョンで野茂の活躍に見入る人々の映像がアメリカのメディアでも紹介されたりした。アメリカのほうでもノモマニアと呼ばれる熱狂的ファンが現れて、話題になった。

このブームの頃は、どこの球場に行っても野茂の投球フォームを真似る選手がいた。対戦相手のナ・リーグの選手はもちろん、まだ対戦したことのないア・リーグの球場に行っても、試合前のキャッチボールを見ていると、かならずトルネード投法を真似る選手がいた。それだけ野茂の登場はメジャーリーガーたちにとってもセンセーショナルで気になることだったのだ。

ところが、神風を期待していた山田のところには、一向に風が吹かなかった。たしかに観戦ツアーの申し込みは増えてきてはいたが、目を見張るような伸びではなく、肩透かしを食らった気分だった。

「私のところでは、ドジャースとエンジェルス、つまりメジャーリーグの観戦ツアーを最初にはじめたんですが、正直、反響はあまり大きくありませんでした。レーカーズのマジック・ジョンソンに匹敵するスターがいなかったことも関係あるかもしれませんが、NBAに比べると申し込みは少なかったですね。ですから、野茂さんが来たことで変わるんじゃないかという期待は大いに持っていました。ところが、いざ投げはじめて、勝ち星もあげているというのに食いつきが悪い。どうしたんだろうという気持ちでしたよ」

そこに、取引銀行の倒産という思いがけない事態が起こってしまったのだ。

「アメリカでは、銀行が倒産するのは珍しいことではありません。ただ、自分のメインバンクがそうなるとは予想もしていませんでした。たまたま父の葬儀のために実家に戻っていたんですが、着いた日の夜、テレビで日本のある信用組合が破綻したというニュースをやっていました。武村さんという当時の大蔵大臣が出てこられて、預金は政府が補償するから平静を保つようにといっていたのを覚えています。日本でも金融機関が倒産するようになったかと思ったんですが、まさか自分がアメリカで同じ目に遭うとは……」

銀行が倒れても、アメリカでは全額補償はしてくれない。

「倒れたときのために、銀行間保険組合というのがあるんですが、そこで補償してくれるのは最高で10万ドル。私のところが預けていたのはその10倍ほどですから、仮に最高額の補償を受けたとしても、損害は莫大です。とにかくなんとかしなくちゃならない。父の葬儀もそこそこに飛んで帰りました」

山田の会社は翌年に大仕事を控えていた。アトランタオリンピックである。ツアーの目玉にするつもりで人気種目のチケットを確保していた。

「そのために準備しておいたお金が一晩で消えてしまったんです」

チケット代金の支払いの期日も迫っている。人生最大のピンチだった。山田は限度いっぱいの補償を受けようと保険組合に足を運び、何度も掛け合った。しかし補償を受ける審査はなかなかきびしく、思ったような成果があがらない。途方に暮れかけたところに、光が差し込んできた。野茂英雄を見るためのツアーが、8月に入ると急激に売り上げを伸ばしはじめたのだ。

「ブームというのは実際の活躍よりも少し遅れてやってくるものなんですね。6連勝した6月ごろは期待したほどの食いつきはありませんでした。オールスターのあとは少しずつ増えてきていたんですが、一気にブレークしたのは8月。特に旧盆が過ぎてからでしたね」

テレビで見るのはお金がかからない。野茂Tシャツを買ったとしても高が知れている。

しかし、10万、20万出してツアーに参加するとなると、ある程度考える時間が必要になる。

「お盆明けというのは航空運賃がぐんと安くなります。だからツアーのお客様も多い。その時期になって、ドンと来ました。1日2000人から3000人のツアー客の方が、ロサンゼルスにいらっしゃったんじゃないでしょうか」

山田の会社は、旅行会社といっても、飛行機やホテルの面倒をすべて見るわけではなく、大手ツアーで来た客のオプショナルツアーとしてスポーツ観戦を手配するのが主な仕事である。それまでは仮に日本からのツアー客が1日1000人あったとしても、その中で観戦ツアーに参加するのはほんの一握りだった。しかし、'95年の8月になると、ロサンゼルスに来るツアー客のほとんどが、ドジャースタジアムでの野茂の登板を見たがった。

「私のところで観戦ツアーをやると、ひと晩100人から200人というのが平均的な数です。ところが、野茂さんのときはその何倍も来た。ピークの数字は今でもはっきり覚えています。835人です」

一口に835人といってもただチケットを配って終わりというわけではない。

「大型バスを35台出したのを記憶しています。野茂台風が吹き荒れたわけです」

いうまでもなく835人、大型バス35台というのは、山田のポピートラベル1社が手配した数である。ロサンゼルスには当然ほかの旅行社もあり、ツアーもある。野茂の登板する日のドジャースタジアムには少なく見積もっても2000人からの日本人ツアー客が詰めかけていたと推定できる。

かつて扱ったことのないような多くのツアー客を野茂の登板日にスタジアムに送り込まなければならない。チケットの手配だけでも大変だが、ほかにも苦労は多かった。

ロサンゼルスは広い町である。ドジャースタジアムがあるのは市の中心部のダウンタウンに近い丘の上だが、観光客は東京のように都心のホテルに集中しているわけではない。ディズニーランドのあるアナハイムやロングビーチ、サンタモニカといった海沿いの地域に滞在する人も多い。アナハイムからスタジアムまでは40㎞ほど、サンタモニカでも20㎞は離れている。広い市域に散らばった滞在客をバスでピックアップしてプレーボールまでにスタジアムに送り届ける。八王子や横浜のホテルの客を東京ドームに送り届けるようなものである。周到な時間の計算が必要になる。あまり早く迎えに行っても、客はほかの見物先から戻っていないのだ。

もうひとつ問題があった。客が見たいのは野茂である。のちにはメジャーリーグの野球そのものに興味を持つ人も増えたが、野茂が活躍をはじめた当初、客が見たいのは野茂以外になかった。野茂の登板日に合わせせなければならない。メジャーの先発ローテーションは5日に1回で規則的に回ってゆくが、シーズン中には不測の事態も起こる。

「登板日を予想するのも仕事のひとつになりましたね。8月か9月かは忘れましたが、監督さんの意向で登板日が1日ずれたことがありまして。そのときは300枚の切符を腐らせました。ともかく8割は間違いなく野茂さんが見たいという人でしたから」

平均的なツアーは送迎が付き、5層スタンドの3階席に座り、山田の会社が独自に作った観戦ガイドをもらって、日本語のガイドが付いて60ドルという値段だった。サービスの内容からすれば手ごろな値段といえる。一人あたりの単価は決して高くはなかったが、なにしろ「日銭」が入るのが山田にはありがたかった。

「8月中ごろから9月いっぱい、約40日から50日ぐらいの間、猛烈な忙しさで、野茂さんの恩恵にあずかることができました。銀行の倒産で失った額をそっくり補塡できたというわけではありませんが、少なくとも、なんとかその年いっぱい、会社を生き延びさせることができました。今、10年以上経って、なお会社をつづけていられるのも、あのときの野茂台風のおかげですよ」

山田の会社ほど劇的な例は珍しいだろうが、ほかにも野茂の恩恵を受けた人はたくさんいる。

「旅行業界に与えた影響というのは絶大なものがありますね。旅行代理店、航空会社、ホテル。レストランなんかもそうです」

山田の会社は日系のレストランやみやげ物店が集まるリトル東京にある。以前からこのあたりの寿司店は日本に劣らないと評判だったが、野茂が活躍するようになると、一段と客が増えた。

「野茂さんにあやかったトルネード鮨なんて巻物ができましてね。それを食べてみようと日本人のかたがいらっしゃる。アメリカ人も巻物のお鮨は大好きなんで、うわさを聞いてやってくる。ずいぶんいろんな店で、トルネード鮨、出していましたね」

牛丼の吉野家がドジャースタジアムに出店したのも忘れられないという。

「日本人のツアー客を目当てにお店を出されたんだと思いますが、アメリカ人にも受けていましたね。あれだけ多くの白人のかたが牛丼を食べている光景というのは、長くアメリカにいますがはじめて見ました。おそらくネット裏の5人にひとりは食べていたんじゃないでしょうか」

'95年の夏、背番号16の野茂Tシャツはアメリカでも日本でもインフルエンザのように大流行した。よく、今年どのチームが優勝すると経済効果はいくら、などと学者が算出するが、この時の野茂がもたらした経済効果は、期間を限れば、史上空前のものといってよかったろう。もちろん、そんなことには一切関心を持たず、野茂はひたすら自分の登板で務めを果たすことを心がけていたのだが。

日々のツアー客をさばくので手一杯だった山田だが、忙しさに慣れてくると、今まで気づかなかったことに目が行くようになった。

「帰りのバスの中の雰囲気が、それまで手がけてきた観戦ツアーとまったく違うんですよ。ドジャースが負けても、皆さん、ほんとうににこやかにしていらっしゃいました。普通は応援している選手やチームが負けたりすると、静かで不機嫌になるものなんですがねえ。もちろん、ドジャースが勝って、野茂さんに勝ちが付いたりしたら皆さん、大興奮です。ものすごい盛り上がり方でした」

「私、なにか記念になるものはないかと考えて、翌日のロサンゼルスタイムズを買って、スポーツ面をスクラップすることをお勧めしたんです。当時は1部26セントだったかな。野茂さんが勝ち投手になっていれば写真は大きく載っていますし、スコアなんかもしっかり記録されている。いい記念になりますからね。そうしたら、翌日は、お客様の泊まっているホテルで、軒並みロサンゼルスタイムズが売り切れになったんです」

山田のアドバイスを聞いて、ツアー客がきちんとお土産用の新聞を購入したのである。個人旅行者ならともかく、日本人のツアー客が英語で書かれた現地の新聞を買うのは珍しい。みな、それだけ、野茂に関する記念品を求めていたのだ。いずれも、10年以上スポーツ観戦ツアーを手がけてきた山田が、はじめて体験することだった。

「野茂さんのあとも、ロサンゼルスのチームに日本の選手が入団されると私のところにいい影響はありました。長谷川（滋利）さんがエンジェルスに入ったときもよかったですし、ドジャースに石井一久さんが来られたときも、いい数字が出ました。ただ、野茂さんのときのようなことはありません。特別ですね。それと、もうひとつ、私、感じるのはアメリカのかたの反応なんです。アメリカのファンは、人気選手でも、ほかのチームに移るとけっこう派手にブーイングしますよね。でも、野茂さんがドジャースからほかのチームに移られて、違うユニフォームでドジャースタジアムのマウンドに上がっても、ブーイングはほとんどなかった。拍手のほうが多かったんです。彼の一途な性格が、日本人のツアー客だけでなくロサンゼルスの普通の市民にも認められているんだなって思いました」

山田哲義の人生では、いつもスポーツやスポーツ選手が大きな役割を演じてきた。もともとラグビー少年で、大学でもラグビー三昧の生活を送ろうと慶応のセレクションまで受けていた山田だが、思わぬことでその道は閉ざされてしまう。

「私の大学受験の年、プロ野球のドラフトを蹴って慶応で野球がしたいという選手が現れた。怪物といわれた江川卓さんです。彼をスポーツ推薦で入学させると、世論から批判が出るとでも考えたのか、その年はスポーツ推薦がなくなってしまった。私はセレクションに参加して、スポーツ推薦で入れてくれるものとばかり思っていたので、思惑が外れまして。試験を受けたんですが、落ちました。まあ、これは江川さんのせいじゃありませんが」

日本で浪人するよりも、アメリカで勉強して来いと、父親から留学を勧められる。ロサンゼルスに落ち着いて、留学生活を送っていると、なんと、同じアパートに、大学卒業後、南カリフォルニア大学に留学した江川が越してきたそうだ。

そのうち、アメリカで仕事をしたいと考えるようになり、旅行業界で働きはじめた。

「'80年代のはじめですが、当時は永住権ビザを取るには、お寿司屋さんか旅行会社で働くくらいしか道はなかったんです」

そしてロサンゼルスオリンピックをきっかけに、スポーツ観戦ツアーというコンテンツを開発し（日系の旅行社では草分けといってよい）、社業を発展させた。取引銀行の倒産で苦境に陥ったとき、救ってくれたのは野茂英雄の活躍だった。江川、オリンピック、野茂。

いずれもある意味、恩人といってよい。その中でも、特に恩恵を被った野茂英雄に、山田はまだ会ったことがない。球場で遠くからその姿を眺めたのは数知れないが、近くで会って言葉を交わしたことは一度もない。

「仕事柄、日本から来て活躍されている選手にはお会いする機会がいろいろあるんですが、なぜか野茂さんにだけはお目にかかったことがないんです。機会があれば、ぜひお目にかかって、その節はありがとうございましたとお礼がいいたいんですが」

会って、「今日、私と私の会社があるのはあなたのおかげです」と、最敬礼したいのだという。しかし、一番会いたい相手には、会わないでおくというのもいいかもしれない。会わないからこそ山田はあの目が回るような忙しさに振り回された'95年の夏を何度も思い出すことができる。

September, 1996 Denver
それでも旅は続く

土砂降りではないが、冷たい雨がずっと降りつづいていた。1996年9月17日、コロラド州デンバーである。この時期のデンバーの気候は極端で、真夏のような暑さが襲ってくる日もあれば、冬の寒さに縮みあがる日もある。季節がせめぎあっているのだ。この日は冬が優勢だった。

「もし、試合が強行されても、はじまるころには摂氏10度は切っているだろう」

トレーシー・リンゴルスビーはクアーズフィールドの記者席からグラウンドを眺めながらそう予想した。

「普通なら中止だが、少々遅らせても、チームは試合をやるだろう。チケットはほぼ売り切れている。払い戻したら大損だ」

トレーシーの読みは正しかった。試合は予定より2時間遅れてはじまった。すでに9時を過ぎている。終わるころには12時を回っているかもしれない。雨のせいでスタンドの入りは芳しくない。スタンドや天気と同じようなお寒い試合にならないことを、トレーシーはひそかに祈った。

1回表、ビジターのドジャースは3人で攻撃を終え、野茂英雄がマウンドに向かった。ホームのコロラド・ロッキーズは強力打線が売り物である。野茂は初球、外角高めのストレートで、1番のエリック・ヤングを外野フライに打ち取った。トレーシーの目にはまず球は走っているように見えた。しかし、それが、自分が目撃する4度目のノーヒットノーランのはじまりだとはもちろん、少しも考えなかった。

トレーシー・リンゴルスビーはデンバーにある『ロッキー・マウンテン・ニュース』紙の野球記者である。1953年生まれだから、今年53歳になった。野茂英雄のキャリアの中でも、もっとも輝かしい試合のひとつである’96年9月17日のノーヒットノーラン試合。アメリカ人の目であの試合を思い出してもらおうと人を探していたとき、紹介してもらったのがトレーシーだった。記者としてのキャリアは31年。今も現場で取材をつづけている。エンジェルス、マリナーズ、レンジャースなどの担当記者を経て、’92年、球団創設1年前からずっとロッキーズを追いかけてきた。「あの試合」について聞くにはうってつけの人物だ。

トレーシーが野茂の試合に遭遇したのはロッキーズに付くようになって5年目の秋のことだった。

「試合開始が遅れたが、それは特に珍しいことじゃない。勝ったほうは影響なかったというし、負けたほうは遅れたせいだという。いつものことさ。野茂の出来は最初からよかった。というより、あの当時の野茂はどのチームと対戦しても最高の投球をしていたよ」

クアーズフィールドは標高1600mの高地にある。ロッキーズの打線が強力なのは気圧の関係でボールがよく飛ぶからといわれていた。その球場で、野茂が好投できたのは、試合当日、雨が降り、ボールの飛びが悪かったおかげと指摘する人もある。

「たしかにボールの飛び具合は悪かったかもしれない。でも球場は広い。ホームランはともかく、ヒットを打つ場所はたくさんある。野茂の出来が普通かそれ以下なら、どこにでもヒットを打てたはずだ。でも、あの試合はあわやヒット、というあたりすらなかった。6番のビニー・カスティーヤがライトに大きなフライを打ったぐらいかな、惜しかったのは。ヒット性のあたりをみごとにさばいたビッグプレーはなかったと思う」

野茂は雨でぬかるむマウンドに足を取られないようにするため、3回からノーワインドアップに変えて投球していた。

「それには気づいたよ。あっ、注意してセットにしてるんだなって。いつもと違って見えたのはそれぐらいかな。なにしろ、ずっと締め切りと格闘していたからね」

ただでさえ2時間遅れの試合である。締め切りは迫っている。おまけに試合はただならぬ気配が漂って来ていた。

「ノーヒットに気づいたのは5回か6回かな。野茂に限らず、ほかの投手がノーヒットで来ているときにも、私の場合はだいたいそれぐらいから気づくし、意識しはじめる。それからより注意深く投球を見るようにするんだ」

野茂はノーワインドアップを除けば、いつもと変わらぬ淡々とした態度で投球をつづけ、アウトを積み重ねてゆく。観客は回が進むにつれ、今日のロッキーズに勝ち目はないと見て引き揚げはじめた。

「9回になると、球場にはほとんどファンは残っていなかった。9月の平日、雨で遅れて、時計は真夜中になっている。子どもはつぎの日学校があるし、大人も仕事がある」

残っていたのは、野茂の快挙の目撃者になろうとする人だった。

「達成の瞬間は、みんな立ち上がって拍手、歓声だったよ。敵、味方は関係ない。特別なことが達成され、自分もその歴史的瞬間の一部になれたんだからね。興奮するのは当然さ」

試合のあと、ファンと同じように興奮するメディアが待ち受ける中、野茂の会見がはじまった。

「もう、夜中の1時を過ぎていたと思う。そのときの彼の様子？」

トレーシーは軽く含み笑いをした。

「私にはよく理解できなかった。キミたちのほうがよく理解してるんじゃないか。まあ、あまり感情を表に出さず、ビジネスライクに徹した会見だったという印象はあるね」

おそらく、快挙を達成しながら感情を爆発させるでも見出しになるせりふひとつ吐くでもなく質問に答える野茂の姿が、トレーシーには珍しいものに映ったのだろう。

当時の新聞をひっくり返していたら、面白い一節があった。英語で喜びのコメントを求められたのに対し、野茂は「ないです」とだけ答えたというのだ。「ないです」は「たまたまです」と並んで、野茂がよく口にする「決めぜりふ」である。「ありません」ではなく、「ないです」とはいかにも野茂らしく笑ってしまうが、そうした受け答えは、つねに野茂をチェースしているわけではないトレーシーのような人物からすれば、奇異なものに映っただろう。

「私は何年かあとにロッキーズに来た吉井のことはよく知っている。陽気なナイスガイだった。アスレティックスにいた藪にも話を聞いたが、明るい男だったね。でも、野茂は彼らとは明らかにタイプの違う選手だった」

トレーシー・リンゴルスビーの話を聞いていると、次第にもどかしさが募ってきた。こちらは、野球のキャリアの頂点ともいえるノーヒット・ノーラン試合の感激を聞きたい。

あの試合の興奮と歴史的意義を語ってほしいのだ。事実はたくさん語ってくれた。だが、快挙に冷淡すぎはしないか。

しかし、話を聞くうちに、一見冷淡そうな彼の話しぶりが、長いキャリアから生まれた独特の遠近法によるものだということが徐々に理解できるようになった。

トレーシーの記者歴は今年で31年目になる。その間、さまざまな歴史的瞬間に立ち会った。

「一番印象に残っているのは、'78年の1ゲームプレーオフ。ヤンキースとレッドソックスの試合かな。バッキー・デントの一発でヤンキースが優勝を決めた試合だ。あれが一番興奮したよ。ノーラン・ライアンの300勝の試合も印象的だった。ミルウォーキーでの試合だったが、彼がブルペンからマウンドに向かうとき、ちょうど太陽が当たって、光の中から現れてきたように見えた。みんな、大拍手だったよ」

4割に近づいた大打者ジョージ・ブレット、クレバーだが、そのクレバーさが周囲とのトラブルの種になる若き日のボビー・バレンタイン。聞き覚えのある名前がつぎつぎに飛び出してくる。ノーヒットノーラン試合でさえ野茂のほかにデニス・エカーズリー、アル・ライター、そして本人がどうしても達成者の名を思い出せないが間違いなくもう1試合、都合4試合も目撃している。このキャリアから身に付いた遠近法が、われわれと違うのは当然だろう。野茂がすぐれた選手であることは否定しない。ノーヒットノーランが快挙であるのもいうまでもない。だが、トレーシーにとって、それはワン&オンリーの出来事ではなく、通り過ぎてきた景色のひとコマなのだ。

「そんな暮らしだから3回も結婚する羽目になったんだ」

旅に暮らし、家を空けて、結婚に失敗したが、その代わり、野球記者としては最高の栄誉である野球殿堂入りを果たした。

トレーシーは生まれ故郷のワイオミング州に住んでいる。

「ロッキーズのあるデンバーまで、そう遠くないからね」

しかし、故郷に家を構えているのは、それだけの理由ではないだろう。旅に暮らす日々の中で、故郷とのつながりを保っていたい、そのつながりが切れてしまったら、自分は糸の切れた凧になってしまう。そんな気持ちがあるからではないだろうか。トレーシーはテンガロンハットがトレードマークである。チェックのシャツにジーンズ、太いお腹に巨大なバックルのあるベルトを巻いている。バックルには自分の名前が入っている。特注だという。どこから見てもカウボーイそのものである。

そんな格好をしているのも、なにも目立つためだけではない。故郷の「正装」を身にまとうことで、故郷とのつながりを保とうとしているのだ。

動いているものは同じように動いているものの速さ、動きの大きさを把握しにくい。野茂と同じように旅をする人であるトレーシーが、野茂にいささか冷淡に見えるのもそのせいではないか。

「牛を追って大陸を旅したカウボーイの末裔に思えるあなたからは、野茂もカウボーイに見えないか?」

そんな質問をしてみた。

「野茂が？　うーん、そんな風に考えたことはなかったよ」

妙な問いかけに笑いながら、それでもトレーシー・リンゴルスビーは答えてくれた。

「カウボーイ精神かどうかは知らないが、私はサバイバルというものに敬意を払っている。だから、野茂がアメリカに乗り込んで来て、今までサバイバルしてきたことは立派だと思うし、敬意を払うよ。言葉の通じないようなところでやっていくのは大変だ。野球は日米共通だといっても、誰にでも真似できることじゃないさ」

飛行機が降下するにつれて、市街が見えてきた。二、三の大きなビルが目立つくらいの小ぢんまりとしたダウンタウンを取り囲むように川が流れている。蛇行の具合で、ほとんど改修の手が入っていないことがわかる。先住民とバッファローしかいなかったころと、あまり変わっていないのだろう。ダウンタウンの外れ、2本の川が合流するあたりに球場があった。アイオワ・カブスのホーム、プリンシパルパークだ。

アイオワ・カブスはメジャーの名門、シカゴ・カブス傘下の3Aの球団である。チームがあるのはアイオワ州の州都デモイン。州都といっても人口19万人ほどで、ニューヨークからは3時間半、ロサンゼルスからは5時間近くかかる大陸のほぼ真ん中にある田舎町である。

'99年の春、野茂はこのデモインにやって来て、アイオワ・カブスの一員としてマウンドにあがった。'98年から'99年にかけては、野茂にとって苦しい時期だった。'98年のシーズン途中にドジャースからメッツにトレードされたが、前の年のオフに受けた右ひじ手術からの回復が十分ではなく、勝ち星はわずか6勝にとどまった。契約交渉はもつれ、'99年の1月にひとまずメッツと再契約したが、メッツは開幕直前に野茂に戦力外通告をいい渡した。FAになった野茂は契約先を探したが、開幕直前のことで手を上げるチームは少なく、かろうじてカブスがマイナー契約することになった。マイナーで投げて好結果が出せればメジャーに昇格させるというのである。わずか4年前に新人王に輝き、ノーヒットノーランまでなし遂げた選手には屈辱ともいえたが、野茂はそうした扱いに特に泣き言をいうでもなくデモインにやって来てマウンドにあがった。

ボブ・グリムスが野茂と会ったのはそのときである。

「もちろん野茂のことはカブスと契約する前から知っていたよ。テレビで見た限りでは、とにかく寡黙で自分のビジネスに対してプロフェッショナルな男という印象だったね」

そして実際に会って接した野茂も、その通りの男だった。

ボブはアイオワ・カブスのトレーナーをしている。年は今年で48歳になる。ボブに話を聞いたのは野茂が投げたプリンシパルパークの一室だった。トレーナーらしく上下青のジャージを着て迎えてくれたボブは、背の高い、がっちりした男だった。頭はかなり薄くなり、口の周りの無精ひげにも白いものが混じってはいるが、話しぶりは穏やかで、若々しい。時々照れたように視線をそらす。若い選手と接しているので、初々しさが残っているのかもしれない。

ボブはシアトルのあるワシントン州の出身で、大学を卒業して3年間は地元の高校で体育を教えていた。

「大学生のときに、マリナーズの1Aでインターンとして働いた経験があり、どうしてもスポーツの仕事がしたかった。それでいろいろつてを頼り、カブスの組織の一員になったんだ。1984年。グレッグ・マダックスがカブスに入団したのと同じ年だね」

大投手と同期が誇りというのがほほえましい。カブスの組織をいくつか回ったあと、'96年からアイオワに来た。以後、ずっと3Aでメジャーをめざす選手の体調管理を受け持っている。

「トレーナーやフロントなど選手をサポートする仕事は、ひとつのチームにずっといるというのは珍しい。キャリアを求めて転々とするのが普通だ。カブスを見ても、ぼくがはじめたころから残っているスタッフは4人しかいない。でも、ぼくはずっとカブス一筋でやってきた。ぼくはひとつのことを誠実につづけるのが勝者だという考え方が好きだね。ちなみに、監督、コーチでも、ずっとやっている人はひとりもいないよ」

マイナーリーグは峠の茶屋のようなものである。西に行くか、東へ行くか、いずれにしても長くとどまる場所ではない。時にはここで食べた一皿の団子を思い出にして故郷に戻り、一生そこで暮らすものもいる。

ボブ・グリムスは茶店のおやじだ。いつも見送る側である。同業の者にはもっと往来のさかんな場所で店を出すのもいたが、ボブはひとつところに腰を据え、見送る側でありつづけた。何人もの旅人を見送りつづけてきたボブの目に、野茂はどう映ったのか。

「やるべきことはきちんとやる。それにアドバイスにはしっかり耳を傾けていた。特に投手コーチの話はよく聞いていたね。とにかく練習熱心だった。彼の契約は普通とは違い、30日の期間限定だった。その間に3、4回登板して評価を待つんだ。故障上がりでメジャー復帰をめざす選手に多い契約だね」

登板は保証されるが、限定された期間で好結果を出さねばならない重圧も当然ある。

「ひじが原因でメジャー契約が得られなかったと聞いていたが、ぼくが見る限り、いい感じで回復しているように見えたよ」

野茂はアイオワ・カブスのユニフォームで3試合に登板した。そのうち、ボブが特に印象に残っているのはソルトレークシティでの試合だという。

「ナイターが終わって移動日無しのデーゲームだったと思う。前の日の試合が終わったのが遅かったし、それから3時間もかけての移動、その上4月のソルトレークだから恐ろしく寒い。ひじに不安のある投手にとっては最悪の条件だ。それでも文句ひとついわず、最善の投球ができるようにしっかり準備をして、いい投球を見せた。感心したよ」

ボブは20年以上のトレーナーとしての経験から、球界にはつねに10％の特別な選手がいるという。

「才能に恵まれ、なおかつ一生懸命練習も欠かさないというタイプ。これはだいたい10％いるかいないかだろうなあ。野茂はその10％の中のひとりさ。ともかく練習熱心だった。

でも、肉体的な条件だけでいえば、野茂は特別な選手じゃない。バランスの取れたアスリートというのではなく、典型的な野球選手なんだ。肉体的にメジャーの中で突出している要素はなかった。ただ、あのフォークボールは別。あれだけは普通じゃなかったね」

野茂を賞賛するボブに、少し意地の悪い質問をしてみた。

「それだけ才能があり、練習熱心で、故障箇所も問題ない投手と、カブスはなぜ契約しなかったのか。あなたは野茂と契約するように進言しなかったのか」

ボブは少し困ったように視線をそらした。

「トレーナーの立場からいえば野茂の健康面はまったく問題なかった。球威も上がってきて、衰えは見られなかった。だからそのことは監督、コーチに報告した。でも、トレーナーの仕事はそこまでなんだ。彼の投球を最終的に評価して、契約したりメジャーに上げたりするのは監督、コーチの仕事なんだよ」

長く「見送る人」でありつづけてきたボブの真情が垣間見えた気がした。ボブは学生時代、野球をしていた。トレーナーとして22年も野球選手を見ている。選手に関して自分なりの視点、評価の基準を持っているのは間違いないし、それに自信もあるだろう。おそらく過去にも「なぜ残しておかなかったんだ」、「なぜあんな選手と契約したんだ」と臍《ほぞ》をかんだ経験もあったはずだ。しかし、それを口にするのは自分の仕事ではない。ここはプロが互いに尊重しあう場所なのだ。

ボブがプロとしての野茂を賞賛するのは、なにも話を聞きに来たのが日本人というだけではないだろう。「見送る人」としてのプロでありつづけた自分に通じるプロ魂を、ボブは野茂に見出したのだ。

親切なボブは、球場内のあちこちを案内してくれた。選手のロッカールームをのぞく。メジャーと同じく、部屋の真ん中に大きなソファが置かれていた。しかし、そのソファは豪華な革張りのメジャーのものとは違い、背の部分が擦り切れた布製のものだった。

結局カブスは野茂とは契約せず、野茂はブリュワーズのマイナーで1試合登板したあと、メジャーに昇格した。

June, 2005 St.Petersburg
ベースボールとともに

マンハッタンのわき腹に頭をくっつけるようにして北東に延びるロングアイランドはアジやサバを思わせる。頭の部分にはブルックリンやクイーンズなどのニューヨークの市域が含まれ、尻尾に当たる部分はふたつに割れて湾になっている。胴体の半分ぐらいまでは、ニューヨークの通勤圏だ。ロンコンコマはロングアイランドのほぼ真ん中に位置している。マンハッタンのペンシルベニア駅から電車で1時間半ほどの町である。ロンコンコマ湖という小さな湖の周りに同じような大きさの家が立ち並んでいる。松や柏の森が広がる中に家が点在しているので、歩いていると近郊住宅地というよりはリゾート地にでも来たような気分になってくる。

手作りのポストで名前を確認する。ヴィッキー・クルーデンの家も松林の中にあった。ヴィッキーと夫のバーニーが迎えてくれる。入ってすぐがダイニングルーム、その奥にリビング、脇には寝室、通りを見下ろす日当たりのよい客間。小ぢんまりしているが、掃除が行き届いていて居心地がよい。子どものいない夫婦ふたりの家なら十分な広さだ。

アメリカの家らしく、地下室が設けられていた。「こっち、こっち」とヴィッキーが手招きする。階段を下りて部屋のドアを開けた。上の部屋からは考えられない異次元の空間が広がっていた。笑う野茂、吼える野茂、ポスター、タオル、写真パネルに人形、あらゆるタイプの野茂英雄がいた。彼がプロになってから身に着けたすべてのユニフォームのレプリカもそろっている。グラブ、バット、帽子からジャケットやステッカーにまであらゆるものに書かれたサイン。野茂をフィーチャーしたビデオや本、野茂が表紙になっている『Number』もあった。野茂の博物館である。ロングアイランドの小さな家の地下室に、かくも広大な「野茂英雄ワールド」が広がっていようとは。その多彩なコレクションに圧倒されて見とれていると、ヴィッキーが説明をはじめた。

「このユニフォームはヒデオがメッツに移籍が決まったとき、すぐに手に入れたの」

野茂とトミー・ラソーダがプリントされた缶コーヒーまであった。そうそう、野茂がメジャーで活躍をはじめたころ、こんなのも出ていたっけ。

「缶コーヒー？　ああ、それは日本で売ってたのを買ったんじゃなく、ロサンゼルスに住んでいる友人が見つけて送ってくれたの。でも、缶入りのコーヒーなんておいしいの？」

ヴィッキーは野茂のことを「ヒデオ」と呼ぶ。ヒデオと発音するとき、口調にはなんともいえないうっとりした感じが漂う。あらゆるグッズには収集の際の逸話がある。それを語りはじめるともう止まらない。ときどきふと我に返るらしく、こちらに問いかける。

「あら、わたしったら。こんな話、つまらないでしょう？」

いえいえ、そんなことはありません。するとよどみないストーリーがまたつづいてゆく。


ヴィッキー・クルーデンが野茂英雄をはじめて見たのは1995年7月11日のオールスターゲームのときだった。なにげなくテレビで試合を見ていたら、聞いたことのない名前の投手がナショナルリーグの先発のマウンドにあがった。ワインドアップをする。両腕をまっすぐ頭上に掲げる独特のフォームである。それを見た瞬間、彼女は叫んでいた。

「ワオ！　彼は誰、誰なの」

その珍しいフォームにひと目で魅せられてしまったのだ。

「ステキ、すごい、カッコイイ。なんていう選手なの」

東海岸に住んでいるヴィッキーはカリフォルニアを中心に起こりつつあったトルネード旋風を知らなかった。まったく先入観なしで野茂を見た。そのことがかえって一目ぼれにつながったのかもしれない。

8月、野茂のドジャースがメッツと対戦するためにニューヨークにやってきた。ヴィッキーは矢も盾もたまらず「会いに行った」。「見に行った」のではないことに注意したい。「球場で会って、すごいオーラを感じたわ。子どもたちだけじゃなく、大人も幸せな気持ちにさせる力がある。ヒデオ、素敵だわって」

生の野茂を見て、ヴィッキーは決心した。彼に関するものはなんでも集める。収集がはじまった。野茂に関する記事のスクラップ。英語だけでなく、日本語のものも、手に入る限り取り寄せた。テレフォンカードや下敷き、ステンドグラスの真ん中に野茂がプリントされたカードなど、アメリカで売っているとは思えないものもたくさんある。ユニフォームのコレクションも通り一遍ではない。同じドジャースでも、ホーム用にビジター用、練習用などさまざまな種類のものが網羅されている。野茂はメジャー6球団、マイナー5球団のユニフォームに袖を通したが、それらすべてを集めた。近鉄時代のユニフォームやNOMOベースボールクラブのものまである。

しかし、最大のコレクションは、2200枚にも及ぶベースボールカードである。大きな衣裳ケース数個にきちんと整理されたそれは、すべて野茂のカードで、色やデザインが違っている。同じものがないのだ。一見すると、どこが違うのか見分けのつかない物も、ヴィッキーはきちんと違いを説明してくれる。

「集めはじめて11年になるけど、使ったお金は10万ドルくらいかしら。うーん、もう少し少ない7万5千ドルぐらいかな。でも、お金の話をするのは恥ずかしいわね」

コレクターの世界は価値基準が普通の世界とは違うので、この金額が大きいか小さいかは一概にはいえない。しかし、一時の熱でつぎ込める金額ではないだろう。

膨大なコレクションの中で彼女が最も気に入っているのは、野茂の直筆メッセージが書かれた写真である。

「'98年の9月23日だったわ。当時メッツにいたヒデオに会いにシェイスタジアムにいったの。ちょうど彼が打撃練習をしていたわ。その打球が私に当たってグラウンドに跳ね返った。メッツにいたリック・リードがそのボールを持ってきて、冷やしたほうがいいよ、氷を持ってこようかっていってくれたの」

だが彼女はその親切な申し出を断って、リードに頼みごとをした。野茂に渡して欲しいと、プレゼントを託したのだ。

「だって、世界で一番好きな投手なんだもの」

野茂に接触するきっかけができたことで、頭の痛さなどは吹き飛んでいた。メッセージはうまく伝わり、プレゼントを受け取った野茂は、のちにサイン入りのメッセージを贈ってくれた。体当たりで手に入れたお宝というわけだ。コレクターはそうではない人間から見れば、どこか常軌を逸しているが、ヴィッキーもその点では筋金入りのコレクターといえる。

ただ、彼女は、日本のオタク青年のように他人の目をまったく気にしない傍若無人のコレクターというわけではない。

「コレクションはほんとに親しい友達以外には見せたことないの。職場の上司や同僚は、私がヒデオグッズを集めているのは知っているけど、それについてなにかいうことはない。たぶんクレージーだと思っているんじゃないかしら。ひとりだけ、そんなにお金をかけて集めるのはやめたらってアドバイスしてくれた友達がいたけど、もちろん聞かなかった。私の情熱なんだもの」

レッドソックスファンの男と付き合う女主人公の戸惑いを描いた映画『フィーバーピッチ』はヴィッキーのお気に入りだ。

「あの映画で、ソックスファンの彼は主人公にこういうの。これほどの情熱を持ちつづけたことがあるか？　7歳から持ちつづけた情熱があるか？　それを見てこの彼は私だって思ったわ」

コレクターは基本的には孤独である。お金はかかるし、周囲の理解も得にくい。ヴィッキーも何度か収集を止めようと思ったことがあった。

「でも、そういう時はバーニーが励ましてくれたの。止めちゃダメだ、つづけなきゃって。それでつづけて来られたんだと思う」

ヴィッキーとバーニーはともにロングアイランドの出身である。子どもはおらず、ふたりともロンコンコマで働いている。バーニーはエンジニア、ヴィッキーは老人介護施設のヘルパーをしている。

「仕事は朝の7時から午後の3時まで。1週おきに週末も出ることがあるの。施設に勤める前はスクールバスのドライバーをしていた。年齢？　うふふ。それは教えられない」

子どもがいないのに加え、ちょっと舌足らずな話し方をするので30代に見えることもあるが、実際は40代半ばといったところだろう。ご主人のバーニーは口ひげを蓄えた物静かな人物である。ふたりだけの静かな生活。野茂グッズのコレクションはそのアクセントになっているようだ。

ヴィッキーがコレクションを取り出して説明するとき、バーニーは脇からさりげなくサポートしてくれる。

「このカード、どこで買ったんだっけ」

ヴィッキーがたずねると、すぐに答えが返ってくる。コレクションによってふたりが強く結びついていることがわかる。

かといって、コレクションを子どものいない夫婦の「代償行為」のように見るのも正確ではないだろう。コレクションによってかろうじて結びついている夫婦というのでもない。収集は彼らにとって、もっと日常的なもののように感じられる。

ヴィッキーは「ヒデオに会う前から」日本には関心があった。'80年代にヒットした映画『将軍』を見て関心を持ったのだという。だが、野茂に惹かれたのは、彼が日本人だからというのではなかった。その独特の姿、たたずまいに惹かれたのだ。一番近い球団であるメッツには野茂のほかに吉井理人、新庄剛志、松井稼頭央などの日本人選手も在籍したが、吉井を応援したぐらいで、ほかの選手には特に関心を持たなかった。あくまでもノモマニアであって、日本マニアではない。

グッズの収集に関しては、頭に打球が当たったことも忘れるほど熱の入るヴィッキーだが、だからといって携帯カメラを御用提灯のようにかざしてハンカチ王子や韓流スターに接近を試みる日本のおばさまのような過激さはない。

「ヒデオがドジャースからメッツにトレードされたときは、彼が望んでいないとは知ってたけど、やっぱりうれしかった。だって近くで見られるんだもの。でも、私はホテルに押しかけていってサインをもらったり、写真を撮ったりするようなことはしない。ヒデオを尊敬し、崇拝しているから、そんなことできないの。プライベートは彼自身の時間、球場が私に与えられた時間なの」

メッツにいたころはシェイスタジアムに出かけて生の野茂の姿を追いかけたが、メッツを離れてからはあまり生の姿を見ることはなくなった。アメリカにはひいきのチームや選手を追いかけて、大陸を旅行して歩くファンも少なくない。夏休みなどは、ビジターチームの宿泊先に、本拠地ナンバーの車が並び、その町では見慣れない帽子の家族連れが闊歩する場面も目にする。だが、ヴィッキーは、そうしたファンのように野茂を追いかけることはしない。

収集の方法も独特だ。

「どこかの町まで買いに出かけたということはないわ。ほとんどがインターネットね」

インターネットにはおびただしい数の野球関連サイトがあり、そこにはあらゆる選手のグッズが紹介されている。

「ちょっとやって見せましょうか」

そういって毎日見るという野球グッズのオークションサイトを開いてくれた。まだ手に入れていない野茂のグッズが出品されている。たちどころにクリックして競り落とした。

コレクターの心理分析をするのは賢いことではないだろう。他人には説明できない情熱が彼らを動かしている。ヴィッキー・クルーデンがなぜそこまで野茂英雄に惹かれるかは、膨大な収集品を見せてもらったあとも完全にはわからなかったし、当て推量でいろいろ並べ立てるのも失礼だ。

ただいえるのは、収集の情熱はその対象の大きさに比例するということだ。もう若いとはいえない女性が、11年の時間と10万ドルのお金を注ぎ込んでもなおその情熱が衰えない。野茂英雄はそういう大きさを持った対象だとはいえるだろう。

生まれてから一度もロングアイランド以外のところで暮らしたことのない、結婚相手も同じ町出身というヴィッキー・クルーデンは、一見すると、旅をする人とはいえない。しかし、この取材にひきつけていうなら、彼女もやはり野茂に導かれて旅をしている。インターネットが杖の代わりだ。松林に囲まれたロングアイランドの小さな家で、今日もマウスがクリックされ、野茂のグッズが競り落とされる。そのとき、ヴィッキー・クルーデンは間違いなく旅をしている。

２００５年の春、野茂はタンパベイ・デビルレイズのユニフォームを着てグラウンドに立っていた。前の年のシーズン後、ＦＡの資格を取った野茂は、再契約を渋ったドジャースを離れ、先発投手として登板する機会を求め、デビルレイズと契約したのだ。ただし契約はかつてカブスと結んだようなマイナー契約で、オープン戦での投球内容を見てチームがメジャーに昇格させるかどうか判断することになっていた。メジャーに残れるか、マイナー暮らしになるかという瀬戸際の3月下旬、野茂から話を聞く機会があった。決して口数は多くはないが、それでも、特に追い詰められたようなピリピリした感じはなく、リラックスした様子で野茂は質問に答えてくれた。

「ここは先発投手がたいしたことなさそうなので、チャンスがあると思ったんですが、来てみるとけっこういい投手が多くて」

ぼやきのようにも聞こえるが、半分は冗談である。口調には絶対に先発としてメジャーに残ってみせるという自信のようなものが感じられた。

メジャーに日本人選手が増えたことについてたずねると、「これからもっと増えますよ」と特に感慨もなさそうにいい、「試合の中ではただの敵ですから」といかにも彼らしい表現をした。

「大歓迎」だとか「いっしょに盛り上げたい」などといったらしくない言葉が聞かれたらちょっと心配だったのだが、「野茂は野茂」で安心した。

「周りは変わったというが、自分はなにか変えたつもりはまったくない。自分のスタイルで最後までやり通したいという気持ちが強いですね」

10年を超えたメジャー生活での変化についてたずねるとそういった。もちろん、最初にドジャースのユニフォームに袖を通したときと、このときとでは、体型も球速も大きく変わっているのは明らかだった。しかし、野茂が変わっていない、変わらないスタイルで通したいといっている以上、変化などはあってないようなものと考えたほうがよさそうだ。話を聞き終えて、そんなことを感じた。

練習を見ていると、妙に張り切るでも、かといって手を抜くでもなく、黙々とメニューを消化している。若い選手がボールの握りを示しながら野茂に近づいていった。フォークの握りでもたずねているのだろう。その指の形を見ながら、なにか指摘している。もう、アドバイスを求める側ではなく、求められる側なのだ。変化があるとすれば、そのあたりだった。

オープン戦での投球が認められた野茂は、デビルレイズの先発ローテーションの一員として2005年のシーズンに臨んだ。このシーズン4勝すれば、日米通算200勝に到達する。

順調に滑り出した野茂は、5月26日までに3勝をあげる。あとひとつ。ここで少し足踏みし、3試合勝ち星から遠ざかったあと、ブリュワーズ戦でついに200勝に到達した。コメントは相変わらずそっけないものだったが、珍しく見せた満面の笑顔が野茂の満足感をよく表していた。200勝を達成したあと、チームメイト全員がロッカールームで野茂を祝福してくれた。そのお礼として、野茂はあとから記念のワインをチーム全員にプレゼントした。マーク・ヘンドリクソンは1年経っても、まだそのワインをあけていない。

「ぼくはもともとあんまり酒が強くないんだけど、特に、わざわざノモがくれたワインだからね。すごい記念品だ。絶対に飲むつもりはないさ。一生とって置くよ」

ヘンドリクソンはデビルレイズで野茂のチームメイトだった。今年で32歳になるが、メジャーに上がったのは2002年で、まだまだこれからの投手である。'96年から2000年まではNBAでプレーした経験も持っている。キャリアは浅いがアスリートとしての資質を高く評価する人は多い。

「ノモはぼくみたいな経験の浅い投手には最高の教材だったよ。練習熱心なのには驚かされたね。ある登板で納得できる投球ができなかった翌日、ぼくがキャッチボールの相手をしたんだけど、彼はフォームのチェックをするために、中堅と右翼ポールの間の遠投を延々とつづけたんだ。登板の翌日、しかもあれだけの実績がある投手がだよ」

野茂の日常を近くで見るだけでも、ヘンドリクソンは参考になることが多かった。

「あれだけ多くのメディアが付いて回るのも驚きだったね。デビルレイズはそんなにメディアが来るチームじゃないからね。それだけ多くのメディアが来てもプレッシャーを受ける様子もなく、うまくコントロールしていた。すごいなと思ったよ」

トビー・ホールは200勝のときバッテリーを組んだ捕手である。

「ヘンドリクソンがワインを取っておいているって？　もちろんぼくもだよ。デビルレイズは弱くて、あんまりうれしいことがあるチームじゃないだろ。だからノモの200勝はうれしかったし、あのワインは宝物さ」

野茂がカムバックをめざしていると伝えても、ホールは特に驚いた様子は見せなかった。

「全然問題ない。彼ならできるさ」

ふたりに話を聞いたのはドジャースタジアムである。ヘンドリクソンもホールも、2006年にはトレードされてドジャースに移ってきた。デビルレイズは若いチームで、しかも資金力に乏しい。野茂を放出したのも資金力不足が大きな理由だったし、ヘンドリクソンやホールのような有望な選手は高額契約を結ぶ前に放出される。彼らもまた、メジャーリーグという荒野を旅して歩く一族なのだ。

野茂の旅のあとを、少しだけたどってみたのは、なにも彼をアルバムの中に封じ込めるためではない。野茂はまだ旅をつづけている。ひじの手術とリハビリを終え、来春のキャンプには招待選手としてどこかのチームのマウンドに立っていることだろう。メジャー契約がなるかどうか。引退はあるのか。当然メディアの関心はそこに向かうはずだ。

だが野茂の旅をたどってきて、彼の終着点を詮議することはあまり意味がないように思えてきた。多分、メジャーと契約してもしなくても野茂は自分の体が命ずる限り、先発投手としての準備をつづけるだろう。そしてメジャーとしての現役を退く日が来ても、野球の平原を旅して回る彼の暮らしに変わりはないだろう。そうやって旅することが、野茂英雄の生き方なのだ。

エピローグ

〝地霊〟たちを見たあの場所

霊だとか、魔物だとかいった類いを信じる気持ちはさらさらない。

ただ、ごく稀に、「ここには、人間以外の何かがいる」と感じられる試合に出くわすことがある。激烈な戦いの場面場面が、観客一人一人が持ち込んだ日常性を一枚ずつはがしてゆき、ついには勝負の空間全体が非日常の異次元に突入してしまう。そのとき、われわれは、「地霊」だとか、「場所に棲《す》みついた魔物」の姿を垣間見る。1988年10月19日の川崎球場が、まさにそんな場所だった。

その日、球場に着いたときは、もう試合がはじまっていた。いかに優勝がかかっているといっても、組み合わせは近鉄バファローズ―ロッテオリオンズ。パ・リーグ有数の不人気カードである。楽に入れるだろうと考えたのが間違いだった。開襟シャツにサングラスの裏町紳士からチケットを購入し、潜り込んだ席は、バックスクリーン脇の最前列。ホームベースとは一直線に向かい合うが、距離は果てしなく遠い。木製のベンチシートはところどころ朽ち果て、踏み抜かれている。それでも生で見られることを感謝しなければならなかった。

絶対にそんなことはありえないのだが、不思議にスタンドには女の姿が感じられなかった。よく晴れた秋の青空の下、黒々とした服装の男たちが息を潜めてグラウンドを見つめている。そのときも、今思い返しても、そんな図柄しか思い浮かんでこない。応援はいつにも増して盛大だったはずだ。激しく鉦や太鼓が鳴っていただろう。だが、その音の記憶もない。

その日、川崎球場でのダブルヘッダーで、バファローズが連勝すれば8年ぶりのリーグ優勝。一試合でも負けるか、引き分ければ、すでに日程を終えて待機している西武ライオンズの優勝が決まる。

バファローズの選手たちは緊張のため、遠目にもはっきり顔が青ざめているのがわかった。第1試合。7回を終わって2点のリードを許す。だが、8回、9回、バファローズは驚異的な粘りを見せて試合をひっくり返す。勝ち越し打を打ったのは、現在の監督、梨田昌孝だった。ホームインした走者と、ヘッドコーチの中西太が、抱き合って転げまわる場面が印象的だった。

第1試合にバファローズが勝ったことで、観客の興奮はいやがうえにも増幅された。「奇跡の逆転優勝」に立ち会えるかもしれないのだ。

第2試合がはじまるころには、日はすっかり落ち、寒さが忍び寄ってきた。風のない、空気の澄んだ日だったので、嗅覚が敏感になっているのが自分でもわかった。ベンチシートの木の匂い、バックスクリーン裏のうどん屋から流れてくるカツオだしの匂い。中堅手が手の届くようなところに守っている。一球ごとにダッシュすると、まだ天然芝だった川崎球場の芝生が、土といっしょに舞い上がり、青臭い匂いを立てた。

「いいダッシュしているな」

なぜかそんなことを考えた。

8回表を終わって、バファローズが1点リード。マウンドには第1試合に続き、エースの阿波野秀幸が立っていた。あと2イニング抑えれば優勝である。8回裏、無表情な男が打席に立った。一球ごとに芝を舞い上がらせた中堅手、高沢秀昭である。高沢は、テイクバックの極端に小さい独特の打ち方で、阿波野の投球を容赦なく叩いた。打球はレフトのスタンドに飛び込んだ。

同点から延長戦、そして引き分け。勝負の帰趨についてはあらためて述べるまでもないだろう。バファローズに奇跡は起こらなかった。

引き分けが宣せられると同時に席を立った。駅まで何かぶつぶつ、独り言をいいながら帰った記憶がある。まだスポーツの記事の依頼などほとんどなかったころだ。こんな試合なら書いてみたい。バファローズの悲劇？　引き分けの不条理？　どちらでもなかった。奇跡の「精神性」を、芝を蹴り上げる肉体の力で粉砕したあの「地霊」のような男。あんな男のことなら、少しは何か書けるだろうという気がしたのだ。もっとも、それはいまだに実行してはいないのだが。

夏場所が終わって間もないころ、両国界隈を歩いてみた。力士幟《のぼり》が隅田川の川風になびいている。両国国技館を一回りして蔵前橋を渡る。かつて蔵前国技館があった場所は、都の水道施設の巨大なビルになっている。

それにしても、なぜ格闘技の舞台は、水辺にあるのだろう。新旧の国技館。両国には、ボクシングの舞台として、多くの世界タイトルマッチが行なわれた日大講堂もあった。「北の格闘技の聖地」などと呼ばれる札幌の中島スポーツセンターは、鮭の上る川として有名な豊平川のほとりにある。長州力が一番好きな試合場といっていた大阪府立体育会館も、道頓堀からそう遠くはない。さらにいえば、後楽園ホールも近くを神田川が流れている。

血と汗の舞台のすぐそばを川が流れていることは、民俗学の考察の対象になるかもしれない。京都の三条河原に始まる芸能の伝統と格闘技との親近性、血を川の水で洗い流そうとする祓《はら》いや清めの思想。いくらでも連想は広がる。いずれにしても格闘の背景として水はなくてはならぬもののように思える。

その写真を見たのは、まだ会社勤めをしているころ、'83年ごろではなかったろうか。創刊されて3年ほどの「Number」という雑誌だった。巨大な肉体が自転車に載っている。

自転車はかろうじてその肉体をささえている。頭にまげがあることから、力士だとわかる。誰もが知っている細い目、ふてぶてしいなどと評されたが、実は極端なシャイネスのために無表情を貼り付けざるを得なかった顔。横綱の北の湖だった。

そのころ、北の湖は全盛期を過ぎ、力士生活の終わりに差しかかっていた。優勝からは長く遠ざかり、引退も間近とささやかれていた。相手を根こそぎにする巨大な推進力を生み出した下半身は、度重なるけがでボロボロだった。自転車は、そのけがから立ち直るためのリハビリの一環だったのだ。

去年の秋、北の湖から話を聞く機会があった。自転車のことをたずねると、

「あの時はいろんなことをやったよ」

恥ずかしそうにいった。自転車はまだ楽で、一番つらかったのはスカッシュだったという。偉大な横綱のスカッシュ姿は「Number」にも載っていなかったように思う。

なぜそうまでしてカムバックをめざしたのか。川を渡るためだった。'85年1月、両国に新しい国技館が完成する。その土俵になんとしても上がりたい。それが自分の花道だ。北の湖はそう決めていたのだ。誰にも話さない決意だった。「両国で取りたいのでは」と聞かれると、「そんなことはぜんぜん考えない」と答えてきた。取れる限りは取る。取れなくなったら辞める。そう周りに思わせるのが、横綱という存在だと思っていたからだ。

蔵前から両国までは、駆け足ならば5分で着いてしまう。その5分の距離を克服するため、北の湖は150kgを超える巨体で自転車に乗り、スカッシュコートで汗にまみれなけ

ればならなかった。北の湖はリハビリを経て、両国にたどり着いた。新国技館で相撲を取ったのはわずか3日間だけだった。場所中に引退を表明した。あるいは初日の横綱土俵入りが、実質的な引退だったかもしれない。

川の水は、戦うものの血や汗を洗い清めてくれる。水には聖なる力がある。

一方、闘うものたちの異形の肉体も、日常を逸脱した聖性を帯びている。肉体は水によって活力を得、水は肉体を清めることで、再び自分にも清らかさを甦らせる。北の湖にとって、隅田川の水は、中学生のときから自分を育ててくれた母親のようなものであり、そこにかかる橋を渡り、もうひとつの場所にたどり着くことは力士としての人生の完結を意味するものだったのだろう。北の湖だけではない。多くの力士が、ボクサーが、レスラーが、川に清められ、川から力を得、川を渡って舞台を去っていった。やはり、川は格闘の舞台にはなくてはならないものなのだ。

Ｆ1だろうが、競馬だろうが、スピードスケートだろうが、レースにおいてアクシデントが起こるのはほとんどの場合、コーナーである。日常感覚からすれば異常なスピードを保ちながら、なお重心を移動させつつコーナーを回るというのは、専門家にとっても楽なことではない。だから、「魔のカーブ」などという呼び方は、実は陳腐なものなのだ。「魔」でないカーブなどない。だが、「魔」を呼び出せるのは限られた存在である。凡庸なスピード、優勝争いには関係のない平凡な技術、終身雇用ねらいの安全走行に、「魔」が立ち現れることはない。

'90年のF1日本グランプリ。われわれは、メインスタンドから遠く離れた一角に陣取って、車が現れるのを待っていた。年間優勝争いはマクラーレンのアイルトン・セナと、フェラーリのアラン・プロストに絞られていた。ふたりは前年、同じ鈴鹿のシケインで不可解な共倒れ劇を演じ、結局プロストがタイトルを手にしていた。'90年は鈴鹿の前までセナがリードし、セナ・ファンの多い日本の観客は、自分たちの目の前で悲劇の貴公子がチャンピオンの座を射止める瞬間を見たいと熱望していた。

エンジン音が高くなり、スタートが切られた。だが、われわれの席からは何も見えない。ポールポジションはセナ、2番手にプロスト。どっちが先に現れるのか。だが、ふたりはともに現れなかった。

「接触だ！」

ラジオを聞いていた人が叫んだ。よりによって、セナとプロストのふたりが、1コーナーで接触し、リタイアしてしまったのだ。目の前で見ていた人の意見では、セナが強引過ぎたという声が多かった。ともにポイントなしならタイトルはセナのものになる。そこまで読んで、強引に突っ込んだというのだ。真相はわからない。しかし、ふたりにまつわる因縁と、勝負にかける意地が、1コーナーの「魔」を呼び起こしたのは間違いないだろう。「魔」といい、「地霊」というが、そうしたものが仮にあるとしても、特定の意思をもっているとは考えられない。セナを勝たせたいとか、プロストのために一肌脱ごうなどという

「魔」や「霊」はいないだろう。「魔」は呼び起こす力を持ったものの前だけに現れる。'90年の鈴鹿では、セナとプロストだけが、選ばれた力を持っていたのだ。

自ら呼び覚ました「地霊」に引きずり込まれ、冥界に降りて行かざるをえなかった例としては、'98年秋の天皇賞でのサイレンススズカが思い出される。サイレンススズカは紛れもない天才、次元を超えた馬だった。サンデーサイレンスの産駒にしては珍しい栗毛というのがまず異様だった。天皇賞の前、秋競馬の開幕に合わせて、サイレンススズカのレースをタイムから分析してみたことがある。どんなスピード馬でも、スタートから2ハロン目のラップが一番速く、それをほかのラップがしのぐことはまずない。ところがサイレンススズカは、2ハロン目と3ハロン目が同じになったり、時には3ハロン目が最速になったりすることがあった。スピードの基本性能がまったく違うのだ。長距離ならともかく、2000mの天皇賞で、負けることは考えられなかった。

だからといって、「魔物が棲む」といわれる東京競馬場の3、4コーナーの中間地点で、サイレンススズカが急に減速し、手綱を取る武豊がほとんど泣きそうになりながら、馬を止めにかかるのを見たときも、特別な衝撃を受けたわけではなかった。「魔物のせい」などというたわごとを信じていたからではない。あの異次元のスピードの持ち主なら、「魔」に引きずり込まれる資格は、十分すぎるほどあると思っていたからだ。場所の霊は誰にでも見えるものではない。あの日、東京競馬場でそれが見えるとすれば、サイレンススズカ以外にはなかった。

「魔のコーナー」は「魔」を呼び起こす力のあるものがいてはじめて、その姿を現す。そう考えると、鈴鹿にも、府中にも、しばらく「魔」は現れないような気がしてならない。

江川卓の最後の登板は'87年の日本シリーズ第3戦。今はない後楽園球場だった。北の湖が両国の新国技館での土俵を熱望したように、江川も、翌年完成する日本初のドーム球場での登板を切望していた。だが、肩の故障もあってついに断念し、後楽園球場に殉じる形で現役を終えた。しかし、東京ドームのマウンドに立てなかった江川は、はたして不幸だったろうか。かならずしもそうはいえない気がする。

日本において、スポーツの場として歴史を感じさせるのは野球場だろう。なくなった球場は、さまざまな思い出の花輪で飾られている。福岡のファンなら、平和台での中西の大ホームランや、稲尾の快投をまざまざと思い出すことができるだろう。名古屋のファンなら、ナゴヤ球場での最終戦の優勝決定試合、'94年10月8日を、悔しさとともに思い浮かべるだろう。大阪のファンなら、江夏の21球や、すり鉢スタンドに響く、鶴岡監督のだみ声を懐かしく思い出すかもしれない。

失われた球場は、ただなくなったから、そこで野球が行なわれなくなったから懐かしいのではない。野球は原っぱのスポーツだ。ある年代までの日本人(特に男の子)は、子供のころ、まず原っぱがあったら野球をした。ユニフォームなどもちろんない。メンバーがそろうことのほうが珍しい。そうした中で、最初に野球に触れ、より深く愛したものが、さらに上の段階で野球を続ける。なくなった球場の大半は、「最高級の原っぱ」だった。それは、近所の原っぱからまっすぐのびた道の最終地点にある場所だった。だから懐かしいのだ。

　だが、ドーム球場ができたあたりから、そうしたメンタリティは失われつつあるように思う。江川は年齢からいえば原っぱ世代だろう。その野球人生が、人工芝とはいえ、空の見える高級原っぱで終わったことは、むしろ歓迎すべきではなかったろうか。

　今、ドームの下を駆け回る選手たちは、ほとんどが最初からユニフォームを着て、硬式ボールを持ち、ヘルメットを着けてプレーしてきた選手たちだ。隅々まで照明が行き届き、プレーが大型ビジョンに瞬時に映し出される環境で、人気を集め、高い評価を得るには、子供のころからシステマチックに野球に取り組み、技術と肉体を研ぎ澄ましていかなければならない。生半可な鍛錬では、衝撃的なリアリティを発しつづけることはできないのだ。

　人工芝に覆われ、屋根の下で繰り広げられる今の野球の英雄たちは、どこか仮想現実の中の登場人物を連想させる。ジュラルミンをまとった現代の剣闘士たち。松坂もイチローも、松井も上原も、その軽やかでいて強靭なところが魅力なのだ。

　だが、人は仮想めいた現実だけでは満足できない。泥田の中でのもがきあい、人間の卑小さを感じさせる駆け引きや足の引っ張り合い、そして勝負の果てに立ち現れる「地霊」たち。川崎球場で高沢が土を蹴り上げ、後楽園のマウンドで江川が首をひねる。そんな生々しい物語を追体験させてくれるのは、今はなくなってしまった球場くらいしかないかもしれない。

初出一覧

第一章　伝説

テッド・ウィリアムス　神様は返事を書かない

Number348／1994年9月1日発売（「最後の4割打者、テッド・ウィリアムスの真実」を改題）

金田正一／張本勲／王貞治　超人たちの瞬間

Number PLUS 20世紀スポーツ最強伝説③ プロ野球大いなる白球の軌跡／1999年8月19日発売

イチロー　210安打の戦慄

Number836／2013年9月5日発売（「210安打の戦慄『打ち取れるイメージがまるで浮かばなかった』」を改題）

KK、戦慄の記憶　'83高知商／'84享栄／'85宇部商

Number809・810／2012年8月3日発売

1992アジア杯優勝戦記　夜明けの咆哮

Number606／2004年7月8日発売

読売ジャイアンツ　V9 最先端野球の勝利

Number PLUS 20世紀スポーツ最強伝説③プロ野球大いなる白球の軌跡／1999年8月19日発売

前田智徳　その一撃は鬼神の如く

Number841／2013年11月14日発売

ロッテ×近鉄 ダブルヘッダー　メディアが見た伝説の10・19

Number PLUS 創刊30周年特別編集 Numberが見たスポーツと世相 1980～2010／2010年3月15日発売（「ロッテ×近鉄 ダブルヘッダー　メディアが見た伝説の死闘」を改題）

ブルース・リー　李小龍よ永遠に――

Number219／1989年5月6日発売（「ブルース・リー　李小龍よ永遠に――小さな龍の大きな遺産」を改題）

ナックルボール、最後の魔球

Number323／1993年9月6日発売

第二章　肉声

長嶋茂雄、日本野球を語る

Number577 ／ 2003 年 5 月 29 日発売（「長嶋茂雄、日本野球を語る　ドリームチームから未来が見える」を改題）

松井秀喜　進化して行く自分

Number520 ／ 2001 年 4 月 5 日発売

野村克也　絶対に負けたくない敵だった

Number828 ／ 2013 年 5 月 9 日発売

若花田と貴花田　土俵に煌めく二つの個性

Number271 ／ 1991 年 7 月 5 日発売

長州力　ピュア・ソルジャー

Number314 ／ 1993 年 4 月 20 日発売

ダルビッシュ有　新庄さんのひと言が忘れられない

Number PLUS 北海道日本ハムファイターズ 11 年目の未来設計図／ 2014 年 2 月 20 日発売

栗山英樹　ファイターズの原点をもう一度

Number PLUS 北海道日本ハムファイターズ 11 年目の未来設計図／ 2014 年 2 月 20 日発売

原辰徳　僕は、あの骨折からもう自分のバッティングができなくなっていた

Number379 ／ 1995 年 11 月 9 日発売

姚明　我的籃球、美国的籃球

Number519 ／ 2001 年 3 月 22 日発売

第三章　旅路

北の湖　憎まれた横綱

Number PLUS 20 世紀スポーツ最強伝説⑤ 格闘者 魂のコロシアム／ 2000 年 1 月 7 日発売

小林繁と江川卓　〝悲劇のヒーロー〟流転の 31 年間（「江川卓×小林繁　〝悲劇のヒーロー〟流転の 31 年間」を改題）

Number751 ／ 2010 年 4 月 1 日発売

高津臣吾　野球の果てまで連れてって

Number775／2011年3月24日発売
水の重さ　長崎宏子の透明な舞台
Number296／1992年7月20日発売
荒木大輔　ロングバケーション
Number臨時増刊'92甲子園物語／1992年7月30日発売（「荒木大輔　Long Vacation」を改題）
遠山奬志　14年目の無心
Number 474／1999年7月1日発売
ホーリックス　ニュージーランド発、オグリの記憶
Number738／2009年10月1日発売
三沢光晴のルーツを巡る
Number PLUS プロレスに殉じた男 三沢光晴／2009年9月25日発売

第四章　頂上の記憶

阿萬亜里沙　アリサは帰ってきた
Number287／1992年3月5日発売
神サマになりそこねた男　木田勇の短か過ぎた栄光
Number264／1991年3月20日発売
ダイユウサク　単勝配当13790円
優駿／2003年12月発売（「一期一会の有馬記念～表通りの悲運のヒーローと、裏街道の地味な男の物語」を改題）
大西直宏　18年目のダービー
優駿／1998年5月発売（「18年目のダービー～大西直宏という肖像～）を改題
プリティキャスト　宝石の目覚め
Number 278／1991年10月19日発売
柳田真宏　生真面目な5番打者
Number279／1991年11月5日発売

第五章　ゲームの分け前

未完の完全試合　山井大介〝決断〟の理由

Number700／2008年3月19日発売

アジアカップ準々決勝ヨルダン戦　奇跡には理由がある

Number 618／2004年12月23日発売

グレートセイカン　〝天馬〟を破った馬

優駿／1997年6月発売（「グレートセイカン vs 4歳二強　最も華やかなダート戦（上）（下）」を改題）

駒大苫小牧高校　北海道をなめんなよ！

Number 611／2004年9月16日発売

メジロマックイーン vs. トウカイテイオー　2強激突の果て

Number292／1992年5月21日発売（「メジロマックイーン vs トウカイテイオー　第105回天皇賞、2強激突の果て――その時、流れはメジロマックイーンに向いた」を改題）

第六章　野茂英雄

野茂英雄　引退、そして野球人生を語ろう

Number714／2008年10月16日発売

野茂英雄　17奪三振の野性と緻密

Number 774／2011年3月10日発売

野茂英雄を巡る旅

Number666～669／2006年11月16日～12月26日発売

エピローグ

〝地霊〟たちが見たあの場所

Number PLUS ナンバー20周年特別編集／2000年6月22日発売

装丁　番洋樹
カバー写真　前康輔
扉写真　渕貴之

阿部珠樹（あべ・たまき）
1957年、北海道生まれ。大学卒業後、出版社勤務を経て1987年からフリー。競馬、プロ野球、MLB、相撲、ボクシング、プロレス、ラグビー、サッカーなど様々なスポーツジャンルについて主に「Sports Graphic Number」誌上で執筆を続ける。『頂上の記憶一瞬の栄光を生きたスポーツヒーローたち』（文藝春秋）、『スタジアムの戦後史――夢と欲望の60年』（平凡社新書）、『八月のトルネード』（ベストセラーズ）などの著書がある。2015年4月22日、逝去。

神様《かみさま》は返事《へんじ》を書《か》かない
スポーツノンフィクション傑作選《けっさくせん》

2023年11月30日　第１刷発行

著　者　阿部珠樹《あべたまき》
発行者　松井一晃
発行所　株式会社　文藝春秋
〒102-8008 東京都千代田区紀尾井町3-23
電話　03-3265-1211（代表）
印　刷　TOPPAN
製　本　加藤製本
組　版　エヴリ・シンク

万一、落丁乱丁の場合は送料小社負担でお取り替えいたします。小社製作部宛てにお送りください。本書の無断複写は著作権法上での例外を除き禁じられています。また私的使用以外のいかなる電子的複製行為も一切認められておりません。定価はカバーに表示してあります。

©Tamaki Abe 2023　ISBN 978-4-16-391783-2　Printed in Japan